KB030271

[사회복지상담]

SOCIAL WORK COUNSELING ——— | 임혁 저 |

학지사

머리말

시계를 반대로 돌려 한 30년쯤, 책상머리에 앉아 있는 갓 사춘기에 들어선 한 아이가 있었습니다. 그 아이는 우연한 기회에 손에 잡힌 에세이집을 읽고 나서, "삶이란 무엇인가?" "나는 또 누구인가?"라는 답도 없는 질문을 생각하고 또 생각하였습니다. 머리는 터질 것만 같고 가슴은 답답했죠. 그러다 문득 자신이 알 수 없는 것들로 가득찬 세상이 두려워, 아이는 잠을 잘 수가 없었습니다. 그래서 아이는 동이 트기 무섭게 밖으로 나가 뛰었습니다. 새벽 찬바람이 마치 앞으로 다가올 자신의 인생처럼 느껴져 더 힘껏 달렸습니다. 답답한 마음은 여전히 풀릴 기미가 보이지 않았습니다. 삶은 무엇이고 죽음은 무엇인가. 덜컥 겁이 났습니다. 앞으로 살아갈 날이 많이 남아 있던 터라 더 두려웠는지도 모르겠습니다. 세상을 향해 돌팔매질하는 아이의 생각에는 타협이 필요하였습니다. '그 답은…… 살면서 천천히 찾아보자!' 살아 보지 않은 삶을 미리 걱정한다고 해결되지 않는다며 스스로를 위로하고 마음을 다잡았습니다.

30년이 지난 지금, 그 아이는 대학에서 강의를 하고 또 글을 쓰는 일을 하고 있습니다. 워낙 책을 읽는 것을 즐기는 터라 습관처럼 독서를 합니다. 독서를 아주 많이 합니다만 기억력이 별로 좋지 않아 투입 대비 산출이 신통한 것 같지는 않습니다. 그래도 책 읽기가 재미있으니 계속할 수밖에요. 다독(多讀)을 하면 다작(多作)이 자연스럽게 된다고 하던데, 저를 보면 꼭 그렇지는 않은 것 같습니다. 그동안은 주로 학술논문 쓰는 일에 더 많은 공을 들였습니다. 학술서적을 집필하는 일과 논문을 쓰는 일은 그 성격이 매우 달라서 매번 저서 집필을 결심할 때마다 일의 우선순위가 뒤바뀌곤 하였습니다.

저는 어떤 일을 함에 있어 망설임이 생기면 스스로에게 '이 일이 나에게 어떤 의미가 있는가?' '잘할 수 있는 일인가?'라고 자문(自問)하는 버릇이 있습니다. 그 시작은 이러합니다. 정신병원에서 일을 했던 짧은 임상 경험과 가정폭력 및 아동학대 등의 실천현장에서 만난 내담자들과 함께 상담했던 경험을 나눌 수만 있다면 그 자체만으로도 저에게는 큰 의미가 있을 것이라고 생각했습니다. 제 삶의 경험이 그러하듯이, 상담은 우리 삶의 의미를 밝히는 작업이라고 생각합니다. 상담은 그저 내담자가 자신의 존재 의미를 깨닫고 자립할 수 있도록 돕는 것이고, 상담자는 그 길을 함께 걸어가는 내비게이터라고 생각합니다. 이 책이 상담에 입문하는 이들에게 조금이나마 그 길을 안내해 주는 역할을 할 수 있기를 기대합니다.

끝으로, 이 책이 마무리되기까지 가정에서 많은 양보와 이해를 보여 준 아내 경주 씨에게 감사의 말을 전합니다. 그리고 항상 저에게 무한긍정의 에너지를 선사해 주는 멋쟁이 아들 동규와 상규에게도 고마움을 표현합니다.

2019년 2월
봉래산 기슭에서

차례

□ 머리말 _ 3

·제1부·
사회복지상담의 구조

제1장 _ 사회복지상담의 개념···15

1. 사회복지상담의 정의 _ 15

  1) 인간의 삶과 마음구조 _ 15　　　　2) 사회복지상담의 정의 _ 17

2. 사회복지상담의 필요성 및 목적 _ 21

  1) 사회복지상담의 필요성 _ 21　　　2) 사회복지상담의 목적 _ 21

  3) 사회복지상담의 기능과 목표 설정 _ 23

3. 사회복지상담의 치료적 효과 _ 24

  1) 내담자 측면에서 본 상담의 의미 _ 24　　2) 사회복지상담의 치료적 효과 _ 26

4. 사회복지상담을 위한 제반조건 _ 27

제2장 _ 내담자와 상담자의 관계…29

1. 문제해결의 과정으로 이끄는 상담자 _ 29
   1) 상담자에게 필요한 태도와 마인드 _ 29　　2) 상담자에게 필요한 인간적 자질 _ 30
2. 유능한 상담자 되기 _ 32
   1) 상담수련의 동기 _ 32　　　　　　　　2) 상남자의 억할과 상담구조화 _ 34
   3) 유능한 상담자의 역량 _ 36
3. 내담자와 상담자의 전문적 관계 _ 39
   1) 상담관계 형성의 특징 _ 39　　　　　　2) 상담자의 전문적 태도 _ 39
   3) 전문적 상담관계의 발달 _ 41

제3장 _ 사회복지상담의 진행단계…43

1. 상담의 접수면접기법과 초기 과정 _ 43
   1) 접수면접의 개념 _ 43　　　　　　　　2) 초기 과정의 과제 _ 46
   3) 첫 회기 상담의 실제: 초기-중간-마무리 국면 _ 49
   4) 내담자 유형별 고려사항 _ 52
2. 상담의 중간 과정과 기법 _ 58
   1) 중간 과정의 의미와 과제 _ 58　　　　2) 중간 과정에서의 상담기법 _ 60
   3) 문제해결을 위한 사정과 평가 _ 61　　4) 변화를 위한 행동계획 수립 _ 65
3. 상담의 종결 과정 _ 67
   1) 상담 종결의 의미 _ 67　　　　　　　2) 종결 과정의 과제 _ 69
   3) 후속상담과 의뢰 _ 71

· 제2부 ·
사회복지상담의 기법

제4장 _ 사회복지상담기법의 기초…75

1. 라포형성과 의사소통기법 _ 75
   1) 라포형성기법 _ 75　　　　　　　　　2) 의사소통기법 _ 76

2. 경청기법 _ 83
   1) 경청기법의 정의 _ 83   2) 온전한 경청의 조건 _ 83
   3) 감정표현의 조장과 수용 _ 85
3. 질문기법 _ 87
   1) 내담자의 정보를 탐색하는 질문 유형 _ 87 2) 개방형 질문 _ 88
   3) 폐쇄형 질문 _ 92
4. 공감기법 _ 95
   1) 공감기법의 정의 _ 95   2) 공감기법의 사용단계 _ 96
   3) 공감기법 사용에서 유의할 점 _ 97
5. 부연기법 _ 102
   1) 부연의 정의 _ 102   2) 부연의 활용방법 _ 103

제5장 _ 사회복지상담기법의 심화…109

1. 직면기법 _ 109
   1) 직면기법의 정의 _ 109   2) 상황에 맞게 직면기법 사용하기 _ 112
   3) 직면기법의 실시단계 _ 115
2. 해석기법 _ 119
   1) 해석기법의 정의 _ 119   2) 상황에 맞게 해석기법 사용하기 _ 121
   3) 해석의 제공단계 _ 124   4) 해석이 필요한 상황과 사례 _ 126
3. 자기개방기법 _ 129
   1) 자기개방기법의 정의 _ 129   2) 자기개방기법의 사용조건 _ 130
   3) 상담 과정에서 자기개방의 활용 _ 131
4. 정보제공기법 _ 133
   1) 정보제공기법의 정의 _ 133   2) 정보제공기법의 단계와 유의점 _ 135
   3) 유형별 정보제공기법 사용 사례 _ 135

제6장 _ 집단상담기법···141

1. 집단상담의 개념 및 필요성 _ 141
   1) 집단상담의 개념 _ 141
   2) 집단상담의 필요성 _ 143
   3) 집단상담의 유형 _ 145
2. 집단상담의 구성과 치료적 요인 _ 149
   1) 집단상담의 구성 요소 _ 149
   2) 집단상담의 치료적 요인 _ 151
3. 집단상담의 구조와 진행 과정 _ 156
   1) 집단상담의 구조 _ 156
   2) 집단상담의 진행 과정 _ 157
4. 집단상담에서 사용되는 상담기법 _ 163
   1) 집단상담기법의 개념 _ 163
   2) 시작을 돕는 집단상담기법 _ 164
   3) 집단상담의 분위기를 조성하는 기법 _ 165
   4) 의사소통과 상호작용을 촉진하는 기법 _ 166
   5) 집단상담의 종결을 돕는 기법 _ 168
   6) 집단성원의 행동을 조율하는 상담기법 _ 170
5. 집단상담의 평가와 적용 _ 172
   1) 집단상담의 평가 _ 172
   2) 주요 적용 대상별 집단상담 _ 174

제7장 _ 가족상담기법···179

1. 가족상담의 개념 _ 179
   1) 가족상담의 정의 _ 179
   2) 가족상담과 개인상담의 차이 _ 180
   3) 가족상담의 발생배경 _ 181
2. 보웬의 다세대 가족상담 _ 183
   1) 주요 개념 _ 183
   2) 상담기법 _ 188
3. 미누친의 구조적 가족상담 _ 190
   1) 주요 개념 _ 190
   2) 상담기법 _ 194
4. 사티어의 경험적 가족상담 _ 196
   1) 주요 개념 _ 196
   2) 상담기법 _ 208
5. 해결중심 단기가족상담 _ 212

    1) 주요 개념 _ 213   2) 상담 과정 _ 214

    3) 상담기법 _ 215

6. 가족상담의 진행 과정 _ 218

    1) 가족상담의 목표 설정 _ 218   2) 가족상담의 진행단계 _ 219

7. 가족상담의 전망과 과제 _ 220

· 제3부 ·
다양한 심리치료의 이해와 적용

제8장 _ 정신치료···225

1. 정신치료의 개념 _ 225

    1) 정신치료의 의미 _ 225   2) 정신병리와 증상의 의미 _ 229

2. 정신치료의 주요 과업 _ 232

    1) 성격 이해의 중요성 _ 232   2) 정신치료의 과업 및 역할 _ 233

    3) 정신치료에서 고려할 주요사항 _ 234

3. 정신치료의 주요 상담기법 _ 236

    1) 정신치료의 목표 설정하기 _ 237   2) 정신치료의 효과성 검토 _ 239

    3) 정신치료 상황의 구성 _ 240   4) 정신치료에서 활용되는 상담기법 _ 242

4. 정신치료의 진행 과정 _ 243

    1) 초기 국면 _ 243   2) 중간 국면 _ 246

    3) 종결 국면 _ 247

5. 정신치료의 평가와 적용 _ 250

제9장 _ 대상관계 심리치료···253

1. 대상관계의 개념 _ 253

    1) 대상관계이론의 발달배경 _ 253   2) 대상관계의 정의 _ 254

2. 주요 개념 _ 257

    1) 대상영속성 _ 257   2) 대상관계 형성 과정 _ 258

    3) 내면화 _ 261   4) 분열 _ 262

5) 투사적 동일시 _ 263   6) 참자기와 거짓자기 _ 266

3. 대상관계 심리치료의 진행 과정 및 기법 _ 267

   1) 내담자의 발달 욕구에 따른 치료 _ 267

   2) '충분히 좋은 어머니'로서의 역할수행 지도 _ 268

   3) 투사적 동일시의 문제 다루어 주기 _ 272

4. 대상관계 심리치료의 평가와 적용 _ 273

제10장 _ 인지행동치료···275

1. 인지치료의 개념 및 원리 _ 275

   1) 인지치료의 개념 _ 275   2) 인지치료의 목표 _ 276

   3) 인지치료의 주요 원리 _ 278

2. 인지치료의 과정과 적용 사례 _ 279

   1) 인지치료의 과정 _ 279

   2) 조현병의 증상을 지닌 내담자를 위한 인지행동치료기법 _ 281

   3) 인지치료의 적용 사례 _ 283

3. 합리정서치료의 개념 _ 288

   1) 주요 개념 _ 288   2) A–B–C–D–E 이론 _ 289

4. 인지행동치료의 평가와 적용 _ 292

제11장 _ 인간중심상담···295

1. 인간중심상담의 개념 _ 295

   1) 인간중심상담의 발생배경 _ 295   2) 사람에 대한 이론적 견해 _ 296

   3) 상담의 목표 _ 298

2. 주요 개념과 상담의 핵심 조건 _ 299

   1) 주요 개념 _ 299   2) 상담의 세 가지 핵심 조건 _ 302

   3) 상담의 원리와 변화의 증거 _ 303

3. 인간중심상담의 진행 과정 및 기법 _ 304

   1) 상담의 진행 과정 _ 304   2) 상담기법의 활용 _ 308

4. 인간중심상담의 평가와 적용 _ 313

제12장 _ 게슈탈트상담···315

1. 게슈탈트상담의 개념 _ 315

  1) 게슈탈트상담의 정의 _ 315

  2) 게슈탈트상담에서 인간을 바라보는 철학적 견해 _ 317

2. 주요 개념 및 상담원리 _ 318

  1) 주요 개념 _ 318   2) 게슈탈트상담의 상담원리 _ 325

3. 게슈탈트상담의 과정과 상담기법 _ 328

  1) 상담의 목표 설정하기 _ 328   2) 게슈탈트상담의 주요 상담기법 _ 331

4. 게슈탈트상담의 평가와 적용 _ 336

제13장 _ 동기강화상담···339

1. 동기강화상담의 개념 및 필요성 _ 339

  1) 동기의 정의 _ 339   2) 동기강화상담의 정의 _ 342

  3) 동기강화상담의 필요성 _ 344

2. 동기강화상담의 기본 정신 및 주요 개념 _ 345

  1) 동기강화상담의 기본 정신 _ 345   2) 주요 개념 _ 347

3. 동기강화상담의 진행 과정 및 기법 _ 350

  1) 동기강화상담의 실천원리 _ 350   2) 동기강화상담의 기본 상담기법(OARS) _ 352

  3) 동기강화상담의 진행 과정 _ 354

4. 동기강화상담의 평가와 적용 _ 362

제14장 _ 통합심리치료···365

1. 통합심리치료의 개념 _ 365

  1) 통합심리치료의 정의 _ 365   2) 통합적 접근방식의 기초 _ 367

2. 통합심리치료의 이론적 배경 _ 369

  1) 치료동맹의 관계 형성의 중요성 _ 369

  2) 치료동맹관계와 상담자의 자세 _ 370

3) 치료목표의 설정 _ 372

3. 통합심리치료에서 사용되는 상담기법 _ 374

1) 첫 번째 상담 시작하기 _ 374 2) 상담관계 형성하기 _ 376

3) 상담목표 설정하기 _ 377 4) 저항을 이해하고 다루기 _ 378

5) 내담자의 전이반응 처리하기 _ 379

6) 내담자의 과거가 현재에 미치는 영향 탐색하기 _ 379

7) 결정과 행동변화 돕기 _ 380 8) 상담 종결하기 _ 381

4. 통합심리치료의 평가와 적용 _ 382

제15장 _ 사회복지상담의 도전과 과제···385

1. 어떤 상담기법이 더 효과적인가 _ 385

2. 성공적인 상담이 되려면 _ 387

1) 상담 성과에 기여하는 공통 요인 _ 387

2) 상담 성과에 기여하는 상담자 요인 _ 388

3) 성공적인 상담을 위한 고려사항 _ 389

3. 사회복지상담의 도전과 과제 _ 390

1) 상담전문가의 직업 전망 _ 390 2) 전문자격제도의 구축 _ 392

□참고문헌 _ 397
□찾아보기 _ 409

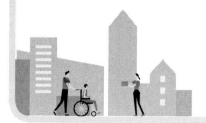

제1부

사회복지상담의 구조

제1장 사회복지상담의 개념
제2장 내담자와 상담자의 관계
제3장 사회복지상담의 진행단계

제1장

사회복지상담의 개념

어떤 경우에도 자기 자신을 포함하여 모든 사람을 수단이 아닌 목적으로 대하라.

―임마누엘 칸트(Immanuel Kant)

1. 사회복지상담의 정의

1) 인간의 삶과 마음구조

상담은 마치 낯선 여행길을 홀로 떠나는 사람을 위한 내비게이션과 같다. 난생 처음 보는 길을 간다는 것은 여행자에게 무척 두려운 일이 아닐 수 없다. 어디로 어떻게 가야 할지 그저 막막한 마음도 많이 들 것이다. 갈 길을 밝혀 줄 내비게이션이 있다면 그나마 안심이 되겠으나 혼자 가는 길은 여전히 외롭고 쉽게 지치기 마련이다. 그래도 길잡이가 되어 주는 무언가가 있다면, 그 도움으로 먼 길을 채비할 용기를 낼 수도 있을 것이다. 이처럼 상담은 변화와 깨달음으로 여행길을 떠나는 내담자와 동행하는 안내자가 되어 주고 혼자서는 감당하기 어려운 삶의 과업들에 맞서 싸울 채비를 하는 것에 비유할 수 있다.

자신이 원하는 방향으로만 삶을 이끌 수 없듯이, 내 뜻대로가 아닌 타인의 뜻에만 맞추어 삶을 살다 보면 진정 자신이 원하는 것이 무엇인지 모르고 길을 잃어버리게 된다. 자신이 원하는 바를 성취하고 타인과 관계를 맺는 일에 어려움이 전혀 없다면 그 자체로 성공적인 삶을 살고 있는 것이다. "열 길 물속은 알아도 한 길 사람 속은 모른다."라는 속담처럼, 우리가 타인의 마음을 잘 읽어 내기는 쉽지 않다. 인간관계에서 받는 대부분의 상처도 그런 타인의 마음을 잘 이해하지 못하여 생겨나는 경우가 많다. 타인의 기대에 부응하는 삶을 살아가는 것은 거짓 인생을 살아가는 것과 같다.

참된 삶을 살아가려면 무엇보다 '스스로를 목적으로 대하는 삶의 자세'를 가지는 것이 필요하다. 자신이 세운 삶의 원칙을 분명히 하고, 인생의 의미를 힘껏 찾는다면 타인의 삶에 대해서도 깊이 생각할 수 있는 마음의 여유를 가지게 될 것이다. 그렇지 못하면 자신이 원하는 삶을 살기 어렵다. 원치 않는 삶을 살다 보면 타인으로부터 인정받고 싶은 과도한 욕구에 집착하기 쉽다. 타인의 인정에 과도하게 집착하게 되면 자신의 인생목표를 잊어버리게 된다. 목표의식이 사라지면 인생의 중요한 과업을 성취하지 못한 자신을 한탄하며 좌절감과 우울감에 빠져 힘든 시간을 보낼 수도 있다.

상담현장에서 만나는 많은 내담자는 자신만의 길을 잃어버리고 낙담한 끝에 상담실을 찾아오는 경우가 많다. 실존심리학의 거장 알프레드 아들러(Alfred Adler)는 인간이 가진 대부분의 문제는 인간관계에서 비롯된다고 보았다. 어차피 사회와 제도의 틀을 벗어나서 살 수 없는 것이 우리 인간의 숙명이라면, 대부분의 사람에게서 나타나는 심리 문제도 그 일그러진 인간관계에서 비롯된 것이라고 할 수 있다. 인간의 삶이란 것도 따지고 보면 자신이 추구하는 독특한 생활방식에 따라 달라진다고 할 수 있다. 그래서 아들러는 주어진 환경을 탓하기보다는 개인의 내면에 존재하는 '변화에 대한 용기의 부족'에서 원인을 살피는 것이 필요하다고 말하였다. 그런데도 대부분의 인간은 본래 연약한 존재인지라, 자신의 가장 약한 내면과 마주하는 것을 두려워한다. 좀 더 정확하게는 그것을 피하고 싶은 마음이 크다고 할 수 있다. 그 결과, 우리는 과거의 특정한 경험이 현재의 삶을 만들었다고 말하기도 하고, 자신조차도 이해하기 힘든 무의식이 현재의 문제를 이끌었다고 변명을 일삼기도 한다.

정신역동이론에서는 이러한 관점에서 인간의 심리 문제를 탐색하고 치료하는 전략을 사용해 왔다. 무의식의 영역에서 비롯된 심리내적 갈등이 모든 정신병리의 시작이라고 보고, 그 갈등의 구조를 이해하는 것을 정신역동치료의 핵심으로 간주한다. 이는 **'아는 만큼 보이고, 본 만큼 알게 된다.'**라는 원리와 크게 다르지 않다. 자신의 문제의 근원이 되는 무의식을 깊이 들여다보면 현재의 심리적 문제를 해결할 수 있다는 치료원리를 강조한다.

반면, 행동주의이론에서는 이러한 정신역동이론의 원리를 부정하고 보다 적극적으로 문제행동의 변화를 조장하는 치료방법을 선호한다. 그들은 정신역동이론가들을 향해 우리 눈으로 볼 수 없는 무의식에 집착하여 치료를 하는 것은 전혀 과학적인 치료방법이 될 수 없다고 강하게 비판하기도 한다. 행동주의적 상담에서는 내담자의 과거를 중요하지 않게 생각하는 경향이 강하며, 오직 내담자가 현재 고통스러워하는 행동상의 문제만을 변화의 대상으로 삼을 뿐이다. 그만큼 행동수정이 가능한 것을 어떻게 구조화하여 변화시킬 것인가에 대해 관심이 집중된다는 얘기이다. 이러한 방법이 꽤 쓸모 있는 치료법일 수 있지만 근본적인 치료에는 한계가 있다. 실제로 이 접근법으로는 행동주의치료 후에 다시 치료 이전의 상태로 너무 쉽게 돌아가는 내담자의 심리 문제를 충분히 설명하기에는 어려움이 있다.

인간의 실존을 강조하는 인본주의이론에서는 내담자가 자신의 문제에서만큼은 전문가임을 인정한다. 이른바 내담자를 무조건적으로 긍정하고 존중한다는 인본주의 정신은 사회복지상담의 기본 가치 및 목표에도 잘 부합된다고 하겠다. 인본주의상담기법이 궁극적으로 추구하는 상담의 목표는 내담자 스스로가 '온전히 기능하는 사람'이 되도록 돕는 데 있다. 이때 상담자의 역할은 내담자가 자신 안에 있는 긍정성을 회복하고, 그것을 자양분으로 삼아 문제해결에 대한 자율적인 책임의식을 개발하도록 돕는 데 있다. 그러나 인본주의이론은 인간의 잠재성과 창조성에 대하여 지나치게 낙관적인 견해를 가지고 있어서, 모든 내담자의 유형에 공히 적용하기에는 일정한 한계가 있다는 지적도 많이 받고 있다.

2) 사회복지상담의 정의

현재 우리 사회에서 상담이란 용어는 다양한 영역에서 활용되고 있다. 심리상담, 직업상담, 진로상담, 재무상담, 법률상담 등 전문적인 정보와 도움을 필요로 하는 곳에

서는 상담이 부수적으로 붙는 경우도 많다. 이 중 사회복지 영역에서도 개별사회사업
(casework)으로 대표되는 실천방법에서의 1:1 개별면담기법은 현재에도 사회복지실천
의 가장 핵심적인 기법 중 하나로 간주되고 있다. 사전적 의미에서 보면, 상담(相談)은
"어려운 문제를 해결하거나 궁금증을 풀기 위해 서로 의논함"으로 정의할 수 있다(민중
엣센스국어사전, 2016: 1240). 서로 의논한다는 측면에서 상담은 상담자와 내담자의 만남
을 전제로 한다. 그리고 그것은 단순한 만남에 그치지 않고 어려운 문제를 해결하는 방
향을 지향한다고 말할 수 있다. 일상용어로서 사용하는 상담의 정의 외에 상담전문가
들이 말하는 상담에 대해 살펴보면 다음과 같다.

힐은 상담이란 "한 사람이 다른 사람을 도와 감정을 탐색하고 통찰을 받고, 그 사람
의 삶에서 변화를 이끌어 내도록 하는 것"(Hill, 2015: 25)이라고 정의하였다. 이 정의에
따르면, 도움을 제공하는 사람은 상담자를 의미하고 도움을 받음으로써 지지를 받는
사람은 내담자를 의미한다. 이장호(1991)는 일반적 형태의 상담을 "도움이 필요한 사
람이 전문적으로 훈련을 받은 사람과 대면하여 자기의 생활 과정에서 나타나는 심리적
고충과 문제들을 해결하면서 인간의 성장을 촉진하는 학습 과정"이라고 정의하였다.
이동렬과 박성희(2002)는 상담이란 "내담자와 상담자가 1:1로 개인적이고 전문적인 인
간관계를 맺음으로써 내담자가 자신의 문제를 해결한다든지, 환경에 보다 유능하게 대
처할 수 있는 새로운 행동을 하는 체계적인 활동"이라고 말하였다.

반면, 사회복지상담에 대한 정의는 앞서 얘기한 상담의 정의에 사회복지실천 과정
과 기법의 적용을 특히 강조한 형태로 진술되고 있다. 쉐빕은 사회복지상담을 "사회복
지실천현장에서 일반사회복지사 혹은 임상사회복지사가 면대면(面對面)의 상호작용을
통해 내담자 스스로 자기 삶의 요구에 대처하는 능력을 증진하도록 돕는 일정 기간 동
안의 관계를 일컫는다."(Shebib, 2006)라고 정의한 바 있다. 정원철과 박선숙(2014)은 사
회복지상담을 "사회복지실천 장면에서 사회복지사가 사회복지실천의 가치에 근거하
여 개인과 가족, 집단을 대상으로 상담이론과 기법을 적용함으로써 내담자의 사회적
기능을 향상시키고자 하는 일정 기간의 원조관계"로 정의하기도 하였다.

사회복지 영역에서 사용하는 상담이 중요한 이유는 그것이 사회복지 개입의 주요 도
구가 되기 때문이다. 사회복지실천에서는 상담(counseling)이란 용어와 면담(interview)
이라는 용어를 혼합하여 사용하고 있지만 사실상 거의 유사한 개념으로 간주된다. 굳

이 구분하자면, 상담이란 용어는 비교적 큰 개념의 의미를 지니고 있어서 "일상용어로서 사용하는 다양한 형태의 의논하는 행위"라고 볼 수 있다. 그에 비해 면담은 "내담자와 상담자가 만나서 같은 문제에 대해 의논하고 해결방안을 모색하는 등의 일련의 의사소통"을 의미한다. 어원적으로는 '서로 만나서(inter)' '함께 무엇인가를 같이 바라봄(view)'에서도 그 뜻은 분명하게 나타난다. 사회복지실천의 역사적 배경에 따라 그동안 사회복지상담 영역에서는 지그문트 프로이트(Sigmund Freud)의 정신분석 이론과 메리 리치몬드(Mary Richimond)가 주창한 진단주의 학파의 영향을 받아 면담이란 용어를 더 선호해 왔던 것으로 보인다.

사회복지실천 과정에서 상담은 전문적 관계에 바탕을 두고 정보 수집, 과업 수행, 내담자의 문제나 욕구 해결 등과 같은 목적을 수행하는 시간제한적 대화로 정의되기도 한다(Johnson, 1989; 양옥경, 김정진, 서미경, 김미옥, 김소희, 2010: 165에서 재인용). 이 정의에 따르면, 사회복지상담은 내담자와 사회복지사가 나누는 목적지향적인 대화임과 동시에 일정한 기간 내에 과업을 수행하는 데 필요한 시간을 미리 정해 놓고 행해지는 구조화된 문제해결 과정이라고 할 수 있다. 이 책에서는 용어의 혼란을 최소화하고 독자들의 이해를 돕기 위하여 사회복지 영역에서 이루어지는 상담이나 면담 혹은 심리치료와 관련한 용어를 사회복지상담(social work counseling)으로 통일하여 관련 내용을 설명하고자 한다.

사회복지상담의 정의를 살펴본 것에 이어서, 콤튼과 갤러웨이가 주장한 사회복지상담의 특성(Compton & Galaway, 1994: 274)에 대한 이해가 필요하다.

① 일정한 맥락과 세팅을 갖추고 이루어져야 한다

사회복지상담을 제공하는 기관이 있고, 내담자에게는 상담이 필요한 상황이 존재한다. 상담의 주된 내용은 내담자의 문제로 한정하여 개입함을 원칙으로 한다. 다른 부수적인 요인들은 가급적 상담에서 제외한다.

② 구체적인 목적과 방향을 가지고 접근해야 한다

사회복지상담은 내담자와 상담자가 아주 우연히 만나 이루어지는 것이 아니다. 상담은 내담자와 상담자의 관계에서 내담자가 자신의 개인적인 문제에 대해 자기이해와 자기지도력을 터득하도록 도와주는 과정의 연속이다(이수용, 2006). 이처럼 사회복지상담에서는 해결해야 하는 과업이나 문제에 대한 명확한 정의를 필요로 한다. 내담자의 심리 문제나 욕구를 해결하기 위해 구체적인 목표를 세워서 상담자와 내담자가 함께 전진하는 뚜렷한 방향성을 가진다.

③ 내담자와 상담자 간의 계약에 따라 시작해야 한다

인간의 행위가 공적 행위와 사적 행위로 구분되듯이, 사회복지상담에서는 내담자와 상담자가 친밀한 관계로 과정을 이끌어 나가기 때문에 겉으로 보기에는 사적 행위인 것 같지만 실제로는 공적 행위에 해당된다. 그 이유는 사회복지상담을 함에 있어서 내담자와 상담자가 상담 과정을 통해 어떤 목적을 달성할 것인지에 대해 상호 간에 합의하여 진행한다는 계약을 수립하고 일련의 상담 과정을 진행하기 때문이다. 계약을 맺지 않은 상태에서 상담을 진행할 경우, 상담자는 법적 책임에서 자유로울 수 없으며, 내담자 또한 공신력 있는 상담서비스를 받았다고 확신하기 어렵다.

④ 내담자와 상담자 간에 특정한 역할관계가 규정된다

상담은 내담자와 상담자가 각기 다른 역할을 가지고 서로 다른 역할을 수행하면서 상호작용하는 과정이라고 할 수 있다. 상담자는 내담자의 삶에 어떤 의미로든 직·간접적으로 개입하기 때문에 내담자를 인격적으로 존중하고 그들의 문제에 대해 신중하게 접근해야 할 책임이 있다. 반면, 내담자에게는 자발적 의사 여부를 떠나 상담자의 개입을 허락하고 변화를 도모할 책임이 있다.

이상의 내용을 종합해 볼 때 사회복지상담은 내담자와 상담자가 서로 한곳을 바라보는 일련의 실천 과정이다. 상담자는 내담자의 문제에 대해 적극적인 관심을 가지고 개입하며, 내담자는 상담자의 도움을 받아 자신의 해결되지 않은 욕구와 문제들에 대한 통찰력을 갖추도록 한다. 일상적 용어로서 사용되는 상담과 달리, 사회복지상담은 사회복지의 윤리와 가치를 반영한 전문적인 행위라고 정의할 수 있다.

2. 사회복지상담의 필요성 및 목적

1) 사회복지상담의 필요성

전통적으로 사회복지실천에서는 내담자의 문제해결을 위한 주요 수단으로 상담을 중요시해 왔으며, 상담기법은 여러 사회복지실천기법 중에서도 가장 기초적인 기법이라 할 수 있다. 그동안 사회복지 영역에서 상담에 대한 관점은 '사회복지기관에서 이루어지는 내담자와의 직접적인 작업'을 모두 상담이라고 한정지어 말하기도 하고, '의뢰를 통해 이루어지는 전문적인 서비스'로 이해하기도 하는 등 상담이라는 용어를 사용하는 주체들마다 다른 관점을 가지고 있는 경우가 많았다(Seden, 1999). 비록 관점은 다르지만 사회복지와 상담의 관계는 매우 밀접한 관련성을 지니고 있으며, 사회복지 영역에서 상담의 필요성은 점차 강조되고 있는 추세이다.

사회복지 영역에서 상담이 필요한 이유로는, 첫째, 20세기 초에 사회복지학이 태동한 이래 상담은 임상현장에서 주로 사용되어 왔지만 오늘날 사회복지실천현장에서는 다양한 형태로 확장되고 있기 때문이다. 최근 지역사회의 사회복지기관에 종사하는 사회복지사들은 정신적으로 괴로움을 겪는 내담자를 상대할 일이 많아지고 있다. 상담은 이들에게 지지와 위안을 제공할 수 있는 효과적인 방법이 될 수 있다(Hill, 2015: 25).

둘째, 실제로 최근 들어서는 전문적인 수준의 심리상담은 상담전문기관에 의뢰를 하더라도 기초적인 상담 관련 업무는 지역사회의 여러 사회복지기관에서 직접 수행할 수 있는 여건을 마련해야 할 필요성이 상대적으로 높아지고 있다. 이렇듯, 사회복지상담 영역은 기관의 형태와 기능에 따라 다양하게 적용되고 발전하고 있다. 상담은 사회복지사의 중요한 개입기법 중 하나이며, 사회복지사의 직업을 표상하는 주요 지표라고 할 수 있다.

2) 사회복지상담의 목적

우리는 삶의 여러 문제로 고통을 받다가 스스로 해결할 힘이 부족하다고 생각할 때,

누군가에게 도움을 요청한다. 통상적으로 내담자는 상담을 통해 고통스러운 생활과제들을 해결하고 보다 성숙한 인격체로 성장해 나갈 수 있다(이장호, 1991). 어떤 사람들은 자신의 기대만큼 제대로 살지 못한다고 생각하여 슬퍼하기도 하고, 또 어떤 사람들은 문제 상황에 놓였을 때 그것을 해결할 능력과 기회가 부족하여 상담을 받으러 온다. 그렇다면 내담자는 어떤 이유에서 상담자를 찾게 될까? 여기에 대해서는 다음의 두 가지 질문을 던져 보는 것이 내담자의 심리를 이해하는 데 도움이 된다. 그것은 '사람들은 왜 도움을 청하는가?'와 '도움을 받아서 무엇을 얻고자 하는가?'이다.

대부분의 내담자는 누가 보아도 문제를 유발하는 상황에 온전히 노출되어 있는 관계로 한 발짝 떨어져서 자신의 문제를 바라볼 마음의 여유가 없는 경우가 많다. 마음의 여유가 부족하게 되면 빠른 문제해결을 찾기 위해 초조한 마음을 가지게 되고, 초조함은 그릇된 행동으로 이어져 문제를 악화시키는 경우가 많다. 상담의 시작은 내담자가 처한 문제 상황에서 잠시 벗어나서 자신의 모습을 객관적으로 바라볼 수 있게 하고, 스스로 자기치유의 능력을 갖추도록 첫 단추를 꿰는 일에서부터 비롯된다. 여기서 문제란 무엇이 잘못되었는가가 아니라 어떻게 해야 보다 나아질 수 있는가와 관련된다. 이처럼 상담 영역에서 거론되는 내담자의 문제가 가지는 독특한 특성에 따라 이건은 상담에는 다음의 세 가지 목적이 있다고 하였다(Egan, 2016: 27-32).

(1) 내담자의 삶의 질 증진하기

상담의 가장 중요한 목적은 내담자로 하여금 자신의 삶에서 겪는 구체적인 문제에 더욱 효율적으로 대처하거나 활용하지 못한 기회를 찾아 살려 나가게 하는 데 있다. 내담자가 상담 과정에 적극적으로 참여하고 상담을 통해 배운 것을 잘 활용하게 된다면 내담자는 '작은 성취들을 자주 경험(small thing often)'하게 될 것이다. 그렇게 획득한 작은 성취들은 내담자의 자존감을 높여 줄 것이고, 그러한 경험들이 축적된다는 것은 내담자가 자신의 인생행로에서 많은 건설적인 변화를 경험하고 있음을 의미한다. 궁극적으로 내담자의 '상담이 참 좋았다.'라는 말은 내담자가 더욱 효율적인 삶을 살 수 있게 되었고, 내담자의 삶의 질이 증진되는 결과를 이끌어 냈음을 의미한다.

(2) 내담자가 스스로 돕는 법을 배우도록 돕기

상담은 내담자로 하여금 일상생활에서 문제에 대처하고 기회를 개발할 수 있는 능력을 키우는 데 목적을 둘 수 있다. 대부분의 내담자는 문제해결에 서툴고, 비록 해결능력을 갖고 있다고 하더라도 위기가 닥쳐오면 어찌할 바를 몰라서 당황하여, 자신이 본래 가지고 있던 긍정적인 문제해결능력을 제대로 발휘하지 못하는 경우가 많다. 그러므로 상담자는 내담자들이 앞으로 나아가는 데 필요한 지식과 기법을 전수해야 한다. 상담자가 얼마나 유능한지를 가늠할 수 있는 척도는 내담자가 이와 같은 기법들을 얼마나 잘 익혀서 일상생활의 문제에 적용할 수 있는가로 판가름할 수 있다.

(3) 내담자가 예방정신을 갖도록 돕기

상담의 목적을 예방에 둘 수도 있다. 의사들이 환자들에게 올바른 식생활과 생활습관으로 질병을 예방하는 방법을 배우기를 바라듯, 상담자는 내담자의 삶에서 문제가 발생할 것을 미리 생각하고 대처하도록 돕는다. 상담 그 자체는 내담자가 예방정신을 갖도록 돕는 데 가장 좋은 기회가 될 수 있다. 예를 들어, 부부치료의 현장에서는 부부 간의 불화로 '비난' '경멸' '공격 및 방어' '담쌓기' 등 역기능적 대화를 자주 목격할 수 있다(최성애, 2010: 27). 이 네 가지의 대화방식은 부부 사이를 멀어지게 하고, 심지어 이혼이라는 파국의 결과로 이어지는 지름길을 제공하기도 한다. 그런데 부부상담을 통해 내담자 부부가 멀어지는 대화보다 다가가는 대화를 시도하는 방법을 배우게 된다면 부부관계는 개선될 것이다. 부부간에 감정의 상처가 깊어지기 전에 자신의 감정을 자주 털어놓음으로써 부부가 서로의 감정을 이해하는 일이 잦아지면 부부관계 개선에 매우 효과적인 예방책이 될 수 있다. 상담자는 내담자가 이러한 예방정신을 실행할 협상능력을 갖출 수 있도록 가르치는 것도 필요하다.

3) 사회복지상담의 기능과 목표 설정

사회복지상담은 내담자가 상담자와 맺는 전문적 관계에서 촉진적인 의사소통기법을 사용하여 내담자가 가지고 있는 여러 문제에 대해 내담자 스스로 자기이해와 자기지도력을 터득하도록 도와주는 과정(helping process)이라고 할 수 있다. 상담의 지향점은 내담자가 스트레스나 여타의 문제들로부터 스스로를 보호하고, 자기 문제에 보다 잘 대처하도록 도우며, 주어진 기회를 최대한 살려 나갈 수 있는 능력을 키워 주는 것에 있다. 그런 점에서 사회복지상담의 기능은 첫째, 인간의 심리적 문제에 전문적 관계를 수립하여 둘째, 내담자가 치료적 대화를 통해 감정, 사고, 행동을 변화시키고, 셋째, 삶의 좌절과 고난을 극복하고 회복할 수 있도록 도우며, 마지막으로, 독립적이고 주체적이며 행복한 삶을 추구하는 능력을 향상시키는 데 있다.

사회복지상담의 기능을 최대한 발휘하기 위해서는 먼저, 내담자가 다양한 문제를 호소한다는 것과 표면적 문제(superficial)와 심층적 문제(in-depth mind)가 다를 수 있음을 알고 개입의 목표를 설정해야 한다. 그런 다음, 내담자의 이야기를 듣고 다각적 측면에서 문제를 파악하고 상담목표를 정하는 것이 좋다. 그 목표는 내담자에게 진정 도움이 되는 방향으로 실현 가능성 있는 목표를 설정하는 것이 바람직하다. 이외에도 목표 설정 시 내담자의 지적 능력, 경제적·시간적 여건을 종합적으로 고려해야 하며, 상담의 방향을 설정할 때는 지지(supportive)면담으로 진행할 것인지, 아니면 통찰지향(insight oriented)면담으로 진행할 것인지를 신중하게 결정해야 한다.

목표를 세울 때에는 내담자의 자아강도와 마음의 현상을 이해하는 능력을 파악하여 설정해야 한다. 상담의 기간을 설정할 때는 3개월 이내의 단기간으로 진행할 것인지, 그 이상의 기간 동안 장기간으로 진행할 것인지를 결정해야 한다. 마지막으로, 상담 과정에서 필요하다면 조력자를 활용할 수도 있는데, 이때 특수상담이나 가족상담 등 다양한 형태를 고려할 수 있다.

3. 사회복지상담의 치료적 효과

1) 내담자 측면에서 본 상담의 의미

내담자가 상담을 하러 오는 이유는 '생활상의 복잡하고 혼란스러운 문제의 상황들을 어떻게 해결할지 몰라서 내방'하는 경우와 '자기 기대만큼 제대로 살고 있지 못한 것 같아서 도움을 요청'하는 경우가 가장 많다. 여기서 내담자가 겪는 문제의 상황이란 첫째,

명확하지 않거나 명확해질 필요가 있는 것, 둘째, 개인적인 관심사에 속하거나 일상생활의 경험과 관련된 것, 셋째, 그것을 해결하는 데 필요한 정보가 부족한 경우, 넷째, 문제가 제대로 정의되어 있지 않은 경우, 다섯째, 해결방안이 있지만 각각 장단점을 가지고 있는 경우, 마지막으로, 해결책을 선택하는 데 너무 많은 방법이 존재하는 경우(접근-접근 갈등) 등으로 매우 다양하다.

그런데도 많은 사람은 전문적으로 상담을 받는 것을 꺼리는 경향이 있다. 상담을 받는 것은 수치스러운 일이며, 누군가에게서 상담을 받는다는 것은 자신이 연약한 존재임을 인정한 꼴이라고 생각하는 경우도 많다. 또 어떤 이는 이 세상 누구도 자신의 상황을 이해할 수 없을 것이라고 생각하고 다른 사람에게 속마음을 털어놓는 것은 무의미한 일이라고 생각하기도 한다. 이런 유형의 사람들은 자신이 누군가에게 평가받는 것을 두려워한다. 정신과 진료를 받게 되기라도 한다면 평생 정신병자로 볼까 봐 전전긍긍할 수도 있다(Hill, 2015: 30-31). 하지만 자신의 힘으로 감당하기 어려운 고통이 있을 때 필요한 심리적 도움을 조금이라도 받을 수 있다면 인생을 새롭게 살아갈 마음의 용기를 얻을 수 있다.

따라서 내담자는 상담에 임할 때 이러한 용기와 함께 변화에 대한 도전을 받아들이고 자기 자신에 대한 이해와 성숙하고자 하는 의지를 동시에 가질 필요가 있다. 또한 동시에 나와 다른 성격을 지닌 타인에 대해서도 이해하려는 노력을 기울여야 한다. 상황을 꿰뚫어 보는 능력을 가질 수 있다면 더욱 좋다. 때로는 상담이 진행되는 동안에 모호한 상황이 나타날 수도 있는데, 그럼에도 인내심을 가지고 상담 과정에 성실히 참여하는 것이 문제해결에 도움이 된다. 그렇게 되면 문제를 해결하고 조정해 나가는 능력을 키울 수 있게 된다. 자신이 평소 가지고 있던 고정관념에서 탈피할 수 있으며, 인간관계도 새롭게 재해석할 수 있게 된다. 더 나아가서는 넓은 시야로 세상을 바라보게 되어 사소한 실수로 일을 그르치지 않는 능력을 갖게 되고, 서로 상반된 것으로 여겨지는 것을 조화시키는 능력도 가지게 된다.

마지막으로, 상담이 가지는 궁극적인 목표는 내담자로 하여금 자신의 문제에 대해 명확하게 이해하는 통찰(insight)을 개발하도록 하는 데 있다. 통찰의 개발은 내담자가 향후에도 현재 자신이 겪고 있는 것과 같은 유사한 문제들 앞에서도 당황하지 않고 담담하게 문제를 해결할 수 있는 능력을 제공하는 데 큰 도움이 될 것이다. 그뿐만 아니라 통찰의 개발은 내담자로 하여금 자신의 삶의 문제들을 보다 긍정적으로 바라보도록 해 주어 자신만의 독특한 생활방식을 개발할 수 있는 용기를 불러일으킬 것이다.

2) 사회복지상담의 치료적 효과

상담의 근본적인 문제는 상담의 신뢰성을 문제 삼는 것이 아니라 상담의 타당성과 관련된 문제라고 할 수 있다. 그래서 질문의 형태 또한 '상담이 효과가 있는가?'보다는 '어떤 조건이라야 상담이 효과를 낼 수 있는가?'라는 질문이 보다 타당하다. 이런 질문을 하는 이유는 상담 과정의 복잡성을 깨닫고 상담 결과를 평가하는 데 내포된 문제를 알게 하기 위해서이다. 그리고 상담자는 이 질문들을 통해 상담을 제대로 하지 못하면 역효과를 낼 수 있다는 사실을 알게 되고, 상담자로서 더욱 신중한 자세를 취할 수 있게 된다. 그리고 궁극적으로는 상담할 때 구체적인 모델과 방법, 기법, 지침을 학습하고 활용하는 것에도 이 질문이 효과를 발휘할 수 있다.

상담의 효과성과 관련하여 많은 상담전문가는 다음의 세 가지 측면을 고려해야 한다고 주장하고 있다.

(1) 내담자 요인을 면밀하게 살펴볼 필요가 있다

대체로 상담은 노년층보다는 청년층에서 그 효과성을 크게 확인할 수 있고, 학력이 높은 사람들의 상담을 통해 도움을 받는 정도가 상대적으로 더 높다고 알려져 있다. 성격적인 측면에서는 융통성 있는 성격에서 더 큰 상담의 효과를 볼 수 있다. 그러나 상담을 통해 모든 문제가 해결될 것이라고 믿는 마술적 사고는 금물이다. 따라서 상담의 한계성을 인식하는 가운데 상담을 진행하는 것이 필요하다. 내담자의 긍정적 자원으로는 인내심이 강하고, 관용적인 삶의 태도를 지니며, 최선이 아니더라도 차선을 받아들일 수 있는 태도, 끈기와 삶의 에너지를 잃지 않는 태도가 중요하다. 내담자의 경우, 상담을 받고자 하는 동기가 매우 다양할 수 있다. 그 이유는 상담의 성공률이 상담자에 따라 차이가 있을 수 있기 때문이다. 이러한 성공률의 차이는 방법 때문이라기보다는 상담자의 상담능력 때문에 발생하는 경우가 더 많다.

(2) 환경적 요인을 고려해야 한다

상담의 환경적 요인으로는 먼저 가족의 협조 정도가 어떠하냐에 따라 상담의 효과성에서 차이를 보일 수 있다. 내담자 혼자만의 힘으로 자신의 문제를 해결하는 것만으로는 상담의 효과성을 기대하기 어렵다. 가족의 적극적인 협조가 병행되었을 때 상담의 효과성이 오래 지속될 수 있다. 아무리 좋은 상담실이라고 하더라도 내담자가 이동해야 하는 거리가 1시간 이상 떨어져 있다면 이는 정기적인 상담을 방해하는 요인이 될 수 있다. 이외에도 상담에 대한 사회문화적 요소를 고려할 필요가 있고, 내담자가 상담비를 지불할 수 있는 경제적 능력이 있는지도 함께 고려하는 것이 필요하다.

(3) 상담자 요인을 고려해야 한다

가장 바람직한 상담자의 특징으로는 내담자를 존중하고 온화하고 진실한 태도를 지니며, 포용적이고 공감하는 능력과 자기성찰의 능력을 갖추었다는 점을 들 수 있다. 부적절한 상담자의 특징은 냉정하거나 혹은 정이 넘치는 자, 자신을 두드러지게 나타내는 자, 내담자를 개인적 목적에 이용하는 자, 심각한 심리적 문제가 있는 자, 비현실적 보증을 하는 자라고 말할 수 있다.

4. 사회복지상담을 위한 제반조건

사회복지상담을 진행함에 있어서 쾌적한 상담 환경을 조성하는 일은 내담자의 태도와 감정, 반응에 중요한 영향을 미친다. 개인의 심리적 고충을 주로 다루는 심리상담을 실시할 때에는 개인의 사생활이 보장되는 편안하고 긴장완화적인 분위기를 조성해야 한다. 헵워스와 라슨은 생산적 상담을 위한 환경 조성을 위해 적절한 채광과 조명 및 온도, 어울리는 가구와 실내장식, 등을 편안하게 받쳐 주는 의자, 방해받지 않고 비밀을 이야기할 수 있는 독립 공간의 마련 등을 제시하였다(Hepworth & Larsen, 1986: 35). 이외에도 상담이 외부의 환경으로부터 방해받지 않으려면 전화 소리와 소음 등을 최소화하는 것도 필요하다.

상담의 목적에 따라 다를 수 있지만 상담 시간으로 적절한 시간은 통상 1시간 이내라고 알려져 있다. 그러나 이것은 어디까지나 내담자의 특성에 따라 달라질 수 있다. 가령, 아동이나 청소년 내담자의 경우에는 45분 이내로 상담 시간을 한정하는 것이 효과적일 수 있고, 65세 이상의 노인 내담자들의 경우에도 1시간 이상 연속으로 상담을 진행하는 것은 무리일 수 있다. 하지만 일반 성인의 경우에는 2시간 연속으로 상담을 진행할 수도 있다. 비자발적 내담자의 경우에는 상담을 진행하는 동안 저항이 빈번하게 나타나 상담을 적절하게 진행하기 어려울 때가 많기 때문에 의무적으로 1시간의 상담 시간을 지키는 것 자체가 무의미할 수도 있다. 무엇보다 상담 시간과 관련해서 중요한 것은 상담자가 융통성 있는 자세를 가지는 것이다.

또한 내담자는 상담을 통해 자신의 마음속에 있는 것들을 다 털어놓음으로써 후련함을 느낄 수 있다. 이것을 두고 우리는 환기(ventilation)라고 표현하며, 상담자가 무언중에 내담자를 안심시킴으로써 죄책감을 완화시키는 효과를 얻을 수 있다. 다음으로, 내담자는 상담 과정에 참여하면서 교정적 감정체험을 하게 되고, 그러한 체험은 내담자를 성장시키는 자양분이 될 수 있다. 마지막으로, 내담자가 상담자와의 장기적 접촉을 통해 의식적·무의식적으로 배우는 것이야말로 재교육의 효과에 크게 영향을 미칠 수 있다.

제2장

내담자와 상담자의 관계

아는 만큼 보이고, 보이는 만큼 생각한다!

-류홍준

1. 문제해결의 과정으로 이끄는 상담자

1) 상담자에게 필요한 태도와 마인드

여러 상담 장면에서 내담자를 대하는 상담자의 태도는 내담자의 말과 행동에 주의 깊게 경청하고 공감하고 섣불리 판단하지 않는다는 것을 기본으로 한다. 유능한 상담 자는 내담자의 감정표현을 격려하며 내담자가 문제에 대해 새로운 시각을 갖도록 돕 고 변화를 위한 실천을 할 수 있는 동기를 유발한다(Hill, 2015: 35). 내담자의 문제해결 을 위한 도움을 제공하려고 한다는 점에서 상담자는 한 사람의 참여자로서 문제해결 과정에 참여한다. 이 참여는 특유한 방식의 참여, 즉 사실상 '참여관찰자(a participant observer)'의 자격으로 참여하는 것이다. 상담자는 내담자와 상호작용하는 과정에서 적 극적으로 참여할 때도 있지만 내담자로부터 조금 멀리 떨어져서 '지금 이 내담자와 그 주변에 어떤 일이 벌어지고 있는가'를 생각하면서 상담을 진행해야 한다.

상담자와 내담자는 상담을 진행하는 과정에서 계획된 변화의 과정을 경험하게 된다. 그 과정에서 상담자는 내담자의 문제해결에 필요한 문제해결기법과 그 사용 가능성에 대한 새로운 통찰과 이해를 얻을 수 있도록 돕는다. 내담자는 상담을 시작할 당시와 비교해 볼 때, 종결할 때쯤에는 자신의 상태가 상당히 호전되었음을 경험하게 될 것이다. 그것은 이전과는 다른 새로운 삶의 적응방식들을 갖게 해 준다는 점에서 매우 유용하다.

이런 결과를 도출하기 위해서는 우선 상담자가 내담자의 마음을 충분히 잘 읽고 이해하는 능력을 갖추어야 한다. 그러한 능력은 오랜 기간 심리상담에 관한 여러 이론지식과 임상 경험, 그리고 상담기법에 숙달한 상담자에게만 주어지는 능력일 것이다. 상담자의 인품은 어머니처럼 부드러우면서도 아버지처럼 엄한 성격을 동시에 가지는 것이 좋다. 그리고 상담자는 삶에 대한 명확한 소신을 가지고 있어야 하고, 인간에 대한 관심의 정도가 높아야 한다.

그리고 무엇보다 상담자는 내담자의 입장에 서서 생각할 줄 알아야 한다. 또한 상담자 스스로 자기분석도 자주 해야 한다. 여러 유형의 내담자를 만나서 상대하는 일은 상담자 자신에게도 일정한 갈등과 문제를 불러일으킬 수 있으므로 상담자는 자기분석을 통해 어떤 유형의 내담자를 만나더라도 의연하게 대처할 수 있도록 해야 한다.

2) 상담자에게 필요한 인간적 자질

표면적으로 볼 때, 상담 진행 중에는 상담자가 크게 활동적이지 않은 것처럼 보이지만 실제 상담 과정에서 상담자는 정신적으로 매우 왕성한 활동을 보인다. 상담자는 내담자의 말을 듣고 이해하고 반응하는 일련의 과정에서 정신적으로 맹렬히 활동하는 등 고도의 냉철한 지성을 발휘하게 된다(Dewald, 2010: 73-79). 그렇다고 해서 상담자는 내담자를 향한 인간적인 마음씨를 잃어서는 안 된다. 지나치게 지성적인 태도는 상담의 과정을 그르칠 수 있음을 상담자 스스로가 항상 경계해야 한다. 따라서 상담자는 다음과 같은 인간적 자질을 갖춘 사람이어야 한다.

(1) 내담자를 존중하는 자세를 지님

상담자는 '**내담자는 항상 옳다**(Client is always right).'라는 신념으로 내담자를 개별화된 인간으로 존중하고, 또 많은 어려움과 심한 고통을 받고 있는 사람으로서 존중하는 마음이 있어야 한다. 내담자의 무능력이나 고통을 해명해 줄 수 있는 신체적 원인을 발견하지 못한 경우에도 '당신한테는 아무 데도 나쁜 데가 없다.'라는 식으로 생각해서는 안 된다. 이러한 반응은 정서적 장애의 중요성과 또 그것으로 인해 야기될 수 있는 고통의 정도를 과소평가하는 것이 되기 때문이다. 상담자는 내담자 위에 서지 않기 때문에 내담자와 상담자의 관계는 어디까지나 수평적 관계에서 한 치도 벗어나지 않는다.

(2) 수용의 자세를 지님

상담자는 사람들은 저마다의 사고와 행동방식에서 차이를 보일 수 있다는 사실을 알아야 한다. 독특한 행동방식을 보이는 내담자들을 대할 때도 너그러운 마음으로 대할 줄 알아야 한다. 상담자는 모든 사람이 그의 인생 경험이나 행동방식, 가치관이나 태도에 있어서 자신과 같이 모범적으로 살아가는 것이 아니라는 것을 이해해야 한다. 비록 사회적·경제적·문화적 배경이 다르다 할지라도 상담자는 내담자의 인생방식과 인생관을 수용할 줄 알아야 한다.

(3) 끈기와 인내심 발휘

상담이 소기의 성과를 거두는 데에는 오랜 시간이 필요할 수 있다. 상담 분야에서 일하는 사람은 비록 상담자가 생각한 바대로 내담자의 즉각적인 변화가 나타나지 않는다고 하더라도, 쉽게 포기하지 않고 변화에 대한 알맞은 때를 찾고 기다릴 줄 알아야 한다. 달리 말해서, 상담 과정의 장기목표를 생각하며 끈기와 인내심을 가지고 상담의 전체 과정에 임해야 한다.

(4) 수동성의 자족

상담자는 내담자로 하여금 그의 행동을 수정하도록 도와줄 수는 있지만 내담자를 대신해서 직접 문제를 해결해 줄 수는 없다. 행동의 변화를 가져오게 하는 주체는 결국 내담자이므로 상담자는 내담자를 적극적으로 조종해서는 안 된다. 그러므로 상담자는 어느 정도 수동적인 태도로서 내담자를 대하는 것에 만족할 줄 알아야 한다.

(5) 상담 효과의 제한성 인식

상담자는 내담자를 치료함에 있어서 자신이 사용하는 상담기법이 완벽한 기법이 아님을 인정하면서 치료를 진행해야 한다. 미성숙한 상담자들에게서 나타나는 가장 큰 위험성은 자신이 사용하는 상담이론이나 기법이 완벽하다고 굳게 믿는 데 있다. 이런 태도는 상담자를 교만하게 만들고, 그 교만함은 내담자에게 깊은 상처를 남기게 된다. 그러므로 성숙한 상담자는 자신의 치료법에는 항상 한계가 존재함을 받아들이고 자신의 능력에도 한계가 있음을 인정한다.

2. 유능한 상담자 되기

1) 상담수련의 동기

(1) 개인적 관심

대체로 상담에 입문하게 되는 상담자의 수련동기에는 일차적으로 인간의 내면을 깊이 탐구하고 싶어 하는 개인의 관심사가 크게 작용한다. 상담의 여러 분야 중에서 어떤 수련을 택할 것이며, 또 그 수련을 얼마나 편안하게 받게 되는가는 주로 그 사람의 성격과 흥미에 따라 결정된다(Hill, 2015: 25). 상담의 수련 과정을 선택할 때에는 보편적으로 수련자 자신의 개인적 흥미나 동기에 대해서 유의하는 것이 좋다.

(2) 직업적 동기

많은 사람이 상담을 배우고 싶어 하고 관심을 가지는 이유는 개인에 따라 다양하다. 어떤 사람은 자신에게 어떤 신경증적인 문제나 성격적인 문제가 있다는 것을 의식하였기 때문에 그것을 보다 잘 이해하고 싶고, 또 그런 자신의 내적·정서적 문제를 적어도 일부나마 해결하고 싶어서 상담을 직업으로 선택하게 되는 경우가 있다. 이 경우, 상담자는 자신과 유사한 문제를 지니고 있는 내담자를 어느 정도 존중하고 동정하게 되는 긍정적인 면도 있다. 그러나 상담자 자신이 그 같은 증상이나 고통 또는 신경증적 무능력 상태를 스스로 의식하지 못하는 경우에는 내담자의 그러한 상태를 약점의 표시로 보게 되어 내담자의 문제해결에 도움이 되지 못할 때도 있다.

또 어떤 사람은 자신의 가족이나 친구가 신경증이나 정서장애를 갖게 된 것을 보고 상담에 관심을 가져 입문하기도 한다. 이런 경우, 사람들이 이와 같은 힘들고 고통스러운 경험을 갖지 않도록 도우려는 남달리 강한 동기를 가지고 있기 때문에 상당히 긍정적인 측면으로 작용할 수 있다.

이외에도 여러 가지 동기나 관심, 즉 '사람들과 친밀해졌으면 하는 욕구' 또는 '다른 사람들의 내적 생활에 대한 호기심과 더불어 그들의 개인적 감정이나 비밀을 알고자 하는 욕구'로 인해 상담자가 되기를 결심하는 경우도 있다. 대체적으로 이 분야에 끌리는 사람들은 다른 분야를 택한 사람들에 비해서 보다 인도주의적인 흥미나 태도를 갖고 있다고 말할 수 있다. 무엇보다 상담의 영역에서 보람과 행복을 느끼려면 고통받고 있는 사람들을 돕고자 하는 굳은 헌신적 자세를 가지고 있어야 한다.

(3) 상담자의 자기분석

상담자가 자기 자신에게 어떤 개인적인 어려움이나 동기가 있다는 것을 의식하지 못하는 경우, 그런 상담자의 개인적인 어려움은 여러 심리정서적 문제를 가진 내담자들을 돕고 치료하는 데 방해가 될 수도 있다. 사실 이런 경우에는 상담자 자신의 자기분석을 위해 정신치료를 받는 것이 필요하다. 상담자는 남을 돕는 사람으로서의 역할을 수행하는 데 있어서 자신의 문제가 방해되는 일이 없도록 노력해야 한다. 상담자의 자기분석이 필요한 이유는 대체로 다음과 같이 대별된다.

- 상담자 자신이 여태까지 의식하지 못했던 자기 속의 많은 문제를 의식할 수 있게 된다.
- 자신이 내담자의 역할을 경험하였기 때문에 그들이 느끼는 어려움을 보다 잘 이해하고 참고 수용할 수 있게 된다.
- 자신의 퇴행이나 내담자의 퇴행, 그리고 어떤 불확실성이나 불안, 우울이나 기타의 반응을 보고도 보다 편안하게 잘 참고 견딜 수 있게 된다.
- 자신에게 수많은 개인적 갈등이 존재한다는 것을 인식할 수 있고, 만일 이러한 갈등을 해결하게 되면 자신의 맹점을 제거할 수 있게 되어 상담자로서의 객관성을 유지할 수 있게 된다.

2) 상담자의 역할과 상담구조화

내담자와 상담자 간의 상호작용을 표면적으로 볼 때에는 상담자가 별로 활동적이지 않은 것처럼 보일 수 있다. 그러나 실제 상담 과정에서 상담자는 정신적으로 매우 활동적으로 움직인다(Dewald, 2010: 73-79). 상담자의 인간적 자질과 내담자의 전이의 대상이 되어 주는 상담자의 역할은 상담 과정 전개를 좌우하는 요소라고 할 수 있다. 따라서 상담자의 이 두 가지 역할은 내담자에게 어떤 것과도 비교할 수 없는 독특한 경험을 갖게 하는 것으로서, 그의 친구나 가족이나 다른 어떤 조언자와 비교해도 근본적으로 차이가 나는 요소로 작용할 수 있다. 다음은 상담 과정에서 상담자에게 필요한 조건들이다.

(1) 가장 먼저 내담자와 라포를 형성

상담자는 내담자로부터 적절한 정보를 끄집어내기 위해 자기 자신을 하나의 도구로 사용할 줄 알아야 한다. 이것은 단순히 어떤 질문을 하고, 어떤 대답을 얻는 것과 같은 간단한 일이 아니다(안영실, 최송식, 윤숙자, 채인숙, 2002). 적절한 정보를 끄집어내기 위해서는 우선 내담자의 마음을 편하게 할 수 있어야 하고, 서로 마음이 잘 통할 수 있는 친화관계를 확립할 수 있어야 한다. 그렇게 함으로써 내담자는 보통 다른 사람에게는 말하지 않을 경험이나 생각이나 감정을 상담자에게 스스로 이야기하고 싶어질 수 있다. 내담자와 라포가 잘 형성되면, 내담자와 상담자 간에 우리의식(we-feeling)이 생기게 되고, 이것은 상담 과정을 촉진한다.

(2) 내담자의 감정표현을 격려하고 수용하는 분위기 조성

상담 과정에서 상담자는 내담자의 감정표현을 격려하고 그 감정을 표현하도록 돕는다. 내담자가 어떤 이야기를 하더라도 거기에 수반되는 감정이 표현되도록 돕는 일은 상담 과정에서 매우 중요한 작업이다. 상담자는 내담자의 감정을 접할 때, 편안한 느낌과 마음의 여유를 가질 수 있어야 한다. 또한 내담자로 하여금 자신의 그런 감정을 돌이켜 보게 하고, 그 감정을 올바르게 처리할 수 있게끔 도와줄 수 있는 역량을 갖추고 있어야 한다.

(3) 여러 종류의 상담 진행이 가능해야 함

내담자의 상담 필요성에 잘 대응하기 위해서는 상담자가 여러 가지 종류의 상담을 실시할 수 있는 능력을 갖추고 있어야 한다. 만일 탐색적이고 감정의 표현을 조장하는 수준으로 한정하는 상담이라면 내담자의 말이나 표현을 그대로 따라가는 것이 좋다. 이런 방법은 내담자 스스로 여태까지 의식하지 못했던 것을 점점 더 의식하게끔 조장하는 비구성적인 상담을 실시할 수 있는 능력과 관련된다. 상담의 목적이 내담자의 갈등의 무의식적 본성은 그대로 유지하고 의식화하려고 하지 않을 경우에는 보다 지시적이고 통제적이고 초점적이며 적극적인 상담을 실시할 수 있어야 한다. 유능한 상담자는 이 두 가지 상담방법을 모두 실시할 수 있어야 한다.

(4) 관찰과 정리, 그리고 연관성을 찾는 상담 작업 진행

상담자는 내담자로부터 이야기를 끌어내고 있는 동안에 그런 이야기나 자료를 관찰하고 정리를 잘해야 한다. 내담자가 보고하는 자료와 여러 상황을 비교·검토하여 서로 연관지어 생각해 보는 것은 매우 중요하다. 그리고 상담자는 내담자의 비언어적 행동도 서로 연관시킬 줄도 알아야 한다. 이 모든 활동은 내담자의 문제나 어려움을 이해하는 기초가 된다. 상담자는 내담자 문제에 대한 이해를 기본으로, 내담자의 문제에 어떻게 접근해 들어갈 것인지와 어떤 식으로 내담자를 도와야만 내담자가 당면한 문제를 보다 효과적으로 해결할 수 있을 것인지를 분명하게 구분할 수 있게 된다.

(5) 전이 대상으로서 허용하는 상담구조

상담자 자신을 내담자의 전이(transference) 대상이 되도록 하는 것은 내담자가 상담자를 그의 전이 대상으로 삼는 것을 허용하는 것을 말한다. 전이란 **'현재 자신의 생활 주변에 있는 사람들을 마치 과거의 사람들과 같은 특징을 가진 사람인 양 지각하게 되는 것'**이다. 내담자는 상담자를 대할 때 여러 가지 반응, 즉 감정, 욕망, 공포, 방어, 기대 등을 경험할 수 있다. 이것은 어린 시절 사람들과의 관계에서 특징적으로 나타냈던 감정이나 욕망이나 방어 등과 같은 것이다. 그래서 현재 상황에서 나타날 때 그것은 흔히 적절하지 못한 것이 되고, 현재의 관계를 무시하는 것이 되기 쉽다. 그러므로 상담의 여러 장면에서는 이런 전이반응을 적절하게 해소함으로써 내담자의 문제해결을 도울 수 있다. 그리고 내담자는 전이반응으로 인하여 여러 측면에서 상담자를 그릇되게 지각하거나 상담자 이미지를 왜곡할 수 있다. 그렇더라도 상담자는 내담자의 그 같은 왜곡을 보고도 참고 견딜 수 있어야 한다. 상담자가 내담자의 전이왜곡에 대하여 불쾌감이나 불안감 없이 참고 견디는 노력을 할 수 있다면 그 상담은 분명 소기의 성과를 거둘 수 있을 것이다. 상담자는 내담자의 전이반응을 통하여 내담자와 다른 사람과의 관계가 어떤지, 내담자가 다른 사람에게 어떤 반응을 하는지를 이해할 수 있게 된다.

(6) 내담자의 퇴행을 허용하는 유연한 상담구조

내담자의 말을 듣고 있는 가운데 상담자가 스스로 자신의 연상이나 생각이 내담자의 연상이나 생각과 뒤섞이게 하는 퇴행을 보일 수 있다. 그것은 마치 일상적인 논리적 규칙이나 합리적 사고를 잠깐 떠나서 미성숙한 사람이 생각하는 것과 같아 보인다. 상담자는 이런 과정을 통하여 내담자의 미성숙한 본능적이고 일차적인 사고의 과정이나 왜곡을 이해할 수 있다. 그러나 상담자는 자신의 사고 과정이 그런 식으로 퇴행하도록 허용하면서도 이 퇴행을 마음대로 역전할 수 있어야 한다. 더불어 퇴행적 사고를 하고 있는 동안에 이해할 수 있었던 것을 합리적인 이차적 사고 과정에 의해서 관찰하고 평가할 수 있어야 한다.

3) 유능한 상담자의 역량

내담자에게 변화를 가져오기 위해서는 상담자 자신이 효과적인 도구가 될 수 있어야 한다. 상담에서 '**치료의 도구가 바로 상담자 자신**'이라는 이 명제는 상담에서 매우 중요한 의미를 가진다. 상담자가 효과적인 도구가 되기 위해서는 상담자 스스로가 이 사실을 무겁게 받아들이고 상담 역량을 가다듬는 노력을 지속적으로 기울여야 한다(Dewald, 2010: 68-72).

(1) 내관과 자각능력

상담자는 내담자의 정신 기능과 심리적 기능에 집중한 상태에서 상담을 진행하여야 한다. 이는 내담자가 보고하는 삶의 이야기들에 대해 상담자가 보다 적극적인 흥미를 느껴야 하고 관심을 가져야 함을 의미한다. 상담자는 상담을 진행하면서 인간의 정신 기능이 어떻게 작용하는지 스스로 들여다보는 능력을 배우고 익힐 필요가 있다. 이를 두고 우리는 내관(內觀: introspection)이라고도 하고, 다른 사람의 마음을 살피기 전에 먼저 자신의 마음부터 살펴본다는 점에서 자각(自覺: self-awareness)이라고 표현하기도 한다. 이와 같은 역량을 잘 기르게 되면 상담자는 내담자의 이야기와 반응들에 민감해진다. 그럴수록 내담자에 대한 이해도가 높아져 상담을 올바른 방향으로 이끌 수 있게 된다. 이를 통해 상담자는 상담 중에 어떤 마음이 상담자 자신의 내면에서부터 올라오고 있고, 내담자의 마음구조에서는 또 어떤 것이 올라오고 있는지를 혼동하지 않고 명료하게 식별할 수 있다.

(2) 공감능력

공감이란 '**우선 상담자 자신의 반응을 중지하고 그 대신 내담자의 배경과 내담자의 성격이 상담자 자신에게 주어졌다고 가정하면서 자신을 내담자의 입장에 놓이게 하는 것**'이다. 따라서 공감은 내담자와 부분적으로 동일시하는 동일시의 일시적 · 과도기적 현상인 것이다. 상담자는 공감을 통해 내담자의 사고 과정 속으로 들어가 내담자가 무엇을 느꼈는지를 경험하게 된다. 상담자가 공감을 하지 못하고 내담자와 거리를 두고 좀 멀리 떨어져서 냉기를 풍길 경우, 내담자가 지금 어떤 것을 경험하고 있는지 이해하지도 못하고 경험하지도 못하기 때문에 상담자로서의 치료적 효과가 매우 적을 수 있다. 그 결과, 상담자로서 이해하고 수용하고 있다는 것을 내담자에게 직접 보여 주는 데 있어 심히 제한을 받게 된다.

(3) 관찰능력

상담자는 내담자의 말을 경청할 뿐만 아니라 내담자의 모든 비언어적인 행동적 표현을 관찰할 수 있어야 한다. 상담자는 내담자의 사고 과정은 물론이고, 그가 생략하고 있는 문제들과 자신의 반응도 관찰하여야 한다. 상담자는 내담자가 지금 무엇을 말하고 있는지 그 세부적인 내용까지 다 알아야 함과 동시에 내담자의 말이나 행동의 맥락이 어떠한지에 대해 상담자 자신의 주의를 골고루 배분해서 경청하는 능력을 길러야 한다.

(4) 환기적 경청능력

환기적 경청이란 상담자가 내담자로 하여금 자기 마음을 다 털어놓을 수 있게끔 잘 듣는 것을 말한다. 그것은 내담자의 표현을 불러일으키는 경청방식이다. 상담자는 이런 환기적 경청을 통해 내담자가 지금 마음속에서 무엇을 경험하고 있든지 간에 그것을 다 표현하도록 격려해 줄 수 있다. 내담자는 상담자와 깊이 있는 자신의 내면의 이야기들을 할 수 있고, 상담자에게 자기 마음을 전할 수 있게 될 때 자신의 문제가 점차 해결되어 감을 느낄 수 있다.

(5) 기꺼이 고통을 동원하는 능력

상담자는 내담자에게 고통을 주게 될까 걱정해서 그로부터 고통스러운 이야기나 경험을 끄집어내는 것을 꺼려서는 안 된다. 상담자는 내담자에게 불안과 죄책감을 야기하는 괴롭고 고통스러운 기억이나 경험을 촉발할 수 있어야 한다. 다시 말하자면, 상담자는 내담자의 고통스러운 경험을 동원할 수 있어야 한다. 그러면서도 상담자 스스로가 어떤 부당한 죄책감이나 곤란함을 느끼지 않아야 한다. 상담자가 내담자의 고통의 동원을 꺼리는 것은 마치 외과의사가 내담자에게 고통을 가하기를 싫어하여 내담자의 병이나 상처를 치료하기 위한 수술을 효과적으로 수행하지 않는 것과 같다.

(6) 일방적 요구에 대한 인내심

심한 정서적·심리적 장애를 지니고 있는 사람들 중에는 이미 상당할 정도로 퇴행해 버린 사람들이 많다. 이런 상태의 사람들은 자기 자신이나 자기 문제에만 사로잡혀 타인에게 관심을 기울일 여력이 없다. 그런 이유로 일상적인 인간관계에서의 서로 주고받는 호혜적인 관계가 아닌 일방적인 요구를 해 오는 경우가 많다. 이러한 유형의 내담자를 만날 때를 대비하여 평소 상담자는 이와 같은 내담자의 특징을 이해하고 그것을 참고 견딜 수 있는 연습을 해야 한다.

3. 내담자와 상담자의 전문적 관계

1) 상담관계 형성의 특징

내담자와 상담자가 맺는 상담관계는 내담자에게 허용적인 분위기를 조성하고 어떤 압력이나 강요도 없이 내담자 성격의 성장을 도우며, 내담자의 행동의 한계를 규정하고 제한적으로 개입하는 것을 특징으로 한다. 상담관계가 잘 유지되기 위해서는 무엇보다 내담자가 보이는 문제 유형들을 잘 파악할 필요가 있다. 내담자들에게 흔히 나타나는 문제 유형들은 정서적 문제와 인지적 왜곡, 그리고 문제행동 등이 대표적이다. 이에 따라 내담자들이 상담에 임하는 부정적인 태도와 형태는 왜곡된 사고로 인해 세상에 대한 그릇된 견해를 가지고 행동하는 경우가 많다. 다음으로, 내담자의 증상이나 문제들은 자신을 보호하기 위한 방어기제의 영향도 크게 받는다.

상담관계의 형성에서 가장 중요한 것은 이러한 내담자의 문제 유형과 태도를 이해하고 그에 적합한 수준에서 시작하는 것이다. 그러기 위해서 상담자는 내담자가 편안하게 얘기할 수 있는 분위기를 우선적으로 조성할 필요가 있다. 이때 상담자는 성실하고 일관적인 태도를 유지하고, 내담자를 무조건적으로 긍정하고 존중하며, 정확한 공감적 이해를 제공하는 것이 필요하다.

2) 상담자의 전문적 태도

상담자가 상담의 과정에서 어떻게 처신하고 그 상황을 어떻게 구성하느냐에 따른 상담자의 인간성은 내담자가 상담자와의 관계에서 얼마나 안심하고 잘 통할 수 있는지를 크게 좌우한다(안영실 외, 2002).

(1) 시간엄수

상담자가 약속한 시간을 잘 지키고 이 점에 있어서 결코 변함이 없다는 것을 보여 준다면, 그 자체가 내담자를 한 사람의 인간으로서 존중하고 있다는 것을 의미한다. 반면, 상담자가 시간을 잘 지키지 않거나 예정된 시간보다 늦게 상담실에 나타나 내담자를 자주 기다리게 하는 등의 경우에 내담자는 자신이 무시받는다고 느낄 수도 있다.

(2) 비밀유지

상담자는 어떤 경우에도 상담 중에 알게 된 내담자에 관한 일체의 정보를 외부에 알려서는 안 된다. 만일 내담자가 비밀이 지켜지지 않고 있다고 생각하거나 혹은 의심하게 될 경우, 그 상담은 사실상 실패로 끝나게 된다. "○○ 님의 이야기를 다른 사람에게 해야 할 경우가 생긴다면, ○○ 님의 허락 없이는 그 누구에게도 ○○ 님에 관한 이야기는 하지 않을 것입니다."라고 말하면서 상담에서 알게 된 비밀은 유지된다고 이야기해 주는 것이 필요하다.

(3) 수용의 자세

상담자는 규칙성과 일관성을 가지고 상담을 진행해야 한다. 때때로 상담의 진행이 더디더라도 섣불리 개입을 하기보다는 인내심을 가지고 때를 기다릴 줄 알아야 한다. 비록 내담자의 견해에 개인적으로는 동의하지 않고 있더라도, 내담자의 입장을 일차적으로 고려하며 내담자의 처지와 눈높이에서 문제를 바라보고 이해하려고 노력해야 한다.

(4) 경험의 공유, 내담자 존중

내담자가 자신의 경험을 다른 사람과 나누어 가질 수 있다는 사실은 상담에서 매우 중요하다. 자신의 경험을 남과 나누어 갖는다는 것은 상담자의 전문적 공감이라는 형태를 통해서만 이루어지는 것이다. 그리고 그것은 내담자에게는 중요한 지지적 요소가 된다. 내담자는 자신의 경험을 나눔으로써 과거에 홀로 느껴야만 했던 심리 내면의 갈등들이 점차 감소됨을 느낄 수 있다. 그렇다고 해서 상담자가 내담자가 이야기하는 것이라면 뭐든지 다 동의하고 받아들여야 한다는 뜻은 아니다. 또 내담자의 느낌이나 내담자가 하고 싶어 하는 것은 무엇이든 다 격려하라는 뜻도 아니다. 상담자는 내담자를 언제나 한 인간으로서 존중해야 하고, 또 그럼으로써 정해진 치료법의 한계 내에서 보다 효과적으로 내담자의 문제를 처리할 수 있도록 도와야 한다.

(5) 모델링

상담에서 상담자 자신은 내담자에게 하나의 모범을 보이는 존재가 될 수 있다. 상담자가 바라는 것은 내담자가 그것을 내재화해서 자신을 그렇게 볼 수 있게 되었으면 하는 것인데, 바로 이런 측면에서 볼 때 상담자는 내담자에게 모델링이 되어 줌으로써 봉사하고 있는 것이라고 하겠다. 그렇게 되면 내담자는 상담자를 동일시해서 성장할 수 있다.

3) 전문적 상담관계의 발달

(1) 적극적 경청으로 상담을 시작한다

상담에서 상담자는 말없이 듣고 있는 경우가 많다. 경청은 비록 겉으로는 말이 없다고 해도 듣고 있는 상담자의 마음속에서는 수많은 정신 활동이 일어나고 있는 것이라고 할 수 있다. 상담 초기에 "이 상담은 주로 당신이 이야기하고 저는 듣는 것으로 하겠습니다. 그렇다고 제가 가만히 있는 것이 아니라, 가끔 질문도 하게 될 것입니다."라고 알려 주는 것도 경청의 좋은 방법이다.

(2) 주로 개방형 질문으로 공감을 이끈다

이것은 내담자가 어떤 이야기를 시작했을 때, 상담자가 그것에 관해서 그 이상의 정보를 얻고자 내담자에게 청하는 경우를 말한다. 통상 그 이야기에 관해서 내담자에게 물어보는 질문 형식을 취할 때가 많다. 때로는 내담자에게 좀 더 자세하게 말해 달라는 식의 요청 형식을 취할 때도 있다. 상담자는 "그것에 대해 자세히 이야기해 보세요."라고 요구할 수도 있고, "때로는 이야기하기 힘들더라도 이야기하는 것이 문제해결에 도움이 됩니다."라고 이야기하면서 내담자를 안심시켜 줄 수도 있다.

(3) 때때로 직면할 것은 직면할 수 있도록 한다

이것은 내담자가 마주하기 두려워하는 어떤 면과 마주하게 한다는 뜻이다. 직면이란 상담자가 내담자에게 어떤 것을 지적해 주는 행위를 말하는 것으로, 그 목적은 그로 하여금 모순된 것들에 주목할 수 있게끔 하기 위해서이다. 직면은 상담자가 관찰했던 내담자의 비언어적 행동일 수도 있다. 예를 들면, "당신은 오늘 신경이 곤두서 있는 것 같군요."

"금방이라도 눈물이 나올 것 같아 보이는군요." "오늘은 보통 때와는 다른 옷차림을 했군요." "지금 그 말을 하면서 주먹을 불끈 쥐고 있군요." 등과 같이 내담자에게 지적해 주는 것이다.

또한 상담자가 관찰했던 내담자의 말이나 이야기를 그에게 직면시킬 수도 있다. 예를 들면, 그의 연상의 형태나 경향이 어떻다는 것을 지적해 주는 경우가 있다. 이야기의 주제를 중간에 갑자기 바꾸었다는 사실을 지적해 주거나 말하는 음성이 변했다는 것을 지적하는 경우도 있다. 또 뻔한 것을 빠뜨리고 말하지 않는다든지, 어떤 면을 자꾸 회피하는 것처럼 보인다든지 하는 경우를 직면시킬 수 있다. 직면은 상담자가 어떤 것에 관해서 내담자의 주의를 환기하는 것이다.

(4) 해석을 할 때는 신중하고 주의 깊게 사용한다

직면보다 더 적극적으로 개입하는 방식은 해석을 해 주는 것이다. 이것은 상담자가 내담자에게 본인의 어떤 행동이나 사고, 감정이나 생각 등을 지적해 주는 것이다. 해석은 내담자가 처한 상황과 문제가 내담자에게 어떤 의미를 지니는지 그 의미에 관한 상담자 나름대로의 추리를 제시해 주는 것이기도 하다. 또 때로는 그런 생각이나 감정은 본인 또는 본인의 문제와 어떤 관련성을 갖고 있을 것이라는 점을 지적해 줄 때도 있다. 내담자가 여태껏 생각해 보거나 의식한 적이 없는 연관성을 지적해 줄 때도 있다. 상담자가 해석을 할 때에는 내담자가 과연 어떤 사람인지에 대해 상담자로서 생각을 정립하고 있어야 한다. 그리고 나서 그런 이해를 바탕으로 하여 내담자가 여태까지 의식하지 못했던 것들을 도와주어야 한다.

(5) 지시와 판단은 가급적 최소화한다

해석보다 더 적극적인 개입방식은 내담자에게 지시를 하거나 지시적 제안을 하는 것이다. 이것은 상담자 자신의 의견이나 태도를 밝힘으로써 내담자가 그것을 선택하도록 지시하는 것이다. 또한 "그런 상황에서는 이러이러한 감정을 느낄 수 있습니다." 또는 "이러이러한 행동을 할 수 있습니다."라는 식으로 내담자에게 지시하거나 제안할 수도 있다. 이와 같은 적극적인 제안이나 가치판단 및 지시는 매우 온건하고 잠정적인 것에서 매우 절대적이고 극히 명령적인 것까지 여러 가지가 있을 수 있다. 그중 어느 정도의 강도로 이런 개입을 할 것인지는 상담전략과 상담목표에 따라 달라진다.

제3장

사회복지상담의 진행단계

가장 중요한 때는 지금 이 순간이며, 당신에게 가장 중요한 일은 지금 하고 있는 일이며,
당신에게 가장 중요한 사람은 지금 만나고 있는 사람이다.

-레프 톨스토이(Lev Tolstoy)

1. 상담의 접수면접기법과 초기 과정

1) 접수면접의 개념

(1) 접수면접의 시작

'첫 만남이 계속된 만남을 결정한다.' 상담자와 내담자의 관계의 질은 내담자가 상담
과정에 참여하면서 맞닥뜨릴 수 있는 어려움들을 버텨 내는 힘의 자원이 되어 줄 것이
다(이규미, 2018: 194). 접수면접(intake)은 내담자와 상담자가 첫 대면하는 장면으로 시
작하며, 도움을 구하는 사람이 내담자가 될 것인가의 여부가 결정되는 기간을 의미한
다(양옥경 외, 2010: 181). 초기 접수면접단계에서 이루어지는 상담자의 활동을 정리하
면 다음과 같다.

첫째, 위협적이지 않고 편안함을 주는 방식으로 인사를 한 후 내담자와 얘기한다. 편

안한 분위기 조성은 이후의 상담관계 지속에 상당한 영향을 준다.

둘째, 내담자가 처해 있는 문제와 그 상황들에 대해 진실한 관심을 표명한다. 진실한 관심은 내담자의 마음을 움직이는 필수 요소이다.

셋째, 상담에 대해 내담자가 이미 가지고 있는 두려움이나 오해를 확인한다. 필요하다면 내담자의 양가감정을 적절하게 다루어 주는 것도 좋다.

넷째, 상담자가 할 수 있는 것과 할 수 없는 것을 구분하여 설명해 준다. 이렇게 하는 이유는 내담자가 현실적인 기대를 할 수 있도록 돕는 데 있다.

다섯째, 상담에 소요되는 비용이나 내담자와 상담자의 책임을 설명한다. 그런 다음 내담자의 욕구나 현존하는 문제들의 긴급함을 사정하고 평가한다.

여섯째, 문제해결을 위한 목표는 장단기로 구분하고 개입 유형을 결정한다. 그래야만 상담 과정이 목표지향적으로 진행될 수 있다.

마지막으로, 내담자에게 비밀보장의 원칙을 충분히 설명하여 안심시켜 준다. 상담 진행에 따른 상담 시간과 장소, 만남의 빈도 등에 대해서는 내담자와 합의하여 정한다.

(2) 접수면접 중 내담자의 저항 다루기

상담 초기에 상담자는 내담자가 상담에 대해 잘 알지 못하는 것에서 비롯된 두려움과 변화에 대한 저항에 민감해야 한다. 사소한 변화에도 어느 정도의 불편함이 뒤따르는 법이다. 저항의 중심에는 언제나 내담자의 두려움이 깊이 자리 잡고 있다는 사실을 명심할 필요가 있다.

① 내담자의 내적 갈등과 마주하기

내담자가 보이는 갈등은 '이전 방식과 새로운 것 사이에서의 갈등' 혹은 '양가감정 (ambivalence)을 경험하는 것'을 의미할 수 있다. 그것은 내담자가 변화의 필요성을 인식하고 더 나은 문제 대처방법이 있다는 것을 알면서도 주저하는 마음이 있다는 것을 의미하기도 한다. 내담자는 자신이 다소 불편함을 감수하더라도 평소 자신이 가지고 있던 가치관과 삶의 태도나 행동을 유지할 것인지, 아니면 지금이라도 변화를 결심하고 이행할 것인지 고민하는 과정에서 저항의 심리를 드러내 보일 수 있다.

② 내담자가 보이는 방어적 태도와 심리 이해하기

상담 초기에 내담자가 상담 환경이 너무 위협적이라고 느끼면 상담을 거부하는 모습을 보일 수도 있다. 대부분의 사람은 오랫동안 익숙하게 사용해 왔던 행동방식이 다른 외부의 자극으로 인해 변화의 위기에 직면하게 되면 방어적인 태도를 보인다. 그러나 상담의 개입을 통해 변화의 필요성을 깨닫게 되면 그러한 방어적 태도를 걷어 내고 변화의 긴 여정을 떠날 준비를 할 수 있게 된다. 문제는 초기상담의 단계에서 내담자들은 과거 문제에 대처하는 방식이 부적절했다고 인정하고 변화를 예고하지만 새롭게 변화된 방식을 대하는 것에는 강하게 저항하는 모습을 보일 수도 있다는 것이다. 이런 유형의 내담자는 과거 자신의 행동을 정당화하기 위해 '합리화'의 방어기제를 사용하는 경우가 많다. 또한 새로운 방식을 공격하거나 상담자를 불신하는 모습을 보이기도 한다. 그러므로 상담자는 내담자의 저항심리를 잘 이해하여 개입의 방향과 수준을 적절하게 조절할 필요가 있다.

③ 변화는 누구에게나 어려운 과제임을 이해하기

상담자가 내담자에 대해 적절한 이해와 지지를 제공하게 되면 내담자는 현재 상황에 대한 불편함과 변화 가능성에 대한 희망을 가질 수 있다. 이것은 내담자로 하여금 새로운 모험을 강행할 수 있는 동기를 부여해 주고, 아주 작은 변화라도 시도할 수 있도록 만들 수 있다. 이런 경험을 통하여 내담자는 낡은 관습적 행동에서 벗어나 변화된 행동을 실천할 마음의 용기를 가지게 된다.

④ 내담자의 통찰을 증진하기

상담 초기에 내담자가 저항을 잘 극복하는 모습을 보인다면 그것은 내담자의 사고와 행동이 긍정의 형태로 변화되고 통합되었다는 것으로 볼 수 있다. 통합의 단계에 이르게 되면, 내담자는 그동안 스스로를 억압했던 것들과 심리 내면의 여러 갈등에서 벗어날 수 있게 된다. 말 그대로 초기상담의 핵심 과업은 그러한 내담자의 통찰을 증진하고 통합의 단계로 가는 노둣돌을 놓아 스스로 자율적인 삶을 영위할 수 있도록 돕는 것이라 할 수 있다.

2) 초기 과정의 과제

(1) 전화상담으로 시작할 경우

내담자는 상담실을 방문하기 전에 전화로 먼저 접촉을 시도할 수 있다. 이때 내담자의 심리는 모든 것이 불안하고 혼란스럽고 불확실할 수 있다. 그래서 첫 번째 전화 접촉의 단계에서는 상담자가 내담자의 두려움을 줄이고 상담을 받는 것에 대해 내담자가 어떤 기대를 갖고 있는지를 파악하는 것이 가장 중요하다. 전화 접촉에서는 최소한의 정보만을 구하고 자세한 내용은 내담자와 직접 만나서 상담하는 것이 좋다. 다음은 전화상담을 진행할 때 기억하면 도움이 되는 지침들이다.

- 전화 통화 중에는 내담자의 비언어적 행동을 파악하는 것이 불가능하므로 가능한 한 메시지를 간단명료하게 전달한다.
- 전화로 자세한 접수면접 정보를 얻는 것은 금물이다. 전화 통화상으로는 내담자의 관심사와 요구만을 간단히 탐색하는 것이 좋다.
- 상담실 방문을 약속할 때 꼭 필요한 교통수단이나 상담실의 위치, 약속 시간 등을 안내한다.
- 최소한의 기초 정보만을 파악한다. 가족관계, 다른 가족은 도움 요청을 알고 있는가를 질문하기도 하고, 내담자가 이 전화통화를 비밀로 해 달라고 요청한다면 왜 비밀로 하는 것이 중요한가를 질문하는 것이 좋다. 전화를 한 것이 전화를 건 사람을 신체적 위험에 빠뜨리는 것인지 확인해야 하며, 비밀이 필수적인 것이 아니라면 다른 사람을 상담에 참여시키는 것을 고려할 필요가 있다.

(2) 첫 회기 상담의 과제

내담자와 처음으로 대면하는 첫 회기(session) 상담에서는 접수면접 보고서를 검토하고, 내담자와 함께 전반적인 상담의 진행과 관련하여 충분한 사전 협의를 거친 다음 진행해야 한다. 이때 필요한 상담자의 과업을 정리하면 다음과 같다.

- **사전 검토**: 상담을 전화로 약속한 경우에는 접수면접 보고서를 검토한다.
- **사전 협의**: 상담 장소, 신체 안전, 기관의 정책과 법적 의무를 고려한다.
- **사전 정리(배치)**: 첫 만남을 위한 시간, 물리적 공간, 상담자의 차림에 유의한다.
- **사전 공감**: 내담자의 발걸음에 맞추고 내담자의 눈으로 세상을 본다.
- **사전적 자기탐색**: 상담자 자신에 대한 분석이 필요하다.
- **집중적 자기관리**: 상담자 자신의 스트레스 관리와 문제 극복을 위한 노력이 필요하다.
- **사전계획과 기록**: 상담자는 사전계획을 통해 미리 질문과 답을 준비한다.

그리고 내담자를 직접 만나 대면상담에 들어가기 전에 상담자는 다음의 네 가지 질문을 스스로 던져 보면서 상담에 대한 준비가 충분히 되었는지를 살펴보아야 한다. 특히 상담에 입문한 지가 그리 오래되지 않은 초심자라면 다음의 질문들이 초기상담에서 상담자가 내담자의 어떤 측면을 주로 보아야 하고, 상담자로서 어떤 행동을 취해야 할 것인가에 대한 중요한 아이디어를 제공해 줄 것이다.

Question 1. 이 상담은 왜 하는가?
Question 2. 상담을 통하여 달성하고자 하는 것은 무엇인가?
Question 3. 바람직한 결과를 가져오기 위해 나는 무엇을 고려해야 하는가?
Question 4. 이 상담에서 나의 기능과 역할은 무엇인가?
Question 5. 상담에서 꼭 물어보아야 하는 질문은 무엇인가?
Question 6. 나는 어떻게 이 상담을 끝내고 싶은가?

(3) 첫 회기 상담의 진행 요령

다음은 첫 회기 상담을 보다 효과적으로 진행하기 위해 필요한 방법이다.

첫째, 첫 회기 상담에서는 공감이 되는 가벼운 대화(small talk)로 시작하는 것이 좋다. 공감을 이끄는 가벼운 인사말은 상담자와 내담자 간에 이미 형성되어 있는 어색한 분위기를 완화해 주고 내담자의 긴장을 덜어 주는 데에도 효과적이다. 내담자와 공감을 이룰 수 있는 주제는 교통편이나 날씨 등 가벼운 주제일수록 좋다. 내담자에게 질문할 때에는 개방형 질문을 사용하면 더욱 좋다.

둘째, 상담자에게 어떻게 상담실을 방문하게 되었는지 간단하게 묻고, 상담자 자신을 소개하면서 상담을 시작한다. 내담자에게 상담의 전체 과정은 비밀이 보장됨을 알려 주어 안심시켜 주는 작업도 잊어서는 안 될 것이다.

셋째, 내담자에게 상담의 구조화를 명확하게 설명해 주는 것도 중요하다. 상담 시간이 제한된 상황이라면 우선순위가 높은 것에 주목하고 시간제한에 대해 미리 설명해야 한다.

넷째, 상담자는 내담자에 대한 섣부른 판단과 평가를 자제해야 한다. 내담자가 제시하는 문제의 원인 및 특성에 대해 결론으로 비약하지 않는 것이 좋다. 초기상담에서 상담자가 내담자의 문제나 상황을 단정하여 반응하는 것은 상담 과정을 후퇴시키는 결과만 초래할 뿐이다.

다섯째, 상담자는 침묵을 잘 견딜 줄 알아야 한다. 일단 상담 진행 중에 침묵이 나타나면 내담자의 답변을 재촉하지 않아야 한다. 상담자는 말하기 전에 멈춰서 생각하는 것이 좋다. 상담 중간에 등장하는 침묵 또한 내담자에게는 중요한 의미가 있음을 이해하고 인내심을 가지고 침묵을 대하는 것이 필요하다.

여섯째, 개방형 질문과 명료화기법을 자주 사용한다. 내담자의 말이 이해되지 않으면 예를 들어 달라고 하거나 자세히 얘기해 줄 것을 요청하는 것이 필요하다. 질문은 개방형 질문을 자주 사용하고, 내담자가 대답하기 꺼릴 것으로 보이는 질문은 가급적 하지 않는 것이 좋다.

일곱째, 상담자는 내담자가 던지는 질문의 의미를 파악하려고 노력해야 한다. 내담자의 질문에 대한 답을 모를 때에는 변명하지 말고 확인해서 알려 주는 자세를 가져야 한다. 또한 지킬 수 없는 약속은 애초에 하지 않도록 주의해야 한다. 기록이 필요하다면 반드시 내담자의 양해를 구해야 한다.

여덟째, 상담 초기에는 내담자들이 자신의 문제를 정의하는 데 어려움을 가질 수 있다. 내담자는 부끄러워하거나 당황하거나 혹은 자신의 생각을 말로 잘 표현하지 못할 수도 있다. 이때 문제 체크리스트를 작성하게 되면 내담자의 문제를 보다 잘 발견할 수 있다.

마지막으로, 첫 번째 상담을 마치고 다음 상담 시간을 잡을 때에는 복수의 일정을 제시하여 내담자가 선택하도록 돕는 것이 좋다. 두 개 이상의 일정을 제시하는 것은 내담자를 배려한다는 인상을 줄 수 있고, 그런 가운데 내담자는 적극적으로 자신의 의사를 표현하면서 상담에 대한 열의를 보일 가능성이 높아진다.

3) 첫 회기 상담의 실제: 초기–중간–마무리 국면

　내담자와 처음 만나는 첫 회기 상담에서는 가장 먼저 공감을 이끄는 가벼운 인사를 하고, 상담자 자신을 소개하면서 시작하는 것이 좋다. 그런 다음 내담자에게 비밀보장의 규칙을 설명하며, 시간이 제한된 상황이라면 우선순위가 높은 것에 주목한다. 이때 시간제한에 대해 미리 설명해 두는 것도 한 방법이다. 또한 내담자가 제시하는 문제의 원인 및 특성에 대해 결론으로 비약하지 않도록 주의해야 한다. 무엇보다 내담자가 무언가 머뭇거리면서 표현을 지극히 자제할 경우에도 상담자는 내담자를 재촉하지 말아야 한다. 말하기 전에는 잠시 멈추었다가 이야기하여 신중함을 더하고, 필요하다면 침묵의 기법을 사용하는 것도 좋을 것이다.

　첫 회기 상담에서 상담자는 '나무보다는 숲을 보는 자세'로 상담을 진행하여야 한다. 이 말은 내담자의 성격과 가족, 그리고 환경적 요인을 종합적으로 탐색하는 마음으로 상담을 진행해야 하고, 주된 내담 이유와 문제에 대해 탐색하며, 향후 개입계획을 설정하는 단계를 거쳐서 진행하여야 함을 의미한다. 다음은 첫 회기 상담에서 사용하면 매우 유익한 상담자의 진행 요령을 소개한 내용이다. 독자들의 이해를 돕기 위해 상담의 구조는 60~90분을 기준으로 나누었으며, 통상적인 예법에 따라 첫 회기 상담은 다음의 세 가지 국면으로 나누어 설명하도록 하겠다.

(1) 초기 국면(10~20분)

　최초로 상담을 시작하게 되면 처음 10~20분간은 상담자와 내담자가 대면인사를 나누고, 공감을 이끄는 가벼운 주제로 대화를 시작한다. 그런 다음 상담자는 자기소개를 하고, 내담자가 하는 일과 내방한 이유들에 대해 질문하면서 상담을 시작한다.

〈표 3-1〉 첫 회기 상담 시작: 약 10~20분

태도	상담 진술
밝게 웃으며 자리에서 일어나	"안녕하세요. 여기 앉으시죠."
내담자가 앉은 다음에 착석한다	……
가볍게 웃고 잠시 시간을 가진 뒤	"어떻게 오셨습니까?"
따뜻한 표정으로	"오시는 길은 어떠셨습니까?" 또는 "오늘 날씨는 어떤 것 같습니까?"
공감하는 표정으로	"네, 그렇죠?" "저도 오늘 날씨가 ~하다고 생각합니다."
몸을 앞으로 기울이며	"성함이 어떻게 되십니까?" "호칭을 어떻게 불러 드릴까요?"
가슴을 가리키며	"저는 여기 상담실의 상담원 ○○○입니다."
관심 어린 표정으로	"실례지만 하시는 일은 어떻게 되십니까?"
진지한 얼굴로	"여기 오신 이유에 대해 자세하게 얘기를 나눠 보겠습니다."

(2) 중간 국면(40~60분)

초기에 이렇게 상담의 분위기를 부드럽게 만든 다음에는 중간 국면으로 넘어가서 약 40~60분간 실질적인 상담이 진행된다. 상담자는 내담자에게 상담실을 방문하게 된 이유를 다시 묻고 내담자의 욕구를 간략하게 확인한다. 그런 다음, 내담자의 가족관계와 성격 등 기초적인 정보를 수집하면서 내담자의 상황을 이해하려고 노력한다. 그리고 그동안 내담자가 경험한 문제들에 대해서 공감적으로 이해하기 위하여 개방형 질문을 하고 경청하여야 한다.

분명 내담자는 나름의 대처방법을 가지고 문제 상황을 해결하려고 노력하였으나 생각보다 그 방법들에서 별 재미를 보지 못했을 수도 있다. 그래도 내담자의 강점을 찾아내기 위해서는 문제해결방법을 물어보아야 한다. 내담자가 기존에 선택하여 사용하던 대처방법을 파악해 두면 나중에 내담자가 원하는 방향의 해결방안을 제안할 때 큰 도움이 될 수 있다. 더불어 내담자가 힘들고 어려운 순간에 누구와 의논을 하고 정서적으로 의지하는지를 물어보는 것도 잊지 말아야 한다.

〈표 3-2〉 문제 탐색을 위한 실질적 상담의 진행: 약 40~60분

내방 이유 재질문	• (상담을 시작할 당시를 떠올리며) "좀 전에 말씀하신 어려움에 대해 자세하게 말씀해 주시죠."
가족관계 탐색	• "가족 구성은 어떻게 되는지요?" • "아버지(어머니)는 어떤 분이신가요?" • "(가족이) ○○ 님을 대하는 태도는 어떠합니까?" • "가족과 대화하는 정도는 어떠합니까?"
성격 탐색	• "스스로 생각하기에 자신의 성격은 어떻다고 생각하십니까?" • "자신의 성격 중 가장 마음에 드는 점은 무엇인가요?" • "자신의 성격 중에 개선할 점은 또 무엇인가요?"
문제 상황 공감 (내담자가 힘든 문제를 토로할 때)	• "그래요, 참 힘들었겠습니다. 어떻게 참고 지내셨나요?" • "아마 저라면 참기 어려웠을 것 같습니다."
문제대처방법 탐색	• "그동안 주로 어떻게 그 문제를 해결해 오셨나요?" • "그동안 사용해 왔던 방법이 효과는 있었나요?"
지지체계 탐색	• "힘들고 어려울 때 주로 누구와 의논하는 편입니까?"

(3) 마무리 국면(10분)

첫 회기 상담의 중간 과정까지 상담이 잘 진행되었다면 이제 상담을 마무리해야 할 차례이다. 첫 회기 상담의 마무리를 어떻게 하느냐는 내담자가 상담에 대한 이미지를 결정하는 데 결정적인 영향을 미치므로 매우 중요하다.

〈표 3-3〉 첫 회기 상담 마무리: 약 10분

지지와 격려를 통해 내담자의 문제해결 의지를 칭찬하며	"그동안 누구에게도 이와 관련한 내용을 말씀하시기 어려웠을 것입니다. 그럼에도 용기를 내어서 말씀해 주신 것에 감사드립니다. 저 또한 말씀하신 내용을 통해 ○○ 님에 대해 잘 이해할 수 있게 되었습니다."
내담자 문제의 해석과 설명을 할 때에는	"지금까지 말씀하신 내용은 ~한 것과 연관이 있다고 생각합니다. 1주일 동안 생활해 보시고 다음 시간에 그것이 어떤 영향을 주는지 알아보도록 하죠."
종결과 다음 상담 약속 정하기	"마지막으로 오늘 저와 나눈 대화가 어떠했는지 소감을 듣고 상담을 마치도록 하겠습니다. 앞으로 몇 번의 상담이 더 계획되어 있습니다. 저는 다음 주 ○요일과 ○요일 이 시간에 상담이 가능합니다. 어떤 때가 편하신가요?"

4) 내담자 유형별 고려사항

(1) 신체적 장애를 지닌 내담자에게 관여하기

휠체어를 타고 있거나 병원 침대에 누워 있는 와상장애인과 상담을 할 때에는 내담자와 직접 마주 보도록 자리를 잡는 것이 중요하다. 이때 내담자 본인이 독립적으로 움직이고 자신이 알아서 하고자 하는 의사가 있음을 존중해야 한다. 낯선 환경에 있는 시각장애인을 만날 때에는 움직임에 필요한 정보를 제공해야 하고, 청력이 손상된 사람은 비슷한 소리도 쉽게 혼동하고 목소리를 정확하게 듣는 것이 어려움을 이해해야 한다. 이때 청력 보조기는 모든 소리를 확대한다는 것을 이해해야 한다.

신체적 장애를 가진 내담자와 상담을 할 때에는, 첫째, 말의 속도를 늦추고 가능한 한 명확한 어조로 이야기한다. 둘째, 서류를 보고 있는 동안에는 말하지 않는다. 셋째, 상담자는 유리창 혹은 밝은 빛 앞에 자리를 잡지 않는다. 넷째, 내담자의 단순한 웃음이나 끄덕임을 이해했다는 표식으로 오해하지 않는다.

(2) 비자발적 내담자에게 관여하기

상담의 여러 장면 중에서 가장 개입하기 힘들고 어려운 대상은 아마도 비자발적 내담자일 것이다. 비자발적 내담자는 상담자 및 기관과 접촉하도록 강요받은 상태에서 상담실에 내방하게 되는 유형의 내담자이다. 이러한 유형의 내담자들은 전문적인 도움을 받도록 요구받거나 강제로 맡겨진 개인이다. 이들은 분노 감정을 조절하기 어렵고 화를 내며 때로는 공격적인 성향을 보일 때가 많다. 분명한 사실은 내담자도 서비스를 거부할 권리가 있음을 이해한 상태에서 상담을 진행하는 요령을 가져야 한다는 점이다. 이처럼 비자발적 내담자를 상담할 때 고려해야 할 지침은 다음과 같다.

〈비자발적 내담자를 위한 상담 지침〉

- 협상 대상이 될 수 없는 요구와 내담자의 선택 및 대안을 분명히 한다.
- 첫 면담에서 내담자가 기관에 오게 된 이유와 사실적 정보를 보여 준다.
- 상담자의 역할 및 책임과 비밀보장의 원칙도 설명한다.
- 내담자가 협조하지 않을 때 발생할 수 있는 부정적인 결과를 알려 준다.

- 상담자와 억지로 만나게 된 것에 대한 내담자의 부정적인 정서를 이해한다.
- 법이 허용하는 한도에서 내담자에게 자기결정과 선택권을 제공한다.
- 협상의 전략을 갖고 내담자와 관계를 형성하되, 상담자는 내담자의 불편을 줄일 수 있는 일을 하는 것에 동의한다.
- 모든 내담자는 변화에 대한 동기가 있음을 명심한다. 욕구에 근거하고 합의한 목표가 있으면 변화를 향한 문제해결에 쉽게 참여시킬 수 있다.
- 내담자의 강점을 강조하고 재구조화기법을 자주 사용한다.
- 상담자가 어느 정도의 자기노출을 하는 것은 내담자의 방어를 없애는 데 효과적이다.

(3) 정신과적 증상을 가진 내담자에게 관여하기

상담에 참여를 꺼리는 내담자들은 상담자와 쉽게 관계를 맺지 못하고 사회적으로 고립되고 불안한 증세를 보이는 사람들인 경우가 많다. 심각한 조현병 증세나 우울 증세를 보이는 정신장애 혹은 대인관계에서 불편함을 보이는 인격장애를 가진 사람들이 이에 해당된다. 이런 유형의 내담자와 함께 상담 작업을 할 때 받게 되는 가장 큰 도전은 내담자의 불신을 제거하는 것이다. 경험적 · 이론적으로 알려진 바에 따르면, 이런 유형의 내담자와 함께 상담을 할 때 고려해야 할 지침은 다음과 같다.

첫째, 이러한 내담자에게는 첫인상이 대단히 중요하다. 많은 경우, 상담자는 내담자에게 좋은 부모상(父母像)이 되어야 한다. 둘째, 내담자의 증세 완화와 진전의 속도가 더디더라도 인내하는 자세를 가져야 한다. 셋째, 내담자는 감정에 쉽게 상처를 입고 거부감에 대단히 민감할 수 있으므로 상담자는 이를 조심히 다루어야 한다. 넷째, 내담자와 함께 활동하는 단계에 도달하기 전에 관계 형성의 초기단계에서 내담자를 위해 많은 일을 하는 것이 필요하다. 다섯째, 내담자와 의미 있는 관계를 만들 때까지 내담자에 대해 최소한의 요구와 기대를 한다. 그렇다고 내담자에게 전적으로 허용적일 필요는 없다. 여섯째, 내담자가 특정 주제에 대해 말하고 싶지 않다고 할 때에는 내담자의 결정을 받아들이고 말하지 않아도 된다고 설명한다.

(4) 알코올 중독 등 행위 중독자에게 관여하기

중독 증세를 보이는 내담자를 상대할 때에는 변화에 대한 동기를 증진하는 방식으로 중독자와 관계를 맺는 것이 일차적으로 중요하다. 대개 중독과 관련된 사회 문제는 가족 문제(가정불화, 부모-자녀 갈등, 배우자 학대, 아동학대 등), 정신적 문제(우울, 자살시도 등), 안전사고의 문제(자동차 사고, 음주운전, 산업안전사고 등), 경제적 문제(과소비, 실업, 빈곤 문제 등), 신체건강의 문제(각종 신체질환, AIDS, HIV 등) 등으로 매우 다양하다. 알코올 중독자 및 약물 사용자의 특징은 자신의 약물 사용의 심각성에 대해 극단적으로 부정하고 자신의 약물 사용 행위에 대해 끊임없는 합리화를 한다는 데 있다. 이들은 자기중심적인 삶의 태도를 가지고 있어서 타인을 잘 조종하고 자기연민의 감정도 깊다.

일반인들은 약물의존과 약물남용을 구분하지 못하고 혼동하는 경우가 많다. 약물남용(substance abuse)의 경우에는 약물 사용이 몸이 해롭다는 것을 알면서도 사용을 중지하지 못하는 경우를 말한다. 한두 가지 기능수행상의 문제가 있으며, 간헐적인 사용과 내성의 증가가 주요 특징이다. 반면, 약물의존(substance dependency)의 경우에는 조절 능력 상실과 내성의 증가, 약물에 대한 강박적 사고(심리적 중독)와 금단 증상을 주요 특징으로 한다. 중독자는 가정생활과 직장생활 등 여러 영역의 기능수행에 있어 문제가 일어나고 있음을 경험하며, 빈번한 약물 사용의 상태에서 벗어나지 못하여 다양한 어려움을 가지게 되는 경우가 많다.

〈초기 중독상담을 위한 실행 지침〉

- 알코올 중독 및 약물 중독이 개인과 가족이 가지고 있는 다양한 문제의 원인일 수 있다고 가정한다.
- 사람들이 약물을 사용하는 이유에 대한 대단한 신화는 없음을 인지한다.
- 알코올과 약물의 심리적 효과를 과소평가하지 않는다.
- 약물남용과 의존 징후에 주의를 기울인다.
- 약물 사용으로 손상된 내담자의 심리사회적 기능 정도를 사정한다. 문제가 있다면 전문 치료 프로그램에 의뢰하는 것이 시급하다.
- 인내하고 비심판적이 되어야 하며, 대화 도중에 대결하는 것을 두려워하지 않아야 한다.
- 내담자가 취한 상태로 찾아온다면 깊은 상담이 불가능하다는 것을 인식한다. 이런 경우에는 상담을 연기하고 술에 취하지 않은 시간으로 다시 약속을 한다.
- 술에 취한 상태로 뜻하지 않게 기관에 나타난다면 기본적인 신상 정보(이름, 연령, 주소 등)를 확인하고 개인의 신체 상태에 주의를 기울인다.

- 알코올 중독자의 자녀(Children of Alcoholics: COA) 같은 자원과 Al-Anon(가족친목모임), Al-Ateen(자녀친목모임)을 이용하도록 격려한다.
- 중독자와 오랫동안 생활한 결과로 인해 발전된 공동의존 행동방식에 대해 배운다. 공동의존자는 자신보다 타인의 욕구와 책임을 떠맡으려 한다. 이들은 적대적이고 지배적이며, 조종적이고 간접적인 의사소통을 사용한다.
- 내담자를 치료 과정으로 의뢰하는 데에는 가족, 친구의 도움과 지원이 필요하다. 따라서 이들을 사정, 계획, 원조 과정에 참여시키는 것이 중요하다.

(5) 자신의 이익에 따라 타인을 조종하는 내담자에게 관여하기

많은 임상 장면에서 다른 사람을 자주 조종하는 내담자에 대해 상담자가 적절하게 반응하는 일은 쉽지 않다. 조종적인 성향을 가진 내담자들은 일생 동안 자신의 인생의 여러 생활사건에 대처하는 방법으로 조종과 사기를 주로 사용해 온 사람들이라 할 수 있다. 그러한 대처는 대개 법적 · 윤리적 문제를 야기하는 경우가 많다. 이런 유형의 내담자들의 특징은 다음과 같다.

첫째, 양심이 결여되어 있다. 이들은 남에게 피해를 주고도 진정한 양심의 가책이나 죄의식을 느끼지 못한다. 둘째, 공감능력이 결여되어 있다. 이들은 타인의 진실한 감정을 인식하지 못하는 경향이 강하다. 셋째, 인간관계가 피상적이고 강한 충동성을 가지고 있으며 자아통제능력이 결여되어 있다. 넷째, 자아중심성과 과대망상적 경향이 강하여 흥분과 모험에 대한 강한 욕구를 가지는 것으로도 잘 알려져 있다. 다섯째, 반사회적 행동을 많이 한다. 진실은 자신의 목적에 부합하는 경우에만 해당된다고 생각하는 경향이 강하다.

자신의 이익에 따라 타인을 조종하는 유형의 내담자에게 관여할 때 고려해야 할 상담 지침은 다음과 같다.

〈조종적인 유형의 내담자를 위한 상담 지침〉
- 조종적인 내담자도 다른 내담자와 마찬가지로 존중되어야 한다.
- 상담자로서 할 수 있는 것과 없는 것, 그리고 내담자에 대한 기대를 명확히 한다.

- 내담자가 상담자의 사생활 혹은 직업에 대한 상담자의 감정에 지나친 관심을 보일 때에는 조종을 의심해 보아야 한다. 예를 들어, 내담자가 상담자에게 "당신은 나를 진실로 이해해 준 유일한 사람입니다."라고 말할 때에는 조종심리를 의심해야 한다.
- 내담자의 조종심리가 의심된다면 다른 전문가에게 상의하고 당신(상담자)의 행동과 감정을 검토한다.
- 이런 유형의 내담자가 집단의 일원이라면 상담자는 다른 집단성원이 그의 조종에 휘말리지 않도록 지도해야 한다.
- 내담자가 거짓말을 하는 것을 싫어한다고 분명한 어조로 이야기한다.
- 내담자에 대해 기대할 때 공정하고 의연함을 유지한다. 또한 무책임한 행동에 대해 책임을 지는 경험으로 변화할 것을 유도한다.
- 상담자의 인내는 내담자의 비판을 감소시키고 변화를 이끈다.

(6) 공격적이고 폭력적인 내담자에게 관여하기

잠재적으로 폭력적인 내담자에게는 위험을 감소시키는 방식으로 반응하는 것이 중요하다. 주로 교정기관과 아동보호전문기관에서 활동하는 상담자들이 만나는 내담자들이 이런 유형에 속한다. 공격적이고 폭력적인 내담자가 보이는 주된 특징으로는 다른 사람에 대한 공격이 종종 두려움에 대한 반응이라는 점이다. 공격성과 분노는 종종 다른 사람에게 통제받고 있다는 느낌에서 나온다. 공격적이고 폭력적인 내담자에게 관여할 때 고려해야 할 상담 지침은 다음과 같다.

〈공격적인 유형의 내담자를 위한 상담 지침〉

- 당신의 계획을 다른 사람과 먼저 상의하지 않은 채 위험해 보이는 상황으로 뛰어들지 않는다. 경찰의 보호를 요청하는 것도 한 방법이다.
- 과거의 폭력행동을 검토함으로써 미래의 폭력 발생을 예측하여 행동한다.
- 위험한 상황으로 발전할 수 있는 가정방문을 할 때에는 항상 방문 일정을 알리고, 당신의 관심사를 기관에 알린다.
- 보통 때와 다르거나 부적절한 것으로 보이는 상황에 대해 주의한다.
- 화가 난 사람을 건드리지 않아야 하며, 화를 내는 사람에 대해서는 2~3분 내에 화를 발산하도록 하고 조용해질 때까지 관여하지 않은 것이 좋다.

- 불룩한 코, 빠른 호흡, 팽창된 동공, 고동치는 맥박, 이를 가는 것, 손가락으로 가리키는 것, 주먹을 꽉 쥐는 것 등이 공격이 임박하였음을 알리는 신호임을 알아차리고 신변의 안전에 유의하여 개입한다.
- 잠재적으로 폭력적인 사람의 가정에 있을 때, 보통 부엌에 무기가 될 수 있는 것이 많다는 사실에 주의한다.
- 상담자는 가정방문 시 위기 상황에서 빨리 대처할 수 있는 옷과 신발을 착용하고 있어야 하며, 쉽게 붙잡힐 수 있는 장신구(긴 귀고리, 리본 달린 옷, 넥타이)를 착용하지 않는다.
- 상담자의 가족도 내담자의 분노와 폭력의 대상이 될 수 있음에 대비한다.

(7) 가정방문을 하여 내담자에게 관여하기

가정방문상담은 상담실에서 만날 수 없는 내담자를 직접 찾아가서 만나고 서비스를 제공하는 상담방법이다. 이것은 주로 내담자의 가정에서 상담자와 내담자의 만남이 이루어진다. 가정방문을 주로 수행하는 기관은 아동보호전문기관과 공공보건기관, 노인돌봄서비스 제공기관들이다. 최근에는 가족상담에서 가정방문을 자주 활용하고 있으며, 이는 아웃리치 활동과 상담에 접근하기 어려운 내담자에게 개입하기 용이한 상담방법 중 하나로 알려져 있다. 가정방문을 하여 내담자에게 관여할 때 고려해야 할 상담지침은 다음과 같다.

〈가정방문 시 상담 지침〉
- 내담자를 일상생활 환경 속에서 관찰하는 이유를 이해하라. 계획된 가정방문은 가족의 방어를 감소시키고 전체 가족의 참여를 촉진한다.
- 가정방문을 통해 얻을 수 있는 개인의 성격과 생활방식에 대한 이해의 깊이를 높게 평가하라.
- 가정방문상담은 사교적 방문과 달리, 목적지향적임을 명심하라.
- 가정방문상담은 서로 편한 시간에 약속해야 한다. 가능한 한 사전에 예정되지 않은 방문은 피하는 것이 좋다.
- 내담자의 가정을 방문할 때는 존중과 예절을 보여야 한다.
  - 먼저, 어디에 앉을 것인가를 물어본다.
  - 음료수나 음식 대접에 융통성 있는 자세를 보인다.
  - 가정 내 배치에 관심을 표시한다.

- 가정방문 동안 상담이 방해받지 않도록 요청할 것은 요청한다.
  - 아이나 이웃이 들락거리면 잠시 자리를 비워 줄 것을 정중히 요청한다.
  - TV 소리가 지나치게 크다면 볼륨을 줄여 줄 것을 요청한다.
  - 상담자는 정신이 없지만 내담자는 그렇지 않음을 이해한다.
  - 친구나 이웃이 가정 내에 있을 때 그들이 있는 자리에서 내담자의 개인적 문제를 이야기하는 것이 가능한지를 물어봐야 한다.
- 내담자가 우범 지역에 살고 있는 경우, 비교적 위험이 적은 낮 시간에만 가정방문을 약속하는 것이 필요하다.

2. 상담의 중간 과정과 기법

1) 중간 과정의 의미와 과제

상담의 초기 과정과 중간 과정의 구분이 명확한 것은 아니지만 대체로 중간 과정은 상담자가 내담자의 문제와 내담자가 처한 상황들에 대하여 포괄적으로 이해하는 수준에 도달하고, 그에 기반하여 상담의 목표와 계획을 수립하는 것으로부터 시작된다(이규미, 2018: 194). 상담의 초기 과정에서 중간 과정으로 이행되는 순간부터 내담자는 상담 과정 전체에 대한 믿음을 갖게 되고, 상담자의 작업에 보다 협조적인 태도를 취하게 된다. 그리고 중간 과정에서는 상담 작업이 효율적으로 잘 이루어지고, 내담자의 문제해결에 초점을 두고 개입하는 것이 가능해진다. 그러나 이러한 작업이 가능하려면 먼저 상담 초기에 상담자와 내담자 간에 신뢰적 친화관계가 형성되어 있어야 한다. 그런 점에서 볼 때, 상담의 초기와 중간 과정은 연속적 과정이라 할 수 있다.

상담의 중간 과정에서는 내담자의 문제해결 및 변화를 위한 개입이 본격적으로 시작된다. 무엇보다 내담자를 심층적으로 이해하고 문제해결을 위한 적극적인 조치들이 이루어진다. 내담자의 욕구와 문제해결을 위한 변화의 목표와 계획을 수립하고 그에 맞는 상담기법을 적용하여 내담자를 변화의 한마당으로 이끌어 나간다. 중간 과정에서 가장 큰 과업은 내담자의 통찰을 증진하는 것이며, 긍정의 변화를 가져오기 위해 새로운 대안을 모색하는 것이다. 변화의 추구는 상담자와 내담자 모두에게 도전과 응전의 연속 과정이다.

보통 상담의 중간 과정을 시작할 때에는 막연히 "오늘은 어떤 이야기를 해 볼까요?"라고 묻기보다는 "당신은 현재 자녀와 어떻게 대화를 하는 것이 좋을지 해답을 찾고 있는 것으로 보입니다. 그와 관련해서 어떤 이야기든 좋습니다. 한번 시작해 보시죠."와 같이 주제 중심의 초점화된 질문으로 시작하는 것이 중간 과정을 매끄럽게 시작할 있도록 도와준다. 다음은 상담이 초기 과정에서 중간 과정이 성공적으로 이행됨으로써 상담자와 내담자가 경험하게 되는 과제와 설명들에 관한 내용이다(이규미, 2018: 196-199).

첫째, 중간 과정에서 상담자는 내담자의 내면세계에 접촉할 기회가 늘어남에 따라 더 깊은 탐색의 기회를 갖게 된다. 이를 통해 상담자는 의미 있고 새로운 통찰의 경험을 획득하게 된다. 내담자는 더욱 개방적인 태도를 보이고, 상담자는 지금까지 자신의 문제를 회피하거나 부인했던 내담자를 알아차려서 내담자의 감정표현을 조장함으로써 더 깊은 탐색을 촉진할 수 있다.

둘째, 중간 과정에서는 변화의 필요성에 대해 상담자와 내담자 모두 공감하고 새로운 대안을 발굴하여 실천하는 작업이 가능해진다. 상담자와 내담자는 과거의 대처방식과 문제해결방법을 넘어 보다 효율적이고 현실적인 해결방안이 무엇인지를 공동으로 모색하여 합리적 대안을 의논할 수 있다. 필요한 경우, 내담자에게 일정한 과제를 주어 이를 연습하고 구체화할 수 있는 기회를 가질 수도 있다.

셋째, 중간 과정에서 상담자는 보다 적극적으로 내담자의 변화에 목적을 둔 개입을 시도하며, 내담자의 사고, 감정, 행동의 특징에 맞추어 필요한 상담기법을 적용하기도 한다. 그리고 내담자에게 중요한 의미를 지닌 사람들과 환경에 대한 이해도를 높여 줌으로써 내담자의 자율성과 책임성을 겸비한 상담 과정을 이끌 수 있다.

넷째, 상담의 중간 과정을 거치면서 내담자의 감정이 어느 정도 해소되고 통찰이 증진됨에 따라 사고는 유연해지고 행동은 부드러워지는 등 내담자의 자기지도력의 향상이 뚜렷이 나타날 수 있다.

마지막으로, 중간 과정이 끝날 때쯤에 내담자가 과거에 자신을 붙잡고 있던 문제들에서 벗어나 정서적으로 안정되고 심리적으로는 보다 성숙한 자기 모습을 발견하게 된다면, 이는 내담자가 가장 이상적인 중간 과정을 수행하는 중이라는 증거로 간주할 수 있다.

2) 중간 과정에서의 상담기법

상담 분야에서 이미 널리 알려진 사실 중 하나는 상담의 초기 과정과 중간 과정에서 사용하는 상담기법들은 크게 다르지 않다는 점이다. 그러나 같은 상담기법을 사용하더라도 초기와 중간 과정에 따라 자주 사용하는 상담기법의 종류와 방식이 다를 수 있다. 예를 들어, 질문기법의 경우에는 초기와 중간 과정에서 사용하는 질문의 내용과 깊이가 다를 수밖에 없다. 초기 접수면접에서는 내담자의 인적사항을 비롯한 기본적인 정보만을 수집하는 질문이 많은 반면, 중간 과정에서는 내담자의 문제를 사정하고 평가하기 위한 질문의 양이 압도적으로 많다.

초기에 비해 중간 과정에서는 상담자와 내담자 간에 라포가 형성되고 내담자가 자유롭게 감정을 표현하는 빈도가 늘어나게 됨에 따라 내담자의 정서를 다루는 수준에서 큰 변화가 나타난다. 초기 과정이 내담자의 핵심 정서를 알아차리거나 내담자의 경험과 어떤 연관성이 있는지를 파악하는 경험적 수준의 탐색이라면, 중간 과정은 내담자의 깊이 있는 정서에 초점을 맞춘 개입을 시도하는 통찰의 수준에 이르는 작업이라 할 수 있다(Hackney & Cormier, 2001). 중간 과정에서 가장 핵심적으로 사용되는 상담기법은 해석기법이다. 중간 과정에서 상담자의 해석이 주로 등장하는 이유는 초기에 형성된 상담자와 내담자의 라포로 인해 내담자가 상담자의 해석을 받아들일 마음의 준비를 거쳐 왔기 때문이라 할 수 있다. 해석은 상담자가 내담자에게 새로운 시각을 갖게 해 주고, 내담자 스스로 자신에 대해 통찰할 수 있도록 이끄는 내비게이션과 같다. 이 외에도 피드백은 상담자가 내담자의 거울이 되어 내담자가 알지 못하지만 그 부분을 자각하게 되면 도움이 되는 것들을 밝게 비추어 보일 수도 있으며, 내담자의 참여를 촉진하기 위해 필요한 경우에는 자기개방기법을 사용하여 상담 과정을 촉진할 수도 있다(Gladding, 2011; Russell-Chapin & Ivey, 2004).

중간 과정에서 초보 상담자가 가장 조심스럽게 사용해야 할 기법은 바로 직면기법이라 할 수 있다. 상담 초기에는 내담자의 자기모순적 측면이나 불일치한 면을 발견하더라도 이를 직접 다루기보다는 내담자의 현재 상태나 문제를 이해하는 정보로만 활용하고, 추후 이를 다룰 수 있는 기회가 올 때까지 기다렸다가 꼭 필요한 경우에만 사용하는 것이 좋다(이규미, 2018: 209). 혹시 중간 과정에서 나타나는 내담자 저항의 심리를 다룰 때에는 일단 멈춰서서 내담자의 저항의 심리를 이해하려고 노력할 필요가 있다. 저항은 내담자가 오랫동안 고수해 왔던 문화적 가치와 신념이 위협받거나 변화를 강요당한다는 느낌을 받을 때, 혹은 지금까지 세상을 바라보던 관점과 전혀 다른 시각을 상담자가 제시할 때 상담자의 해석과 반응에 적극적 행동으로써 거부의 의사를 표명하는 것과 같다(Egan, 2016).

상담의 중간 과정에서 내담자에게 이러한 저항의 의사가 나타나면 그것으로 인해 상담관계 전체가 손상받지 않도록 세심한 주의를 기울여야 한다. 상담자는 여름날 한바탕 소나기가 대지를 적시고 난 뒤에도 대지가 일상의 평온으로 다시 돌아오는 것과 같은 세상의 이치를 믿어야 한다. 상담자는 인내하고, 내담자와의 불필요한 힘겨루기를 자제하며, 내담자의 저항을 상담자에 대한 거부나 공격으로 받아들여서는 안 된다. 그보다는 내담자의 저항에 대해 중립적 어조로 즉시적 반응을 보이거나 내담자가 보이는 저항의 이유를 생각하면서 상담자의 진솔한 감정을 드러내 보이는 자기개방기법을 잘 활용하여 내담자의 협력을 구하는 것이 바람직하다.

마지막으로, 상담의 중간 과정에서 내담자에게 행동변화를 위한 지시나 행동과제를 내 줄 때에는 하지 말라는 부정의 형태보다는 내담자의 변화와 정서적 안정을 회복할 수 있도록 돕는 긍정의 행동을 하도록 주문하는 것이 좋다. 과제는 내담자의 행동변화를 촉진하고 상담을 통해 얻은 통찰을 내담자의 생활에 연결하기 위한 목적을 가지고 있으므로 과제 자체가 내담자의 성취동기를 자극할 수 있는 현실적 수준의 것으로 제시되어야 한다. 그리고 과제를 내 준 다음에는 반드시 과제수행의 결과에 관심을 가지고 다음 상담 시간에 점검을 하여 상담 과정에 활용할 수 있어야 한다. 내담자가 과제를 해 오지 않은 경우에는 과제수행이 어려웠는지 혹은 단순히 무시했는지의 여부를 살펴보아야 한다. 과제수행 정도를 통해 내담자의 과제수행능력과 책임감 있는 행동을 이해할 수 있게 되며, 그에 맞는 개입이 가능해진다.

3) 문제해결을 위한 사정과 평가

(1) 내담자의 문제를 위한 실행 지침

중간 과정에서는 어떤 형태로든 도움을 필요로 하는 내담자에게 어떠한 상담을 제공할 것인가를 의사결정하기 위하여 내담자의 문제를 사정하고 확인하는 작업으로 시작한다. 사정을 위한 상담을 진행할 때에는 내담자의 문제가 얼마나 심각한지, 문제의 유형이 무엇인지, 내담자와 가족, 그리고 환경의 자원 등을 종합적으로 고려하여 평가하여야 한다(양옥경 외, 2010: 169). 이것은 이후 내담자의 문제해결을 위한 개입 방향을 정할 때 중요한 정보원이 될 수 있다. 다음은 내담자의 문제를 사정할 때 상담자가 숙지해 두면 매우 유용한 실행 지침이다.

첫째, 내담자의 생리적·심리적·사회적 상태는 어떠한지 자세하게 살펴보고 정리하는 것이 필요하다.

둘째, 상담자는 내담자의 강점을 보는 시각을 기르고, 남과 비교하는 것은 도움이 되지 않는다는 것을 명심해야 한다. 강점은 여덟 개 이상, 단점은 네 개 정도 찾는다는 마음으로 내담자를 바라보아야 할 것이다.

셋째, 문제 목록에서는 내담자가 자신의 문제에 대한 통찰의 능력을 갖고 있는지 파악하여 그에 맞추어 개입하는 것이 좋다. 통찰의 능력이 낮은 내담자에게는 섣부른 조언과 정보 제공을 자제하고, 그들의 이야기에 공감적으로 반응해 주는 것이 일차적으로 요구된다.

넷째, 내담자에게 중요한 자원들을 잘 파악해 두어야 한다. 일차적으로 부모와의 관계는 어떠한지 알아보고, 이용 가능한 지역사회의 공식적·비공식적 자원들을 파악하여 연계해 주는 것도 좋다. 병원과 주민자치센터 등 공공기관을 이용할 수 있도록 내담자와 함께 생활 지도를 만들어 보는 것도 좋다.

마지막으로, 상담의 목표와 계획을 세울 때에는 반드시 내담자와 함께 논의하고 단기와 장기로 나누어서 개입하는 것이 필요하다.

〈상담 내용을 기록할 때 필요한 상담자의 자세〉

• 내담자가 몇 살 때 어떤 일들을 경험하였는지에 대해 자세하게 알아보고, 그때 어떤 느낌과 생각이 들었는지 질문하고 기록한다.

• 항상 객관적인 정보를 얻기 위해 노력하는 자세가 필요하며, 내담자와 가족의 말이 일치하는지의 여부를 항상 확인하는 자세가 필요하다.

• 모든 기록은 시간 순서대로 육하원칙에 입각하여 기록한다.

- 내담자에게 직면시켜야 할 것은 직면시키고, 그것을 회피하게 되면 문제해결은 이루어지지 않음을 명심해야 하며, 상담자 자신의 문제는 없는지 살펴본 후에 평상심을 가진 상태에서 기록한다.
- 상담 시 질문은 되도록 간결하고 명확하게 하는 것이 좋으며, 내담자의 언어 사용 수준에 맞는 용어를 사용하면서 기록한다.
- 상담에서는 숲에서 나무로 좁혀 가는 질문의 형식이 중요하므로 포괄적인 내용과 세부적인 내용을 적절히 안배하여 기록한다.
- 만약 내담자가 애정욕구를 충족하지 못했다면 그 욕구를 어떤 식으로 충족했는지 질문하고 기록하는 것이 중요하다.
- 내담자는 어느 부분에서 좌절을 경험했을 가능성이 많다. 그러므로 그런 좌절에 대한 경험을 환기시키고, 그에 대한 깊이 있는 탐색을 중심으로 기록하는 것이 중요하다.
- 초등학교 때까지만 알면 이후의 맵(map)을 알 수 있고, 그 이후의 발달 과정은 자연스럽게 그려지기 때문에 청소년 이전의 시기에 대해 자세하게 기록하는 것이 중요하다.

(2) 개인력과 가족력 사정

상담에서 개인력(personal history)을 알아 두는 것은 내담자의 문제 상황을 이해하는 데 매우 큰 도움이 된다. 다음은 개인력을 조사할 때 반드시 들어가야 할 기록사항들을 정리한 것이다.

1. 출생기 및 영유아기

1) 행동발달 정도, 대소변훈련, 몇 남 몇 녀 중 몇째인지, 정상분만 여부, 모유 혹은 분유 수유 여부 기록
2) 태어날 당시의 가족사항과 가족의 동거자 수, 경제적 상태에 대해 기록
3) 유아기의 형제관계는 어떠했고, 형제들과의 사이는 어떠했는지에 대해 기록
4) 유아기 때의 성격과 행동양식에 대해 기록
5) 부모와의 격리 여부, 부모가 맞벌이를 했는지의 여부 기록
6) 아버지가 엄했다면 왜 엄했는지, 어떤 분이었는지, 아버지의 술 문제는 없었는지에 대해 기록
7) 내담자와 부모의 관계는 어떠했고, 부모의 양육 태도는 어떠했는지에 대해 기록

8) 부모 간의 사이는 어떠했으며, 부부싸움의 여부, 부모의 가정에서의 역할과 역할 수행 정도에 대해 기록

9) 건강 상태와 잔병치레 여부에 대해 기록

2. 학령전기

1) 또래친구와의 관계 및 어떤 친구들과 사귀고 어울렸는지에 대해 기록

2) 형제와의 관계 및 터울은 어떠한지에 대해 기록

3) 옷 내리미 여부—이런 것으로 인해 상처를 받지는 않았는지에 대해 기록(이것은 애정의 욕구와 관련되며, 자아정체성과 관련되므로 매우 중요함)

4) 건강 상태 및 질병사항 기록

3. 초등학교 시기

1) 또래친구들과 어울린 정도를 기록

2) 초등학교 1~6학년 때까지의 성격과 성적 기록

3) 가정에서의 부모의 역할(role) 전환 여부 기록

4) 학교선생님을 좋아했는지의 여부 기록[부모상(像)에 대해 알 수 있기 때문에 중요함]

5) 전학 여부 기록. 하였다면 전학 후의 적응 정도 기록

6) 학교에 충실하지 못했다면 그 이유가 무엇인지 기록하고, 결석 정도에 대해서도 기록

4. 청소년기

1) 자살시도 여부 기록

2) 약물남용(술, 담배, 본드, 기타의 환각제) 기록

3) 사춘기 때 어떤 느낌과 생각이 들었는지 기록

5. 성인기(대학을 다닌 사람은 대학기와 성인기를 구분하여 기술)

1) 학교 졸업 후 어떤 일을 하였는지 기록

2) 직업의 종류 및 근무기간, 직장에서의 음주 정도를 파악하여 기록

3) 친구들 내지는 직장 동료들과의 관계 기록

4) 이성관계 및 결혼 여부에 대해 기록

5) 독립생활 여부 기록(독립하였다면 잠은 어디서 잤는지 기록)

6) 군복무 여부 및 적응 정도에 대해 기록

7) 자살시도 여부 기록

한편, 내담자의 가족력(family history)을 파악할 때에는 다음의 내용들을 기록해 두면 좋다. 가계도에는 내담자 가족의 연령을 모두 기입하고 가계도 옆에 음주 여부나 문제가 되는 행동이나 주요 증상을 적어 두면 좋다. 가족 중 사망한 사람은 사망 당시 질환의 종류를 적어 두며, 현재 질병을 앓고 있다면 그것이 무엇인지 기록해 두는 것도 가족의 상황을 이해하는 데 큰 도움이 된다. 다음은 가족체계별로 중요하게 살펴봐야 할 가족력의 내용들이다.

첫째, 조부모(祖父母)의 경우에는 직업이나 학력은 기본이고 질병이나 음주 문제의 유무를 반드시 물어보아야 한다. 만약 내담자의 조부모가 돌아가셨다면 내담자가 몇 살 때 돌아가셨는지 알아보아야 한다. 할아버지와 할머니 간의 나이 차이와 조부모의 형제관계도 알아두면 내담자 가족의 역사를 이해하는 데 도움이 된다. 경제적 능력이나 다른 가족 간에 어떤 관계를 갖고 있는지 관계의 질을 물어보는 것도 필요하다.

둘째, 가족력 중에 가장 중요한 정보는 부모와 내담자의 관계일 것이다. 이 관계의 맥락을 잘 이해하기 위해서는 부모님이 어떤 분인지에 관한 정보를 갖고 있으면 훨씬 유용하다. 가족력에서는 내담자의 부모가 연애결혼을 했는지, 중매결혼을 했는지를 알아보아야 한다. 그리고 결혼 초의 부부생활은 어떠했고, 부모의 관계는 어떠했으며, 대화의 정도는 어떠했는지, 그리고 부모 중에 누가 더 가정에서 힘을 가지고 있었고 그 힘의 역학이 현재에도 유효한지를 파악해 두어야 한다.

셋째, 가족 환경과 관련해서는 현재 가족과 함께 살고 있는 집은 어떠하며, 주택 소유 정도와 전반적인 경제적 여건은 어떠한지 살펴보아야 한다. 그리고 소비하는 경향을 알아봄으로써 가족의 생활 패턴에 대한 이해도를 높일 수 있다.

4) 변화를 위한 행동계획 수립

(1) 내담자의 자기지도력

중간 과정은 이제 실질적인 상담이 시작되는 단계인 만큼, 내담자의 삶에서 무엇을 변화시킬 것인가에 대한 방향을 세우는 단계로 자연스럽게 이행된다. 그 과정에서 상담자는 내담자가 스스로 가야 할 방향을 정하고, 자신의 문제를 자각하면서 변화를 위한 실행계획을 세울 수 있도록 도와주어야 한다. 무엇보다 내담자가 새로운 변화의 행동을 시험적으로 실천하고 이후의 상담 회기에서 변화된 지점을 표현할 때 상담자는 지지적인 태도로 내담자의 이야기를 경청해야 한다. 그리고 새로운 행동을 실천하는 내담자의 용기와 노력에 지지와 격려의 메시지를 보내고, 변화된 행동을 실천하기로 결심한 내담자의 통찰과 긍정적인 변화들을 상담의 성과로 확대해 나가는 기회로 삼아야 한다(이규미, 2018: 233-236).

여기서 상담자가 꼭 유념해야 할 점은 모든 내담자가 이처럼 긍정의 형태로 변화행동을 계획하고 긍정의 방향으로 나아가지는 않는다는 것이다. 첫 상담에서 흔히 접하는 상담자들은 대개 큰 어려움과 혼란에 빠져 있는 모습일 것이다. 그래도 상담자는 내담자의 첫인상이 무기력해 보이고 자원도 한정적으로 보여서 변화가 쉽지 않겠다는 선입견을 가져서는 안 된다. 상담이 진행되면서 의외로 내담자가 얼마나 훌륭하고 배울 점이 많은 사람인지를 알게 되고, 이전에는 미처 잘 드러나지 않았던 긍정의 요소들이 많다는 사실을 알게 되는 때가 있다.

상담이 진행되면서 내담자는 그동안 억압하고 있던 감정들을 표현함으로써 억눌린 마음의 응어리들이 해소되는 것을 경험할 수 있다. 내담자가 세상을 바라보는 새로운 시각을 갖게 되면서 마음의 안정을 되찾게 되면 그동안 억눌려 있던 내담자의 내적 자원이 활성화되기 시작한다. 이러한 내적 자원은 내담자가 이미 갖고 있는 것이지만 상담자가 발굴하는 데 도움을 준 결과이기도 하다. 그래서 상담자는 중간 과정부터 내담자와 함께하면서 내담자가 변화해 나가는 것들에 감사하고 내담자가 실행해 보이는 작은 성취들에 감동할 일이 많아진다.

특히 상담의 중간단계에서 종결에 다다를 때쯤이면 내담자는 더 이상 상담자에 의존하지 않고서도 자신에게 도움이 되는 방향으로 변화행동을 선택하면서 자신의 일상을 잘 처리해 나가는 모습을 보이게 된다. 상담을 통해 여러 상담자가 이구동성으로 보고하는 바에 따르면, 상담자들은 내담자가 원래 가지고 있던 본래의 모습이나 미처 깨닫지 못했던 내담자 자신만의 잠재력을 발현해 나가는 것을 볼 때 가장 큰 보람을 느낀다고 한다.

(2) 변화를 위한 행동목표와 계획 실행

중간단계에서 사용하는 상담자의 개입 대부분은 내담자가 스스로의 사고와 감정, 그리고 행동에 대한 통찰을 증진할 수 있도록 돕고, 더 나아가 행동의 변화를 촉진하는 기회를 가질 수 있도록 돕는 것이다. 이 과정에서 상담자는 내담자가 새로운 행동의 방향을 결정하고 목적하는 바를 성취할 수 있도록 도움을 주면서 상담목표에 도달하도록 도와야 한다. 그러나 상담의 여러 장면에서는 내담자가 실천해야 할 목표들이 이미 정해져 있더라도 이를 실천하는 데 어려움을 겪는 내담자를 도와야 할 때가 종종 있다. 내담자가 변화의 행동목표를 달성하도록 돕기 위해서 상담자는 먼저 목표를 확인한 다음, 그러한 목표가 구체적으로 무엇인지를 확인해 나가는 작업을 진행해야 한다(이규미, 2018: 236-240). 그다음에는 변화가 필요한 행동의 목표들을 정하고 이를 달성하기 위해 필요한 조건들이 무엇인지 확인하는 작업을 진행해야 한다. 필요하다면 내담자가 변화에 대한 동기를 잘 유지할 수 있도록 자원을 동원할 수 있어야 한다. 그리고 내담자 스스로 성공할 수 있다는 능력에 대한 신념이 내담자의 자기효능감으로 이어질 수 있도록 도와야 한다.

이러한 행동계획을 수립하고 나면 상담의 중간 과정에서 실제 행동 연습을 해 볼 수도 있다. 중간 과정에서 상담자가 응당 가져야 할 태도는 내담자를 존중하고 이해하는 것이다. 초기에 내담자와의 라포가 잘 형성되어 있더라도 중간 과정에서는 상담의 위기 장면이 여러 번 등장할 수 있다. 내담자가 상담자에게서 신뢰를 거두기도 하고, 저항을 보일 수도 있다. 그럴 때에는 일단 상담을 진행하는 것을 잠시 멈추고, 내담자에게 맞서지 않고 상담 과정에서 어떤 일이 벌어졌는지를 확인하는 등 개선이 필요한 점들을 찾는 노력을 해야 할 수도 있다. 상담의 중간 과정은 초기 과정과는 달리, 내담자가 자신의 문제에 함몰된 상태에서 벗어나 새로운 시각을 갖고 자신감을 회복하도록 돕는 것을 중요시한다. 그렇게 하면 내담자는 자신을 돌볼 수 있는 힘을 발견하고, 이를 활용할 수 있는 기회를 가질 수 있게 되며, 그로 인해 변화된 행동을 실행해 나갈 수 있게 된다.

3. 상담의 종결 과정

1) 상담 종결의 의미

상담의 종결은 상담자와 내담자가 상담 초기에 합의한 상담목표에 어느 정도 도달했다는 판단이 서면 상담관계를 마무리하고 내담자가 상담에서 학습한 것들을 실제의 삶에서 적용하며 살아갈 수 있도록 돕는 후속조치를 포함하는 상담의 마지막 과정이라 할 수 있다. 상담의 종결에 앞서 상담자는 언제 상담을 종결할 것인지 내담자와 의논해야 하며, 내담자가 혹시라도 가질 수 있는 종결에 대한 감정을 이해하고 내담자가 보다 성숙한 자세로 상담의 종결에 대처할 수 있도록 도와주어야 한다(이규미, 2018: 244). 특히 상담의 종결 시기에는 그동안 내담자가 상담자에게 의존하던 모습에서 벗어나 홀로서기를 해야 하는 것에 대한 불안함과 관계의 상실감이 클 수 있으므로 이러한 내담자의 정서를 잘 다루어 주어야 한다.

상담의 종결에는 여러 형태의 상담이 존재한다. 가장 바람직한 종결은 상담목표에 도달했다고 판단할 때 상담을 종결하는 것이다(Smith, Subich, & Kalodner, 1995). 초기 과정에서 중간 과정으로 잘 이행되고 종결 과정까지 순탄하게 진행된 상담은 상담자와 내담자 모두에게 만족스러운 경험을 제공한다. 그러나 상담의 여러 장면에서는 상담자와 내담자 모두가 원하는 형태의 종결이 이루어지지 못하는 경우가 많다. 내담자가 일방적으로 상담의 관계에서 벗어나는 조기종결도 있고, 처음부터 단기로 상담의 회기를 정해 놓아서 상담의 목표가 달성되지 않았더라도 종결의 시기가 미리 예정되어 있는 관계로 종결의 날이 오면 상담자와 내담자 모두 어쩔 수 없이 상담을 마무리하는 경우도 있다. 여러 형태의 상담에서는 내담자가 상담의 종료를 대하는 마음의 자세가 각기 다르므로 그에 따라 적절한 형태로 상담을 이끌어 나가는 것이 필요하다.

다음은 상담을 종결해야 하는 대표적인 세 가지 경우에 대한 설명이다.

첫째, 처음 상담을 시작할 때만 하더라도 전혀 예상하지 못했던 외부 요인에 따라 상담관계를 종결해야 하는 경우가 있다. 상담자에게 개인 사정이 있거나 이직을 하여 그럴 수도 있고, 중간에 상담기관의 방침이 바뀌어 그럴 수도 있다. 종결의 시기에서 상담자는 내담자가 이별에 대한 감정을 충분히 표현할 수 있도록 돕고, 심적 충격을 완화할 수 있도록 차분한 마음으로 그때까지 진행된 상담의 과제들과 다른 상담자와 연결할 수 있는 가능성 모두를 열어 놓고 대화를 하는 것이 필요하다.

둘째, 내담자가 여러 가지 이유를 들어 일방적으로 상담관계를 종결하는 경우가 있다. 첫 회기 상담을 하고 난 이후에 두 번째 상담에서 내담자가 약속 시간에 나타나지 않는다면 내담자가 아직 변화를 선택할 마음의 준비가 덜 된 것이어서 그럴 수 있다

(Prochaska & DiClemente, 1982). 원인을 알 수도 없는 상태에서 내담자가 약속한 상담 시간에 나타나지 않으면 상담자는 답답함을 느낄 것이다. 심지어 초보 상담자의 경우에는 조기종결의 원인을 상담자로서 조금은 부족한 자신을 탓할 수도 있다. 대개 이런 경우는 내담자의 입장에서 상담이 별로 도움이 되지 않는다고 생각하거나 상담 중의 자신의 모습을 회피하고 싶은 내담자의 심리가 원인으로 작용한다는 것을 이해해야 한다.

셋째, 내담자가 애초에 정한 상담목표에 도달하였더라도 내담자가 의도적으로 상담의 종결을 지연하는 경우가 있을 수도 있다. 지연의 원인은 상담자와 내담자 모두에게 있을 수 있다. 그동안 내담자의 곁에서 정서적 지지와 격려를 제공해 주던 상담자와의 헤어짐을 두려워하여 상담 종결을 미루는 행동으로는 종결을 앞두고 이전에 제기된 바 없는 새로운 문제를 꺼내어 문제의 재발을 호소하는 경우가 가장 대표적이다. 이처럼 상담자와 분리되는 것에 대한 불안을 호소하는 것이 감지되면 상담자는 그 자체로 종결의 시기가 다가왔음을 알아차려야 한다.

2) 종결 과정의 과제

종결의 시기가 다가오면 상담자는 내담자에게 종결의 시기가 임박해 옴을 정기적으로 알려 주어서 내담자가 이에 대한 마음의 준비를 할 수 있도록 도와야 한다. 예를 들어, "이제 우리가 예정한 상담이 앞으로 두 번 더 남았습니다. 남은 시간 동안 우리가 어디에 중점을 두고 대화를 하는 것이 좋을까요?"라고 말함으로써 종결 시점을 떠올리면서 주제가 초점화될 수 있도록 유지하는 것이 성공적인 상담의 종결로 가는 길이 될 것이다(이규미, 2018: 254-258).

종결이 다가오면 목표 달성의 여부를 떠나 종결에 대한 제안과 논의를 시작해야 한다. 가장 좋은 형태의 종결의 결정은 내담자가 지속적으로 더 좋아진 느낌을 보고하고, 오랜 갈등 상황에 보다 적응적인 방법으로 반응하며, 이전엔 사용하지 못했던 새로운 반응을 보일 때 할 수 있다. 장기상담의 경우에 종결 과정은 4~6회기가 적절하고, 단기상담의 경우에는 1~2회기가 적절할 것으로 보인다. 다음은 상담을 종결하는 과정에서 필요한 상담자의 과제이다.

첫째, 종결 과정에서는 상담자가 내담자에게 상담의 전체 과정을 요약해 주면서 내담자가 애초에 기대했던 목표들이 달성되었는지를 확인하고 평가하는 것이 필요하다. 그리고 상담목표를 중심으로 내담자의 사고와 감정, 그리고 행동에서 일어난 긍정적인 변화들을 확인하는 것이 매우 중요하다. 분명 내담자는 그간의 변화된 행동에 대해 모든 것이 상담자의 도움 덕분이라며 상담자에게 감사의 말로 표현을 해 줄 수도 있다. 그럴 때 상담자는 여기에 머물기보다는 상담의 성과와 관련한 내담자의 노력을 상기시켜 주면서 내담자가 문제해결에 기여한 요인을 스스로 인식하도록 도와주어야 한다. 예를 들어, "저는 이번 상담에서 그저 상담자의 역할에 충실하려고 노력했을 뿐입니다. 저보다는 ○○ 님 스스로가 변화를 위한 결심을 내리고 용기를 잃지 않고 꾸준히 노력한 결과라고 생각합니다. 스스로가 어떤 노력들을 했는지 한번 잘 기억해 보시기 바랍니다. 어떤 것이 떠오르나요?"라고 말하면서 상당 부분의 성과를 내담자의 몫으로 돌리는 것도 필요하다. 이런 과정은 상담이 종결되고 난 이후에 내담자가 일상생활에서 경험하게 될 많은 고난의 순간에서 스스로 활용할 수 있는 내적 자원으로서 눈부신 활약을 해 줄 것이다.

둘째, 상담을 끝낸다고 하더라도 그것이 완벽한 해결을 의미하지는 않는다. 상담이 종결되고 난 다음에도 미완(未完)의 과제는 남는 법이다. 그러므로 종결 과정에서 상담자는 내담자에게 아직 남아 있는 과제들이 무엇인지 점검하고, 그런 문제들로 인해 발생할 수 있는 상황들을 생각하여 앞으로 닥칠 일들에 대처할 수 있는 방법을 미리 살펴보아야 한다. 그리고 문제의 재발을 막기 위해서 내담자가 주의할 점이 무엇인지에 대해 구체적인 행동 목록을 작성하고, 도움을 줄 수 있는 사회적 지지체계에 관한 정보를 제공하는 것도 도움이 된다.

셋째, 종결의 감정에는 기쁨도 슬픔도 허전함도 아쉬움도 함께 뒤섞여 있을 것이다. 아무리 성공적인 상담 과정이었다 하더라도 내담자에게 그동안 많은 도움을 제공한 상담자와의 관계를 종료하는 것은 또 다른 분리의 경험이 될 수 있다. 그러므로 상담자는 그것이 내담자에게는 또 다른 형태의 불안감을 일으킬 수도 있는 요인이 됨을 이해해야 한다. 이때 상담자가 이별을 대하는 성숙한 모습의 모델이 되어 주는 것도 효과적이다. 그동안 내담자와 함께했던 의미 있는 작업들에 대해 내담자에게 경의를 표하고, 그동안 내담자가 보여 주었던 인간적인 모습을 가슴에 담아 서로의 앞날을 축복해 주면서 상담을 마무리하는 것도 좋다.

3) 후속상담과 의뢰

(1) 후속상담의 실시

상담 종료 후에 이루어지는 후속조치는 대개 후속상담(follow-up counseling)을 계획하는 것에서부터 시작된다. 후속상담은 내담자가 상담 과정 중에 이룬 성과와 통찰을 이후의 삶에서도 잘 유지하고 건강하게 살 수 있는지 확인하는 데 목적을 둔다. 내담자의 상황과 특수성에 따라 다르겠지만 대개는 월 1회의 정기적인 만남으로 후속상담을 진행하는 것이 일반적이다. 상담자는 후속상담을 계획하는 이유와 의의를 내담자에게 충분히 설명한 후에 이를 진행하여야 한다. 그 시기와 방법은 내담자가 결정하도록 기회를 제공하는 것도 필요하다. 그리고 상담이 종결되고 난 뒤에도 도움이 필요하면 상담을 재개할 수 있다는 여지를 남겨 두는 것도 필요하다. 그러나 상담이 종료된 이후에 내담자와 상담자가 이 후속조치로 말미암아 사적인 관계로 발전하는 일은 없어야 할 것이다.

(2) 다른 기관에 의뢰

내담자가 원하는 서비스를 제공할 수 있는 전문가나 프로그램이 없을 경우, 내담자를 다른 상담기관에 연결하는 작업을 해야 할 때가 있다. 의뢰 과정 또한 내담자의 변화를 촉진함에 있어 중요하므로 이를 성공으로 이끄는 데 다음과 같은 사항을 고려해야 한다.

첫째, 상담자는 내담자를 다른 기관에 의뢰하는 이유에 대해 명확히 이해시켜야 한다. 의뢰는 내담자의 특정 문제의 해결을 돕기 위한 활동이다. 따라서 의뢰하기 전에 내담자의 문제를 명확하게 확인하는 것이 중요하다. 그리고 의뢰하는 문제가 어떤 우선순위를 갖고 있는지에 대해 내담자가 동의해야 한다.

둘째, 내담자가 자신의 문제나 처해 있는 상황, 그리고 필요한 서비스나 해야 할 일 등에서 가장 잘 아는 전문가임을 인정해 주어야 한다. 그리고 그 과정에서 내담자의 의견과 선호를 존중해 주어야 한다. 그러나 내담자가 의뢰에 대해 의뢰 과정이 필요하다는 생각과 함께 낯선 곳에서 상담을 받아야 하는 것에 대한 두려움 등 양가감정을 가질 수 있으므로 이러한 내담자의 불안한 마음을 잘 다루어 주어야 한다.

셋째, 의뢰는 내담자가 원하는 서비스를 제공할 수 없을 때 이용하는 적절한 방법이다. 보통 이런 경우는 특정 내담자를 다루는 지식과 기법을 갖고 있지 못할 때나 상담자의 가치, 태도, 믿음 등이 효과적인 상담관계 형성에 장애가 된다고 생각될 때이다. 단순히 상담하기 까다로운 내담자를 피하려고 다른 기관에 해당 내담자를 의뢰하는 것은 적절하지 않다.

넷째, 다른 기관으로의 의뢰 결정을 내리기 전에 당신의 기관 내에서 활용할 수 있는 모든 원조를 고려했는지 확인한 다음 진행해야 한다. 그리고 다른 기관과 전문가들이 당신의 내담자에게 제공할 수 있는 것이 무엇인지를 깊이 있게 파악하고 있어야 한다.

다섯째, 의뢰를 고려하기 전에 당신의 내담자와 관련된 모든 기관을 알고 있는지 확인한다. 어떤 문제들은 기관 간 사례조정이나 사례관리를 통해 최상으로 다뤄질 수 있다. 의뢰하기 전에 내담자와 활동하고 있는 전문가, 다른 기관에 자문을 구하여야 한다.

여섯째, 의뢰를 결정하기 전에 원조 자원으로서 내담자의 친구, 친척, 이웃, 자연적 원조자, 그리고 비공식적 자원들을 고려한다. 과거에 이용했거나 혹은 거절당했던 자원과 기관에 대해 말하도록 한다. 그리고 내담자가 이들 자원에 접근하고 상호작용하는 방법을 확인한다. 이는 의뢰를 촉진하는 데 필요한 단서를 제공한다.

일곱째, 필요하다면 내담자의 가족과 다른 중요한 개인들이 의뢰와 관련된 결정에 참여할 수 있도록 기회를 제공해야 한다. 그리고 이들에게 앞으로의 상담서비스가 가지고 있는 이점과 한계 모두를 설명할 필요도 있다.

마지막으로, 내담자에게 도움이 될 특정 서비스를 고려할 때 그것의 활용에 장애가 될 수 있는 문제들(예: 교통수단이 마땅치 않은 점, 아동보호의 필요성)에 특별한 주의를 기울여야 한다. 많은 내담자에게 의뢰 과정은 스트레스와 좌절을 낳는다. 따라서 의뢰 과정 동안에는 감정적 지지가 필요하다.

제2부

사회복지상담의
기법

제4장 사회복지상담기법의 기초
제5장 사회복지상담기법의 심화
제6장 집단상담기법
제7장 가족상담기법

제4장

사회복지상담기법의 기초

기회는 준비된 정신을 총애한다!
-루이 파스퇴르(Louis Pasteur)

1. 라포형성과 의사소통기법

1) 라포형성기법

일반적으로 라포형성(rapport)은 내담자와 상담자 사이의 상호이해와 작업관계의 수립을 가능하게 하는 조화, 공감, 화합의 상태를 말한다. 라포형성이 사회복지상담에서 가지는 의미는 사회복지의 기본가치인 존엄성, 수용, 자기결정 등을 실천할 수 있는 기초가 제공될 수 있다는 데 있다(양옥경 외, 2010: 167). 다음은 사회복지상담에서 내담자와의 라포를 잘 형성하기 위해 필요한 조건들이다(Hepworth & Larsen, 1986).

첫째, 가벼운 대화로 준비기간(warm-up period)을 갖는다.

둘째, 내담자에 대한 존중을 표현한다.

셋째, 내담자의 감정을 충분히 이해하고 있다는 것을 언어적 · 비언어적 메시지를 통해 전달함으로써 라포형성을 촉진한다.

넷째, 상담자가 내담자를 향한 진실한 태도와 순수한 개입 의도를 가질 때 라포형성이 촉진될 수 있다.

2) 의사소통기법

(1) 비언어적 의사소통의 중요성

비언어적 의사소통은 내담자의 비언어적 표현을 상담자가 주의 깊게 관찰하고 의미를 해석하여 그에 맞는 비언어적 표현을 전달하는 기법을 말한다. 비언어적 의사소통이 잘 이루어지려면 먼저 내담자에 대해 깊은 관심과 진심 어린 경청을 기울여야 한다(천성문 외, 2015b: 15-18). 비언어적 표현은 내담자의 무의식에 숨겨진 의미나 문제를 나타내기 때문에 상담을 이끌어 갈 때 길잡이가 되어 줄 수 있다. 그래서 상담자의 비언어적 태도는 상담관계 형성에서 매우 중요하다. 상담자가 따뜻하고 공감적인 태도를 보인다는 것은 내담자로 하여금 따뜻한 관심과 보살핌을 받고 있음을 느끼게 해 줄 수 있다. 반면, 상담자가 내담자의 이야기와 삶에 대해 무관심한 태도를 보인다면, 내담자는 거부당한다는 느낌을 받을 수 있다.

대개 비언어적 표현과 언어적 표현은 상호작용하는 측면이 강하다. 내담자가 "짜증나요."라고 말하면서 찌푸린 얼굴을 하고 있다면 그것은 언어적 메시지를 반복하거나 강조하는 것으로 볼 수 있다. 내담자에게 현재 어떤 감정이 느껴지는지 질문만 했을 뿐인데, 내담자가 갑자기 울음을 터뜨린다면 그것은 행동으로 언어적 표현을 대신하는 경우일 것이다. 또한 "화나지 않았어요."라고 말하면서도 목소리의 톤이 높고 경직되어 있다면 그것은 언어적 영역과 비언어적 영역이 상호모순된 표현으로 보아야 한다. 내담자가 상담 중에 대화가 지겨워 고개를 돌리거나 시계를 본다면 그것은 상담 중 대화의 흐름을 조절할 때임을 의미하는 신호일 수 있다.

비언어적 표현의 양상은 언어적 메시지를 반복, 보충, 강조하는 형태로 나타나기도 하고, 언어적 메시지와 모순되게 나타나기도 한다. 그리고 메시지를 대신하거나 의사소통의 흐름을 조정하는 의미로 사용되기도 한다. 따라서 상담에서 내담자의 비언어적 표현을 잘 활용하려면 다음의 사항들에 유의하여 상담을 진행할 필요가 있다.

- 내담자의 비언어적 표현을 통해 그의 감정 상태를 읽을 수 있어야 한다.
- 상담자 자신의 비언어적 표현 속에 나타나는 감정도 지각할 수 있어야 한다.
- 같은 행동도 상황과 대화의 맥락에 따라 달리 해석할 수 있어야 한다.
- 내담자의 외적인 모습을 대할 때에는 고정관념을 배제하고 보아야 한다.
- 내담자의 표정(미소, 꽉 다문 입, 떨리는 입)은 많은 정보를 표현함을 이해한다.
- 내담자와의 시선 접촉(직접적 눈맞춤, 회피)에 대한 의미를 파악해야 한다
- 내담자의 자세(팔짱 끼기, 경직된 자세, 머리 만지기)의 의미를 파악해야 한다.
- 내담자의 호흡을 잘 관찰할 필요가 있다.
- 내담자의 목소리 크기와 높낮이, 말의 속도, 침묵의 의미를 파악해야 한다.

(2) 비언어적 표현의 활용성

상담 과정에서의 시의적절한 표현은 내담자의 문제를 다룰 기회를 촉진한다. 내담자가 말하는 중간에 멈추는 것은 상담자의 해석을 바라는 것일 수 있다. 내담자가 상담 시간이 끝나갈 때 중요한 문제를 내놓는다면 그 주제에 대해서 의논하는 것을 망설였음을 의미하거나 상담 시간을 연장하고 싶다는 무의식적 표현일 수 있다. 이처럼 비언어적 표현을 잘 활용하면 내담자와의 상담관계가 발전할 수 있다. 상담자가 내담자의 신체언어(body language)를 잘 이해하고, 내담자에게 관심을 전달하는 등 비언어적 표현을 잘 활용한다면 내담자는 초기에 불안했던 상담 과정에 만족하게 되고, 상담관계가 더욱 촉진될 수 있다.

내담자를 맞이할 때 보여 주는 상담자의 편안한 자세와 부드러운 목소리, 그리고 개방적인 의사표현은 '**나는 당신에게 관심이 있고, 당신이 하는 말을 듣고 싶다.**'라는 뜻을 부지불식간에 전달하는 효과를 가질 수 있다. 부드러운 눈빛으로 관심을 집중하고 기다리는 상담자의 자세는 내담자에게 상담자가 인내심이 많은 사람이란 이미지를 심어 주어 상담에 대한 신뢰성을 높일 수 있다. 내담자와 대화를 진행하는 중에 적절한 시점에서 상담자가 고개를 끄덕이고 미소를 지어 보인다면 '나는 지금 당신의 얘기에 집중하고 있고, 호의를 가지고 잘 듣고 있다.'라는 뜻을 전달해 줄 수 있다. 또한 상담자가 몸을 앞으로 구부리고 온화한 표정을 지어 보인다면 그것은 공감과 이해를 표현하는 것이 될 것이다. 궁금한 듯이 진지한 눈빛과 표정을 지어 보인다면 그것은 '이 부분

에 대해서 당신의 설명과 보충이 필요하다.'라는 것을 알리는 효과가 있다. 이 모든 것이 내담자의 마음을 움직이는 데 효과가 탁월하다.

하지만 상담 과정 중에 비언어적 표현에 대해 기대하는 효과가 매번 제대로 작동하기는 어렵다. 그러므로 비언어적 표현의 효과성을 높이기 위해서는, 첫째, 상담자는 자신의 몸과 목소리를 지각해야 한다. 둘째, 내담자와 상호작용할 때 자신의 몸을 통해 전달되는 단서와 메시지를 놓치지 않아야 한다. 마지막으로, 상담자는 비언어적 표현을 통해 자신이 내담자에게 어떤 태도를 취하고 있는지 점검하는 계기를 마련할 수 있다. 예를 들어, 만약 상담자가 내담자에게 충분한 관심을 표현하지 못하고 있다고 느낀다면 자신의 어떤 감정 때문에 내담자에게 충분한 관심을 표현하기 어려운지를 스스로 점검해 봐야 한다. 혹시라도 상담에 방해가 되는 신체언어가 있다면 그것을 어떻게 다루고 있는지를 점검해 봄으로써 다음 상담에서는 교정된 형태로 나설 수 있게 된다.

(3) 효과적인 의사소통기법: '나-전달법'

상담 중에 내담자에게 가장 효과적이고 분명한 메시지를 전달할 수 있는 방법은 '나-전달법(I-Message)'을 훈련하는 것이라고 할 수 있다. '나-전달법'은 분명하고 직접적인 메시지를 보내면서 메시지를 받은 사람이 방어적이 되지 않도록 하는 방법이라 할 수 있다. '나-전달법'을 잘 사용하면 대인관계에서도 달인이 될 수 있다.

〈표 4-1〉 '나-전달법'과 '너-전달법'의 용례

구분	나-전달법	너-전달법
정의	• '나'를 주어로 하여 상대방의 행동에 대한 나의 생각이나 감정을 표현하는 것	• '너'를 주어로 하여 상대방의 행동을 표현하는 것
예	"선생님께 상의드릴 말씀이 많아 오래 기다렸습니다. 좀 더 자주 뵐 수 없을까요?" • '나' -자주 보지 못해 답답하다. • '선생님' -자주 올라오지 못해서 기다리는구나.	"왜 선생님은 불성실하게 일주일에 한 번밖에 올라오지 않아요?" • '나' -자주 보지 못해 답답하다. • '선생님' -나를 불성실하다고 생각하는구나.

결과	• 상대에게 나의 입장과 감정을 전달함으로써 상호이해를 돕는다. • 상대방에게 개방적이고 솔직하다는 느낌을 전달한다. • 상대방은 나의 느낌을 수용하고 자발적으로 자신의 문제를 해결하고자 하는 의도를 갖는다.	• '상대방에게 문제가 있다'고 표현하여 상호관계가 파괴된다. • 상대방에게 일방적으로 강요, 공격, 비난하는 느낌을 전달한다. • 상대방은 변명하려 하거나 반감, 저항, 공격성을 보이게 된다.

〈표 4-2〉 '나-전달법'의 적용 공식

상황/상대의 행동	결과/영향 (나의 생각, 사고)	느낌과 당부	
• ~가 ~할 때 • ~가 ~하면	• ~때문에	• 나는 ~하다.	
• 동수야, 네가 자꾸 아무런 말도 없이 집에 늦게 오면,	• 너에게 혹시 무슨 일이라도 생기지는 않았나 하는 생각이 들어 잠도 오지 않고 기다리게 되어서	• 나는 매우 걱정이 되고 불안해서 견딜 수가 없단다. 그러니 다음부터 늦을 때는 미리 연락을 해 주었으면 좋겠어.	
• (청각) ~를 듣고(들었을 때) • (시각) ~를 보고(보았을 때) • (촉각) ~를 만지고(만졌을 때) • (미각) ~를 맛보고(맛보았을 때) • (후각) ~를 냄새 맡고(맡았을 때) → 신체의 호감을 활용	• ~해서 • ~하게 되어 • ~라고 생각하게 되어 • ~라는 생각이 들어서	〈긍정의 느낌〉 기쁘다, 감사하다, 궁금하다, 고맙다, 반갑다, 즐겁다, 흥분된다, 흥미롭다, 편안하다, 행복하다, 만족하다, 상쾌하다	〈부정의 느낌〉 불쾌하다, 답답하다, 분하다, 불안하다, 실망하다, 지루하다, 걱정된다, 긴장된다, 무섭다, 슬프다, 화난다, 억울하다

출처: 고영인(2005). p. 53 재구성.

[부록 1] 협동소설 쓰기로 배우는 의사소통 연습

☞ 상담을 잘하려면 먼저 내담자의 마음을 읽고 효과적인 의사소통기법을 사용할 줄 알아야 한다!

① 2~3명씩 짝을 지어 어떤 내용의 소설을 쓸 것인지 첫 줄에 제목을 적고 어떤 내용이든 상관없이

　머릿속에 떠오르는 대로 쓴다(한 사람당 한 줄씩만 적고, 다음 줄로 넘어가지 않는다).

② 다음 사람은 앞 사람이 쓴 글을 읽어 보고 공감하는 내용으로 그다음 한 줄을 적는다.

③ 마친 후 발표하고 소감을 나눈다.

협동소설 쓰기로 배우는 의사소통 연습

제목:

작자: 이름(　　　　　　　　), 이름(　　　　　　　　), 이름(　　　　　　　)

출처: 고영인(2005). p. 27 재구성.

[부록 2-1] 상황별로 응용하는 '나-전달법' 사용법

① 문제/상황: 아무 연락도 없이 집에 늦게 들어온 아들에게 어머니가 하는 말

상황/상대의 행동	결과/영향 (나의 생각)	나의 느낌	나의 제안
길동아, 네가 아무 연락도 없이 늦게 오는 것을 보면,	나는 너에게 혹시 무슨 일이라도 생기지는 않았나 하는 생각이 들어 잠도 오지 않고 기다리게 되어서	나는 매우 걱정되고 화가 났단다.	다음부터는 늦게 되면 미리 전화부터 해 주면 좋겠어.

② 문제/상황: 휴일날 집에서 잠만 자는 남편에게 아내가 하는 말

상황/상대의 행동	결과/영향 (나의 생각)	나의 느낌	나의 제안
여보, 휴일인데 당신이 아이들과 놀아 주지도 않고 잠만 자는 걸 보면,	나는 나 혼자서 아이들을 또 챙겨야 하나 하는 생각이 들고, 당신이 우리 아이들의 마음을 잘 몰라주는 것 같아서	나는 매우 답답하고 슬프기도 해요.	다음부터는 좀 피곤하더라도 우리 가족이 함께하는 시간이 조금 더 많아졌으면 좋겠어요.

③ 문제/상황: 가족끼리 식사하는 시간에 스마트폰에만 열중하는 사춘기 자녀에게 아빠가 하는 말

상황/상대의 행동	결과/영향 (나의 생각)	나의 느낌	나의 제안
영희야, 네가 밥 먹을 때에도 스마트폰만 보고 있으면,	나는 네가 가족과의 대화를 소중하게 생각하지 않는 것 같다는 생각이 들어서		

④ 문제/상황: 조별 발표에서 김○○이 무임승차한다는 얘기를 듣고, 팀장이 하는 말

상황/상대의 행동	결과/영향 (나의 생각)	나의 느낌	나의 제안
야! 김○○, 네가 조원에게 약속한 발표 책임을 다하지 않는다는 얘기를 전해 들었는데,			

출처: 고영인(2005). p. 42 재구성.

[부록 2-2] '나–전달법' 실전 연습

① 상황 A~B에는 주어진 상황에 맞게 '나–전달법'을 표현해 보시오.

② 상황 C~D에는 학생 스스로 가설의 상황을 설정해 보고, 그에 맞게 표현해 보시오.

'나–전달법' 실습 보고서

이름(   )

상황 A. 아내는 집에서 늘 여러 가지 잔소리를 많이 늘어놓는다.

상황/상대의 행동	결과/영향 (나의 생각)	나의 느낌	나의 제안

상황 B. 남편은 매일같이 늦게 퇴근하고, 술을 마시고 들어오는 날이 많다.

상황/상대의 행동	결과/영향 (나의 생각)	나의 느낌	나의 제안

상황 C.

상황/상대의 행동	결과/영향 (나의 생각)	나의 느낌	나의 제안

상황 D.

상황/상대의 행동	결과/영향 (나의 생각)	나의 느낌	나의 제안

출처: 고영인(2005). p. 43 재구성.

2. 경청기법

1) 경청기법의 정의

상담관계에서 경청이란 내담자의 언어적 메시지를 들음과 동시에 비언어적 메시지를 관찰하는 것을 의미한다. 경청은 상담자가 말없이 듣고 있는 활동(silent listening)일 수도 있지만, 겉으로 말이 없다고 해도 듣고 있는 상담자에게는 수많은 정신 활동을 필요로 하는 핵심 상담기법이다(안영실 외, 2002). 그야말로 경청은 내담자가 전달하려고 하는 메시지를 상담자가 포착하고 이해하는 능력이라 할 수 있다. 상담자가 경청을 잘 하게 되면 내담자가 진짜 말하고자 하는 것이 무엇인지 명확하게 파악할 수 있다. 심지어 내담자가 말하는 것의 진짜 의미가 무엇인지까지도 파악할 수 있게 된다. 스콧 펙(Scott Peck)은 경청에 대해 "누군가 진정으로 자기 말을 들어 주고 있다는 것만으로도 눈부신 치료 효과를 낸다."라고 말하였다(천성문, 함경애, 박명숙, 김미옥, 2017). 어쩌면 내담자는 자신의 문제를 해결하기보다는 자신의 문제를 잘 들어 줄 수 있는 사람에게 자신의 감정을 전달하고 싶은 욕구가 더 클 것이다. 상담자의 주의 깊은 경청은 신뢰관계를 낳고, 신뢰관계는 치료동맹의 관계로 발전할 수 있다. 무엇보다 경청이 가지는 가장 큰 긍정적 효과는 내담자가 충분히 존중받고 있다고 느끼고 부정적인 감정을 정화할 수 있다는 데 있다.

2) 온전한 경청의 조건

잘 알면서도 실제로는 행하기 어려운 것이 경청의 기법이다. 상담자가 온전한 경청을 하기 위한 조건으로는, 첫째, 신체건강과 휴식, 시간 배분, 주변 소음의 최소화, 상담실의 적절한 조명과 온도 등이 필요하다. 둘째, 온전한 경청을 하기 위해서는 먼저 자기 문제를 해결하고 성숙한 인격을 형성해야 한다(천성문 외, 2017).

경청을 방해하는 상담자 요인을 살펴보면, 먼저 상담자 자신의 문제로 인해 내담자의 말을 왜곡하여 듣거나 제대로 듣기 어려울 때 경청이 제대로 이루어지기 어렵다. 상담자의 선입견과 편견으로 평가하는 것도 경청보다는 충고로 이어지기 쉽다. 충분한 이해가 없는 섣부른 판단이 앞서면, 상담자가 내담자의 말을 선택적으로 수용하게 되거나 중요한 문제를 간과할 수 있다. 그리고 내담자가 드러내는 사실만 들을 경우에는 내담자의 숨은 동기나 감정적 메시지를 놓치게 된다. 상담자 자신이 어떻게 반응하고 다음에 어떻게 말할지만 생각할 경우에는 대화의 중요한 내용을 놓치고 초점에서 벗어날 수도 있다. 마지막으로, 상담사의 돕고 싶은 마음이 앞설 때에도 상담자가 객관적 태도를 유지하기 어렵다.

완벽한 경청의 조건은 내담자의 진술에 집중하며, 내담자의 행동을 주의 깊게 관찰하고 반응해 주는 일련의 연속 과정으로 다음의 조건을 필요로 한다(Egan, 2016).

- 언어적 메시지를 듣고 이해해야 한다.
- 내담자의 자세, 표정, 움직임, 목소리 등의 비언어적 표현을 관찰하고 읽을 수 있어야 한다.
- 내담자의 상황 속에서 내담자의 내면을 들여다볼 수 있어야 한다.
- 내담자가 언젠가는 깨닫고 변화시켜야 할 문제까지도 들을 수 있어야 한다.

적극적 경청을 위해 상담자가 점검해야 할 요소로는, 첫째, 상담자가 적절한 위치와 자세를 갖추고 있는지 스스로 점검해 보아야 한다. 둘째, 상담 중에는 고압적이지 않고 개방적인 자세를 보이고 있는지 살펴볼 필요가 있다. 셋째, 상담자가 내담자에게 보이는 작은 움직임 하나에도 신경을 집중해야 한다. 넷째, 상담자의 시선은 내담자의 인중을 중심으로 머물되, 내담자의 눈과 얼굴 표정, 그리고 내담자의 다양한 몸짓을 따라가야 한다. 마지막으로, 상담자의 목소리는 강약을 조절할 필요가 있고 때로는 진중하게, 때로는 활력 있게 변화를 주면서 상담을 진행하는 것이 효과적이다.

〈내담자에 대해 비언어적 관심 기울이기: SOLER〉

- S(Squarely): 내담자를 똑바로 보고 자세를 잡는다.
- O(Open): 개방된 자세를 취한다.
- L(Lean): 중요한 사항에서는 내담자 쪽으로 몸을 기울인다.
- E(Eye Contact): 내담자와 적절하게 시선 접촉을 한다.
- R(Relaxed): 이완된 자세를 취한다.

3) 감정표현의 조장과 수용

때때로 상담 중에 내담자가 우는 경우가 발생할 수 있다. 이럴 경우, 상담자는 어떻게 대처하면 좋을까? 다음은 상담 중에 내담자가 울음을 터트릴 경우, 상담자가 슬기롭게 대처하는 방법과 내담자가 최대한 부끄럽게 느끼지 않도록 상담을 이끄는 요령을 소개하고 있다.

내담자: (당황하고 미안해하면서) "이렇게 되어서 미안합니다. 제가 참 어리석고 유치해 보이죠?"

상담자: (친절하게) "뭔가가 당신을 건드린다면 어떻게 울지 않을 수 있겠어요? 그런 상황에서 눈물이 나오는 것은 당연한 일이죠."

내담자: "내가 무력한 사람이라는 것을 선생님에게 보여 준 것 같아서 얼굴을 들지 못하겠어요."

상담자: (감정의 북받침이 가라앉았는지를 주의 깊게 살피면서) "그 말씀은 강한 사람은 결코 깊이 감동하는 일이 없다는 뜻인가요?"

출처: 천성문 외(2017). 재구성.

[부록 3] 역할연기(Role Play) 상담 실습

① 3명씩 한 팀을 구성한다. 각자 상담자, 내담자, 관찰자 역할을 정하고 모의상담을 한다(약 20분).

② 순서를 바꾸어서 역할연기를 수행해 본다.

③ 관찰자 중심의 보고로 수행한다(Check Point: 양호=○, 보통=△, 미흡=×로 평가).

관찰자 중심의 시각에서 주로 상담자를 중심으로 관찰하고 보고함을 원칙으로 한다.

상담자는 어떤 비언어적 반응을 보였는가?

상담자의 관심 기울이기 반응들(언어적, 비언어적)은 무엇이었는가? 그것은 적절했는가?

<table>
<tr><td colspan="3">역할연기 상담 실습 보고서

관찰자 이름 (　　　　　)
상담자 이름 (　　　　　)
내담자 이름 (　　　　　)</td></tr>
<tr><th>요소</th><th>내용</th><th>○/△/×</th></tr>
<tr><td colspan="3" align="center">비언어적 의사소통 영역</td></tr>
<tr><td>상담자의 자세</td><td>상담자는 내담자를 똑바로 보고 안정적으로 보였는가?</td><td></td></tr>
<tr><td>얼굴 표정</td><td>상담자의 얼굴 표정은 부드럽고 진지하며 자연스러웠는가?</td><td></td></tr>
<tr><td>움직임</td><td>상담자의 손동작이나 이상한 버릇을 나타내지는 않았는가?</td><td></td></tr>
<tr><td>시선 접촉</td><td>상담자는 내담자와 시선 접촉을 잘하였는가?</td><td></td></tr>
<tr><td>목소리</td><td>상담자의 목소리 크기와 속도는 적절하였는가?</td><td></td></tr>
<tr><td>억양</td><td>상담자의 억양은 지루하지 않게 적절한 변화를 주었는가?</td><td></td></tr>
<tr><td colspan="3" align="center">핵심 상담기법 영역</td></tr>
<tr><td>경청하기</td><td>상담자는 내담자의 얘기에 경청하는 모습을 보여 주었는가?</td><td></td></tr>
<tr><td>질문하기</td><td>상담자는 개방형 질문을 상황에 맞게 잘 사용하였는가?</td><td></td></tr>
<tr><td>공감하기</td><td>상담자는 내담자의 말에 공감하는 태도를 잘 보여 주었는가?</td><td></td></tr>
<tr><td colspan="3">관찰자의 소감

</td></tr>
</table>

3. 질문기법

1) 내담자의 정보를 탐색하는 질문 유형

상담의 전체 과정은 주로 상담자의 짧고 간결한 질문과 내담자의 답변으로 이루어진다. 질문기법은 내담자의 상황을 이해하는 데 많은 도움을 제공해 줄 수 있다. 내담자가 어떤 이야기를 시작하게 되면 상담자는 그것에 관해서 그 이상의 정보를 얻기 위해 많은 질문을 던지게 된다. 통상적으로는 그 이야기에 관해서 내담자에게 물어보는 것이 좋을 수 있다. 때로는 내담자에게 좀 더 자세하게 말해 달라는 식의 요청을 해야 할 때도 있다(안영실 외, 2002).

상담 과정 중에 질문을 할 때는 내담자가 심문받는 것처럼 들리지 않도록 목소리를 '**낮게, 부드럽게, 천천히 말하는 것**(lowly, softly, slowly talk)'이 중요하다. 내담자가 에너지를 가장 많이 쏟고 있는 주제에 대해서는 짧고 쉬운 형태로 질문하고, 같은 종류의 개방형 질문을 반복적으로 사용하기보다는 내담자를 이해하고 있다는 공감반응과 함께 사용하면 더욱 효과적이다.

질문기법은 크게 보아 폐쇄형 질문과 개방형 질문의 두 가지로 나누어진다. 폐쇄형 질문은 사실적 정보 수집에 한정하여 사용되는 경우가 많다. 초보 상담자의 경우에는 폐쇄형 질문을 최대한 자제하고 개방형 질문을 사용하기 위해 의도적으로 노력하도록 훈련받는다. 그 이유는 우리가 일상생활에서 보통 개방형 질문보다는 폐쇄형 질문을 더 많이 사용하는데, 그러한 습관을 교정해야 할 필요성이 크기 때문이다(천성문 외, 2017).

개방형 질문은 내담자가 자신의 생각과 감정을 탐색하여 자기를 드러내 보일 수 있도록 하고 지속적인 의사소통을 촉진하는 데 사용함을 목적으로 한다. 개방형 질문이 가지는 효과 중 하나는 자신의 문제나 어려운 상황을 나누고 싶어서 상담을 하러 온 내담자의 상담동기를 발달시킬 수 있다는 것이다. 다른 하나는 내담자가 상담자의 평가와 판단에 따른 준거기준에 강요받지 않으면서 자신의 태도, 감정, 가치관, 행동 등을 탐색하도록 해 준다는 것이다.

무엇보다, 상담자가 질문을 할 때에는 의도와 목적을 가지고 해야 한다. 어떤 의도와 목적을 가지고 질문하느냐에 따라 그것은 사실을 수집하기 위한 질문이 될 수도 있고, 내담자의 경험을 구체화하는 질문이 될 수도 있다. 그리고 상황에 관한 주관적인 느낌과 생각을 탐색하는 질문이 될 수도 있다.

2) 개방형 질문

(1) 개방형 질문의 유용성

개방형 질문은 내담자에게 더 많은 이야기를 할 기회를 제공한다는 점에서 매우 유용한 상담기법이다. 개방형 질문이 가지는 유용성은 다음과 같다. 첫째, 내담자가 특정한 문제를 구체적으로 탐색하도록 하는 데 도움이 된다. 이를 통해 상담자는 내담자가 처해 있는 구체적 상황과 감정을 탐색할 수 있다. 예를 들면, 첫 회기 상담에서 말하기를 꺼리는 청소년 내담자에게 "당신의 학교생활에 대해서 좀 더 이야기해 줄 수 있나요?"라고 물어봄으로써 내담자가 현재 학교생활에 대해 가지는 전반적인 감정을 자유롭게 탐색할 수 있다. 또는 고통스러운 기억과 사건사고를 경험한 내담자에게 "그 일이 일어났을 때 어떻게 느꼈는지 이야기해 줄 수 있겠어요?"라고 질문함으로써 내담자의 과거의 고통스러운 기억들에 남겨진 감정을 교정하도록 도와 치유하는 길로 안내할 수도 있다(천성문 외, 2015b: 45-46).

둘째, 내담자가 말하고 있는 것을 상담자가 더 잘 이해할 수 있도록 도와줄 수 있다. 이것은 내담자의 행동과 감정을 이해하는 데 매우 탁월한 효과를 발휘한다. 예를 들어, 내담자의 진술이 명확하게 이해되지 않을 때 상담자는 내담자에게 "그것에 대해 구체적인 예를 한 번 들어 봐 주시겠어요?" "좀 전에 아버지가 무책임한 사람이라고 했는데, 그것이 무슨 뜻이지요?"라고 요청하여 보다 구체적인 상황을 이해함으로써 내담자에 대한 이해를 촉진할 수 있다. 또한 내담자가 특정 감정 상태에서 행하는 행동 유형을 탐색할 때에는 "우울한 기분이 들 때 무엇을(어떤 생각을) 하세요?"라고 질문을 하면서 내담자의 행동과 감정의 연결고리를 파악할 수도 있다.

셋째, 개방형 질문은 내담자가 자신의 느낌과 생각에 주의를 기울이도록 하는 데 효과적이다. 그렇게 되면 내담자는 현재의 감정과 생각 및 주의에 관심을 기울일 수 있다. 예를 들어, "지금 그렇게 말하면서 당신은 어떤 감정을 느끼고 있나요?"라고 질문하게 되면 내담자는 이전에는 느끼지 못했던 자신만의 독특한 감정 상태를 이해할 수 있다. 또는 "그것에 관해서 당신은 어떻게 생각하고 있나요?"라고 물음으로써 보다 분명하게 자신 안의 감정을 종합적으로 탐색하도록 도울 수 있다. 다음은 상담 과정 중에 가장 흔하게 사용할 수 있는 개방형 질문들의 예이다. 잘 숙지하였다가 상담 중에 활용한다면 매우 효과적일 것이다.

- "그것에 대해 어떻게 생각하시죠?"
- "어떤 점에서 그런가요?"
- "그것에 대해 좀 더 자세하게 이야기해 주시겠어요?"
- "당신은 힘들 때 어떤 사람과 의논을 하는 편인가요?"
- "오늘은 무엇부터 이야기할까요?"
- "우리가 지난번에 같이 이야기를 나눈 후에 어떻게 지냈어요?"

(2) 효과적으로 개방형 질문 사용하기

상담 중에 먼저 유도하는 질문을 사용하는 것은 금물이다. 지나치게 '예' 또는 '아니요'를 많이 요구하는 폐쇄형 질문은 자제하는 것이 좋다. 모호하거나 명확하지 않은 질문은 피해야 하며, 이중적이거나 다양한 뜻으로 해석될 소지가 큰 질문은 피하는 것이 상책이다. '왜'라는 질문은 내담자로 하여금 추궁을 받는다는 느낌을 줄 수 있으므로 가급적 사용하지 않는 것이 좋다. 상담 중에 효과적으로 질문하는 요령은 상담자가 자신의 의도와 목적에 맞는 기본 질문을 숙지하고 있을 때 빛을 발할 수 있다. 내담자의 상황과 관련된 사실을 수집하기 위한 질문의 형태를 예로 제시하면 〈표 4-3〉과 같다.

〈표 4-3〉 내담자에 대한 탐색 주제별 개방형 질문의 예

탐색 주제	개방형 질문의 예
현재의 문제	• "현재 ○○ 님이 가장 불편하게 생각하는 것은 어떤 것인가요?" • "그 문제가 발생한 때는 언제인가요?" • "얼마나 자주 문제가 발생하는 편인가요?" • "문제의 심각성 정도는 어떠한가요?" • "그 문제는 얼마나 오래 지속되었나요?" • "그 문제가 전혀 나타나지 않았을 때는 언제인가요?"
현재의 가족관계	• "어릴 때 누구와 함께 살았나요?" • "아주 어릴 때의 일 중에서 기억나는 일이 있다면, 무엇인가요?" • "가족 중에서 정서적으로 누구와 가장 가까웠나요?" • "어머니는 어떤 분인가요?" • "아버지의 성격은 어떠한가요?" • "부모님이 ○○ 님을 대하는 태도는 어떠했나요?" • "형제나 자매와는 어떻게 지냈나요?" • "현재 누구와 함께 살고 있나요?" • "현재 가족과의 관계에서 어려움이 있다면 무엇인가요?"
현재의 사회적 관계	• "어떤 사람과 친밀한 관계를 맺고 있나요?" • "친한 친구와 어떻게 지내나요?" • "주로 어떤 친구를 좋아하나요?" • "힘들 때는 어떤 분과 의논하나요?" • "학교(직장)생활은 어떠했나요?"
상담관계	• "지난 상담 시간에 미처 말하지 못한 것이 있다면 무엇인가요?" • "지난 상담은 어떠했나요?" • "이번 시간에 도움이 되었던 점은 무엇인가요?"

출처: 천성문 외(2015b) 재구성.

내담자의 상황과 관련된 사실을 수집하기 위한 질문은 접수면접이나 초기면담에서 주로 이루어진다. 내담자는 자신의 경험을 언어로 표현할 때 일부 필요한 내용을 생략하거나 명료하지 않게 표현할 수도 있다. 명료하지 못한 진술로는 내담자가 자신의 경험을 제대로 이해하기 어렵다. 예를 들어, 구체적인 내담자의 진술이 생략되었을 때에는 "구체적으로 어떤 점이 그런가요?" "주로 어떤 상황에서 그런 행동을 보이나요?" "어떤 점에서 그렇게 생각하시나요?" 등으로 물을 수 있다. 그리고 내담자의 진술을 보다 분명하게 해 줄 때에는 "그것이 의미하는 바는 무엇인가요?" "구체적으로 어떤 경험인지 예를 들어 설명해 주실 수 있

나요?" "그것에 대해 다시 한 번 말씀해 주시죠."라고 묻는 것도 좋은 방법이다.

한편, 상황에 관한 주관적인 느낌과 생각을 탐색하는 질문도 상담 중에 자주 사용된다. 특정한 상황에서 느끼는 주관적인 느낌과 생각을 탐색해 보는 질문을 사용하면 내담자의 상황에서 해결되지 못한 감정과 그러한 감정을 불러일으키는 지각체계를 이해할 수 있게 된다. 주관적인 느낌에 해당하는 개방형 질문은 "상처를 받았을 때 어떤 느낌이었나요?"과 "그때 감정을 어느 정도라고 말할 수 있나요?"로 표현할 수 있다. 또한 내담자의 주관적인 생각을 물을 때에는 "그때 어떤 생각을 하셨나요?" "그때 어떤 기대를 하셨나요?" "그때 어떻게 하고 싶으셨나요?"라고 묻는 것이 좋다.

(3) 개방형 질문을 할 때 유의할 점들

대개 상담 중에 상담자가 조언, 판단, 추궁, 공격의 의도를 가진 질문을 하게 되면 내담자는 심리적 압박을 받을 수 있다. 한편, 상담자가 호기심으로 내담자의 문제의 초점에서 벗어난 질문을 할 때에도 내담자의 문제가 모호해져 효과적인 상담이 이루어지기 어렵다. 그러므로 내담자가 지나치게 상담자를 경계하지 않고 자신의 내면을 탐색하도록 돕는 개방형 질문을 할 때에는 다음과 같은 사항에 유의하여 진행할 필요가 있다(천성문 외, 2015b: 49-50).

첫째, 내담자에게 성급하게 제안하는 형태로 질문하는 것은 금물이다. 예를 들어, 이미 여러 차례 살을 빼기 위한 다이어트 시도에도 불구하고 번번이 실패를 맛본 내담자에게 "체중 감량을 위해 식사 조절을 해 보았나요?"라고 질문하는 것은 내담자의 좌절감만 높일 뿐, 아무런 상담 효과를 거둘 수 없다.

둘째, 충분한 사전 탐색 없이 상담자의 추측만으로 질문하는 것은 매우 위험하다. 남편과 오랜 부부갈등으로 인해 힘들어했던 부인에게 첫 회기 상담 후 다음 회기에서 "지금은 관계가 좋아졌지요, 그렇죠?"라고 질문하는 것은 상담자의 신뢰성을 스스로 떨어뜨리는 행위가 된다.

셋째, 상담자 자신의 호기심에 따른 질문이나 유도하는 형태의 질문은 피하는 것이 좋다. 어머니의 과보호에 대해 얘기하고 있는 청소년 내담자에게 "어머니가 과보호하는 이유가 뭐라고 생각하니? 혹시 그럴 만한 이유가 있다고 생각하지는 않니?"라고 묻게 되면 그동안 어머니와의 관계에서 답답함을 호소해 왔던 내담자의 감정 흐름이 끊기게 되고, 논의의 초점이 어머니로 바뀌어 내담자의 생각과 감정을 탐색할 기회가 상실될 수 있다. 그보다는 "어머니의 과잉보호로 인해 네가 하고 싶은 일을 제대로 하지 못해서 무척 답답했을 것 같아."라고 공감적 반응을 보여 준 다음, "어머니가 어떤 점에서 너의 안전을 지나치게 걱정한다고 생각하니?"라고 질문을 던진다면 내담자는 공감적 반응을 통해 지지받은 힘으로, 어머니의 생각과 입장을 동시에 고려할 수 있는 마음의 여유를 찾을 수도 있다.

넷째, 내담자에게 "왜 그랬어요?"와 같이 'Why'형 질문의 사용은 가급적 자제해야 한다. 실제로, "왜 공부하기 싫어하니?"라는 질문을 받은 내담자는 자신이 상담자에게서 비난받는다는 느낌을 받을 수 있고, 그렇게 되면 내담자가 공격적이거나 회피적인 반응을 보일 수도 있다.

다섯째, 상담자는 성급한 마음을 가지고 질문하는 것을 삼가야 한다. 예를 들어, 상담 내내 지리멸렬한 말로 상담의 과정을 비생산적으로 만들고 있는 내담자에게 "그래서 핵심이 무엇입니까?"라고 묻는다면 내담자가 먼저 놀라운 표정을 지어 보일 것이고, 이후에는 말하는 데 두려움을 가지거나 위축된 반응을 보일 수 있다.

여섯째, 상담자가 내담자에게 한 번에 여러 개의 질문을 하는 것은 좋지 않다. "대인관계에서의 어려움은 무엇입니까? 직장생활은 어때요? 평상시 주로 어떤 감정을 느낍니까?" 등 두 가지 이상의 질문을 연이어 사용하게 되면 내담자는 자신이 어디에 초점을 두고 답변을 해야 하는지 헷갈리게 된다.

3) 폐쇄형 질문

폐쇄형 질문은 상담자가 구체적인 상황에 초점을 맞추거나 정확한 정보를 얻기 위해 사용하는 기법으로서 매우 유용하다. 심리상담에서 사용되는 폐쇄형 질문들은 다음의 세 가지 목적에 따라 수행된다. 첫째, 명확한 정보 수집을 위해 사용할 수 있다. 예를 들어, "이전에 상담을 받아본 적이 있습니까?"라고 물어봄으로써 보다 직접적인 형태로 내담자의 이전 상담의 경험에 대해 탄력적인 반응을 준비할 수 있다(천성문 외, 2015b: 51).

둘째, 내담자의 동의를 구할 때 폐쇄형 질문을 사용할 수 있다. 가령, "지금 제가 한 말이 맞나요?"라고 질문을 하여 내담자의 동의를 구한 다음, 상담의 전체 과정을 짚어 가면서 진행할 수 있다. 또는 내담자의 이야기에 대해 신중한 반응을 보이는 태도를 간접적으로 보여 줄 수 있는 질문으로서 "제가 제대로 이해했나요?"라고 질문할 수도 있다.

셋째, 잠재적 위험 상황에서 무슨 일이 있어났는지 알아보기 위해 직접적 형태의 폐쇄형 질문을 사용할 수 있다. 위기 상황이 올 수 있는 경우에는 구체적인 정보를 얻고 위기 상황을 예방하는 것에 대한 약속을 받기 위해 폐쇄형 질문을 사용할 수도 있다.

〈효과적인 질문의 형태〉

- "오늘은 무슨 일에 대해 말씀하고 싶으세요?"라는 개방형 질문은 내담자의 말문을 열게 하고, 하고 싶은 이야기를 이어 갈 수 있게 한다.
- '왜'로 시작하는 질문은 추궁의 의미가 포함되어 있어서 내담자를 방어하게 하므로 피하는 것이 좋다.
- 이중 질문은 내담자를 혼란스럽게 하여 정확한 정보를 얻는 데 도움이 안 되므로 피하는 것이 좋다.
- 상담자의 판단적이고 유도적인 질문은 내담자가 자신을 탐색하게 하는 데 도움이 되지 않으므로 피하는 것이 좋다.
- 내담자의 상황에 대한 주관적 관점을 탐색하려면 "그것에 대해 어떻게 느끼시나요?"라는 질문이 유용하다.
- 논의의 초점을 내담자에게 둔 개방형 질문은 내담자의 문제를 명료화하는 데 도움이 된다.
- 특정한 행동에 대한 구체적인 예를 끌어내는 질문은 내담자의 자기이해를 도울 수 있다.
- 폐쇄형 질문은 구체적 사항에 초점을 맞추고 내담자의 상황을 파악하는 데 유용하다.

[부록 4] 질문기법과 적절한 반응 연습

☞ 다음의 질문은 개선의 여지가 있는 질문이다.

① 먼저, 세 사람이 다음의 문제 상황들에서 흔하게 던질 수 있는 질문을 적어 보자.

② 이 질문의 유형을 검토해 보고, 상대방에게서 나타날 반응을 검토해 보자.

③ 그런 다음 토론을 통하여 보다 바람직하고 적절한 질문으로 고쳐 보자.

질문기법과 반응 실습 보고서

토론자: 이름(   )   이름(   )   이름(   )

① 남편이 자신의 말을 들어주지 않고 자꾸 외면한다. 이때 아내가 남편에게 질문한다.
- 흔히 하는 질문 ⇒ "도대체 당신은 나를 사랑하긴 해?"
- 이 질문은 어떤 유형의 질문인가?
- 질문에 대한 상대방의 반응은 어떨까?
- 적절한 질문 ⇒

② 오늘도 철수는 지각을 하였다. 매번 지각하는 철수 때문에 화가 난 선생님이 질문한다.
- 흔히 하는 질문 ⇒ "얘, 너는 왜 맨날 그 모양이니?"
- 이 질문은 어떤 유형의 질문인가?
- 질문에 대한 상대방의 반응은 어떨까?
- 적절한 질문 ⇒

③ 부하직원이 일은 안 하고 스마트폰만 보고 있다. 이때 부장님은 이런 질문을 한다.
- 흔히 하는 질문 ⇒ "김 대리, 그렇게 폰만 쳐다보고, 일은 언제 할 건가?"
- 이 질문은 어떤 유형의 질문인가?
- 질문에 대한 상대방의 반응은 어떨까?
- 적절한 질문 ⇒

④ 집에 돌아오니 아이가 숙제는 안 하고 TV만 보고 있다. 어이없다고 느낀 어머니가 아이에게 이런 질문을 한다.
- 흔히 하는 질문 ⇒ "옆집 철수는 숙제부터 하고 공부한다던데, 너는 지금 뭐하는 거니?"
- 이 질문은 어떤 유형의 질문인가?
- 질문에 대한 상대방의 반응은 어떨까?
- 적절한 질문 ⇒

⑤ 아버지는 나를 걱정한다고 말하면서 뜬금없이 이런 질문을 한다.
- 흔히 하는 질문 ⇒ "얘, 너는 커서 뭐가 되려고 그러니?"
- 이 질문은 어떤 유형의 질문인가?
- 질문에 대한 상대방의 반응은 어떨까?
- 적절한 질문 ⇒

출처: 고영인(2005). p. 25 재구성.

4. 공감기법

1) 공감기법의 정의

공감(empathy)이란 우선 상담자 자신의 인식과 반응을 중지하고, 상담자 자신을 내담자의 입장에 놓아 내담자가 지금 무엇을 느끼고 있는지를 느끼고 경험하려고 하는 상담자의 심리 작업이라고 정의할 수 있다(Dewald, 2010). 내담자와 상담자 간에 공감을 이루는 과정은 상담관계에서 가장 중심이 되는 작업이며, 상담의 치료 효과를 거두는 데 가장 핵심적인 역할을 하는 기법이다(이희백, 2011).

공감기법을 사용할 때 상담자는 다음의 질문을 던져 볼 필요가 있다. **'이 내담자는 왜 상담실을 찾아왔을까?'** 분명 내담자가 상담실을 노크할 때에는 불안하거나 우울하거나 실망하였거나 심리적으로 고통스럽고 괴로운 심정을 가진 경우가 대부분일 것이다. 대개의 경우, 내담자가 상담을 하러 온 심리적 이유와 상황이 무엇인지는 알려져 있지 않다. 다만, 내담자는 그동안 자신의 감정을 억눌러 왔고, 그러한 감정을 무시하려고 애써 왔지만 번번이 실패를 경험했을 가능성이 높다. 그러다 보니 그러한 감정을 아예 부정하거나 왜곡하는 모습을 보였을 수도 있다.

공감기법이 가지는 가장 큰 효과는 감정이 주는 이점을 적용하여 내담자의 감정을 명확하게 파악할 수 있다는 것이다. 공감기법을 잘 사용하게 되면, 내담자는 스스로를 긍정적으로 지각하고 수용할 수 있는 기회를 가지게 된다. 감정은 내담자의 경험과 행동에서 일어난다. 감정은 내담자가 표현한 말의 내용, 표현방식, 비언어적 행동에 주의를 기울여야만 파악이 가능한 것임을 명심할 필요가 있다. 감정을 다루는 내담자의 태도를 살펴보면, 대부분의 내담자는 자신이 어떻게 느끼는지 모르거나 그 감정에 대해 부정적이어서 스스로 그 감정을 파악하고 수용하는 것을 어려워하는 경우가 많다. 대부분의 감정은 객관적이거나 절대적으로 인식되는 것이 아니기 때문에 현재 느끼는 감정을 표현하는 것을 힘들어하기도 한다.

공감이 필요한 이유는 내담자가 감정을 자유롭게 표현하도록 격려하며 돕기 위해서이다. 그리고 내담자가 자신의 감정을 관리하는 데 도움을 제공하기 위해서이기도 하다. 내담자는 그동안 표현하지 못했던 경험이나 의미를 상담자의 공감을 통해 보다 분명하게 드러낼 수 있다. 상담자의 공감의 눈을 통해 내담자는 자신의 감정이 무엇인지 접촉하게 되며, 자신의 감정에 대해서 무엇을 해야 할지 결정할 수 있게 된다. 이 과정을 통해 내담자는 자신의 문제를 가장 잘 해결할 수 있는 주체로 성장할 수 있다. 공감에서 가장 중요한 핵심 과정은 단순히 진술하기보다는 내담자가 순간의 감정을 경험하도록 돕는 것이다.

2) 공감기법의 사용단계

공감이란 내담자의 메시지에서 나타나는 감정이나 정서를 그대로 반영하는 것을 의미한다. 공감이 중요한 이유는 내담자의 감정과 메시지 저변에 깔려 있는 의미를 발견하는 것인만큼 이를 반영하여 표현하는 것 역시 중요하다. 가장 효과적인 공감은 내담자가 말하고 느낌을 표현하고 있는 것과 유사한 방식으로 내담자의 핵심 감정이나 숨겨진 메시지를 요약하여 내담자에게 전달하는 것이다. 가장 좋은 공감의 조건은 간결하고 정확해야 하며, 맥락을 이해한 상태에서 전달되어야 한다는 것이다. 단어 선택에는 신중해야 하며, 내담자의 실제 감정과 합치된 진술로 이루어져야 한다.

〈효과적인 공감기법의 사용단계〉
- 제1단계: 내담자의 느낌이나 감정을 인지한다.
- 제2단계: 이러한 느낌을 묘사할 수 있는 단어를 선택한다.
- 제3단계: 규정하지 말고 반영하듯이 내담자에게 상담자의 지각을 전달한다.

공감기법 사용에 도움이 되는 구체적인 방법은 먼저 내담자가 보이는 언어적 · 비언어적 메시지를 동시에 고려해야 한다는 것이다. 그런 다음, 상담자는 내담자의 여러 감정 중 현저한 감정을 선별하고, 내담자의 핵심 감정이 무엇인지 확인해 보아야 한다. 개입 초점은 주로 현재의 감정에 집중하고, '지금-여기(here and now)'의 관점에서 상담을 이끌어 가야 한다. 감정의 수준을 구별할 때에는 내담자가 느끼는 감정의 강도까지 평가하여 정확히 반영하는 것도 좋은 방법이다. 공감을 표현할 때는 직접적인 표현

보다는 가설적인 형태로 내담자의 감정을 반영하여 공감적으로 표현해 주는 것이 더 효과적이다. 예를 들어, "당신은 ~을 느끼는지 궁금하군요."라고 표현해 주는 것이 대표적인 공감기법의 표현방식이다(천성문 외, 2015b: 77).

〈공감기법의 진술 형태〉

- "당신은 ~을 느끼는 것처럼 보입니다."
- "당신은 ~ 때문에 ~을 느끼는 것 같군요."
- "제가 듣기에 당신은 ~을 표현하는 것 같습니다."
- "그 상황이라면 당신은 ~을 느꼈을 것 같습니다."

---

3) 공감기법 사용에서 유의할 점

만약에 내담자가 매우 많은 감정을 순간적으로 드러내는 경우에는 다음의 사항에 유의하여 접근하는 것이 좋다. 첫째, 내담자가 감정을 주체할 수 없는 상태일 때에는 이완훈련을 통해 감정을 통제해야 한다. 둘째, 내담자의 감정에 대해 모든 것을 파악하고 있는 듯한 행동은 좋지 않다. 셋째, 문화적·사회적·성적 차원에서 감정을 표현하는 방식에 차이가 있음을 고려해야 한다.

이상의 내용을 정리하면, 감정의 대상이 내담자, 상담자, 다른 인물, 상담 자체 등 무엇이든 상관없이 반영하여 이를 살펴보는 것이 중요하다. 내담자가 감정을 회피하거나 이야기하는 것을 힘들어할 때 공감기법을 사용할 수 있다. 내담자의 상담 자체에 대한 감정 때문에 상담 과정에 방해가 될 때 공감기법을 사용하는 등 상황에 맞게 적재적소에 사용하는 지혜가 필요하다.

공감기법을 사용하기 전, 내담자의 주된 감정을 파악할 때에는 먼저 내담자가 자신의 감정에 대해 이야기하고 있는 정서적 부분에 주의를 기울이는 것이 필요하다. 그런 다음, 내담자의 언어적 내용뿐만 아니라 비언어적 행동, 즉 자세, 어조, 말의 속도, 그 밖의 태도에도 세심한 주의를 기울여야 한다. 내담자가 표현한 감정을 묘사하기 위해 다양한 감정 단어를 사용해서 공감해 주는 것도 중요하다. 상담자는 내담자의 감정 전부를 파악할 수 있도록 노력해야 한다. 적절한 정서적 표현으로 내담자가 느끼고 있는 감정을 명확하고 간결하게 요약해 준다면 더욱 좋다. 내담자는 한 가지 감정뿐 아니라 여러 가지의 뒤섞인 감정을 표현하는 경우가 많은데, 상담자는 이렇게 뒤섞여 있는 내담자의 감정을 잘 정리해서 반응해 주는 것이 필요하다.

상담 중에 공감적으로 표현을 할 때에는 내담자가 하고 있는 이야기를 그대로 되풀이하지 않으면서 그 단어 혹은 그 단어를 약간 변형한 말로 반영해야 한다. 그런 다음, 내담자의 정서 상태를 나타내는 현재의 감정에 초점을 두고 공감해 주는 것이 중요하다. 반복되는 표현방식만 계속해서 사용하는 것보다는 다양한 반영 형태를 사용하면 상담이 더 흥미진진해질 수 있다. 내담자는 공감을 통해 자신이 느끼는 것을 이해받고 지지받고 있음을 깨닫게 된다. 또한 내담자는 자신의 감정을 인정하고 살펴보게 되며, 상담자는 내담자의 내적 경험을 이해하고 있다는 것을 보여 줄 수 있다. 이러한 일련의 과정이 상담자와 내담자 사이의 신뢰관계를 촉진한다.

[부록 5] 공감 연습하기

☞ 공감 연습을 해 보자.

① 각각의 사례를 읽고, 사전반응에 평소에 내가 어떤 반응을 하고 있는지 적어 보자.

② 그런 다음, 사후반응에 보다 적절한 공감적인 반응을 적어 보자.

③ 공감반응을 적고 난 후 옆 사람과 비교하고 검토해 보자.

공감 실습 보고서

이름(　　　　　　　　)

*사례 1. 기획실에서 일을 하던 김 대리가 영업직으로 옮긴 지 1주일 뒤 찾아와서

> "부장님, 저는 부서를 옮긴 이래로 일이 힘들어졌어요. 지난 부서에서는 뭔가 보람도 있고 창의적으로 일을 했는데, 지금은 정신적으로나 신체적으로 너무 힘들어요."

나의 반응: 일반적 반응–"김 대리만 힘들어요? 다들 그렇게 일해요."
　　　　　공감적 반응–"최근에 부서를 옮겨서 많이 힘들었군요. 처음 접하는 일이라 충분히 그럴 수 있어요."

*사례 2. 부모님의 잦은 말싸움이 결국 부부싸움으로 번지자, 그 자녀가 상담자에게

> "선생님, 저는 집에 가기 싫어요. 제가 아버지하고 다투지 않으면 부모님끼리 서로 싸워요. 집에 들어가기가 무서워요."

나의 반응: 일반적 반응–
　　　　　공감적 반응–

*사례 3. 자유 진술

나의 반응 : 일반적 반응–
　　　　　공감적 반응–

출처: 고영인(2005). p. 31 수정 보완.

1. 공감반응 수준과 실례

* 사례: 새로 전학 온 철민이의 짝인 은수가 담임선생님에게 말하기를(은수도 전학 온 학생이다.)

"선생님, 제가 새로 전학 온 철민이와 좀 더 친해지려고 노력하면 할수록 철민이는 점점 더 혼자만 있으려고 하는 것 같아요."

수준	설명	실례
1점 수준	내담자의 느낌과는 전혀 무관하거나 상반되어 내담자의 느낌을 전혀 이해하지 못한다. 내담자로 하여금 상담자가 내 이야기를 듣고 있는가 하는 의문을 갖게 하며, 무시당했다고 느껴 이야기한 것을 후회하게 된다.	"철민이는 혼자 있기를 좋아하는 것 같으니 그냥 자기 혼자 하고 싶은 대로 하도록 그냥 두는 게 좋겠구나."
2점 수준	내담자가 표현한 것 중의 일부만을 이해하는 것이다. 내담자는 무시당했다고 느끼거나 기분이 상하지 않았더라도 상담자가 아직 이해하지 못했다고 느끼게 된다. 계속적인 의사소통이 이루어지지 못하고 중단된다.	"그것 참 힘들었겠구나."
3점 수준	내담자가 자신을 나타내 보이는 수준만큼 상담자가 그를 이해하고 있음을 보여 주는 수준이다. 의사소통이 이루어지는 기본적인 수준이다.	"새로 전학 온 철민이와 가깝게 지내려고 노력하는데도 그 노력이 그에게 받아들여지지 않아서 실망이 크겠구나."
4점 수준	내담자가 겉으로 드러낸 감정은 물론 내담자가 미처 자각하지 못했거나 두려워서 표현하지 못했던 심층적인 느낌까지도 이해한다. 내담자는 마음속 깊은 곳에 있는 부분까지도 점차 표현하게 되고, 자신도 미처 몰랐던 자신의 감정을 이해받게 되어 자신을 더욱 개방하게 된다.	"은수의 노력이 잘 받아들여지지 않아서 실망이 크겠구나. 은수로서는 철민이와 비슷한 경험을 했으니 동료의식을 느끼고 친하게 지내고 싶었는데 그가 그것을 몰라주는 것 같아서 무척 섭섭한 마음이 들겠구나."

출처: 고영인(2005). p. 33.

2. 공감반응 변별 연습

☞ 다음 사례를 읽고 각 반응은 어느 수준으로 공감반응을 하고 있는지 점수를 매겨 봅시다. 그리고 왜 그런지 옆 사람과 토론해 봅시다.

◎ 사례 1: 유아반을 맡았던 보육교사가 영아반으로 옮긴지 1주일 뒤 찾아와서

"원장님, 저는 반을 옮긴 이래로 일이 힘들어졌어요. 저번 반에서는 뭔가 보람도 있고 창의적으로 일을 했는데, 지금은 정신적으로나 신체적으로 너무 힘들어요."

① "그것 참 큰일이군요. 모든 사람이 김 선생님을 평가하고 있을 텐데요." ……(   )

② "반을 옮겨 아직 익숙지 않으니 어려움이 많겠군요." ……( )

③ "너무 걱정할 필요는 없어요. 누구든지 그 상황에서는 그럴 거예요. 열심히 하면 적응이 되어 흥미도 생길 거예요." ……( )

④ "그래요. 김 선생님은 누구보다 열성적인데, 아이들이 너무 어려서 이전처럼 아이들을 다루는 일이 잘되지 않으니 답답하겠군요." ……( )

⑤ "김 선생님은 우리 어린이집에 온 이후 계속 능력을 인정받아 왔고 어려운 일이나 힘든 일을 도맡아 잘 처리한다는 인정을 받아 왔지요. 그런데 이번에 반을 옮겨 일이 서툴다는 말을 들으니 속도 상하고 일에 재미도 못 느끼겠군요." ……( )

◎ 사례 2: 아버지의 술주정으로 부모님의 싸움이 잦은 철이가 나에게

> "집에 가기 싫어요. 제가 아버지하고 다투지 않으면 부모님끼리 서로 싸워요. 집에 들어가기가 무서워요."

① "철이는 부모님끼리 서로 화목하지 않으니 부모님에게 불만이 많겠구나." ……( )

② "부모님 사이가 별로 화목하지 못하니 매우 마음이 아프겠구나. 그리고 어떻게 해야 좋을지 몰라서 답답하겠구나." ……( )

③ "집에서 부모님이 항상 다투시니 무섭고 불안하겠다. 부모님이 서로 잘 지내시면 얼마나 좋겠니? 정말 집에 가기 싫겠구나." ……( )

④ "그렇다고 어떻게 하겠니? 그래도 부모는 부모 아니니? 그 정도의 어려움은 이겨 내야 훌륭한 사람이지." ……( )

⑤ "도대체 부모님은 왜 싸운다니? 정말 견디기 힘들면 집에 들어가지 말렴." ……( )

모범답안 : 사례 1 – ① 1점 ② 2점 ③ 1점 ④ 3점 ⑤ 4점 / 사례 2 – ① 2점 ② 3점 ③ 4점 ④ 1점 ⑤ 1점

5. 부연기법

1) 부연의 정의

초보 상담자가 가지는 가장 큰 어려움은 내담자의 말에 잘 집중하고 경청하고 있어도 내담자 문제의 핵심을 파악하는 것이 쉽지 않다는 것이다. 부연(paraphrasing) 혹은 재진술은 상담자에게 전달된 내담자의 메시지를 재확인하는 데 그치지 않고, 내담자의 말을 상담자가 이해한 말로 바꾸어서 다시 물어보는 것을 의미한다. 이 기법을 잘 사용하면 내담자가 말하고 있는 바를 상담자 자신이 제대로 이해했는지 확인할 수 있다. 그리고 상담자가 내담자의 입장을 충분히 이해하고 있음을 알릴 수도 있다. 더불어 내담자는 상담자의 부연을 통해 자신이 현재 당면하고 있는 문제의 상황을 보다 명료하게 이해할 수 있게 된다(Hill, 2015).

부연기법을 사용할 때에는 "~라는 말씀이십니까?" "~라는 뜻인가요?" 등으로 표현하는 경우가 가장 일반적이다. 그런데 부연기법을 사용할 때에는 내담자가 자신의 문제를 잘 자각하고 있는 상태에서 사용하는 것이 좋다. 부연을 사용하는 목적은 어디까지나 내담자 스스로 자신의 문제에 대해 자유롭게 탐색할 수 있도록 상담자가 돕는 데 있다. 이때 상담자는 내담자가 경험하고 있는 문제의 맥락과 깊이를 파악해야 하고, 내담자의 생각이나 감정 상태가 어떠한지 주의 깊게 경청하는 태도를 유지해야 한다. 다음은 서로 다른 두 가지 문제 상황에서 사용할 수 있는 부연기법의 사용방법이다.

[그림 4-1]의 두 사례에서 볼 수 있듯이, 부연은 상담자와 내담자 간의 대화에서 그 내용적인 측면에 초점을 두고 진행한다. 심리적으로 갈등 상황에 있는 내담자에게 자신의 문제를 객관적으로 알 수 있게 하고, 그것에 대해 주도적으로 탐색하는 수준에서 사용하는 것이 좋다. 부연기법은 상담자가 사용할 수 있는 가장 적극적인 개입이라 할 수 있고, 내담자의 말을 잘 이해하고 있음을 표현해 주는 심층기법 중 하나이다. 상담자는 이 기법을 통해 내담자가 경험한 핵심적인 부분을 알아차리고, 그에 대한 정확한 사실을 내담자에게 돌려줌으로써 상담 과정을 촉진할 수 있다.

내담자의 속마음	상황 A: 자신의 진로 문제로 고민이 많은 철수	상황 B: 아버지의 문제음주로 속상한 인수
내담자의 언어적 표현	"선생님, 어젯밤에 한숨도 못 잤습니다."	
속뜻(의미)	큰 고민거리가 있다.	아버지가 술을 드시고 와서는 밤새 가족을 불러 놓고 괴롭혔다.
상담자의 부연	"무슨 고민이 있다는 말씀으로 들리는군요."	
부연에 대한 내담자의 반응	"예, 그렇습니다."	"아니요, 그런 게 아니고 아버지 때문에……."
내담자의 반응에 대한 재부연		"혹시 아버지께 밤새 무슨 일이라도 있었다는 말씀인지요?"
재부연에 대한 내담자의 반응		"예, 그래요. 어젯밤에도 아버지가 술에 취해서 가족을 괴롭혔어요."
상담 진행 시 유의점	부연이 정확하다면 다음 진행으로 넘어간다.	만약 부연이 부정확하다면 정확한 의미를 파악하고 난 뒤에 면담이 앞으로 나아가야 한다.

[그림 4-1] 문제 상황별 부연기법

2) 부연의 활용방법

부연기법은 상담 과정 중에 상담자의 경험이나 추측에 의해 내담자가 진술한 말과 표현들이 영향을 받는 일이 없도록 막아 주는 효과가 있다(천성문 외, 2015b: 102-104).

부연은 내담자의 말을 단지 듣는 것만이 아니라 충분히 이해하고자 하는 상담자의 능동적인 상담기법이라 할 수 있다. 상담자가 이 기법을 활용할 때에는 어디까지나 내담자의 말을 단순히 반복해서 말하는 것이 아니라 내담자의 문제를 충분히 이해하고 해당 문제의 해결을 위해 내담자가 더 깊이 이야기할 수 있도록 돕는 기법임을 명심한 채 진행해야 한다.

〈부연의 진술 형태〉

- "제가 이해하기로는 이 부분은 ~인 것 같습니다."
- "제가 듣기에는 마치 ~처럼 들리는군요."
- "저는 ~인지 아닌지 궁금하네요."
- "그것에 대한 제 생각은 ~입니다."
- "당신은 ~라고 생각하고 계시는군요."

출처: 천성문(2015b). p. 102.

부연기법을 효과적으로 사용하기 위해서는 첫째, 상담자가 내담자의 이야기 중에서 가장 두드러지는 내용이나 내담자가 중요하게 생각하고 집중하는 주제를 찾아야 한다. 예를 들어, 다음의 사례처럼 부연기법을 통해 내담자가 깊이 지각하지 못하고 있었던 핵심 감정을 찾아줄 수도 있다.

(평소 아들과 대화가 없던 아버지가 중2 아들에 대해 이야기한다.)

내담자: "우리 애가 어렸을 때는 참 귀여웠죠. 항상 저를 따라 다니고, 저랑 같이 노는 것을 가장 좋아했어요. 그런데 지금은 아들하고 대화하는 일이 거의 없어요. 아들은 만날 스마트폰만 보고 있고, 우리는 사소한 일로 거의 매일 싸우죠. 그런 아들과 단둘이 시간을 보낼 생각만 해도 걱정이 돼요. 또 싸우게 될까 봐~ (한숨을 크게 쉬며). 그러나 한편으로는 아들이 요새 어떤 생각을 하고 있는지에 대해 좀 더 알고 싶기도 해요."

상담자: "그렇다면 어쩌면 지금이 좋은 기회일 수도 있겠네요. 방금 말씀하신 내용으로 보아 저는 아들에 대해 잘 알고 싶어 하는 아버님의 마음이 느껴집니다."

둘째, 상담자는 내담자가 말하는 내용의 핵심이 무엇인지 간파해야 한다. 이때 상담자는 내담자가 말하는 내용 그 자체보다는 말의 내용에 숨어 있는 맥락을 파악하고, 내담자가 무엇을 말하고자 하는지 심층적으로 알아차리는 것이 더 중요하다. 그리고 가급적이면 사실관계를 중심으로 말하되, 가치중립적으로 표현하는 것이 효과적이다.

> (47세의 직장 남성이 최근에 영업실적이 저조하기 전까지는 회사에서 유능한 사람으로 평가받아왔던 것을 상담자에게 이야기한다.)
>
> 내담자: "제가 지금 걱정하는 문제 중 하나인데, 회사 측에서 평가하는 직원들의 개인 업적과 성과, 그리고 시간엄수 문제예요. 그래도 제가 한때는 영업왕도 세 번이나 받고, 그야말로 회사의 발전에 기여한 바가 매우 큽니다. 그런데도 사람들은 제가 얼마나 잘나갔는지 잘 몰라요."
>
> 상담자: "현재 걱정하고 있는 몇 가지 문제가 있군요."

셋째, 내담자가 말하고 있는 내용에 담긴 내면의 생각들과 감정들에 대해 부연 설명을 할 수도 있다. 이때는 내담자가 표현한 말이 현상이라면, 내담자의 속뜻은 본질이라고 볼 수 있음을 구분해서 개입하는 것이 좋다. 그렇더라도 내담자의 속뜻을 파악하는 것은 시간이 걸리는 일이므로 내담자가 표현한 말 중에서 일차적으로 거론한 내용을 중심으로 그것에 담긴 의미를 파악하여 부연기법을 사용하는 것이 필요하다.

> (학교에서 여러 이유로 상담을 받게 된 중학생이 상담자에게 이야기한다.)
>
> 내담자: "이번 주에 몇 번 지각한 일 외에 오늘 왜 저를 오라고 하셨는지 그 이유를 잘 모르겠어요."
>
> 상담자: "그렇구나. 너는 지금 지각이 문제가 되었다고 생각하는구나."

넷째, 내담자의 이야기 중에서 가장 중요한 주제에 초점을 맞추어 내담자의 진술보다 짧고 간결하게 표현하는 부연기법도 있다. 이때 상담자는 내담자가 중요하게 생각하는 문제에 집중하게 되고, 내담자 또한 자신의 문제를 한층 깊은 차원에서 탐색할 수 있게 된다.

(50대 남성이 밤늦은 시각까지 귀가하지 않는 딸과 평소에 건강이 좋지 않은 아내에 대해 이야기한다.)

내담자: "한번은 너무 화가 나서 딸에게 손이 올라갈 뻔했어요. 그때 아내가 놀라서 소리쳤고, 그 순간 아내의 혈압이 걱정되더라고요. 화내는 것으로는 아무런 문제도 해결할 수 없다는 사실을 아는데도 잘 안 되네요."

상담자: "그러니까 아내의 건강 문제와 딸의 행동으로 스트레스를 받고 있는데, 그것에 대한 해결책을 찾고 싶으시다는 말씀으로 들리는군요."

[부록 6] 부연기법 연습

☞ 3명이 한 조를 이루어 부연기법 연습을 해 보자.

① 한 사람씩 내담자(A), 상담자(B), 관찰자(C)가 된다.

② 내담자가 하는 말의 속뜻(의미)을 부연(재진술)의 형태로 알아맞혀 본다.

부연기법 실습 보고서

상담자 이름 (   )
내담자 이름 (   )
관찰자 이름 (   )(관찰자는 두 사람 말의 속뜻을 비교 · 검토한다.)

① "시계가 반대로 돌아갔으면 좋겠어요."
　(내담자일 때의 의미:)
　(상대방에 대한 부연:)

② "오늘 바쁘니?"
　(내담자일 때의 의미:)
　(상대방에 대한 부연:)

③ "저는 빨리 이 시간이 끝났으면 좋겠어요."
　(내담자일 때의 의미:)
　(상대방에 대한 부연:)

④ "선생님, 남자(여자)들은 원래 다 그래요?."
　(내담자일 때의 의미:)
　(상대방에 대한 부연:)

⑤ 자유 진술: _____
　(내담자일 때의 의미:)
　(상대방에 대한 부연:)

* 관찰자의 소감

출처: 고영인(2005). p. 21 재구성.

제5장

사회복지상담기법의 심화

인생을 먼 곳에서 보면 희극이고, 가까이에서 보면 비극이다!

-찰리 채플린(Charlie Chaplin)

1. 직면기법

1) 직면기법의 정의

(1) 직면(直面)기법 사용의 목적

누구에게나 자신 안의 연약한 자아(ego)와 마주하는 것은 두려운 일이다. 심지어 타인 앞에서 약한 모습을 보이는 것도 견디기 어려운 일이다. 그뿐만 아니라 이 세상에 자신의 잘못된 행동과 생각을 누군가로부터 지적받는 것을 좋아하는 사람은 거의 없을 것이다. 왜냐하면 사람들은 대개 스스로를 합리적인 사고와 행동을 하는 존재로 인식하는 경우가 많아서 자신 안에 있는 어떤 불일치하고 비합리적인 행동이나 사고를 인정하지 않으려 하는 경향이 있기 때문이다. 그렇다고 이 세상 모든 사람이 언행일치(言行一致)를 실현하며 살아가는 것은 아니다. 직면(confrontation)은 내담자로 하여금 자신의 특정 행동과 사고에 정면으로 맞서게 만들어 건강한 자아로 성장하도록 돕는 긍정의 상담기법이다. 그럼에도 불구하고 직면은 사람의 마음을 불편하게 만들고, 연약한 자아를 마주보게 한다는 점에서 사용하기 어려운 기법이다.

상담자가 직면을 사용하는 이유는 내담자가 자신 안에 존재하는 어떤 불일치한 측면들에 주목할 수 있도록 돕기 위해서이다(안영실 외, 2002). 직면은 내담자의 삶에 의미 있는 영향을 미치지만 내담자가 (무)의식적으로 회피하고 있는 사실 혹은 불일치한 말과 행동을 의도적으로 지적함으로써 내담자 안에 존재하는 불일치성이 쓸모없음을 깨닫게 하는 상담기법이라 할 수 있다. 내담자 스스로 자신의 말과 행동의 모순점에 주의를 기울이도록 만든다는 점에서 직면은 상담자의 고난도 상담능력을 필요로 한다.

상담 개입 중에 관찰한 내담자의 비언어적 행동을 직면시키는 경우는 상담 과정 중에 가장 흔하게 나타난다. 가령, "당신은 오늘 신경이 곤두서 있는 것 같군요." "금방이라도 눈물이 나올 것 같아 보이는군요." "오늘은 보통 때와는 다른 옷차림을 했군요." "지금 그 말을 하면서 주먹을 불끈 쥐고 있군요." 등은 가장 흔히 볼 수 있는 직면기법의 표현이다.

한편, 직면은 상담자가 관찰했던 내담자의 말이나 이야기를 직면시키는 경우도 있다. 예를 들어, 내담자가 이야기의 주제를 중간에서 갑자기 바꾸었다는 사실을 지적해 주거나 어떤 면을 자꾸 회피하는 것처럼 보인다든지 하는 경우를 직면시킬 수도 있다. 상담자는 직면을 통해 내담자의 주의를 환기시켜 줄 수 있다. 그것들은 대개 내담자에게는 사소한 것일 수 있지만 상담자의 전문적 판단으로 볼 때는 깊은 주의와 관찰을 필요로 하는 중요한 것들인 경우가 많다.

내담자의 심리에 반응하는 직면의 과정들을 이해하기 위해서는 먼저 양가감정과 방어, 그리고 직면의 관계를 이해할 필요가 있다. 우선 양가감정은 내담자가 자신의 문제가 해결되고 변화되기를 소원하면서도 자신의 문제를 개방하고 직시하는 것을 두려워하는 것과 관련된다. 이러한 양가감정은 내담자 스스로가 변화를 시작하는 데 가장 큰 장애물로 작용하는 경우가 많다. 직면은 이러한 양가감정에 개입하여 효율적인 문제해결방안을 찾도록 돕는 지름길을 제공할 수 있다.

다음으로, 방어기제의 사용(utilization of defense mechanism)은 내담자 스스로 자신이 갖고 있는 문제의 진실을 부정하거나 타인들 앞에서 자신의 문제를 숨기기 위해, 얼굴이 붉어질 수 있는 상황으로부터 멀어지기 위해 사용하는 자기보호의 전략이다. 방어기제를 사용하게 되면 사람들은 자신의 문제의 본질을 망각하고 지낼 수는 있다. 그렇다고 자신의 마음속 깊숙이 자리 잡고 있는 불안의 그림자가 지워지는 것은 아니다. 직면은 내담자의 말과 행동에서 드러난 모순점이나 불일치를 지적함으로써 내담자가 방어하고 부정하고 있는 자신의 모습에 주목할 수 있도록 도와, 문제 앞에 당당히 맞설 수 있도록 도와주는 상담기법이다.

(2) 직면기법의 효과와 유의점

직면기법은 상담자가 내담자의 모순점이나 불일치를 명료화함으로써 내담자의 자기이해와 변화동기를 높일 수 있다. 직면기법은 주로 내담자가 깨닫지 못하고 있는 가운데 자신의 말이나 행동에서 어떤 불일치가 있을 때 사용할 수 있다. 그리고 직면은 내담자의 자기탐색과 통찰, 변화를 실행하는 과정에 다각도로 영향을 미치게 된다. 다음은 직면기법의 사용 효과에 관한 것이다.

- 내담자가 인정하고 싶지 않았던 감정이나 욕구를 지각할 수 있게 한다.
- 내담자가 자신의 문제를 다른 관점으로도 볼 수 있게 하여 적절한 책임감을 갖도록 고무할 수 있다.
- 부적절한 방어를 극복하고 적절한 방어를 사용할 수 있게 한다.
- 경험과 의사소통에서 나타나는 애매모호함과 부조화를 감소시키도록 도울 수 있다.
- 내담자 스스로를 수용하고 완전히 기능하도록 격려할 수 있다.
- 내담자 자신의 변화 가능성에 대한 신념을 갖고 변화를 위한 새로운 수단들을 활용할 수 있게 한다.

그러나 직면을 사용할 때에는 내담자의 입장과 상담자의 입장 모두를 고려하여 매우 신중하게 사용해야 한다. 내담자의 입장에서 볼 때 직면은 자신의 문제점을 공격하거나 비난하는 것으로 받아들이기 쉽다. 이는 오히려 내담자의 방어를 높이고 상담에 역효과를 일으킬 수도 있으므로 충분한 라포를 형성한 후에 직면을 사용하는 것이 좋다.

초보 상담자에게 가장 어려운 기법 중 하나가 직면기법이다. 내담자의 지적 능력과 자율성을 기본적으로 존중하면서 적절한 시기에 직면을 사용하기 위해서는 상담자로서 면밀한 준비와 주의를 기울여야 한다. 초보 상담자의 경우, 이런 세밀한 준비를 하는 데 어려움을 느낄 수 있다. 섣부른 직면은 상담관계 자체를 그르칠 수도 있음을 유의해야 한다.

2) 상황에 맞게 직면기법 사용하기

(1) 직면이 필요한 다양한 상황

상담 과정 중에 직면이 필요한 상황들은 대체로 다음의 네 가지로 대별된다.

첫째, 내담자 자신의 입장에서만 문제 상황을 볼 것이 아니라 제3자의 입장에서 살펴보고자 할 때 직면이 필요하다. 이것은 자신의 입장에서 잠시 벗어나서 타인의 시선으로 문제를 객관화하여 보면 문제 상황에 대한 새로운 인식과 통찰을 얻을 수 있어서 문제의 심각성을 덜 느끼는 효과를 가질 수 있다(천성문, 이영순, 박명숙, 이동훈, 함경애, 2015a).

둘째, 상담 과정 중에 특정 주제나 화제에 대해 이야기하는 것을 회피하거나 다른 사람의 의견이나 생각과 느낌을 좀처럼 받아들이려 하지 않을 때 직면이 필요하다. 누구나 자신에게 불리한 내용이나 떠올리고 싶지 않은 기억들이나 잊고 싶은 약점들은 감추고 싶어 한다. 그러나 언제까지 회피할 수만은 없는 법이다. 더불어 사는 세상에서 타인의 눈치를 지나치게 보는 것도 문제이지만 다른 사람의 의견에 나몰라라 하는 것도 문제가 있다. 건전한 인간관계는 상대의 입장을 헤아릴 줄 알 때 피어나는 한 송이 장미꽃과 같은 것이다. 직면은 다른 사람의 의견에 조금이라도 주의를 기울이도록 도움을 주는 상담기법이다. 예부터 '양약고어구(良藥苦於口)'라 하였다. 몸에 좋은 약이 입에 쓴 법이다.

셋째, 내담자가 자신 혹은 타인의 삶에 위해(危害)가 되는 행동을 할 수도 있는 위기 상황에 대해 설명할 때 직면이 필요하다. 대표적으로 자살위기 개입에서는 자살생각이나 자살계획 또는 행동들에 대해 직접적으로 질문하는 것이 필요하듯, 생명존중의 가치에 위배될 수 있는 모든 행동에 대한 개입은 좌고우면(左顧右眄)할 시간을 주지 않는다. 직면은 즉각적 개입을 전제로 한 기법이므로 위기 상황에서 문제 상황을 적극적으로 타개해 나갈 수 있는 기법으로서 탁월한 효과를 가진다.

넷째, 내담자의 약점뿐만 아니라 강점에 관련된 모순된 일들에 대해서 설명할 때에도 직면기법을 사용할 수 있다. 사람들은 자신이 얼마나 대단한 사람인지 잘 알지 못한

〈표 5-1〉 자아의 심리 내면에 존재하는 불일치 유형과 예

불일치 유형	직면기법의 진술 형태의 예
말과 행동의 불일치	"요즘 마음이 행복하다고 하시는데, 표정은 쓸쓸해 보이시네요."
행동과 가치의 불일치	"다른 사람의 선택을 존중한다고 말하지만, 이들이 선택한 직업을 인정해 주지 않는군요."
두 가지 말의 불일치	"당신은 문제가 없다고 말하면서 그가 당신에게 화가 났다고 말하는군요."
두 가지 행동의 불일치	"당신은 웃고 있지만, 이를 악물고 있군요."
두 가지 느낌의 불일치	"당신은 동생에게 화가 난 걸 느낀다고 하지만, 다른 사람이 당신 동생을 칭찬하면 흐뭇해하는군요."
자기인식과 경험의 불일치	"친구들이 아무도 당신을 좋아하지 않는다고 말하지만, 지난주에 누가 같이 점심을 먹자고 했다고 하지 않으셨나요?"
이상적 자아와 실제적 자아의 불일치	"당신은 목표를 달성하기를 원한다고 말하면서도 자신이 해낼 수 없을 것이라고 말하고 있군요."
상담자와 내담자의 생각의 불일치	"당신은 자신이 성실하지 않다고 말하지만, 저는 당신이 최선을 다하고 있다고 생각해요."

출처: 천성문 외(2015b). p. 125 재구성.

채 살아가는 경우가 많다. 여기 잘 쌓아 놓은 돌담이 있다고 가정해 보자. 벽돌 두 장은 작은 것에 얽매여 큰 것을 보지 못하게 만드는 우를 범하게 하는 것이다. 어쩌면 우리가 모나고 삐뚤빼뚤한 벽돌 두 장(내담자 안의 약점)에 얽매여서 잘 쌓인 998장의 벽돌(내담자 안의 강점)을 무시하는 모순된 삶을 살아가고 있는 것은 아닌지 생각해 볼 문제이다(Ajan Brahma, 2013). 직면기법은 다수의 인간이 보여 주는 그러한 모순된 감정과 행동들을 바로잡고, 약점은 보완하며, 강점은 최적화하여 나갈 수 있도록 도와줄 것으로 보인다.

(2) 직면기법의 표현방식

내담자에게서 나타나는 일련의 불일치 현상을 직면시킬 때에는 다음의 네 가지 방식으로 표현하는 것이 가장 보편적이다.

① "당신은 한편으로는 ～하지만, 또 다른 한편으로는 ～하군요."

상담자가 아내와의 관계불화로 힘들어하면서도 아내에게 상당 부분 많은 것을 의지

하고 있는 남성의 불일치한 측면을 직면시킬 수 있다고 가정해 보자. 이때 상담자는 내담자에게 "당신은 지금 당장이라도 아내와 헤어지고 싶다고 말하지만, 다른 한편으로는 아내 없이는 단 한순간도 못살 것처럼 얘기하고 있다고 생각합니다. 어떻게 생각하시는지요?"라고 표현하여 내담자의 자기인식과 경험의 불일치를 직면시켜 새로운 통찰을 개발할 수 있다.

② "당신은 ~라고 말했는데, (그에 반대되는) ~행동을 하기도 했군요."

상담자는 내담자의 말과 행동이 일치하지 않은 지점에 주목하여 직면시킬 수 있다. 대부분의 알코올 중독자는 자신의 음주 행위에 대해 감추고 싶은 마음에, 수시로 거짓말을 늘어놓기도 한다. 이때 주로 사용할 수 있는 직면기법의 표현방식은 "환자분께서는 이 병원에 입원하기 전에는 하루에 맥주 한 병을 드셨다고 말씀하셨는데, 실제로는 집에서 그보다 훨씬 많이(소주박스채로) 드셨더군요."이다. 이렇게 말하면, 알코올 중독자는 거의 십중팔구 자신의 문제음주 행위 자체를 부인할 것이다. 정확한 사실에 근거한 진술은 내담자의 불일치 문제를 새롭게 보는 시각을 제공해 줄 수 있어서 치료에 도움이 된다.

③ "당신은 ~라고 말하지만, 당신의 모습은 ~처럼 보이는군요."

이것은 상담자가 내담자가 보이는 말과 행동의 불일치한 현상에 대하여 언급하는 경우이다. 상담현장에서 보면, 자신의 문제를 부정하는 유형에 해당하는 내담자들 중에 이런 유형의 내담자가 많이 보인다. 자신에 대해 다소 모순적으로 표현하고 있는 내담자를 직면시킬 때, 다음과 같이 말할 수 있다. "당신은 자신을 표현할 때, 소심해서 남에게 쓴소리를 잘하지 못한다고 말하지만 방금 말씀하시는 것을 보면 마음이 약한 것으로 보이지만은 않네요."라고 말하면서 내담자의 말과 행동의 불일치 문제를 조정하도록 시도할 수 있다.

④ "당신은 ~라고 말하지만, 또 ~라고 말하기도 하는군요."

이 표현은 내담자 스스로 자기인식에 심각한 모순이 있을 때 사용할 수 있는 기법이다. 내담자가 말하는 모순된 말들에 대해 주변 사람들은 모두 인식하고 있는데, 내담자만 이에 대한 정확한 인식을 하고 있지 못하여 인간관계를 유지하기 어려운 경우가 있다. 이때 직면기법은 내담자 스스로 주변의 관계를 살피도록 하는 데 도움을 줄 수 있다. 가령, 상담자가 "지금 집에 쌀 살 돈이 없다고 하시지만, 좀 전에는 백화점에서 비싼 명품가방을 샀다고 말씀하시기도 하는군요."라고 내담자를 직면시켰을 때, 처음에는 내담자가 이러한 사실을 부인할 것이다. 그러나 혼자 있는 조용한 시간에 내담자가 이러한 모순된 사실을 직시(直視)하고 교정할 수 있다면 가장 성공적인 직면으로 기억될 것이다.

3) 직면기법의 실시단계

(1) 직면을 대하는 상담자의 자세

직면기법을 사용할 때에는 상담자가 내담자의 입장을 충분히 고려하여 사용해야 한다. 무엇보다 상담자는 '이 세상 어느 누구라도 누군가가 자신 안의 피하고 싶은 결점이나 모순된 점들을 지적한다면 자신이 마치 심판받고 공격당하는 기분이 들기 때문에 몹시 기분이 나쁠 수 있다.'는 사실을 이해하는 자세를 가져야 한다(천성문 외, 2015b: 126). 따라서 상담자는 내담자의 이야기를 잘 경청하고 세심하게 관찰한 후에 사실에 근거하여 내담자를 직면시켜야 한다. 그렇지 않으면 내담자의 강한 저항에 부딪혀 상담관계 자체가 한 치 앞을 내다보기 어려워질 수도 있다.

따라서 상담자는 공감과 관심을 기울이는 분위기에서 직면을 실시하는 것이 좋다. 또한 내담자를 직면시킬 때에 모순되거나 불일치하는 양면을 가설적으로 제시하는 표현방식을 갖추어 제공한다면 더욱 효과적이다. 직면을 시킬 때에는 모순이나 불일치하는 양면을 함께 제시하여야 내담자가 큰 거부감 없이 불일치하는 점들을 수용할 수 있다. 내담자 내부에 존재하는 양면을 대조하고 비교하기 쉽도록 예들을 제시하는 것은 내담자로 하여금 자신의 비일관성, 부조화 등을 스스로 확인하고 자기이해와 문제해결의 의지를 높여 줄 수 있다.

가장 효과적인 직면의 표현방식은 가급적 단정적이지 않고 가설적인 표현인 "~일까요?" "~일 것 같아요."를 사용하는 것이다. 이때 유의할 점은 상담자가 내담자의 모순되거나 불일치한 문제들에 대해 비판적이어서는 안 된다는 것이다. 이 직면기법은 오로지 내담자와 협력하는 활동에 불과하다는 사실을 한시도 잊어서는 안 된다. 그래야만 내담자가 스스로 자신의 내면을 더 깊이 관찰할 수 있다.

혹시라도 상담자가 보내는 직면에 대해 내담자가 강한 저항을 보인다면 내담자가 보이는 불일치가 어떤 의미인지 잘 파악해야 한다. 그런 다음, 내담자에게 그럴 만한 이유가 있어서 불일치가 발달한 것임을 일차적으로 이해할 필요가 있다. 아마도 내담자는 자신의 일생에서 비록 모순되지만 그러한 불일치한 사고나 행동들이 특정한 목적이나 기능을 수행하는 데 어느 정도 효과가 있었음을 기억하고 있을 수 있다. 그렇기 때문에 그러한 역기능적 사고나 행동 자체를 바꾸는 것을 상처로 받아들일 수 있음을 이해하는 작업이 필요하다. 이해의 관점으로 직면을 시작하게 되면 내담자의 변화를 위한 도전으로 나아갈 수 있다. 기나긴 겨울을 이겨 내고 봄을 기다리는 마음으로 참아 내는 상담자의 오랜 기다림이 내담자에게도, 빼앗긴 마음의 들에도 변화의 봄을 인도할 수 있을 것으로 보인다.

(2) 직면기법의 실시단계

상담자가 내담자에게 직면을 실시할 때에는 다음의 네 단계에 따라 실시할 필요가 있다(천성문 외, 2015b: 127).

1단계 내담자의 말과 행동 등에서 불일치한 면을 비난하듯이 지적하기보다는 공감적으로 표현하여 그러한 불일치한 면을 가볍게 상기시켜 준 다음, 내담자의 반응을 기다리는 것이 좋다. 이때 상담자의 표현방식은 청유형("~하는 것처럼 보이는데, 이에 대해서 어떻게 생각하시는지요?")을 사용하는 것이 내담자에게 보다 부드럽게 느껴질 것이다.

2단계 이 단계에서는 내담자의 불일치 문제를 함께 탐색하되, 사실에 근거하여 중립적인 메시지를 전달해 주어야 한다. 그래야만 내담자가 자신 안에 존재하는 불일치한 측면을 인지하고 받아들일 수 있는 가능성이 높아진다. 직면 사용 단계에서 가장 조심스러운 작업이 이때 이루어진다. 가령, 아내의 의부증 증세를 걱정하면서도 애써 태연한 척하는 남편의 불일치 행동을 지적할 때에는 "○○ 님은 아내에 대한 의심이 치료를 받아야 할 만큼 매우 심각하다고 말하면서도 신경도 안 쓴다고 말씀하고 계시는군요?"처럼 직면시킬 수 있다.

3단계 내담자의 불일치가 어떻게 하여 발달하게 되었는지 살펴보고, 내담자 스스로 그러한 불일치한 면이 의미하는 바를 살펴보도록 도울 수 있다. 이러한 작업을 통해 내담자는 자기 안에 존재하는 불일치한 측면이 현재 자신의 삶에 어떤 영향을 미치는지 탐색할 수 있다. 이때 상담자는 "○○ 님은 현재 ~해 보이는데, 이러한 것들이 ○○ 님의 삶에 어떤 영향을 주고 있는지 한번 살펴볼 필요가 있다고 생각합니다."라고 표현할 수 있다.

4단계 상담 과정 중에 밝혀진 자신의 삶에서의 불일치한 측면을 계속 유지할 것인지, 아니면 변화를 선택할 것인지의 여부를 내담자 스스로 선택하도록 돕는다. 예를 들어, "지금까지 ○○ 님은 ~한 모습을 보여 왔습니다. 그리고 지금까지 ~한 모습이 가족에게 큰 고통을 주었다는 것을 이해하게 되셨습니다. 어떻게 하시겠습니까? 지금 그 고통의 고리를 끊을 것인지, 아니면 가족의 행복을 위해 변화를 선택할 것인지를 말이죠. 어떻게 하는 것이 좋을까요?"라고 표현할 수 있다.

〈직면기법의 실시단계별 반응의 예〉

(아내와의 불화로 인해 이혼 위기에 있는 50대 남성의 불일치한 인식과 행동을 직면시킬 때)

내담자: "아내는 저에게 좋은 말을 한 적이 한 번도 없어요. 신혼 때부터 그랬죠. 이제는 그게 일상이 되어서 아내가 하는 말은 아예 듣지도 않고, 신경도 안 씁니다."

[1단계]

상담자: "아내의 비난하는 말과 행동이 심각해 보이는데도 아내가 하는 말은 아예 들으려 하지 않는다고 말씀하시는 것으로 보아 현재 ○○ 님의 마음 상태가 몹시 지쳐 있는 것으로 보입니다. 이에 대해서 어떻게 생각하시는지요?"

[2단계]

상담자: "아내가 당신을 비난할 때마다 아내의 혈압이 올라가서 어찌 되지 않을까 심히 걱정된다고 말하면서 전혀 신경을 쓰지 않는다고 말씀하시는군요."

[3단계]

상담자: "아내의 고성과 막말이 매우 심각한 문제임에도 불구하고 전혀 신경을 쓰지 않겠다고 마음먹게 된 것은 과거 당신의 어머니와의 관계에서 받은 마음의 상처로 인해 자신이 관심을 갖고 변화시키려고 노력해도 가족을 변화시킬 수 없다는 생각을 갖게 된 것과 관련이 있지 않을까요?"

[4단계]

상담자: "지금까지 당신은 아내의 작은 요구들에도 그저 도망치듯 회피하는 모습을 주로 보여 왔고, 심지어 같이 맞서서 마치 죽일 듯이 싸움을 해 왔습니다. 그리고 지금까지 당신의 그런 모습을 볼 때마다 아내 분은 당신으로부터 무시당한다는 느낌에 더 큰 싸움을 걸어오셨던 것으로 보입니다. 서로 옳다는 것을 증명해 보이듯이 말이죠. 그런데 어떠세요? 당신은 결혼생활을 통해 행복해지고 싶은가요? 아니면 아내 앞에서 자신이 옳다는 것만을 증명해 보이고 싶은 건가요? 선택해 보시죠. 지금 시로 비난하는 악순환의 고리를 끊을 것인지, 아니면 비난을 멈추고 행복을 위한 변화를 선택할 것인지를 말이에요."

[직면에 따른 내담자의 새로운 인식과 변화동기 확인]

내담자: "네, 어찌 보면 그럴 수도 있겠네요. 제가 어렸을 때 저희 어머니는 저에게 많은 것을 요구하셨죠. 그리고 제가 어머니의 바람대로 행동하지 않으면 소리 높여 야단을 치고, 심지어 손찌검도 마다하지 않으셨죠. 제가 아무리 어머니 말씀을 잘 들어도 그날 기분이 안 좋으시면 어머니는 저에게 매를 들었어요. 그때 깨달았죠. 아무리 제가 노력해도 어머니는 달라지지 않는다는 사실을…… 그래서 결혼한 후에도 아내가 소리치면 뭔가를 하려 하기보다는 그냥 그 자리를 피하고 싶은 마음만 가졌던 것 같아요. 지금은 옛날의 겁 많던 어린아이도 아니고, 저도 힘이 있는 어른이고 가장이 되었으니까 아내를 도울 수 있을 거예요."

출처: 천성문 외(2015b). p. 127 재구성.

(3) 직면기법 사용 시 유의점

직면을 사용할 때에는 다음의 사항에 유의하여 진행하는 것이 필요하다. 먼저, 내담자가 아직 상담자의 직면을 받아들일 만큼 마음의 준비가 되어 있지 않을 수 있으므로 내담자가 처한 상황이나 자아의 건강함의 정도를 따져서 직면의 수위와 시기를 달리해야 한다. 그렇지 않으면 섣부른 직면으로 인해 상담관계 전체가 틀어질 수 있다. 직면을 제공하는 시기는 내담자의 모순되고 불일치한 측면을 관찰한 직후에 빠르고 명료하게 실행해야 부작용이 덜하다. 추측하지 않고 사실에 근거하여 내담자가 보인 행동에 따라서 표현하되, "아마도 ~인 것 같아요."라고 단순하게 말하기보다는 "지난번 그 일로 ~하는 게 느껴져요."라고 표현하는 것이 더욱 효과적이다.

무엇보다 직면을 사용할 때 상담자가 보여야 할 자세는 신중하게 고민한 후, 이 직면이 내담자에게 분명 도움이 되는 내용이라고 하더라도 표현을 할 때에는 가설적이고 공감적인 어투로 제공하는 것이 좋다. 예를 들어, 남편의 알코올 중독을 혼자서 해결하려고 노력하고 있는 여성의 비현실적인 생각을 직면시킬 때 다음의 표현을 사용할 수 있다. "남편의 중독 문제를 과연 혼자서 감당할 수 있을까요? 너무 비현실적인 생각입니다."라고 말하는 것과 "남편을 걱정하는 마음을 잘 알겠지만 ○○ 님 혼자서 남편의 알코올 중독 문제를 감당하려는 모습은 안타깝게 느껴지네요."라고 표현하는 것에는 많은 차이가 있어 보인다. 내담자의 입장에서 보면 전자보다 후자에 반응을 더 잘 보일 것이다.

마지막으로, 상담자는 내담자가 이 직면에 대해 자신이 비난받거나 평가받는다는 느낌을 가지지 않도록 주의해서 말하고 행동해야 한다. 또한 상담자는 직면기법을 사용한 후에 내담자가 어떤 반응을 보이는지를 주의 깊게 관찰하는 것도 잊지 말아야 한다. 매번 출입문을 제대로 닫았는지 반복적으로 확인하는 강박행동으로 인해 출근 시간을 지키지 못해 힘들어하는 내담자에게 "당신은 외출하기 전에 문을 닫았는지 수차례 확인하는 그 태도를 바꾸어야 해요."라고 직설적으로 표현하는 것은 좋지 않다. 그보다는 조금 우회적으로 표현하는 방법을 사용하는 것이 내담자의 반응을 이끌어 내는 데 더 효과적일 수 있다. "당신이 가지고 있는 성실성을 확인할 수 없게 만드는 무엇인가가 있는 것 같군요."라고 말이다.

2. 해석기법

1) 해석기법의 정의

(1) 해석의 필요성과 목적

해석(interpretation)은 상담자가 내담자에게 본인의 어떤 행동이나 사고, 감정이나 생각 등을 지적해 주되, 그런 생각이나 감정이 본인에게 어떤 의미를 지니는지 그 의미에 관한 상담자 나름대로의 추리를 제시해 주는 것을 말한다(안영실 외, 2002). 내담자 본인이 여태껏 생각해 보거나 의식한 적이 없는 그와 같은 연관성을 지적해 줄 때도 있다는 것은 해석기법의 백미(白眉)로 잘 알려져 있다. 상담자가 해석기법을 사용할 때는 먼저 내담자가 과연 어떤 사람인지 상담자의 생각을 미리 정립해 두어야 한다. 이것은 내담자로 하여금 그 자신이 여태까지 의식하지 못했던 것을 의식할 수 있도록 돕는 데 중요한 역할을 한다. 상담자와 내담자 간의 신뢰관계 형성과 내담자에 대한 충분한 탐색 작업이 없이는 내담자의 내면세계를 충분히 이해했다고 보기 어렵다. 해석은 어디까지나 내담자가 상담자의 해석을 받아들일 준비가 되어 있다는 확신이 있을 때 제공해 주어야 한다.

해석은 내담자가 명확하게 의식하지 못하는 것을 일깨워 주기 위해 상담자가 설명해 줄 수도 있고, 내담자의 말 속에 담긴 숨은 의미를 파악하여 다른 관점으로 제시할 수도 있다. 해석이 명확하게 잘 전달되면 내담자는 자신의 사건, 행동, 감정, 태도, 생각을 달리할 수 있다. 그리고 상담자가 내담자에게 현재의 행동, 감정, 사고의 이유를 설명하고, 그 근원을 통찰하게 하면서 내담자에게 새로운 관점을 제공할 수 있다. 그것은 궁극적으로 내담자의 자기이해를 촉진하고 문제해결력을 높이는 효과를 가진다. 무엇보다 해석은 내담자가 당면한 문제해결에 대한 열망은 높지만 근본 원인과 연관지어 이해하지 못할 때 그 위력을 발휘한다. 뭐든지 제대로 알게 되면 예방할 수 있고, 예방하게 되면 문제의 반복이나 악순환의 고리를 끊을 수 있다.

(2) 해석기법의 기능과 효과

일반적으로 해석은 다음의 두 가지 기능을 가진다. 첫째, 내담자가 현재와 과거에 경험했던 것이나 반응에 대해 심층적으로 이해할 수 있다. '아니 땐 굴뚝에 연기나랴?'라는 속담처럼 내담자가 현재 경험하고 있는 문제는 과거와 현재의 프레임 안에 존재할 가능성이 높다(천성문 외, 2017). 그것이 의식적이든, 무의식적이든 상관없이 내담자의 삶에 영향을 미치고 있으므로 해석은 그러한 영향관계의 퍼즐을 맞추어 내담자 스스로 자신에 대해 깊이 이해할 수 있도록 촉진하는 기법이다.

둘째, 내담자 스스로 자신의 문제를 새롭게 바라보는 관점을 가지게 할 수 있다. 아는 만큼 보게 되고, 보는 만큼 이해의 폭은 넓어지는 법이다. 누구나 문제의 상황 한가운데에 있을 때에는 자신의 문제를 정확하게 파악하기 어렵다. 그러나 해석을 통해 자신의 문제를 제대로 이해하게 된 이후에는 제3자의 시선으로 조금은 편안하게 문제를 바라볼 수 있게 된다. 변화는 그 순간에 일어나는 것이다. 내담자는 상담자가 제공하는 해석의 도움을 받아 문제를 새롭게 바라보는 관점을 가지게 됨으로써 변화를 시작하는 기회를 얻을 수 있다.

해석은 내담자로 하여금 자신의 욕구, 갈등, 대처방식, 방어 등이 다양한 상황이나 환경에서 나타나는 방식임을 인식하도록 돕는다. 그것은 내담자로 하여금 더 나은 자기이해에 도달하도록 돕고 긍정의 관점을 배움과 동시에 현재의 반응이나 경험을 수용할 수 있게 만든다는 큰 장점을 가진다. 다른 하나는 내담자가 절박하게 생각하는 문제에 대한 100%의 답은 아니더라도 일정한 답을 제공함으로써 내담자는 자기 자신이나 자신의 반응에 대해 불안과 수치심을 덜 느끼고 병리적 신념에서 벗어나는 치료적 효과를 가진다.

또 다른 하나는 내담자가 해석을 통해 자신의 반응이 발달한 방식을 이해하게 된다는 것이다. 내담자 스스로 변화 가능성과 통제감을 경험하게 되면, 그동안 내담자가 보여 왔던 무력감에서 탈피할 수도 있다. 해석기법을 사용할 때 상담자는 내담자가 해석을 위협으로 느껴 상담자와의 치료관계 형성이 손상될 수도 있음을 항상 명심해야 한다.

2) 상황에 맞게 해석기법 사용하기

(1) 해석의 유형

해석은 마치 분리되어 있는 것처럼 보이지만 특정 상황 및 경험과 현재의 문제를 연결하여 생각해 보는 상담자만의 특별히 통찰적인 지식전달기법이라 할 수 있다(Hill, 2015). 전문적인 해석은 내담자의 행동과 사고, 그리고 감정의 주제와 패턴을 지적하는 것이다. 이 과정에서 상담자는 내담자의 방어와 저항, 그리고 전이 현상을 설명할 수 있다. 그뿐만 아니라 해석은 내담자 특유의 행동과 감정, 그리고 사고체계를 비롯한 다양한 문제 상황을 이해하는 데 필요한 새로운 인식의 틀을 제공할 수 있다. 해석의 유형은 여러 가지가 있지만, 현장에서 주로 활용되는 대표적인 해석 유형을 소개하면 다음과 같이 다섯 가지 상황으로 구성할 수 있다(천성문 외, 2015b: 155).

① 유형 1: 내담자가 처한 문제에 대한 새로운 인식의 틀 제공

다음의 사례는 상담 과정 중에 내담자가 겉으로 표현하는 것과 속마음이 다른 것이 노출되었을 때에 해당하는 해석적 표현이다. 상담자는 상담 중에 24시간 함께 생활해야 하는 것을 불편해하지만, 또 한편으로는 아내가 떠날까 봐 두려워하는 내담자의 양가감정을 알게 되어, 당면한 문제에 대해 다음과 같이 새로운 인식의 틀을 제공하는 형태로 해석할 수 있다.

> (24시간 함께 생활해야 하는 맞벌이 부부의 심리 상태 해석해 주기)
>
> 내담자: "아내가 제 곁에서 한시도 떠나지 않고 함께 있으려고 하니까 숨이 막혀서 못살겠어요. 저는 혼자 있
>
> 을 때가 가장 편해요. 제가 뭘 하든 그냥 내버려 두었으면 합니다."
>
> 상담자: "당신은 아내와 24시간 함께 있는 것이 너무 싫다고 하지만, 어린 시절에 어머니가 말없이 떠나버
>
> 린 기억을 떠올리며 아내가 당신 곁을 떠날까 봐 두려워 당신 스스로가 미리 아내를 밀어내고 있는 것
>
> 은 아닌지 생각해 보게 됩니다."

② 유형 2: 서로 분리된 사건과 사건 간에 얽힌 감정의 끈 연결하기

이 해석 유형은 내담자가 자신이 보이는 행동이 과거의 특정한 인간관계에서 느꼈던 감정임을 명확하게 인지하지 못할 때 사용하면 효과적이다. 다음의 사례와 같이, 자신과 놀아 주지 않는 친구들 때문에 속상한 초등학생의 심리 상태를 일차적으로는 공감하며 이해한 다음에 해석을 제공해 줄 수도 있다. 상담자는 최근에 내담자가 느낀 감정과 과거의 경험들이 어떤 연관성을 가지는지를 해석해 줌으로써 내담자로 하여금 그것이 가지는 의미를 깊이 이해하도록 도울 수 있다. 그것은 마치 드러난 진술만을 보면 서로 관련이 없는 내용인 것 같지만, 자세히 들여다보면 사건과 사건 간에 어떤 민감한 감정의 끈이 연결되어 있음을 이해할 수 있다.

> (자신과 놀아 주지 않는 친구들 때문에 속상한 초등학생의 심리 상태 해석해 주기)
>
> 내담자: "어제 방학이 끝나고 학교에 갔는데 다들 행복해 보였어요. 나만 늘 외톨이인 것 같아요. 친구들 사이
>
> 에 끼어들어 얘기하지도 못하고 주변에만 앉아 있다 왔어요. 친구들이 행복해 보이는 것이 질투 나고,
>
> 아무도 저랑 놀아 주지 않아요. 나한테는 관심도 없는 친구들이 미워요."
>
> 상담자: "어제 학교에서 네가 느꼈던 감정과 평소에 같은 반 친구들과의 관계에서 느끼는 감정이 서로 관련되
>
> 어 있다고 생각하니?"

③ 유형 3: 내담자의 현재 경험을 과거의 특정 사건과 관련지어 설명하기

이 유형은 내담자가 현재 경험하고 있는 바가 결코 '아닌 밤중에 홍두깨'처럼 아무 이유 없이 생겨나지 않았음을 알리는 신호탄이 되어 줄 수 있다. 모든 사건과 행동의 바탕에는 그에 합당한 이유가 존재한다. 다만 우리가 그 이유에 대해 명확히 잘 알지 못

할 뿐이다. 다음 사례의 해석에서는 모든 문제의 이유를 환경의 탓으로 돌리는 직장인의 심리를 통해 우리가 무엇을 이해하여야 하고, 무엇을 개입할 수 있는지 확인할 수 있다. 사람은 과거의 기억에서 영원히 자유로울 수 없는 법이다. 잊었다고 생각하고 망각하는 가운데서도 우리의 무의식은 희한하게도 그에 대한 감정만큼은 생생히 기억한다. 정신치료의 기법 중 주로 통찰치료적 전략에서 사용하는 해석기법으로 잘 알려진 이 유형의 사례를 소개하면 다음과 같다.

(현재 발생하는 모든 문제의 이유를 환경의 탓으로 돌리는 직장인의 심리 상태 해석해 주기)

내담자: "직장을 다시 구해야 하는데 뭘 해야 할지도 모르겠고, 자격증이라곤 운전면허밖에 없어요. 퇴직금을 받아 사업도 해 봤지만 그것도 다 털어먹고 빚만 남은 빈털터리예요. 그래서 지금은 손을 놓고 있습니다. 에고, 내 팔자야! (깊게 한숨을 내쉬며) 이제 저는 새로운 뭔가를 시도할 엄두가 나지 않아요."

상담자: "새로 시작할 엄두가 나지 않는 이유가 중학교 때 아버지가 갑자기 뇌경색으로 쓰러지셔서 집안 사정이 어려워져 모든 것을 포기해야 했던 그때의 경험과 관련이 있을까요?"

④ 유형 4: 내담자의 행동에서 드러나는 핵심 감정 지적하기

이 유형은 일반적인 심리상담현장에서 가장 흔하게 제공되는 해석일 것이다. 친구의 부탁을 거절하기 어려운 대학생의 심리 상태의 본질이 무엇인지를 파악한 상담자라면 이 대학생의 핵심 감정에 대한 일정한 언급을 통해 변화를 시도하려 할 것이다. 왜 그가 친구의 부탁을 거절하기 힘들어하는지, 자신이 거절하게 되었을 때 내담자가 예상하는 결과가 무엇인지를 머릿속에 그려 가면서 해석해 주는 일은 매우 용의주도하게 이루어져야 한다. 그렇지 않으면 내담자는 상담자의 능력을 의심하게 될 것이다. 해석은 무엇보다 사실에 근거해야 하며, 상담 중에 내담자가 보인 언어적 표현과 비언어적 표현 및 내용들에 초점을 맞추어 해석해 주어야 한다. 문제는 보이는 현상에 집중하기보다는 본질에 집중하여야 한다. 명시적으로 표현된 내용보다 본질의 내용에 집중하는 것이 필요하다. 이 사례에서 현상(現象)이 내담자의 심신이 지쳐서 친구의 부탁을 들어주기 어려운 상태라면, 본질(本質)은 냉정히 거절함으로써 친구와의 좋았던 관계가 깨질까 봐 걱정하는 마음이다.

(친구의 부탁을 거절하기 어려운 대학생의 심리 상태 해석해 주기)

내담자: "친구가 자신이 해야 할 일을 자꾸 저에게 부탁을 해요. 이번 주까지 제출해야 할 과제도 많고, 오늘 저녁에는 알바도 해야 해서 너무 힘들었어요. 지금은 몸과 마음이 너무 지쳤어요. 하지만 제가 친구들의 부탁을 거절하면 친구들이 저를 능력이 없고 매정한 사람이라고 생각할까 봐 더 걱정이 돼요. 거절하는 것은 저에게 항상 어려운 숙제 같아요. 거절하는 것을 생각만 해도 가슴이 두근거리고 우울해져요."

상담자: "당신은 지금 친구들의 부탁을 들어주는 것이 무리라고 느끼면서도 이를 거절하면 친구들과의 관계가 서먹서먹해지고 멀어질 것 같아 두려워하는 마음이 크다는 생각이 드네요."

⑤ 유형 5: 내담자의 전이와 저항 및 방어행동을 이해하고 표현

상담현장에서 상담자는 내담자가 저항하고 방어하고 전이를 보이면서 상담의 과정을 지지부진하게 이끌어 가는 것을 흔하게 경험할 수도 있다. 다음은 상담자에게 전이행동을 보이는 내담자의 심리 상태를 해석해 주는 사례이다.

(상담자에게 전이행동을 보이는 중학생의 심리 상태 해석해 주기)

내담자: "선생님, 제가 그렇게 싫으세요? 제 친구 영희에게는 웃으며 말씀하시면서 왜 저한테만 쌀쌀맞게 구는 거예요? 제가 뭘 그리 잘못했어요? 저한테 너무 하시는 것 아니에요?"

상담자: "그랬구나. 내가 네 친구들과 너를 다르게 생각한다고 느껴서 속상했구나. 그런 뜻은 전혀 없었다는 점을 알아주었으면 좋겠어. 그리고 혹시 지금 네가 그렇게 느끼는 것은 아마도 어머니에 대해서 느꼈던 너의 감정과 관련이 있을 수도 있다고 생각하는데, 어떻게 생각하니?"

3) 해석의 제공단계

(1) 해석의 실시 과정

해석은 내담자의 사고와 행동, 그리고 감정이 어떤 의미를 가지는지에 대한 단서를 제공해 준다. 해석을 통해 내담자가 경험하는 특정한 문제들이 발생하는 원인들에 대해 충분한 설명을 제공해 줌으로써 내담자가 자신의 문제를 새로운 관점으로 바라보도록 이끌어 줄 수 있다(Hill, 2015). 그래서 해석이 상담기법의 꽃에 비유되는 것이다. 그야말로 해석은 내담자가 진술한 내용을 토대로 상담자가 내담자의 심리 상태를 깊이 이해하

되, 내담자와 함께 문제와 관련된 여러 정황과 생각을 정리하는 고도의 심리 작업 활동이다. 내담자에게 해석을 제공할 때에는 다음의 과정을 고려해서 제공하는 것이 좋다(천성문 외, 2015b: 158-159).

- 제1단계: 상담자와 내담자가 서로 우호적 관계를 형성하여 해석을 위한 토대를 마련하여야 한다.
- 제2단계: 내담자에 대해 풍부하고 사실에 근거한 정보를 수집하여 내담자의 변화동기를 격려하고 해석할 수 있도록 명료화된 질문을 제공하여야 한다.
- 제3단계: 상담 과정 중에 내담자의 얘기가 중단된 부분이나 내담자가 말하기 어려워하는 것들, 그리고 모호하게 이야기하는 것 모두에 세심한 주의를 기울여 관찰하고 경청하여 정확한 해석을 위한 단서들을 모아야 한다.
- 제4단계: 내담자의 인식과 눈높이에 맞추어 해석을 제공해 주어야 한다. 상담자 입장에서 아무리 올바른 해석이라고 판단되더라도 상담자의 판단을 잠시 멈출 필요가 있다. 어디까지나 상담자는 내담자와 합심하여 해석을 제공하기 위해 노력해야 한다.
- 제5단계: 상담자는 자신이 제공한 해석이 틀릴 수 있다는 점을 명심하여야 한다. 내담자가 상담자의 해석을 인정하지 않을 때에는 일단 한 발짝 물러서서 자신의 해석이 정확했는지의 여부를 검토해 봐야 한다. 그것이 내담자의 해석에 대한 부인에 현명하게 대처하는 방법이다.
- 제6단계: 내담자 스스로 자신의 내면을 더 잘 이해하도록 상담자는 자신이 제공하는 해석을 다양한 상황으로 확장하여 적용할 수 있도록 노력해야 한다.

(2) 효과적인 해석기법의 사용조건

내담자에게 해석을 제공할 때에는 먼저 상담자와 내담자 간에 안정적인 치료관계가 형성되었는지를 검토한 후에 제공하여야 한다. 내담자의 자기이해나 통찰이 어느 정도 이루어졌다고 판단되면 통상적으로 해석은 상담의 중기나 종결단계에서 실시된다. 상담자는 실증적 근거를 토대로 하여 내담자의 전체에 대한 해석을 제공하되, 내담자의 현재 욕구를 존중하고 내담자의 인지적·성격적 특성을 고려하는 자세를 가져야 한다. 보통 한 회기에 1~2회 정도의 해석이 적당하며, 가능한 한 내담자가 받아들일 수 있는 언어로 제공하는 것이 바람직하다.

효과적인 해석을 제공하기 위해서는 다음의 아홉 가지 지침에 따라 제공하는 것이 바람직하다(천성문 외, 2015b: 160). 첫째, 확고한 치료적 동맹이 형성될 때까지 해석적 과정을 시작하지 않는다. 둘째, 내담자의 자각 수준에 대한 충분한 고려 후에 해석해야 한다. 셋째, 해석 내용을 논의할 충분한 시간이 남았을 때 실시한다. 넷째, 내담자 전체를 보지 않고 일부에 대해서만 해석하지 않도록 한다. 다섯째, 내담자의 욕구나 속도 등 내담자의 특성에 맞게 실시한다. 여섯째, 한 회기에 많은 해석을 하지 않도록 한다. 일곱째, 내담자에게 비난, 공격, 적대감, 비웃음을 행해서는 안 된다. 여덟째, 전문적인 용어는 피하고 내담자가 이해할 수 있는 일반 언어를 사용해야 한다. 아홉째, 단정적이지 않게 가설적으로 표현해야 하며, 공손하고 조심스러운 태도로 실시해야 한다.

4) 해석이 필요한 상황과 사례

(1) 해석이 필요한 상황

해석이 필요한 상황은 대표적으로 명료화해석과 비교해석으로 대별된다. 명료화해석의 경우에는 내담자 스스로가 잘 인지하지 못하고 있던 상황들에 대해서 보다 분명한 생각과 판단을 가질 수 있도록 도와줄 수 있다. 다음의 사례는 남편이 바라는 것을 들어주지 않아 좌절감을 안긴 데 대해 일말의 죄책감을 가지고 있으면서도 남편에 대해 비난하고 싶은 양가감정을 가지고 있는 부인을 상담하고 있는 상황이다. 상담자는 문제의 맥락을 명료화하여 다음과 같이 해석을 제공할 수 있다.

〈명료화해석을 제공하는 상황〉

상담자: "방금 말씀하신 것은 남편이 바라는 것을 좌절시킨 데 대해 죄책감을 느낀다는 것을 의미하나요?"

내담자: "네, 맞아요. 실제로 남편에게는 별 문제가 없을 거예요. 그리고 남편의 마음이 굉장히 상한 것처럼 보였어요."

상담자: "아마 부인께서 느낀 피로감이 이 점과 관련이 있을 것으로 보입니다."

다음은 내담자가 보이는 다소 이중적인 행동들이 어디서 기인한 것인가를 밝히는 해석이다. 이 방법은 내담자가 보이는 이중적인 행동의 양상을 비교하여 그것이 무엇을 의미하는지를 내담자 스스로 생각하도록 돕는다. 다음의 사례는 자신은 단 한 군데도 아버지를 닮은 모습이 없다고 생각하는 내담자가 무의식적으로는 자신의 아버지가 하

는 행동과 닮은 행동을 하고 있음을 상기시켜 주는 해석을 제공하는 상황이다.

〈비교해석을 제공하는 상황〉

상담자: "보기에 따라서 당신의 행동은 당신 아버지의 행동과 비슷하다고 생각해 보신 적은 없는지요?"

내담자: "어떻게 그렇습니까?"

상담자: "당신은 아버지가 지역의 유지처럼 행동하는 것이 괴롭다고 말한 적이 있어요. 그런데 지금 당신은 때 때로 지역의 유지처럼 행동하는 것을 즐긴다고 말하기도 했습니다."

이외에도 해석을 제공할 때 사용할 수 있는 다양한 표현기법을 익혀서 사용하는 것이 매우 유용할 수 있다. 그 방법은 질문의 형태로 제공할 수도 있고, 암시의 형태로 제공할 수도 있다. 또한 중립적 표현으로 상담자가 관찰한 내용을 자신의 느낌에 기대어 표현할 수도 있으며, "~처럼 들리는군요."라고 표현하여 한 발짝 물러서서 관망하듯이 얘기하면 내담자가 훨씬 더 편안하게 해석을 받아들일 수 있다는 장점이 있다. 다만 내담자가 자신의 문제에 대해 저항하고 있는 경우에는 단정적 표현의 효과가 더 크게 발휘될 수도 있다.

질문	"당신은 아내의 비난을 두려워한다고 생각하십니까?"
암시	"아마도 당신은 아내의 막말을 두려워하는 것 같군요."
중립적 표현	[관찰한 내용] "제 느낌에 당신은 폭력을 두려워하는 것 같군요." [청취한 내용] "당신은 폭력을 두려워하는 것처럼 들리는군요."
단정	"술이 당신 가족의 관계를 멀어지게 만들고 있군요!"

(2) 어떻게 해석을 내릴 것인가

실제 상담현장에서는 어떻게 해석을 내리고, 내담자에게 표현할 것인지가 매우 중요한 이슈가 된다. 다음의 사례에서 당신이 상담자라면 어떤 해석을 제공할 수 있는가?

〈사례〉

한 젊은 회사원은 이상하게도 회사 내에서 자신과 친해지려는 사람들을 일부러 멀리하고 있었다. 그런데 실제로는 그를 도와주려는 사람들로 하여금 자신을 거부하도록 유도하고 있다는 사실이 상담 중에 밝혀졌다.

이때 상담자는 내담자의 진술을 명료하게 관찰하고 파악한 다음에 해석을 제공하는 것이 필요하다. 앞서 제시한 사례에 대해 상담자가 제공할 수 있는 초기 해석의 형태는 다음과 같다.

〈초기 해석의 형태〉

- "당신은 사람들이 정당한 이유 없이 당신을 거절했다고 느끼십니까?"
- "아마도 당신은 사람들과의 관계를 깨기 위한 어떤 일을 하는 것 같군요."
- "오히려 당신이 사람들을 다소 화나게 만든 것 같다는 생각도 드는군요."

초기 해석이 제공되고 난 이후에 해석이 받아들여지고 내담자가 이해하게 된다면 조금 더 심화된 형태로 다음과 같은 해석을 제공할 수 있다.

〈심화된 해석의 형태〉

- "어떤 사람에 대해 잘 알게 될수록 어떤 점이 두렵게 느껴지십니까?"
- "사람들과 너무 가까워지는 것에 대해 어떤 점이 두렵고 힘들게 느껴지나요?"
- "만약 당신이 그 사람들을 좋아하게 되면 어떤 일이 벌어질 것 같은가요?"

---

3. 자기개방기법

1) 자기개방기법의 정의

(1) 자기개방의 필요성

자기개방은 상담자가 내담자의 이야기를 들으면서 그 주제와 관련하여 상담자 자신의 생각과 가치, 느낌, 태도 등 여러 가지 개인적인 것을 내담자에게 드러내는 것을 말한다(천성문 외, 2015b: 183). 상담자가 자기개방을 잘하게 되면 내담자의 자기개방을 촉진할 수 있다. 그리고 내담자가 상담자에 대해 신뢰할 수 있는 분위기가 조성될 수 있다. 또한 내담자와 상담자 간에 치료적 관계가 증진되는 효과를 거둘 수 있다. 내담자는 상담자를 인간적으로 잘 알게 되면서 편안함을 느끼고, 솔직한 의사소통을 하고 싶은 자발적 동기를 가지게 된다.

상담자가 자기개방을 할 때에는 우선 내담자가 가지고 있는 특정 문제와 문제해결에 사용할 수 있는 자원에 초점을 맞추어서 해야 한다. 상담자는 적당한 시점에 자기개방을 사용함으로써 내담자의 통찰을 도울 수 있다. 그럼에도 상담자의 지나친 자기개방이 되려 내담자의 탐색을 방해할 수 있다. 상담자의 지나친 자기개방은 상담의 주의를 상담자에게 옮겨 놓음으로써 내담자 중심의 상담의 원칙을 깰 수도 있다. 그러므로 상담자가 자기개방기법을 사용할 때에는 상담자 스스로 매우 세심한 주의를 가지고 사용해야 한다.

(2) 자기개방에 영향을 미치는 요인

상담자 스스로 어떤 이론적 배경을 가지고 있느냐에 따라 자기개방기법 사용에 대한 찬반의 입장이 다르다. 정신역동이론가들은 상담자가 제한적 자기개방을 사용할 것을 권고한다. 정신역동이론가들은 자기개방이 중요한 치료적 요인이 될 수 있는 전이관계 형성에 방해가 된다고 여겨서 매우 신중한 입장을 취한다. 인본주의상담자들은 자기개방을 상담관계를 형성하는 도구로 활용한다. 따라서 이들은 매우 적극적으로 자기개방기법을 옹호하는 것이 특징이다. 행동주의적 접근을 사용하는 상담자들은 자기개방의 사용이 내담자에게 적절한 모델을 제공한다고 주장하기도 한다.

한편, 상담자의 상담 경력에 따라서도 자기개방기법을 사용하는 것에 대한 입장이 서로 다르다. 초보 상담자의 경우에는 내담자를 돕기 위한 목적보다는 자신의 불안을 처리하기 위한 것일 수도 있다. 반면, 노련하고 숙련된 상담자들은 비교적 자유롭게 자기개방기법을 사용하는 것으로 보인다. 상담 회기별로 살펴보면, 상담 초기에는 상담자에 관한 사실적 정보(상담자의 경력이나 자격사항 등)를 개방하는 경우가 많다. 이때 상담자의 경력이나 자격 여부를 확인할 수 있도록 상담실 벽면에 전시하는 것도 좋은 방법이다. 상담 중기에는 상담자의 개인적 경험, 통찰, 전략 등을 개방하는 전략을 사용해야 한다.

예를 들어, 내담자는 상담자가 중요하게 생각하는 가치나 문화적 입장을 매우 궁금하게 생각한다. 내담자가 "선생님은 종교가 있으세요?"라고 질문을 했다고 가정해 보자. 이때 상담자는 자신의 종교적 신념을 바로 개방하기보다는 질문을 되돌려서(toss back technique) 내담자의 의도를 파악해 볼 필요가 있다. 상담자는 내담자에게 자신의 종교적 배경을 바로 말해 주기보다는 "어떤 점에서 그것이 궁금하신가요?"라는 질문을 던져서 내담자의 생각을 먼저 들어 보아야 한다. 그런 다음에 상담에 도움이 된다고 판단되면 얼마든지 상담자의 생각을 솔직하게 개방하는 전략을 사용하는 것이 시의적절해 보인다.

2) 자기개방기법의 사용조건

(1) 자기개방기법의 사용 효과

자기개방이 가지는 치료적 효과는 매우 다양하다. 먼저, 내담자에게 모델링의 효과를 제공할 수도 있다. 무엇을 어떻게 해야 좋을지 잘 모르는 내담자에게 기꺼이 자신의 경험을 들려 주는 상담자의 모습은 내담자가 실제 상황에서 어떻게 행동해야 하는지를 안내해 주는 효과도 가진다. 자기개방이 가지는 또 다른 효과는 목표 설정과 실행에 필요한 새로운 시각과 조망을 제공할 수도 있다는 것이다. 내담자로 하여금 자신과 문제 상황에 대해 구체적으로 말하게 함으로써 내담자는 새로운 조망과 사고의 틀을 갖게 되어 현실적 목표를 세울 수 있게 된다.

수업 시간에 앞에 나서서 발표하는 것을 힘들어하는 대학생이 있다고 가정해 보자. 이 학생은 상담 중에 이렇게 말할 것이다. "선생님, 저는 이 세상에서 발표가 가장 힘들어요. 많은 사람 앞에만 서면 가슴이 두근거려서 아무 말도 할 수 없고 머리가 온통 하얘지는 것 같아서 견디기 어려워요." 이때 상담자가 내담자에게 "저도 그 느낌이 어떤 것인지 잘 알 것 같아요. 저도 한때는 사람들 앞에서 말하는 것이 무척 힘들었죠. 그것 때문에 오랜 꿈이었던 교사가 되는 것을 포기하기도 했어요. 그러나 우리가 함께 이 문제를 다루어 본다면 당신이 그러한 두려움을 이겨 내는 데 도움이 될 것이라고 생각합니다."라고 말한다면 어떤 효과가 있을까? 분명 내담자는 상담자의 이러한 자기개방의 표현을 통해 용기를 얻을 것이다. 나아가서는 상담에서 다루어야 할 내용과 목표를 설정할 수 있는 부수적 효과도 기대할 수 있다.

(2) 자기개방기법의 사용 원칙

자기개방을 사용할 때에는 상담자 스스로 자기개방의 내용에 대해 분명하고 전문적인 초점이 있는 상태에서 사용해야 한다. 상담자의 경험 중 어느 것이 내담자로 하여금 문제 상황을 더 구체적으로 이해할 수 있게 하는지를 생각해서 선택적으로 공개하는 것이 좋다(천성문 외, 2015b: 186). 상담자의 경험을 자세히 얘기하는 것은 오히려 내담자의 자유로운 연상과 탐색을 방해할 수 있다. 때 이른 자기개방이 자칫 내담자에게 부담을 줄 수도 있다. 가령, 성(性) 문제를 호소하는 내담자를 편안하게 할 목적으로 상담자 스스로 성과 관련한 자신의 경험을 개방할 경우, "선생님, 당신의 문제를 내게 말하지 마세요. 나는 지금 내 문제만으로도 힘들어요. 당신 문제까지 감당하고 싶지 않아요!"라고 말할 수도 있다. 따라서 명심할 점은 자기개방은 꼭 필요할 때에만 사용해야 한다는 것이다.

3) 상담 과정에서 자기개방의 활용

(1) 자기개방 사용 요령
① 상담자의 개인 정보 개방

대체로 상담실을 찾는 내담자는 상담자가 자신을 이해하고 도울 수 있을지 의심하고, 상담자에게 말한 내용들이 나중에 법적으로 자신에게 불리하게 작용하지는 않을지 걱정할 수도 있다. 그럼에도 상담자의 자기개방은 개인적인 일이나 가족에 관한 일을 다른 사람에게 드러내는 것에 반감을 가지는 내담자에게 중요한 상담기법으로 활용될 수 있다. 이때는 상담자가 "제게 묻고 싶은 것이 있나요?"라고 질문하는 것이 적절하다. 상담자가 개인 정보를 개방할 때에는 상담자의 학력, 경력, 자격증 유무, 결혼 사실 등을 개방(학위증서, 자격증)할 수 있다. 하지만 상담자가 명확한 이유 없이 개인 신상과 관련한 정보를 드러내는 것은 바람직하지 않다(천성문 외, 2015b: 187).

(상담이 시작되고 꽤 오랜 시간 동안 침묵이 흐른 뒤에)

상담자: "제게 묻고 싶은 것이 있나요?"

내담자: "선생님은 몇 살이세요? 결혼은 하셨어요? 결혼도 안 한 것 같은데 내가 하는 말을 이해나 하시겠어요?"

상담자: "어떤 점에서 그 점이 궁금하신가요?"

내담자: "아니, 딱 봐도 선생님이 나보다 어려 보이기도 하고, 결혼에 대해서 뭘 알기나 하겠냐는 생각이 들기도 해서……."

상담자: "제가 영희 님보다 어려 보이고 결혼도 안 한 것 같아서 영희 님의 말을 이해하지 못할 것 같으신가 보군요. 그 점에 대해서는 염려하지 않으셔도 됩니다. 저는 전문적인 수련을 받아 왔고, 영희 님과 같은 연령의 내담자를 많이 만나 왔습니다."

---

② 상담자의 자기감정 개방

상담자는 자신의 감정을 개방하여 내담자에게 전달해 줄 수도 있다. 이것은 상담자가 자기개방을 통해 자신 또한 내담자와 비슷한 감정을 겪었고, 비슷한 느낌을 갖는다는 것을 내담자에게 전달하는 것을 의미한다(천성문 외, 2015b: 188). 내담자는 상담자의 자기개방을 통해 상담자 또한 자신과 유사한 감정을 가지고 있음을 인식할 수 있다. 이렇게 하는 이유는 다른 사람도 유사한 감정을 가지고 있음을 내담자가 알게 함으로써 자신의 감정을 정상적으로 느낄 수 있도록 하기 위해서이다. 상담자는 자기개방의 의도를 심사숙고하고, 다음의 사례처럼 자기개방을 드러낸 후에는 내담자에게 초점을 돌리도록 유의해야 한다.

> 내담자: "아이가 하는 행동이 남편이랑 똑같아서 보고 있으면 화가 치밀어요."
>
> 상담자: "저도 아버지와 사이가 나빴을 때 유사한 경험이 있기 때문에 당신의 마음을 어느 정도는 이해할 수
>
> 있을 것 같아요."
>
> 내담자: "그러면 안 되는 줄 알지만 남편이 잘해 주지 못하는 것들을 아이한테 화풀이하고 있었어요. 아이에게
>
> 미안하고 후회가 됩니다. 이러다가 아이가 저를 싫어하게 될까 봐 걱정돼요."
>
> 상담자: "지금 당신의 그 괴롭고 걱정스런 마음이 느껴지네요."

③ 상담자의 개인적인 경험 개방

상담자는 개인적인 경험을 개방하기 전에 자신의 의도에 대해 신중히 생각해서 개방
여부를 결정해야 한다. 이것이 내담자를 돕기 위한 것이 아니라 상담자 자신의 필요에 의
한 것이라면 자제하는 것이 좋다. 그러나 이 경우가 가지는 치료적 효과는 내담자가 처한
상황과 유사한 상황에 있었을 때의 상담자의 개인적인 경험을 개방하면 내담자는 자신
의 행동이 무엇에서 비롯되었는지를 생각할 수 있다는 데 있다(천성문 외, 2015b: 189).

> 내담자: "저는 술에 빠져 산 시간이 너무도 후회가 됩니다. 저는 술을 제 삶에서 없애 버리고 싶습니다."
>
> 상담자: "저도 젊었을 때 술을 많이 마신 적이 있었습니다. 저에게는 참 힘들었던 시기였던 것 같아요. 술은 문
>
> 제를 잠시 잊게는 해 주지만 문제해결에는 도움이 되지 않았죠. 그보다는 인생에서 무엇이 더 중요한지를
>
> 생각하는 것이 문제해결에 도움이 된 것 같아요."

4. 정보제공기법

1) 정보제공기법의 정의

(1) 정보제공기법의 사용 목적

정보제공은 해석보다 더 적극적인 형태로 제공되는 상담기법이다. 정보제공은 주로
내담자에게 지시를 하거나 지시적 제안을 하는 형태로 제공된다. 이것은 상담자 자신

의 의견이나 태도를 밝힘으로써 내담자가 그것을 택하도록 지시하거나 제안할 때도 있고, "그런 상황에서는 ~한 감정을 느낄 수 있어요." 또는 "~한 행동을 할 수 있어요."라는 식으로 내담자에게 지시하거나 제안할 수도 있다(안영실 외, 2002). 이와 같은 적극적인 제안이나 가치판단이나 지시는 매우 온건하고 잠정적인 것부터 매우 절대적이고 극히 명령적인 것까지 여러 가지가 있을 수 있다. 그중 어느 정도의 강도로 이런 개입을 할 것인지는 상담전략과 상담목표에 따라서 각기 다르게 하는 것이 바람직하다.

정보제공의 이유는 내담자의 바람직한 행동변화를 원조하는 데 있다(Hill, 2015). 정보제공은 상담자가 내담자에게 사실이나 자료, 의견, 자원의 형태로 제공할 수 있다. 아니면 단순히 교육하고 정보제공을 하는 것을 넘어 내담자의 잘못된 지각이나 내담자의 특정 행동의 이유를 설명하는 것도 포함된다. 그러므로 정보제공기법을 사용하는 목적은 내담자에게 정보를 제공함으로써 이전에 알지 못했던 새로운 것을 알도록 하는데 있다. 이 기법을 통해 내담자는 자신의 잘못된 지각을 수정하여 생각을 확장할 수 있다. 따라서 내담자가 바람직한 변화를 위한 도전의식이나 확신을 갖도록 하는 것이 정보제공이 추구하는 근본가치라고 할 수 있다. 대개 상담을 통해 통찰은 이루어졌지만 그것이 자발적인 행동으로 이어지지 않는 이유는 오래된 습관으로 인해 변화가 쉽지 않기 때문이다. 아마도 그것은 새로운 것을 시도하는 것에 대한 두려움이 크기 때문일 수도 있다. 정보제공은 내담자의 변화동기가 약하거나 변화에 따른 적절한 기법이 부족하기 때문일 수도 있으므로 이에 대한 명확한 정보를 제공함으로써 변화를 꾀해야 한다.

(2) 정보제공기법 사용의 필요성

정보제공은 내담자 자신의 문제에 대한 정보를 나누는 것이다. 이 기법은 내담자가 정보의 부족으로 자신의 문제를 충분히 탐색하지 못할 때 여러 가지 도움을 제공할 수도 있고, 내담자가 이전과는 다른 행동을 하도록 격려할 수 있다는 이점이 있다. 정보제공을 통해 내담자는 자신의 문제를 새로운 시각으로 바라볼 수 있게 된다(천성문 외, 2015b: 240). 상담자가 먼저 내담자에게 어떻게 행동해야 하는지 시범을 보여 줌으로써 내담자가 자신의 목표를 설정하는 데 필요한 새로운 통찰력을 형성하도록 도울 수 있다.

아무리 유익한 정보라 하더라도 아무 때나 정보를 무작정 제공할 수는 없는 법이다.

정보제공을 사용해야 할 시점은 오로지 내담자의 동의가 있을 때에만 사용 가능하다. 내담자의 현재 욕구와 목표에 맞고 내담자가 가장 잘 받아들일 수 있는 시점을 선택해서 제공해야 한다. 정보나 조언을 주기 전에 상담자는 먼저 자신이 전달하려는 내용이 내담자의 변화동기를 강화할 수 있는 것인지를 충분히 질문해 보아야 한다. 그리고 내담자의 동의를 구한 후에 정보를 제공해야 한다. 그 이유는 모든 문제해결은 내담자가 자기주도적으로 할 수 있도록 해야 하기 때문이다.

2) 정보제공기법의 단계와 유의점

(1) 정보제공의 단계

정보제공의 단계를 살펴보면, 정보제공 시점을 진단한 다음, 필요한 정보가 무엇인지를 탐색한다. 그런 다음 필요한 정보를 제공하며, 정보에 대한 내담자의 반응을 확인하는 단계로 마무리된다. 정보를 제공하는 방법은 상담자가 내담자에게 적절한 시선 접촉을 한 상태에서 신체언어 및 언어적 반응을 사용하여 제공하여야 한다. 이때 내담자의 능력에 맞추어 정보를 제공하되, 내담자의 정보이해 수준을 확인하여 명확하고 분명하게 제공해야 한다는 점을 유의해야 한다.

(2) 정보제공 시 유의점

정보는 정보를 제공받은 사람이 자진해서 정보를 경청하고 이용할 수 있는 방법으로 제공되어야 한다. 상담자가 비효과적인 방법으로 정보를 제공하게 되면 내담자는 상담자에 대해 오만하고 위압적이며 잘난 체하는 사람과 같은 부정적인 인상을 갖게 될 수도 있다. 정보 요청에는 단순히 정보를 필요로 하는 것 이상의 의미가 있다고 가정하고, 정보 요청을 통해 다른 중요한 문제가 논의될 수도 있음을 알아야 한다.

3) 유형별 정보제공기법 사용 사례

(1) 정보적 유형

정보적 유형은 상담자의 의견이 아니라 객관적 정보를 제시하는 형태로 제공되는 것을 말한다. 이때 상담자는 이전에 알지 못했던 정보를 내담자에게 제공한다. 이 유형을 사용하는 목적은 주어진 상황 또는 문제에 대해 반응하는 내담자의 지각을 변화시키는 데 있다. 이때 유의해야 할 점은 사실을 제시하되 간단하게 말해야 하며, 공손한 태도로 협력하며 실시해야 한다는 것이다. 그리고 시의적절하게 제시하는 것이 중요하다. 다음의 사례는 정보적 유형에 해당하는 정보제공기법의 한 형태이다.

> 내담자: "제가 올해 근무 부서가 바뀌어 재교육을 받아야 한다는데, 새롭게 해야 할 일과 재교육 내용이 무엇인지 어떻게 알아볼 수 있을까요?"
>
> 상담자: "새 일에 대한 정보가 필요하시네요. 제 생각에는 재교육 담당 부서 직원과 만나서 구체적으로 물어보는 것이 가장 효과적인 방법일 것 같아요. 제가 연락을 취해 드릴 수도 있는데, 어떻게 생각하세요?"

출처: 천성문 외(2015b). p. 243.

(2) 보편화 유형

보편화 유형은 내담자가 현재 겪고 있는 것과 비슷한 상황을 보편화하여 정보를 제공하는 것을 말한다. 이때 상담자는 비슷한 상황에서 내담자의 반응이 다른 사람들과 다르지 않고 보편적이라는 정보를 준다. 이 유형을 사용하는 목적은 내담자가 주어진 상황에 대한 자신의 반응을 받아들임으로써 사건에 대해 걱정하지 않도록 도와주는 데 있다. 이때 유의할 점은 사실을 말하되 지나치게 자주 사용하지 않아야 한다는 것이다. 평범하지 않은 것을 평범한 것으로 믿지 않도록 하는 것이 좋다. 그리고 큰 치료적 맥락에서 실시해야 한다. 다음의 사례는 보편화 유형에 해당하는 정보제공기법의 한 형태이다.

> 내담자: "제가 혹시나 나쁜 소리를 들을까 봐 건강검진을 정기적으로 잘 하지 않아요. 나이 들어 더 자주 해야 하는데 이러고 있으니 제가 정말 어리석게 살고 있는 것이지요?"
>
> 상담자: "두려운 마음에 그러실 수도 있을 것 같아요."
>
> 내담자: "다른 사람들도 저 같이 두려워하면서 미루기도 하나요?"
>
> 상담자: "그런 경우가 종종 있지요. 지금 그런 말씀을 하시게 된 이유가 있는 것 같은데요."

출처: 천성문 외(2015b). p. 244.

(3) 대안적 유형

대안적 유형은 상황 및 행동에 대한 내담자의 생각을 재조직하거나 새로운 의미를 제공하는 유형이다. 내담자의 방어를 줄이면서 문제를 직시하게 하여 새로운 행동방식으로 수정하는 기법이다. 이때 상담자는 내담자가 제시한 내용에 대해 다른 관점이나 새로운 명명을 제시한다. 이 유형을 사용하는 목적은 내담자에게 새로운 관점을 제시함으로써 주어진 상황이나 지각에 대해 인지적 변화가 일어나게 도와주는 데 있다. 이때 유의할 점은 사실적이고 객관적으로 제공해야 한다는 것이다. 가능하면 대안은 구체적으로 제시하고, 질문을 통해 내담자의 새로운 인식 전환을 위한 노력을 하면 더욱 효과적이다. 다음의 사례는 대안적 유형에 해당하는 정보제공기법의 한 형태이다.

내담자: "제가 이번에 구매 담당팀으로 발령이 나서 교육을 다시 받아야 한다는 말을 들었어요. 전에 하던 일이 좋았는데 새로운 일을 해야 하는 게 정말 짜증이 나요. 저는 누구한테 지시받으면서 생활하는 것을 싫어하는데, 또 교육받을 제 모습을 상상하니 벌써부터 가슴이 답답해져요."

상담자: "지금까지 스스로 알아서 일을 잘해 오셨다는 말을 들으니 든든하네요. 구매 담당 일도 자율적인 생각과 행동을 많이 필요로 할 것 같아요. 재교육은 그런 자율성을 키우기 위한 프로그램으로 느껴지는데, 그것은 자율성을 원하는 당신의 바람과도 잘 맞을 것 같아요. 어떻게 생각하세요?"

출처: 천성문 외(2015b), p. 245.

[부록 7] 정보제공기법 연습

☞ 2명씩 한 조가 되어 정보제공기법 연습을 해 보자.

① 한 사람은 상담자(A), 한 사람은 내담자(B)가 된다.

② 마치 상담하듯이 두 사람이 차례로 이야기하고, 그 내용을 적어 나간다.

③ 상담자(A)는 상담자의 발언이 정보제공 및 조언의 어느 단계인지를 적는다.

<table>
<tr><td colspan="3">정보제공기법 실습 보고서</td></tr>
<tr><td colspan="3" align="right">상담자 이름 (   )
내담자 이름 (   )</td></tr>
<tr><th>상담자
/내담자</th><th>발언 내용</th><th>단계</th></tr>
<tr><td>*내 1</td><td>선생님, 안녕하세요.</td><td></td></tr>
<tr><td></td><td></td><td></td></tr>
<tr><td></td><td></td><td></td></tr>
<tr><td></td><td></td><td></td></tr>
<tr><td></td><td></td><td></td></tr>
<tr><td></td><td></td><td></td></tr>
<tr><td></td><td></td><td></td></tr>
<tr><td></td><td></td><td></td></tr>
<tr><td></td><td></td><td></td></tr>
<tr><td></td><td></td><td></td></tr>
<tr><td></td><td></td><td></td></tr>
<tr><td></td><td></td><td></td></tr>
<tr><td></td><td></td><td></td></tr>
<tr><td></td><td></td><td></td></tr>
<tr><td></td><td></td><td></td></tr>
<tr><td></td><td></td><td></td></tr>
</table>

출처: 고영인(2005). p. 49 재구성.

제6장
집단상담기법

어린아이처럼 살아라. 현재를 즐겨라. 카르페디엠!
당신의 손안에는 빛깔 좋은 사과가 있다!
-프리드리히 니체(Friedrich Nietzsche)

1. 집단상담의 개념 및 필요성

1) 집단상담의 개념

(1) 집단상담의 정의

집단이란 같은 하늘 아래, 같은 시간 속에서 사람들 간에 활발한 상호작용이 이루어지는 일정한 형태의 무리를 일컫는다. 길을 걸어가는 사람들을 보고 그것을 집단이라 부르지 않듯이, 공동의 목적과 상호협동의 관계 없이는 그것을 집단이라 부르기 어렵다. 이런 관계로, 집단 안에서 사람들은 삼삼오오 모여 일정한 규범과 신념, 그리고 집단의 가치를 공유하고, 각기 다른 서로의 행동으로 집단 안의 다른 사람들에게 많은 영향을 주기도 한다. 일반적으로 특정 집단에 속한 개인의 행동이나 태도에 변화가 생기려면 공동 목표를 가지고 집단의 모임이 정기적으로 열려야 한다(Gazda, Ginter, &

Home, 2000). 일정한 형식과 틀을 갖춘 집단 안에서 집단성원은 의욕을 가지고 자발적으로 참여하며, 서로 믿고 의지하면서 밀접한 상호작용을 이루고, 그 과정에서 자연스럽게 집단의 규범이 발달한다.

따라서 집단상담은 비교적 건강한 사람들이 모여서 집단을 형성하고, 전문 상담자와 함께 당면한 문제를 해결하거나 바람직한 행동을 탐색하여 자기성장을 이룰 수 있도록 도와주는 것으로 정의할 수 있다(천성문 외, 2015a). 그리고 집단상담은 서로 존중하고 어떤 이야기이든 할 수 있도록 허용하는 분위기 속에서 집단성원이 자신과 타인의 입장을 이해하고 수용하는 경험을 제공함으로써 개인의 자기성장을 도모하는 활동을 특징으로 한다(Mahler, 1971). 그리하여 집단상담은 개인의 태도와 행동을 변화시키기 위해 여러 조건을 탐색하면서 건전한 인간관계를 형성하도록 도와 성숙해지는 경험을 제공한다(Hansen, Warner, & Smith, 1976; Kottler & Englar-Carlson, 2009).

(2) 집단상담의 목적

집단상담의 목적은 바람직한 개인의 성장과 발달을 위하여 개인의 내면을 탐색하거나 개인의 태도를 변화시키는 데 있다(천성문 외, 2017: 18-29). 집단성원은 집단 내에서 자신의 생각, 감정, 행동을 자유롭게 탐색할 기회를 가지게 되고, 인간관계에 대한 다양한 경험을 배운다. 그 과정에서 집단성원은 자기이해력을 높여 나간다. 집단상담에서 모든 활동의 종착지는 개인의 성장과 발달에 있다.

이에 따라 집단상담의 목표는 세 가지로 대별된다. 첫째, 집단성원의 자기이해와 자기수용력을 높여서 인격적 성장을 도모한다. 둘째, 집단성원으로 하여금 문제 상황을 객관적으로 검토하고 문제해결을 위한 실천적 행동을 습득하도록 돕는다. 셋째, 집단성원의 집단생활 능력과 인간관계 형성 기술을 향상시킨다(Gladding, 1995). 집단상담을 실시하기 전에 목표를 정하는 이유는 먼저 목표가 분명해야 성공적인 집단상담이 가능하기 때문이다. 다음으로, 목표 설정은 집단성원이 집단 안에서 무엇을 어떻게 할 것인지를 명확하게 이해시켜 준다. 그리고 명확한 목표 설정은 집단상담자나 집단성원이 집단의 목표를 달성하기 위해 어떤 노력을 기울였는지 확인하고 평가할 수 있도록 도우며, 무엇이 집단성원의 변화를 이끌어 냈는지 평가하는 중요한 잣대가 될 수 있다.

2) 집단상담의 필요성

(1) 집단상담이 필요한 상황들

집단상담은 집단에 참여하는 집단성원이 심리사회적으로 성숙할 수 있도록 돕는 실질적 기회를 제공하는 매우 효과적인 상담기법 중 하나이다. 집단상담이 필요한 곳은 전통적인 심리상담의 분야를 넘어 기업이나 학교 등과 같은 현장으로 확대되고 있다(천성문 외, 2017: 19-20). 집단상담은 개인의 생각과 느낌을 자유롭게 표현할 수 있는 분위기를 조성하여 개인의 성격이나 심리적인 문제의 해결, 그리고 대인관계의 개선 등 긍정의 변화를 경험할 수 있도록 돕는 데 효과적인 상담기법으로 잘 알려져 있다. 다음은 집단상담이 필요한 상황들을 정리한 것이다.

① 성장에 대한 요구

사람은 누구나 성장과 성숙에 대한 의지를 가지고 살아간다. 하지만 때때로 사람들은 일상의 모든 일을 혼자서 해결해 나가는 데 한계를 느낄 때가 많다. 누구나 인격적인 성장을 이루기까지는 많은 노력이 필요하고 훈련의 기회를 제공받아야 한다. 집단상담은 성장에 대한 요구에 적절하게 반응할 수 있는 장면을 제공해 준다.

② 자기이해에 대한 요구

인간은 사회적 존재라서 사회나 집단에 속하지 못하는 것을 견뎌 내기가 쉽지 않다. 특정한 집단에 소속되지 못하여 소외감이나 사회적 불안을 느끼는 이들은 자신의 단점이나 부족한 점을 감추려 전전긍긍하는 가운데 정작 가장 중요한 자기정체성을 잃어버리는 경우가 많다. 집단상담은 그런 사람들을 집단에 참여하도록 하여 그들 스스로가 자신이 어떤 사람인지를 깨닫게 해 줌으로써 진실된 자신의 모습을 탐색하도록 돕는다. 집단상담에 참여하여 아무런 조건 없이 다른 사람들과 진솔한 대화를 나누는 것은 자신의 참모습을 알아 가는 소중한 경험이 되어 줄 것이다. 이때 집단상담은 자기이해와 함께 타인에 대한 이해를 높여 주어 보다 성숙한 사람으로 이끄는 소중한 길잡이가 되어 주는 것이다.

③ 문제해결을 위한 탐색과 훈련

집단상담은 대인관계에서 발생할 수 있는 여러 문제를 살펴보고 문제의 원인을 탐색함과 동시에 문제해결방안을 찾아보고 시도해 보는 경험의 장(場)이 된다. 서로 다른 성격 특성을 가진 사람들은 각자 생각하고 느끼는 바를 상호교환하는 과정을 통해서 긍정의 변화를 체험할 수 있다. 그런 점에서 집단상담은 짧은 시간 동안에 집단성원의 문제해결을 위한 문제해결훈련과 연습의 과정을 지속한다.

(2) 집단상담의 효과와 대상

집단상담에서는 다른 사람들을 대하는 바람직한 태도나 행동을 배울 수 있고, 친밀한 인간관계의 경험을 가질 수도 있다. 집단성원은 집단상담에 참여함으로써 상담자뿐만 아니라 다른 집단성원에게서 실질적인 도움을 받을 수 있고, 다른 사람들을 도와주는 긍정의 경험을 해 볼 수도 있다. 대개 집단상담에서 내담자의 변화는 상담자보다는 다른 집단성원과의 교류가 촉진되면서 나타나는 경우가 많다(Corey, 2015).

개별상담과 비교해 볼 때, 집단상담에 적합한 유형의 내담자는 자신에 대한 탐색과 이해가 가능한 사람이라 할 수 있다(윤관현, 이장호, 최송미, 2012). 이런 유형의 내담자들은 자신에 대한 타인의 지각과 반응에 대해 관심이 높고, 다른 집단성원과 상호작용을 하는 데에도 큰 어려움이 없는 경우가 많다. 대체로 집단상담의 주된 대상이 되는 내담자 유형은 성장과 발달, 그리고 당면한 문제를 해결할 수 있는 능력을 갖춘 사람이

〈표 6-1〉 집단상담과 개별상담에 적합한 내담자 유형 비교

집단상담에 적합한 유형	개별상담에 적합한 유형
• 다른 사람들이 자신을 어떻게 보는지 제대로 이해할 필요가 있는 사람 • 자신의 성격과 생활배경 등이 다른 사람들을 배려하고 존중하는 법을 배울 필요가 있다고 생각되는 사람 • 사회기술의 습득이 필요한 사람 • 다른 사람과 관계를 맺고 협동하는 능력을 향상시킬 필요가 있는 사람 • 타인의 이해와 정서적 지지가 필요한 사람	• 긴급한 위기의 문제를 가지고 있고, 원인과 해결법이 복잡한 사람 • 집단에서 자신의 경험을 표현하는 것에 대해 불안도가 높은 사람 • 대인관계나 태도가 부적절한 사람 • 자기탐색과 통찰이 부족하여 타인의 감정을 수용하기 어려운 사람 • 타인에게 지나친 주목과 인정을 요구하거나 공격적이고 폭력적인 사람

출처: 이장호, 김정희(1995). 수정 보완.

면 누구나 집단성원으로 참여할 수 있다.

3) 집단상담의 유형

집단상담은 집단의 성질에 따라 다양하게 나눌 수 있다. 먼저, 집단 활동의 구조화 정도에 따라 구조화 집단과 비구조화 집단으로 나눌 수 있다. 대체로 집단성원의 연령이 낮을수록 구조화 집단이 보다 효과적인 것으로 알려져 있다(고영인, 2005: 136-139; 천성문 외, 2017: 37-44). 다음으로, 새로운 집단성원의 허용 여부에 따라 폐쇄형 집단과 개방형 집단으로 나눌 수 있다. 치료적 성격이 강한 집단일수록 폐쇄형 집단이 보다 효과적인 것으로 보인다. 이외에도 집단성원이 가진 인구사회학적 특성과 집단참여의 동기, 그리고 집단의 기능에 따라서도 다양한 유형의 집단상담이 존재한다.

(1) 집단의 조직화 정도에 따른 분류
① 구조화 집단

구조화 집단(structural group)은 사전에 미리 설정한 명확한 목표와 계획에 따라 집단상담 활동을 체계적으로 운영하는 집단이다(윤관현 외, 2012). 이 유형은 집단성원 간에 합의된 공동목표를 달성하는 데 효과적이라는 장점을 지니고 있다. 소극적 성격으로 인해 집단 안에서 의사소통 과정에 쉽게 참여하기 어려운 사람들을 비교적 편안하게 해 주는 집단 유형이기도 하다. 하지만 깊은 수준의 집단 경험을 이끌어 내기에는 한계가 있다.

② 비구조화 집단

비구조화 집단(unstructural group)은 대략적인 집단목표는 설정되어 있지만 집단의 과정, 내용과 활동방법 등을 체계적으로 정립하지 않은 상태에서 집단성원 간에 일어나는 상호작용에만 초점을 두고 진행하는 유형이다. 이 집단의 개입목표는 집단성원 간의 관계를 분석하여 개인 내 또는 개인 간의 갈등을 이해하고 해결하는 데 있다. 자유롭고 역동적인 집단 분위기가 특징이며, 자신의 문제를 심층적으로 탐색하고 보다 적합한 행동의 변화를 이끌어 내는 데 도움이 되는 유형이다. 그러나 지나치게 비구조화된 집단에서는 집단성원이 무슨 말을 해야 할지 몰라 우왕좌왕함으로써 불필요한 에너지를 낭비하고 불안해할 수 있다는 한계가 있다.

(2) 새로운 집단성원의 허용 여부에 따른 분류

① 폐쇄형 집단

폐쇄형 집단은 최초에 참여한 집단성원만을 대상으로 활동 인원을 제한하여 집단의 계획된 회기가 끝날 때까지 이끌어 간다(윤관현 외, 2012). 집단상담 도중 집단성원이 집단에서 이탈하게 되더라도 새로운 집단성원을 받아들이지 않고 그대로 집단상담을 이끌어 나간다. 집단의 응집력이 높고 진행 과정도 안정적이어서 상담 진행의 일관성을 유지할 수 있는 것이 장점이다. 치료 집단에서 가장 흔히 볼 수 있는 유형이다.

② 개방형 집단

개방형 집단은 이미 집단상담이 시작되었다고 하더라도 집단이 허용하는 범위 내에서 새로운 집단성원을 받아들일 수 있는 집단이다. 집단성원은 이 집단 유형에서 새로운 상호작용을 할 수도 있고, 새로운 관점에서 피드백을 받을 수도 있다. 이것은 집단상담 과정에 다양한 활기와 도움을 제공하는 효과를 지닌다. 그러나 개방형 집단은 집단성원 간에 갈등이 첨예하게 대립하여 집단상담 과정의 전체적인 흐름이 멈추거나 후퇴할 수도 있다는 한계가 있다. 또한 집단상담 첫 회기부터 형성해 두었던 집단의 응집력과 의사소통을 저해하는 것이 단점으로 지적된다. 집단상담자는 집단성원과 함께 집단의 개방 여부를 사전에 논의해야 한다.

(3) 집단성원의 인구사회학적 배경에 따른 분류

① 동질성 집단

동질성 집단(homogeneous group)은 참여하는 집단성원의 성별이나 연령, 학력, 관심 문제 등의 종류에 따라 비교적 유사한 특징을 가진 사람들로 구성된 집단을 말한다. 동질성 집단은 집단 내 집단성원 간의 친밀성이나 집단응집력 혹은 목표 달성 등에 효과적인 것으로 알려져 있다(고영인, 2005). 집단상담의 경험이 적은 상담자들의 경우에는 지나치게 이질적인 사람들로 구성된 집단을 이끌어 가는 것은 스스로를 어렵게 만드는 것과 같다. 교육 수준과 지적 능력의 경우에 집단성원 간의 격차가 크면 집단성원 중에 소외감을 느끼는 사람이 생겨날 수도 있다. 대체로 사회경제적 배경이나 관심 문제의 내용이 동일한 경우에 집단성원의 소속감이나 친밀감이 높아질 수 있다.

② 이질성 집단

집단성원의 연령의 경우에는 사회적 성숙도를 고려할 필요가 있다. 초등학교 저학년의 경우에도 성 혼합 여부를 잘 결정하여 구성할 필요가 있다. 초등학교 고학년은 남녀를 따로 하는 이질성 집단이 추천되며, 청소년기 이상의 경우에는 남녀가 함께 참여하는 집단이 효과적이라고 알려져 있다. 이처럼 이질성 집단(heterogeneous group)은 집단성원의 연령과 지능의 폭이 넓거나 남녀 혼성으로 구성되어 있거나 관심 문제의 내용이 다양한 사람으로 구성된 집단을 말한다.

(4) 참여동기에 따른 분류

① 자발적 집단

집단상담에 대한 안내나 홍보 등을 통해 본인이 참여하기를 스스로 희망하고 결정한 사람들로 구성된 집단이다. 이 집단은 변화동기가 강하여 집단성원이 집단 활동에 적극 참여하고 성장과 발전을 위한 의미 있는 상호작용을 활발히 보여 준다.

② 비자발적 집단

자신의 생각이나 동기 없이 의무적으로 타인의 요구나 필요에 따라 집단에 참여하는 사람들로 구성된 집단이다. 비자발적 집단이라 하더라도 집단상담자의 전문성과 다른 집단성원과의 의미 있는 상호작용이 뒷받침된다면 집단성원은 집단상담 과정 중에 성장과 치유의 경험을 통해 참여동기가 향상될 수 있다.

(5) 집단의 기능에 따른 분류

① 교육 집단

이 집단은 강의나 발표방식으로 집단성원에게 필요한 정보를 제공하는 것을 목적으로 하는 집단이다. 정보제공이 이뤄지고 난 뒤, 집단상담자는 집단성원이 던지는 질문에 반응하고, 집단성원은 관련 주제에 관한 토의를 진행한다(천성문 외, 2017: 41-44). 교육 집단을 진행하는 집단상담자는 교육자와 촉진자 역할을 수행한다.

② 지지 집단

이 집단은 집단성원 간에 정서적 위로와 지지가 필요한 내담자 유형을 위한 집단 유형이다. 예를 들어, 배우자 사별 집단, 알코올 중독자 자녀 집단, 한부모 집단 등과 같이 집단성원이 서로의 감정과 사고를 함께 나눔으로써 동질감을 느끼고 위로와 격려 및 정보와 대처방안을 알아 가는 집단이다.

③ 성장 집단

성장 집단은 집단 경험을 통해 자신에 대해 더 많은 것을 배우려는 동기를 가진 사람들로 구성된 집단이다. 이들은 주로 자신의 잠재력을 개발하려는 동기가 강하여 성장과 발달을 희망하는 사람들이다. 그리하여 이 집단에서는 개인의 부적응적인 행동을 직접 다루기보다는 집단성원이 다른 사람들의 감정과 사고에 대한 지각을 비교하여 어떤 정보가 자신에게 유용한 것인지를 선별하도록 돕는다. 성장 집단에서는 집단성원의 감정에 대한 자각이 증진되고, 대인관계 향상 등을 추구한다.

④ 치료 집단

치료 집단은 우울, 불안 등과 같이 집단성원이 경험하고 있는 부정의 정서행동 문제나 정신질환을 치료하기 위한 목적으로 구성되는 것을 특징으로 한다. 이 집단은 깊은 수준에서 집단성원의 성격구조를 변화시키는 일에 관여한다. 그래서 치료 집단의 핵심 목표는 집단성원의 병리적 증상의 제거에 두고 있다.

⑤ 자조 집단

자조 집단은 집단성원 간에 서로 돕는 특성이 강하다는 것을 전제로 형성된 집단이다. 이 집단에서는 집단성원이 서로에 대한 이해와 수용, 격려와 문제의 보편성에 대한 인식, 그리고 문제해결에 대한 의지를 보여 준다.

2. 집단상담의 구성과 치료적 요인

1) 집단상담의 구성 요소

(1) 집단상담자

집단상담은 개별상담에 비해 보다 많은 내담자에게 도움을 줄 수 있어 비용 효과성이 매우 높은 상담기법이다. 1명의 상담자가 동시에 여러 내담자를 만나서 치료하는 것은 놀라운 경험이 된다. 집단상담은 넓은 범위의 다양한 성격과 경험의 소유자와 만날 수 있는 기회를 부여해 준다는 장점을 지닌다. 무엇보다 자신의 문제를 다른 사람들이 가지고 있는 문제와 비교해 보고 검토할 수 있도록 도움으로써 내담자 스스로의 문제를 올바른 시각으로 바라볼 수 있도록 돕는다는 것이 가장 큰 장점이다(Jacobs, Masson, & Harvill, 2006).

그 과정에서 집단상담자는 집단성원이 대인관계에서 필요한 의사소통기법을 배울 수 있도록 도움을 제공할 수 있다. 집단상담은 개인으로 하여금 어떤 비난이나 처벌에 대한 두려움 없이 새로운 행동을 시도할 수 있는 기회를 제공해 줄 수도 있다. 개별상담에서는 내담자가 상담자를 무언가 자신보다 높은 위치에 있는 사람으로 인식하기 쉬운 반면, 집단상담에서는 집단상담자를 집단성원과 동등한 위치에 있다고 인식하는 경향이 강하다.

집단상담이 가지는 또 다른 장점은 한 집단성원이 집단 활동에 참여하면서도 다른 한편으로는 물러서서 관망하는 여유를 가질 수 있는 기회를 제공하는 데 있다. 집단상담자의 역할에는 집단 활동에 참여하는 내담자의 마음을 편안하게 해 주는 것도 포함된다. 그뿐만 아니라 집단상담자는 집단성원이 서로를 의지하고 지지해 줄 수 있는 지지체계를 형성하도록 돕는 역할도 부여받는다. 집단상담의 진행 과정별로 필요한 집단상담자의 역할을 정리하면 〈표 6-2〉와 같다.

개별상담자와 마찬가지로 집단상담자에게도 일정한 윤리적 책임이 뒤따른다.

첫째, 집단상담자는 집단상담을 자신의 능력 안에서 실시하고 그 한계를 집단성원에게 알려야 할 책임을 지닌다. 또한 전문가 협회 등에서 제정한 윤리적 행동기준을 잘

〈표 6-2〉 집단상담의 진행 과정별 집단상담자의 역할

도입기	• 집단성원의 집단 활동과 자유로운 의사소통의 시작을 도움 • 집단이 나아갈 방향을 제시하고 집단규준의 발달을 도움 • 집단 활동에 대한 집단성원의 불안함을 이해하고 해소함
중반기	• 허용적인 집단 분위기와 심리적 안정감 제공 • 모델링을 제공하고, 효과적인 행동변화를 촉진함 • 원활한 의사소통과 상호관계의 중재자 역할 수행 • 집단 내에서 이루어진 집단성원의 활동에 대한 비밀보장
종결기	• 집단의 종결에 따른 집단성원의 감정 처리를 도움 • 집단 종결 이후에 필요한 후속 활동(follow-up) 진행

숙지하고 실천해야 할 의무를 지닌다.

둘째, 집단참여자들에 관해서는 사전 면접을 통하여 집단상담의 적격 여부를 반드시 판단해야 하며, 집단성원의 관계 발전에 관한 배려와 집단 활동 종료 후 적절한 후속 활동을 계획해야 할 의무를 지닌다.

셋째, 집단 활동의 과정에서는 어떤 경우에도 집단성원에게 신체적 공격이나 성적 행위 혹은 모욕적 언사 등을 하여 심리적 손상을 주어서는 안 된다. 집단 활동 중에 알게 된 사실에 대해서는 비밀을 보장해야 하며, 집단을 구성하고 유지할 때에는 집단성원이 스스로 집단참여의 의미를 평가해 볼 수 있는 기회를 제공해야 한다. 집단참여 선택의 자유는 철저하게 집단성원에게 있음을 지각하고, 자신이 제공하는 집단 활동에 대한 기관 내외부로부터의 정기적인 평가와 점검을 받아야 한다.

(2) 집단성원

집단성원은 집단에 참여한 사람들로서 자발성의 여부를 떠나 집단 안에서 자신의 모습을 드러내 보이고 다른 사람들과 상호교류하는 사람으로 정의된다(윤관현 외, 2012). 집단성원의 일차적인 집단참여 동기는 심리정서적 문제와 인간관계의 어려움, 성격상의 문제 등을 해결하고자 하는 데 있다. 그래서 집단성원에게 요구되는 집단 과업들은 자기성찰적 태도와 변화에 대한 통찰의 개발, 그리고 자기탐색을 계속하는 것 등으로 대별된다.

집단상담을 구성할 때 집단성원의 구성은 해당 집단의 역동과 성과 등에서 매우 중

요한 역할을 한다. 집단의 목적 달성에 적합한 유형의 집단성원을 선발하는 일은 집단 상담의 성패를 좌우할 만큼 결정적이다. 선행연구들에서는 극도로 혼란스러운 정서 와 강한 공격성을 지닌 내담자는 집단성원으로 적절하지 않다고 보고하고 있다(강진령, 2011; 이장호, 김정희, 1995; 이형득, 2002). 대체로 집단성원으로 적합한 경우는 참여동기 가 높고 대인관계 능력을 어느 정도 갖추고 있으며, 자기탐색이 가능한 사람들이라고 알려져 있다.

하지만 집단의 진행 과정에서 중도탈락하는 집단성원의 발생을 인위적으로 막을 수 는 없는 법이다. 집단성원이 집단참여에서 중도탈락하는 이유는 심각한 외적 스트레스 상황을 견디지 못하거나 타인을 이해하고 수용하려는 인문학적 소양이 부족하거나 대 인관계에 무관심하거나 자기개방을 두려워하는 경우 등으로 대표된다. 그래서 집단상 담에서는 이러한 집단성원의 심리적 특성을 잘 파악하여 보다 체계적으로 집단상담을 구조화하고 개입하는 것이 필요하다(천성문 외, 2017: 168-177).

집단성원이 집단 안에서 가지는 역할은 이전의 낡은 행동방식을 변화시켜 새로운 행 동과 문제에 대한 대처방법을 배우고 익히는 데 있다. 집단에 참여하기 바로 직전까지 이전에 보여 주었던 집단성원의 대처방식들은 그리 효율적으로 작동하지 못했을 가능 성이 높다. 따라서 집단성원에게 집단 활동을 통해 보다 효율적이고 기능적인 행동을 습관화하여 자신의 것으로 확립하는 경험을 제공하는 일은 치료적으로 매우 중요하다. 이러한 일련의 단계를 거쳐서 집단성원의 사회성이 발달하고, 더불어 문제해결의 능력 도 향상되어 궁극의 치료목표를 달성하는 순기능을 발휘하게 되는 것이다.

2) 집단상담의 치료적 요인

저명한 실존주의 정신과 의사 얄롬은 집단상담의 치료적 요인을 열한 가지로 나누어 설명한 바 있다(Yalom, 2001: 54-65). 이 요인들은 분리되어 있지 않으며, 서로 복잡하게 얽혀 있다. 집단에 참여하는 사람들은 집단참여를 통해 자신이 다른 사람들에게 어떻 게 보이는지에 대한 정보를 얻고, 점차 새로운 행동을 시도한다. 나아가 집단성원은 자 신의 삶을 살아가는 방식에 대한 궁극적인 책임이 자신에게 있다는 것을 알게 된다. 대 인관계 학습, 감정 정화, 응집성, 실존적 요인은 집단상담의 중간단계와 마무리단계에서 중요한 역할을 한다. 희망 주입, 보편성, 이타주의 등과 같은 요인들은 집단이 형성되는 초기단계에서 더 중요한 역할을 하는 것으로 보인다. 다음은 집단정신치료에서 나타나는 열한 가지 치료적 요인에 대한 설명이다(안영실 외, 2002).

(1) 희망 주입

집단상담에서는 비슷한 문제를 가진 내담자들의 문제가 해결되거나 좋아지는 것을 직접 보고 듣는 기회를 많이 제공한다. 이것은 집단성원에게 희망의 메시지가 될 수 있다. 집단상담에서는 집단성원에게 지지와 격려를 통해 변화는 언제나 가능함을 알려 줌으로써 희망을 주입할 수 있다.

(2) 보편성

대부분의 내담자는 이 세상에서 자기 혼자만이 고통스러운 삶을 살아가고 있다고 생각하는 경향이 있다. 심지어 현재 자신이 경험하고 있는 고통에 대해 다른 사람들이 경험할 수 없는 아주 독특한 것이라고 생각하기도 한다. 이런 사람들은 불안한 마음으로 집단상담에 참석하게 된다. 집단 안에서 내담자들은 다른 집단성원과 유사한 생활 경험을 공유하는 기회를 가지게 된다. 그리되면 내담자들은 그동안 자신만 이런 극심한 고통을 받고 있다고 생각하던 모습에서 벗어날 수 있게 되고, 이를 통해 마음에 큰 위안을 얻는다.

(3) 정보 나누기

이것은 집단성원 간에 경험을 공유하거나 필요한 경우 직접적인 충고나 교육적 정보를 제공하는 것을 의미한다. 대표적으로 알코올 중독자의 단주를 위한 협심자 모임(AA)이나 퇴원계획을 위한 자조 집단, 스트레스 및 분노조절관리 집단 등에서는 교육적으로 문제해결에 필요한 정보를 나누는 것을 중요시한다.

(4) 이타주의

집단상담에서는 집단성원에게 집단참여의 경험을 회고해 보도록 요청하면서 매 회기를 마무리한다. 대체로 내담자들은 주변 사람들에게 자신이 얼마나 의미 있는 존재인지를 잘 모르는 상태에서 집단에 참여하는 경우가 많다. 그러나 집단 안에서 자신이 다른 사람에게 도움이 될 만한 어떤 특질을 갖고 있다는 것을 알게 되면서 다른 사람을 돕고자 하는 의지를 가질 수 있다. 누군가에게 자신이 도움이 될 수 있다는 것을 안다는 것은 매우 유쾌한 경험이 아닐 수 없다. 이러한 경험은 자신이 생각한 것 이상으로 가치 있는 존재임을 자각하게 만들어 그동안 자신의 약점에 병적으로 몰두하던 모습에서 벗어나도록 만드는 긍정의 효과로 나타난다.

(5) 초기 가족 집단의 교정적 재경험

집단상담의 상황은 여러 가지 측면에서 집단성원의 지나온 경험이 생애 초기에 가족과 함께했던 경험들과 매우 유사하다고 볼 수 있다. 그래서 집단성원은 집단 안에서 예전에 가족과 갈등했던 경험들을 다시 한 번 더 경험하는 듯한 모습을 보일 때가 많다. 집단상담에서는 이러한 초기 감정의 갈등들을 재현하는 것뿐만 아니라 아동기와 청년기부터 문제가 되어 온 것들을 대체할 수 있는 새로운 감정과 신념, 그리고 행동을 학습하도록 돕는다. 말 그대로 집단 안에서 가족관계가 단순히 재현되는 것이 아니라, 초기의 가족관계가 교정되어 경험되도록 돕는 것이다.

(6) 사회기술의 개발

모든 집단상담에서는 집단성원이 사회기술(social skill)을 발달시켜 나가도록 돕는다. 어떤 집단은 그런 과정을 역할연기와 같은 방식으로 직접 시연을 해 보일 수도 있다. 예를 들어, 채용 면접이나 데이트 신청 상황 등 집단성원이 어렵다고 생각할 수 있는 상황들을 직접 시연해 보이고, 연습을 통해 적절한 사회기술을 배울 수 있다. 집단성원은 집단 활동을 통해 대인관계에 대한 피드백을 제공받음으로써 사회에서 받아들여지기 어렵고 적응하기 어려웠던 사회행동들을 바꿀 수 있는 정보를 얻게 된다. 이 과정에서 집단성원은 다른 집단성원의 이야기에 경청하는 태도와 질문에 응대하는 요령, 공감을 표현하는 방법을 포함하여 긍정적인 대인관계를 형성하기 위해 필요한 기법을 배우게 된다.

(7) 모방 행동

집단성원은 다른 집단성원과 상호작용을 하면서 그들이 가지고 있는 긍정의 행동과 태도를 본받을 수 있다. 집단성원이 새로운 행동을 시도하는 과정은 집단 안에서 경직되어 있던 행동들을 완화시키는 역할을 하기에 충분하다. 자신과 유사한 문제가 있는 다른 집단성원의 행동을 모방할 기회를 가지는 것은, 특히 집단참여에 소극적인 집단성원에게 매우 효과적인 치료적 요인이다.

(8) 환기

집단 안에서 집단성원은 긍정 혹은 부정의 감정 모두를 숨김없이 표출할 기회를 갖는다. 자신의 감정을 거리낌 없이 표현하는 것은 집단상담에서 매우 중요한 치료의 경험이 될 수 있다. 그러나 이것은 어디까지나 부분적인 과정에 불과하다. 집단 안에서 감정표현의 기회가 늘어나는 것만으로는 문제해결에 완전한 도움이 되었다고 말하기 어렵기 때문이다. 더 중요한 것은 집단성원이 자신의 감정을 효과적으로 표현하는 방법을 배우고, 자신의 감정을 소중하게 생각하며, 그것이 지극히 자연스러운 행동임을 배우는 것이다.

(9) 실존적 요인

대부분의 심리 문제는 인간 실존에 관한 궁극의 관심사인 죽음과 자유(책임과 의지), 고립, 그리고 의미 없는 것들에 직면하는 과정에서 생겨난다고 볼 수 있다(Yalom, 2001: 58). 집단성원은 집단 안에서 삶에 대한 새로운 방식을 배울 수 있다. 삶이란 좋을 때도 있지만, 그렇지 못할 때도 있다. 삶의 고통이나 죽음은 피할 수 없다는 것을 배우는 과정에서 자기 자신의 삶에 대한 보다 큰 책임을 갖게 된다. 실존적 요인은 이러한 인간 존재에 근거한 집단상담의 치료적 요인으로 작용하는 것을 말한다. 집단상담에서는 집단성원이 이러한 인간 실존의 주제에 대해 깊은 관심을 가지고 토론하고, 서로의 경험과 생각을 나누도록 돕는다. 예를 들면, 집단성원 모두가 집단의 성공 여부에 일정 부분 책임이 있다는 것을 강조하거나 일정한 역할이 있음을 강조하는 것과 같은 방식으로 책임을 강조하여 치료되는 경험을 제공할 수 있다.

(10) 응집성

응집성은 모든 집단치료에서 가장 보편적으로 나타나는 치료적 요인이라 할 수 있다. 모든 치료적 형태의 집단은 집단성원에게 집단에 소속되는 경험을 제공해 준다. 이처럼 응집성은 집단이 하나라는 느낌을 받으며, 집단성원으로 수용되었다는 느낌을 통해 집단성원이 집단에 대한 신뢰와 수용, 그리고 지지를 바탕으로 소속감을 갖는 것을 말한다. 개별상담에서 말하는 관계는 말과 비슷한 의미로 잘 알려져 있다. 그러나 응집성은 집단성원과 상담자가 맺는 관계뿐만 아니라 다른 집단성원과 맺는 관계, 그리고 전체로서의 집단관계까지도 포괄하는 개념이라 말할 수 있다. 예를 들어, 대인관계의 태도나 기법이 손상되어 있는 내담자들의 경우에는 타인과 친밀한 관계를 맺기 어렵고, 정서를 공유하거나 수용될 기회도 부족했을 것이다. 이런 내담자들에게 타인과 공유하고 수용되는 경험을 제공하는 일은 집단성원을 성장시키고 발달시키는 치료적 힘을 가진다.

(11) 대인관계 학습

집단상담에서의 대인관계 학습은 개별상담에서의 자기이해 혹은 통찰(전이와 교정적인 감정 경험을 통해 이루어지는 것)과 유사한 요인이라 할 수 있다. 그래서 대인관계 학습은 집단 안에서 집단성원의 부적응적인 대인관계를 설명해 주면서 이를 수정하는 것을 말한다. 이 치료적 요인의 근거와 작용을 설명하기 위해서는 대인관계이론과 하나의 작은 사회로서의 집단, 그리고 '**지금-여기**'에 대한 이해가 필요하다. 한 사람의 성격구조는 그 사람이 이전에 구축한 대인관계에 의해 형성된 것이고, 내담자가 보이는 현재 증상은 병든 대인관계가 드러난 것이라고 할 수 있다. 따라서 집단상담에서는 집단성원이 그동안 만족스러운 대인관계를 가지지 못했던 어려움들을 집단 안에서 다루고 변화시키는 치료전략을 사용해야 한다. 예를 들어, 우울증에 대한 대인관계 집단상담에서는 우울증을 치료하는 데 초점을 두지 않는다. 대신에 상담자는 집단성원이 본래 가지고 있던 대인관계에서의 장애를 조사하고, 집단상담 중에 드러난 대인관계 문제만을 다룬다.

3. 집단상담의 구조와 진행 과정

1) 집단상담의 구조

(1) 집단상담에 참여하는 사람

집단상담에 참여하는 사람은 보통 집단성원 7±2명과 1~2명의 집단상담자로 구성된다. 대체로 집단성원의 나이가 어릴수록, 집단상담의 경험이 적을수록 적은 인원으로 운영하는 것이 효과적이다. 공동지도자가 있는 경우에는 15명 정도까지도 진행 가능하다(강진령, 2011; 김춘경 외, 2004; 이형득, 2002). 공동지도자를 활용할 경우의 장점으로는 역할 분담과 경감, 관계나 행동의 모델 혹은 시범을 보일 수 있다는 것을 들 수 있다. 반면, 주의할 점은 두 상담자 간에 주로 적용하는 상담이론의 배경이 유사하지 않으면 집단상담의 과정이 지지부진해질 가능성이 높다는 것이다. 또 다른 면으로는 참여하는 집단성원이 두 지도자의 성향상의 이유로 인해 서로 경쟁관계에 말려들지 않도록 해야 한다.

(2) 집단상담의 빈도와 시기

집단상담의 경우에는 집단을 계획할 당시부터 집단상담의 빈도와 시기를 잘 결정해서 운영하는 것이 필요하다. 집단상담의 빈도와 시간을 결정할 때에는 다음과 같은 세 가지 원칙을 지켜 나갈 필요가 있다(고영인, 2005: 145).

① 일정한 간격으로 집단상담 회기를 진행한다

집단상담은 어느 정도의 간격을 두고 진행해야 한다. 그 이유는 집단성원이 집단 경험에 대해 생각해 볼 수 있는 기회를 제공해 주기 위해서이다. 일주일 이상의 간격을 두고 집단상담을 하는 것은 집단역동 생성에 큰 도움이 되지 않는다. 집단상담을 2주 이상의 간격을 두고 진행할 경우에는 집단역동을 재조성해 주어야 하고, 분위기 조성을 위해 별도의 에너지를 투여해야 할 수도 있다. 아동을 대상으로 하는 집단은 일주일에 두 번 이상 모일 수도 있다.

3. 집단상담의 구조와 진행 과정

② 집단의 발달단계에 따라 집단상담의 간격을 유연하게 조정한다

집단상담 초기에는 집단성원의 참여를 촉진하기 위해 일주일에 두세 번 만나다가, 작업단계로 넘어가서는 일주일에 한 번씩 만날 수도 있다. 집단의 종결 시기가 다가오면 집단상담의 간격을 2주에 한 번, 혹은 한 달에 한 번 정도로 점차 넓혀 나갈 수 있다. 그리고 집단성원에게 집단상담의 전체 진행 회기에 대해 명확하게 알려 주어야 한다. 집단상담자는 상담이 시작될 때 집단성원에게 앞으로 몇 번의 집단상담이 계획되어 있는지 분명하게 알려 주어야 한다. 처음에는 구체적으로 정하지 않았더라도 집단상담이 진행되는 과정에서 종결 시기를 반드시 다루어 주어야 한다.

③ 집단상담의 시간은 집단성원의 집중력을 고려해서 정한다

통상 집단상담에서 아동은 한 번 상담할 때마다 15~40분 이내로 시간을 정한다. 청소년은 60~90분 정도 이내로 집단상담을 진행한다. 성인의 경우에는 필요하다면 3시간까지도 진행 가능하다. 그리고 일단 정해진 집단 활동의 시간은 가급적 지켜야 한다. 시간의 통제가 없으면 집단성원이 정해진 시간을 넘기는 경향이 있으므로 상담자는 이러한 가능성에 주의해서 집단상담을 진행하는 것이 좋다.

2) 집단상담의 진행 과정

(1) 초기 집단형성단계

집단상담자는 집단상담의 첫 번째 회기를 시작하기 전에 사전 면담을 통해 집단성원의 특성을 미리 파악하고 있어야 한다. 집단성원의 집단참여 이유를 파악해 두는 일은 향후 집단상담의 전개와 성장에서 매우 중요한 정보로 작용하기 때문이다. 초기 단계에서는 집단의 형태에 따라 모임의 횟수가 정해지는데, 한 번의 모임으로 성취될 수도 있고, 5회까지 이어질 수도 있다(천성문 외, 2017).

① 집단성원의 자기소개하기

첫 번째 회기에서 집단상담자는 집단성원이 자기소개를 통해 서로 친숙해지도록 돕는다. 이때 집단상담자는 집단성원에게 집단의 목적과 집단에서 지켜야 할 기본 원칙

들을 확인시켜 준다. 집단성원이 자기소개를 할 때에는 자신의 이름만 밝히지 말고 자신을 소개하는 몇 가지 이야기를 함께하도록 하면 집단성원의 긴장감을 해소해 줄 수 있다. 집단상담자는 집단성원의 참여를 촉진하기 위해 다음과 같은 내용을 점검하여 집단 활동의 목적과 계획을 분명히 하는 것도 좋다.

〈표 6-3〉 초기 집단형성단계에서 점검할 사항

- 집단성원이 서로의 감정을 얼마나 공유하고자 하는가?
- 주어진 주제에 대해서 집단성원은 어떤 태도를 가지고 있는가?
- 각각의 성원은 다른 집단성원에 대해 어떤 느낌을 가지고 있는가?
- 개인이 집단을 받아들일 준비가 어느 정도 되어 있는가?

② 집단 안에서 집단성원이 표현의 기회를 공평하게 가짐

자기소개가 있은 후에 집단상담자는 집단성원이 각자 집단참여 이유나 개인이 생각하는 목표를 말해 보도록 돕는다. 이를 통해 집단성원은 집단 안에서 느끼는 주된 감정들을 자연스럽게 파악할 수 있다. 집단상담의 초기에 집단성원은 상담자가 어떤 사람인지 주의 깊게 살펴보는 경향이 있다. 따라서 집단상담자는 집단성원의 믿음을 얻기 위해 노력해야 하며, 집단의 목표에 관한 메시지를 집단성원에게 분명하게 알려 줌과 동시에 집단성원이 자신의 이야기를 솔직하게 할 수 있는 기회를 공평하게 부여하여야 한다.

③ 집단성원의 심리적 특성을 이해하고 반응해 주기

초기 단계에서 집단성원은 자신이 현재 참여하고 있는 이 집단에서 안전하게 받아들여질지 불안해할 수 있다. 그런 불안을 해소해 주어야만 집단 활동이 촉진될 수 있다. 이 단계에서 집단성원의 일반적인 심리는 이 집단이 자신의 이야기를 수용해 줄 만큼 안전한 집단인지 확인하고 싶어 한다는 것이다. 초기에 집단성원은 다른 집단성원이 자신을 평가하는 눈으로 바라보지는 않는지 두려운 마음을 가질 수 있다. 그러면서도 다른 한편으로는 집단성원은 서로가 갖고 있는 유사점을 찾으려고 애쓰기도 한다. 그것은 집단이라는 낯선 환경에서 홀로 외로이 서 있는 한 마리 새가 아니라 여러 무리의

새와 함께 어울리고 싶어 하는 마음의 발로라고도 볼 수 있다.

〈표 6-4〉 초기 집단형성단계에서 나타나는 집단성원의 심리적 반응

- "이 집단의 과정에 참여할 것인가, 말 것인가?"
- "이 집단에서 나 자신을 얼마나 드러내는 것이 좋은가?"
- "이 집단은 어느 정도로 안전한가?"
- "내가 이 집단에 소속되고 잘 적응할 수 있을까?"
- "내가 좋아하는 사람은 누구이며, 싫어하는 사람은 누구인가?"
- "나는 이 집단에서 과연 받아들여질 것인가, 거부당할 것인가?"

④ 매 시간마다 집단성원의 생각과 감정을 표현하도록 돕기

초기 단계에서는 집단상담의 매 회기의 종료 10분 전에 모임에 대한 집단성원의 생각과 감정을 표현하도록 도와주어야 한다. 이때 집단상담자는 집단에서 논의한 내용들을 요약하고, 이후의 모임에서도 집단성원이 자유롭게 감정표현을 할 수 있도록 분위기를 조성해야 한다. 〈표 6-5〉는 초기 단계에서 주로 사용되는 집단상담자의 표현을 정리한 것이다(고영인, 2005: 154-156).

〈표 6-5〉 초기 집단형성단계에서 주로 사용되는 집단상담자의 표현

자기소개하기	• "자신의 별칭이 있다면 소개하여 주시고, 그 별칭의 유래를 통해 자기소개를 해 봅시다." • "이 집단에 참여하게 된 배경을 말해 봅시다."
집단목표 확인하기	• "우리가 이 집단에 모인 이유가 무엇인지 생각해 보고, 그 이유에 대해 자유롭게 이야기해 봅시다." • "여러분은 이 집단에서 무엇을 얻고 싶은가요?"
집단성원의 욕구와 기대 확인하기	• "이 모임을 마칠 때쯤 어떤 모습으로 바뀌어 있기를 바라십니까?" • "이 집단에 참여하는 것에 대해 당신은 어떤 기대를 갖고 있습니까?"
집단성원의 현재의 감정 탐색하기	• "지금 여기에 있다는 것이 어떻게 느껴집니까?" • "이 집단이 안전하다고 느껴지는 정도는 어느 정도입니까?" • "지금 어떤 것이 가장 부담으로 느껴지나요?"

(2) 과도기단계

과도기단계는 집단성원의 집단 활동이 활발해지는 시기이다. 이 단계의 집단성원은 집단 안에서 각자의 위치를 확보하기 위해 애를 많이 쓸 수도 있다. 집단성원 간에 갈등이 생겨날 수도 있고, 집단성원이 상담자에 대해 저항의 태도를 보일 수도 있다. 따라서 집단상담자는 집단성원에게 수용적인 태도를 보여 주어 집단성원의 저항과 방어의 심리들을 잘 정리할 수 있도록 해야 한다. 집단성원 간에 치열한 논쟁이나 토론이 진행된다면 집단상담자는 자신이 언제 개입하는 것이 적절한지를 잘 파악해서 개입해야 할 수도 있다(고영인, 2005: 156-158).

이 단계에서 집단성원은 다양한 집단 경험을 통해 자신의 감정을 표현하는 방법을 배울 수 있다. 일방적으로 집단의 대화를 독점하는 집단성원에게는 자신의 행동에 대한 다른 집단성원의 피드백을 제공해 줌으로써 개인의 일방적인 주장이 대인관계에 어떤 영향을 미치는지를 이해할 수 있는 기회를 제공하도록 한다.

〈표 6-6〉 과도기단계에서 주로 사용되는 집단상담자의 표현

침묵하는 집단성원에게 반응하기	• "○○ 님은 지금 어떤 상태에 있나요? 지금 가만히 있을 때 어떤 생각이 오고 갔는지 얘기해 보시죠." • "○○ 님은 꽤 오랜 시간 동안 침묵을 지키고 있습니다. 저는 ○○ 님이 이 집단에서 무엇을 관찰하고 있는지 궁금하군요." • "만약 여기서 집단이 끝난다면 후회는 없겠는지요?"
주제에서 벗어난 토론에 대해 반응하기	• "이 시점에서 우리의 집단이 어디로 진행되어 가고 있는지 점검해 보죠." • "타인의 문제해결책을 이야기하는 것보다 당신이 씨름하고 있는 문제에 대해 더 많이 얘기하기를 바랍니다."
집단의 대화를 독점하는 것에 대해 반응하기	• "○○ 님이 제시한 많은 문제 때문에 다른 사람들이 압도당한 느낌이에요. 잠시 동안 ○○ 님 자신에게 집중해 보세요. 바로 지금 한 문제만을 끄집어낸다면 그것은 어떤 것이 될까요?" • "○○ 님은 이야기하는 걸 무척 좋아하는군요. 그런데 아직 몇몇 사람의 이야기를 듣지 못했다는 것이 마음에 걸리는군요."

한편, 과도기단계에서는 집단성원 사이에 주도권 쟁탈이 나타날 수 있다. 그것은 집단성원의 저항이 표면화되어 나타나기 시작하는 것을 의미하기도 한다. 대부분의 집단성원은 집단 안에서 자신을 노출하는 것에 대해 일정한 긴장과 불안을 느낀다. 그래서

집단성원 중에는 일부 집단에서 소외된다고 느끼거나 집단상담의 진행을 방해하는 사람이 나타나게 된다. 〈표 6-7〉은 과도기단계에서 집단성원이 보일 수 있는 대표적인 심리적 반응을 나열한 것이다.

〈표 6-7〉 과도기단계에서 나타나는 집단성원의 심리적 반응

- "나는 이 집단에 깊이 관여하고 싶지 않다."
- "왠지 내 감정을 다른 사람들과 나눈다는 것이 부담스럽다."
- "여기서 이렇게 개인적인 이야기들을 하게 될 줄은 정말 몰랐다."
- "다른 사람들이 나의 실체를 알게 되면, 그들은 날 어떻게 생각할까?"
- "나는 내 얘기가 바보처럼 들릴까 봐 두렵다."
- "다른 사람들은 나에게 관심이 별로 없는 것 같다."

(3) 작업단계

작업단계에 들어서면 집단성원은 자신의 집단에 대해 일정한 소속감을 가지게 된다. 집단상담자와 집단성원 사이의 상호작용은 감소하지만 집단성원 간에 나타나는 상호작용은 훨씬 더 활발해진다. 이때 집단상담자는 집단성원이 자신의 대인관계를 성찰하고, 건강한 인간관계를 형성해 나가는 것에 자신감을 가지도록 돕는다. 이러한 과정을 통해 집단성원의 자기감정의 표출이 증가하고, 다른 사람과 교류하는 긍정의 경험이 늘어난다. 집단상담자는 집단성원이 어려운 행동을 실행해야 하는 경우에 지지와 격려를 해 줄 수 있어야 한다(고영인, 2005: 158-159).

이 시기에 두드러지게 나타나는 집단성원의 특성은 첫째, 집단성원은 집단에 대한 소속감이 커짐을 느낀다. 둘째, 집단성원은 집단에 대한 자부심과 매력이 커짐에 따라 집단에서 부정의 감정을 표현하는 것조차 자연스럽게 느낀다. 셋째, 집단성원은 집단의 규칙을 분명하게 이해하고, 자신의 말과 행동에 대해서 책임 있는 자세를 취한다. 〈표 6-8〉은 작업단계에서 주로 사용되는 집단상담자의 표현을 정리한 것이다.

〈표 6-8〉 작업단계에서 주로 사용되는 집단상담자의 표현

집단성원의 감정표현 격려하기	• "저는 ○○ 님이 ~한 것에 대해 관심이 있어요. 거기에 대해 계속 말씀해 보시죠." • "○○ 님은 말씀하기 전에 생각을 많이 하는 편인 것 같아요. 말하기 전의 생각들을 있는 그대로 표현해 보실래요?"
집단성원이 자기감정을 자각하도록 돕기	• "○○ 님은 지금 이 순간 어떤 느낌이 드시는지요?" • "○○ 님의 눈에 눈물이 서려 있군요. 지금의 심정을 이야기한다면 어떤 것인가요?"
교정적 체험 제공하기	• "~한 것이 ○○ 님에게 어떠한 영향을 미쳤나요?" • "○○ 님이 어렸을 때는 힘이 없었으니 그 방법 외에는 다른 방법이 없었을 것입니다. 그때에 비해 지금은 힘도 세지고 어른이 되었죠. 그런데도 여전히 그러한 생각이 유효할까요?" • "○○ 님, 당신의 어머니가 지금 이 자리에 계신다고 상상해 보세요. 어머니에게 어떤 말을 하고 싶으세요?"
다른 집단성원을 의식하는 것을 명료화하기	• "○○ 님은 사람들에게 자신의 속마음을 내비치는 것에 대해 많이 긴장된다고 하셨죠. 그 이유가 무엇일까요?" • "이제 이 방을 한번 둘러보세요. ○○ 님이 가장 의식하는 사람은 누구입니까? 또 그 이유는 무엇입니까?"

(4) 종결단계

　종결단계는 상담자와 집단성원이 집단상담 과정에서 배운 것을 미래의 생활 장면에 어떻게 적용할 것인가를 생각하는 시기에 해당된다(이장호, 김정희, 1995). 이 단계에서는 집단을 시작할 때 약속했던 집단목표와 현재의 상태를 비교하는 일이 중요하다. 집단상담을 통해 집단성원의 행동에 긍정의 변화가 발생했다면, 그것은 집단상담을 종결할 시기가 다가왔음을 의미하는 것일 수 있다(이형득, 2002). 집단상담자는 집단상담 전체 과정을 통해 나타난 집단성원의 성장과 변화의 정도를 평가하고, 집단이 종료되고 난 이후에도 변화를 유지할 수 있도록 후속 활동을 해 주어야 한다. 그동안 집단에서 배운 것들을 일상생활에서 적용할 수 있도록 최소한의 과제를 내 주는 것도 좋은 방법이다.

　한편, 집단상담자는 집단 종결의 시기에서 나타날 수 있는 집단성원의 다양한 감정을 신중하게 다루어 주는 일도 잊지 말아야 한다. 특히 청소년으로만 구성된 집단상담에서는 집단의 종결이 가까워져 왔을 때 집단성원이 거부당한다는 느낌을 받을 수 있으므로 조심스럽게 종결의 작업을 진행해야 한다. 필요한 경우, 집단상담자와 차후에 연락할 수 있는 방법을 알려 주는 것도 좋은 방법이 될 수 있다. 종결단계에서 대부분

의 집단성원은 자신이 참여했던 활동과 집단 안에서 자유롭게 자신의 감정을 표현할
수 있었던 것에 만족해한다(고영인, 2005: 159-160). 〈표 6-9〉는 종결단계에서 주로 사
용되는 집단상담자의 표현을 정리한 것이다.

〈표 6-9〉 종결단계에서 주로 사용되는 집단상담자의 표현

종결에 대한 감정 탐색하기	• "이제 우리 모임이 끝날 때가 얼마 남지 않았습니다. 각자 어떤 느낌이 드시나요?"
집단상담 성과에 대해 평가하기	• "여기서 배운 것들 중에 가장 도움이 된 것은 무엇입니까?" • "집단에 참여한 이후, ○○ 님의 달라진 점은 무엇인가요?" • "○○ 님은 이 집단에서 목표한 것들을 어느 정도 달성한 것 같은가요?" • "이 집단에서 ○○ 님이 어떤 사람들에 대해 친밀감을 느끼지 못했다면 그 이유는 무엇이라고 생각하나요?"
변화의 지속과 대처행동 개발하기	• "여러분이 이 집단을 떠난 뒤에 현실에서 부딪힐 수 있다고 생각되는 상황들 중에서 몇 개의 장면을 골라 어떻게 대처할지 역할연기를 연습해 봅시다." • "○○ 님이 여기에서 배운 것 중에서 일상생활에 가장 잘 적용할 수 있는 것은 무엇인가요?"

4. 집단상담에서 사용되는 상담기법

1) 집단상담기법의 개념

집단상담기법은 집단상담자와 집단성원 또는 집단성원 간의 상호작용이 더욱 활발
하게 진행될 수 있도록 해 주고, 서로를 의미 있게 이해하도록 돕는 상담기법이라 할 수
있다. 집단상담자의 말과 행동 등은 집단성원에게 학습의 좋은 모델링이 될 수 있으며,
집단상담 과정 중에 나타나는 의사소통, 대인관계, 문제해결 등과 관계된 경청, 존중,
배려, 공감, 질문, 긍정적 피드백 등의 다양한 행동은 집단성원의 집단참여를 촉진한다
(이장호, 김정희, 1995; 이형득, 2002; 천성문 외, 2017). 따라서 집단상담기법이 하는 역할
은 다음과 같다. 첫째, 집단상담의 목표를 달성하는 데 도움이 된다. 둘째, 집단성원 간
의 의사소통을 원활하게 해 준다. 셋째, 집단성원의 내면을 탐색하는 데 도움이 된다.
넷째, 집단성원의 변화를 촉진한다. 마지막으로, 집단상담 과정 중에 발생하는 다양한

문제를 해결하는 데 도움을 제공한다.

이러한 집단상담기법은 집단의 발달단계에 따라 다양한 상담기법이 사용될 수 있다. 따라서 집단상담자가 특정한 집단상담기법을 사용하기 위해서는 그 기법의 사용법을 충분히 숙지한 후에 사용하는 것이 필요하다(천성문 외, 2017: 201-202). 집단상담은 마치 어느 정도 정해진 발달단계를 따라 달리는 마라톤과 같으므로 집단의 발달단계에 맞추어서 적절한 형태의 집단상담기법을 사용하는 것이 필요하다. 그러나 집단상담기법은 특정한 목표나 단계에서만 사용되는 것은 아니므로 집단의 발달단계를 넘나드는 유연한 상담기법을 사용하는 것이 좋다.

2) 시작을 돕는 집단상담기법

집단상담을 시작할 때에는 집단성원에게 이 집단에서 하게 될 주된 활동들을 소개하고, 그들이 집단 활동에 적극 참여할 수 있도록 도와야 한다. 집단 오리엔테이션을 통해 집단성원에게 집단상담에 대한 참여동기를 불러일으키는 일은 집단에 대한 매력과 향후 집단응집력의 개발에 결정적으로 중요한 역할을 한다.

다음으로, 집단성원의 참여를 촉진하기 위해 상담기법을 사용하는 것이 집단상담의 시작을 돕는 데 유용할 수 있다(천성문 외, 2017: 203-205). 그렇게 되면 집단성원은 집단의 장면 안으로 쉽게 들어오게 되고, 이를 통해 집단상담을 구조화할 수 있다. 비록 자

〈표 6-10〉 집단상담을 구조화하는 상담기법의 표현

집단상담 시간 안내	• "우리의 상담은 총 5주에 걸쳐 매주 오전 10시부터 2시간 동안 이 상담실에 모여서 활동하겠습니다."
집단상담 진행방법 안내	• "저는 여러분이 자신의 경험을 나누도록 돕고 신뢰하는 분위기를 만들도록 도울 것입니다. 무엇을 이야기하든 그것은 개인이 선택할 일입니다. 이 시간은 어느 한 사람이 이끌어 가는 것이 아니라 우리 모두가 함께 만들어 가는 시간입니다."
유의사항 안내	• (말과 행동의 책임) "이 시간에는 어떤 이야기든 얘기할 수 있습니다. 대신 진실된 이야기만 했으면 하고, 다른 사람을 공격하거나 불편함을 느끼게 하는 일은 없었으면 합니다." • (규칙 준수) "집단상담은 여러 사람이 함께하는 활동인 만큼 서로에 대한 배려가 중요합니다. 우리가 어떤 점을 지키는 것이 좋을까요? 휴대폰은 끄거나 진동으로 바꾸어 놓으시고, 개인적인 사정으로 인해 상담에 참여하지 못할 경우에는 미리 연락을 주시기 바랍니다. 또 어떤 것이 있을까요? 상담 중에 나온 이야기는 다른 곳에서 하지 않는 것이 좋겠어요."

기개방의 준비가 덜 되어있는 집단성원에게도 다음 사례와 같이 이야기해 주면 훨씬 편안한 마음으로 다른 사람들 앞에서 자신의 이야기를 할 수 있는 용기를 가지게 된다.

> 상담자: "조금 전 우리가 나누었던 것에 대해 어떻게 생각하시나요?"
>
> 집단성원: "특별한 것은 없어요."
>
> 상담자: "특별하지 않아도 괜찮습니다. 서로 같아도, 서로 달라도 상관없습니다. 지금 생각하고 있는 것을 이야기해 보는 것이 중요합니다."

3) 집단상담의 분위기를 조성하는 기법

일정한 시간 동안 집단성원의 집단에 대한 탐색이 끝나고 나면 집단상담이 본격적으로 진행된다. 이때 어떤 집단성원은 자신의 이야기를 집단 안에서 꺼내는 것을 꺼릴 수도 있고, 회피나 저항의 모습을 보일 수도 있다. 그러므로 집단상담자는 집단성원이 집단상담에서 다루는 대화의 주제에 초점을 맞추어 대화를 이어 나갈 수 있도록 지지와 격려를 제공해 주어야 한다(천성문 외, 2017: 206-210).

〈표 6-11〉은 분위기 조성을 위해 집단상담자가 사용할 수 있는 표현을 정리한 것이다. 때로는 지지와 격려를 통해 집단성원이 이야기하기 힘든 부분을 다루어 주어 집단성원이 힘들고 어렵다고 느꼈던 것에 대한 이해와 응원을 보내는 것도 집단상담에서 매우 중요하다. 그렇게 되면 집단성원이 집단상담 그 자체에 믿음을 가지게 되어 집단의 분위기가 훨씬 더 부드러워진다. 그리고 집단성원이 집단상담에 잘 집중하고, 다양한 경험을 이야기할 수 있도록 돕는 활동도 필요하다. 일명 초점 맞추기로 표현되는 이 기법은 집단상담이나 각 회기별로 목적에 맞는 주제에 대한 대화가 진행될 수 있도록 돕는 기법이다. 만약 특정 집단성원이 주제에서 벗어난 이야기를 하고 있다면 적절하게 차단하고 주제에 집중할 수 있도록 도와야 한다.

이외에도 집단상담 과정 중에 부정적인 영향을 줄 수 있는 집단성원의 말을 멈추게 하는 중지기법과 집단성원의 경험을 연결해 주어 보다 효율적인 의사소통이 가능하도록 하는 연결기법의 사용도 집단의 분위기를 조성하는 데 매우 효과적인 기법으로 잘 알려져 있다.

〈표 6-11〉 집단상담의 분위기를 조성하는 상담기법의 표현

분위기 조성	"서로 얼굴 표정이 보이도록 가까이 다가와 앉아 주세요. 옆에 앉은 사람들에게 가볍게 눈인사를 하는 것으로 집단상담을 시작하겠습니다."
지지와 격려 제공하기	"○○ 님은 가장 힘들었던 그때 그 일을 떠올리는 것조차 싫을 만큼 힘들었군요. 어떤 상황에서 힘들었는지 자세하게 이야기해 준다면 여기 있는 우리 모두가 당신이 겪었을 고통에 대해 보다 분명하게 이해할 수 있을 것 같아요."
주제에서 벗어난 내용 차단하기	"우리는 조금 전까지 ~에서 있었던 일들에 대해 각자의 느낌을 이야기하고 있었어요. ○○ 님도 어떤 느낌을 가졌는지 들려주시면 좋을 것 같네요."
논쟁 중지하기	"말씀 중에 죄송합니다. 지금 ○○ 님(의미 없는 이야기로 논쟁하는 집단성원)의 이야기가 어떻게 느껴지는지 다들 말해 주실 수 있나요?"
집단성원의 경험을 연결해 주기	"A 님이 아버지와의 대화에 어려움을 겪고 있다는 이야기는 B 님이 직장상사와 갈등을 겪고 있다는 것과 비슷한 점이 있는 것 같군요. 상대에 대한 기대가 큰 만큼 실망도 커서 지금의 관계에도 영향을 미치는 것 같아요."

통상적으로 집단상담에서 집단성원은 과거의 경험의 포로가 되어 현재의 감정을 망각하고 있는 경우가 많다. 이때 집단상담자는 '지금-여기'에 초점을 두고 현재와 과거의 경험을 연결하여 집단성원이 자신의 내면을 탐색할 수 있도록 도와야 한다.

집단성원: "저는 원래 혼자 있는 것을 좋아해요. 사람들 속에 있으면 제가 어떻게 해야 할지 잘 모르겠어요."
상담자: "그렇군요. 과거의 경험들이 ○○ 님에게 많은 영향을 주고 있군요. 그럼 지금은 어떤지 궁금하네요. 지금 다른 사람들과 함께하는 이 순간 ○○ 님은 어떤 느낌이 드세요?"
집단성원: "음…… 글쎄요. 그렇게 불편하지는 않은 것 같아요. 그래도 뭔가 이야기를 하려고 하니까 좀 부담스럽기는 하네요."

4) 의사소통과 상호작용을 촉진하는 기법

집단상담자는 집단성원에게 지속적으로 관심을 나타내야 한다. 그리고 집단성원이 말을 할 때 고개를 끄덕이거나 공감적 반응을 잘 보여 주어야 한다. 또한 집단참여에 소극적인 집단성원에게도 고른 관심을 보여 주는 등 집단 내 의사소통을 촉진하기 위한 다양한 상담기법을 사용할 줄 알아야 한다(천성문 외, 2017: 211-213). 다음의 사례는 집단성원의 의사소통을 촉진하기 위해 필요한 경청기법을 사용하여 공감적으로 반응

하는 방법을 소개하는 내용이다.

집단성원: "오늘 학교에서 과제 발표가 있었어요. 처음에는 잘할 수 있을지 걱정을 많이 했지만, 다행히 별 탈 없이 잘 마칠 수 있었어요."

상담자: "걱정을 많이 했던 과제 발표가 잘 끝나서 다행입니다. 준비한 것들을 잘 마무리해서 뿌듯한 마음도 들 것 같고요."

집단성원: "네, 그래요. 여기에 오면 제 얘기를 편안하게 할 수 있어서 참 좋은 것 같아요."

상담자: "방금 그 말씀은 여기 이 집단에서 경험한 것들이 실제 생활에서 도움이 된다는 말씀으로 들립니다. 아주 좋아 보입니다."

다음으로 제시하고자 하는 의사소통 촉진기법은 명료화기법이다. 이것은 집단성원이 분명하게 표현하기 어려워하는 부분을 구체적이고 명료하게 드러내 보이도록 돕는 기법이다. 이때 집단상담자는 집단성원이 표현한 것들 중에서 가장 핵심적인 내용이나 감정을 찾아내어 집단성원이 그 문제를 정확하게 인식하도록 도와주어야 한다. 이렇게 하면, 집단성원이 표현을 정확하게 이해했는지 확인이 가능하고, 집단성원 간에 의사소통이 더욱 촉진되는 효과를 얻을 수 있다(천성문 외, 2017: 215).

집단성원: "이번 집단상담은 참여하지 않는 편이 나았던 것 같아요."

상담자: "제가 듣기에 방금 그 말씀은 집단참여에 대해 뭔가 후회되는 일이 있었다는 뜻으로 들리기도 합니다. 제가 정확하게 이해했나요?"

집단성원: "그런 뜻은 아니에요."

상담자: "그렇다면 그것이 무엇을 의미하는지 정확하게 말해 줄 수 있나요?"

집단상담에서 질문기법을 사용할 경우에는 어떤 사실이나 상황에 대한 정보를 얻기 위한 목적이 분명해야 한다. 집단참여의 경험을 묻는 질문을 할 때는 "집단상담에 참여한 것이 몇 번째인가요?"라고 물어볼 수 있다. 그리고 대화의 주제를 집단성원이 정하도록 하기 위해서는 "오늘은 어떤 이야기부터 해 볼까요?" 등과 같이 물어봐 주는 것도 좋다. 그리고 다른 집단성원의 이야기에 대한 생각을 물을 때에는 "방금 ○○ 님의 말에 △△ 님은 어떻게 생각하시나요?" 등과 같이 물어봐 주는 것도 필요하다.

집단성원 간 상호작용을 촉진하는 또 다른 기법으로는 즉시성기법을 들 수 있다. 이것은 집단성원 각자가 '지금-여기'에 초점을 두고 이야기하고 있다는 사실을 집단성원 스스로가 깨달아 즉시 소통할 수 있는 분위기를 조성하는 상담기법이다. 집단상담자는 집단성원끼리 주고받는 메시지에 반응하고 질문하거나 직면, 그리고 해석해 주는 것을 '지금-여기'의 관점에서 알맞은 시간을 골라 제때 제공해 주어야 한다. 왜냐하면 그 순간을 놓치면 집단성원이 자신을 탐색하여 자각할 수 있는 절호의 기회를 놓칠 수 있기 때문이다(천성문 외, 2017: 219-220).

상담자: "A 님이 이야기하는 동안, B 님의 눈가가 붉어졌어요. 지금 어떤 느낌인지 말해 줄 수 있나요?"

집단성원: "음……."

상담자: "괜찮습니다. 지금 이야기를 하기에는 뭔가 불편함이 있는 것 같군요. 말할 준비가 되었을 때 천천히 이야기해도 됩니다."

집단성원: (한참을 망설이다) "네, 아무래도 그런 것 같아요. A 님의 이야기가 마치 제 얘기처럼 들려서 불편하게 느껴졌어요. 그리고 제가 지금 이런 이야기를 하면 여기 있는 사람들이 저를 어떻게 볼까 걱정이 됩니다."

상담자: "B 님은 지금 이 집단에서 내 얘기를 해도 될 만큼 안전한지를 걱정하고 계시는군요. B 님이 말할 준비를 하는 동안 누가 먼저 대신 이야기해 볼래요?"

마지막으로, 집단상담 회기를 종료할 때에는 간단한 집단 활동을 요약해 줌과 동시에 한 회기를 돌아보며 활동 내용을 정리하고 자신의 깨달음이나 변화에 대해 살펴볼 수 있는 기회를 제공하는 것도 필요하다. 가령, "오늘 집단상담을 마치기 전에 이번 시간에 경험한 각자의 경험과 느낌을 나눠 보도록 하죠." 등과 같이 표현해 주면 집단성원은 집단 활동을 통해 경험한 바를 정리하고 확인하는 효과를 가지게 된다.

5) 집단상담의 종결을 돕는 기법

시작이 중요했던 것만큼 집단상담에서는 마무리 역시 중요하다. 집단상담을 종결하기 위해서는 미해결된 문제를 다루고 그동안의 집단 경험을 되돌아보도록 도와주어야

한다. 그래야 집단 안에서 경험한 긍정의 경험을 자양분 삼아 내담자들이 일상생활에
서도 회복의 삶을 영위해 나갈 수 있게 된다.

예정된 시간이라지만 이별의 순간이 다가오면 누구나 애착관계가 잘 형성된 사람과
자주 만나지 못하는 것에 대해 서운한 마음을 가지게 되고, 혼자 힘으로 여러 문제에 대
처해야 하는 것에 대해 두려움과 불안을 느낄 수 있다. 따라서 집단상담자는 집단 종결
에 따른 집단성원의 불안함을 잘 다루어 주어야 한다. 예를 들어, "어색했던 첫 만남의 시
간을 넘어 이제는 집단을 마무리할 때가 다가오네요. 서로 지지하고 격려하던 사람들과의 헤어짐을
앞두고 여러분은 현재 어떤 마음이 드는지 말씀해 보시죠."라고 요청할 수도 있다. 이를 통해 집
단성원은 분리에 대한 감정을 적절하게 처리할 수 있고, 가장 이상적으로 집단상담을
마무리할 수 있게 된다.

그러나 집단상담이 종결로 나아갈 때 예측하지 못한 새로운 문제들이 툭 튀어나올
수도 있고, 예정된 집단상담의 회기 내에 충분히 해결되지 못한 문제들이 두드러지게
나타날 수도 있다. 이때 유능한 집단상담자는 미해결된 문제를 해결하기 위해 추가적
인 노력을 기울이면서 집단성원의 미해결된 감정이나 문제의 해결을 시도한다(천성문
외, 2017: 220-222).

> 상담자: "그동안 집단에 참여하면서 꼭 해결하고 싶었지만 해결하지 못한 문제가 있나요? 여기 있는 사람들
> 에게 미처 표현하지 못한 감정이 남아 있지는 않은지 한번 돌아보기 바랍니다. 지금이라도 미처 해결
> 하지 못한 문제들을 함께 나누어 보는 것이 어떨까요?"
>
> 집단성원: "저는 제 감정을 드러내 보이는 것이 두렵게 느껴졌어요. 그래서 말을 할까 말까 많이 망설였던 것이
> 후회가 되기도 합니다."
>
> 상담자: "저 또한 아쉬움이 크게 느껴집니다. 그외에 또 어떤 점이 후회될 것 같나요?"

한편, 집단 경험을 돌아보는 일은 집단성원이 집단 안에서 배운 것과 느낀 것을 정리
하도록 도와주는 데 효과적인 작업이 된다. 이 과정에서 집단성원은 집단에서 좋았던
점과 힘들었던 점, 그리고 집단상담 전체에 대한 생각들을 나누게 된다. 만약 2명의 집
단상담자(공동지도자 A, B)가 있다면 다음 사례의 표현을 이용하여 집단상담에서 집단
성원이 성취한 것들을 지지하고 격려해 줄 수 있다(천성문 외, 2017: 222).

상담자 A: "자, 모두 이 방 안을 한번 둘러보세요. 서로의 얼굴도 한번 바라보시고요. 맨 처음 만났던 그때의 우리 모습들을 떠올려 보세요. 그때 어떤 생각을 했는지 떠올려 보세요. 그때와 지금을 비교해 보면 무엇이 달라졌나요? 지금 이 순간 여러분의 마음은 어떠세요?"

상담자 B: "이제 여러분은 그동안의 집단참여의 경험을 바탕으로 일상생활에서 경험하는 일들도 잘 감당할 수 있을 거라 생각합니다. 지금까지 여기서 배우고 경험한 것들이 여러분에게 정말 귀한 자산이 되어 줄 것입니다."

마지막으로, 집단상담은 특정한 목적을 설정하고 진행하는 상담이므로 집단의 목적이 달성되었는지의 여부를 반드시 평가해야 한다. 예를 들어, 한 집단성원이 "좋았다."라고 말한다면 '무엇이, 어떤 점에서, 얼마나' 등의 추가 질문을 통해 집단성원의 경험을 구체화해 주는 것이 필요하다. 실제로 집단상담자는 "이번 집단상담에 참여하면서 느낀 점이나 새롭게 알게 된 것들이 있다면 그것이 무엇인지 우리 함께 얘기해 봅시다. 또한 이번 상담을 통해 자신이 달라진 점이 있다면 그것이 무엇인지 이야기를 나누어 보도록 하죠."라고 말하면서 집단상담을 통한 집단성원의 변화 정도를 확인할 필요가 있다.

6) 집단성원의 행동을 조율하는 상담기법

집단상담은 내담자의 변화와 성장을 위한 다양한 기회와 경험을 제공하는 과정의 연속체이다. 그 과정에서 일부 집단성원은 집단참여에 대한 불안감으로 인해 저항감을 보이기도 하고, 다른 집단성원에게 부정적인 영향을 주는 문제행동을 보일 수도 있다(천성문 외, 2017: 225-228). 집단의 성장을 방해하는 집단성원의 문제행동을 조율하기 위한 상담기법을 소개하면 다음과 같다.

(1) 이야기를 독점하는 집단성원을 대할 때

집단 안에서 어떤 이는 시종일관 침묵하기도 하지만, 또 어떤 이는 혼자서 오랫동안 자기 이야기만 하여 집단 안에 찬바람이 돌게 만들 수도 있다. 물론 집단상담의 초기에 먼저 자신의 이야기를 꺼내어 얼음처럼 긴장된 집단의 분위기를 깨어 주는 사람이 있다면 다른 집단성원은 편안함을 느낄 수도 있다. 그렇지만 그 사람이 집단 전체의 대화를 독점하도록 만들어서는 안 된다. 이럴 때 집단상담자가 "○○ 님은 오늘 하고 싶은 말씀이 많은 것 같네요. 그런데 다른 분들도 하고 싶은 이야기가 있을 것입니다. 다른 분들에게도 이야기할 기회를 나눠 주면 어떨까요?"라고 말하면서 다른 사람도 얘기하고 싶은 욕구가 있음을 상기시켜 주는 것도 좋은 개입방법이 될 수 있다.

그리고 홀로 상당한 시간 동안 이야기하면서 말하고자 하는 핵심이 흐트러진 집단성원을 대할 때에는 "○○ 님, 오늘 참으로 많은 이야기를 해 주셨습니다만 한꺼번에 너무 많은 이야기를 해 주셔서 ○○ 님이 하고 싶은 말이 무엇인지 잘 이해되지 않습니다. 전달하고 싶은 말을 짧게 표현해 주실래요?"라는 반응을 보여 줄 필요가 있다.

(2) 질문과 조언을 지나치게 많이 하는 집단성원을 대할 때

집단 활동에 방해가 되는 또 다른 유형의 사람은 자신의 이야기를 털어놓지 않으면서 다른 사람에게 질문하거나 섣불리 조언하는 집단성원이다. 이런 유형의 사람들은 개인적인 호기심을 충족하기 위해 다른 집단성원이 원하지 않고 불편해할 수도 있는 질문이나 조언들을 쉽게 하기도 한다. 이러한 경우에는 질문을 하기 직전에 어떤 생각과 느낌을 가졌는지에 대해 이야기하도록 하는 것이 좋다.

집단성원 A: "B 님은 왜 아무 말도 안 하세요? 아니, 무슨 일이 있으신가요?"

상담자: "A 님은 자신의 생각을 표현하기보다는 다른 사람에게 질문만 하시네요. 지금 B 님에게 질문하기 전에 A 님은 어떤 생각을 했는지 말해 줄 수 있나요?"

집단성원 A: "B 님이 오늘 거의 말을 하지 않아서 자꾸 신경이 쓰였어요. 그래서 왜 그런지 궁금했고 알고 싶었어요."

(3) 적대적인 행동을 보이는 집단성원을 대할 때

집단의 분위기를 저해하는 집단성원의 적대적인 표현은 주로 농담, 빈정거림, 집단상담 회기에 지각하거나 사전 예고 없이 결석하는 행동으로 나타난다. 이러한 반응들은 집단 전체의 분위기를 위축시킨다. 따라서 집단상담자가 적대적인 행동을 보이는 집단성원을 대할 때에는 그러한 행동들이 다른 집단성원에게 어떤 영향을 미치는지를 말해 주면 그러한 적대적 행동을 완화시키는 데 효과가 있다.

예를 들어, "○○ 님이 △△ 님에 대해 ~하다고 말씀해 주셨습니다. 방금 그 말씀은 ○○ 님이 그만큼 △△ 님에 대해 호감을 갖고 있다는 농담의 표현일 수 있습니다. 다른 분들은 ○○ 님이 한 농담에 대해서 어떻게 생각하는지 궁금하네요."라고 말해 주어 무심코 한 농담에 유연하게 대처하는 것이 좋다. 또 다른 예로는 "○○ 님의 이야기를 들으니 이번 상담에 대한 ○○ 님의 불만이 느껴집니다. ○○ 님이 우리 집단에 바라는 것이 있다면 그것이 무엇인지 우리가 알아듣기 쉽게 이야기해 주면 고맙겠습니다."라고 정중하게 요청함으로써 내담자의 적대적인 행동을 표면화하여 그러한 부정의 감정 수위를 낮추어 주는 것이 좋다.

5. 집단상담의 평가와 적용

1) 집단상담의 평가

집단상담은 매우 효과적인 상담기법이지만 다음의 측면에서 일정한 한계를 지닌다. 먼저, 집단 내에서 개인이 심리적 손상을 받을 우려가 있으므로 세심한 집단상담의 계획이 필요하다. 그리고 집단성원은 자신의 이야기를 할 마음의 준비가 충분히 되기도 전에 자신의 속마음을 털어놓아야 한다는 압력을 이기지 못하고 중도탈락을 할 수도 있다는 점을 명심해야 한다. 그것은 아마도 다른 집단성원이 자신을 수용하지 못할 것을 염려하여 집단 안에서 소극적인 태도를 보이는 것과 연관된다. 그래서 집단에서는 특정 내담자의 개인적인 문제가 충분히 다루어지지 않을 가능성이 상대적으로 높다. 무엇보다 집단상담의 경험이 일상생활의 문제나 상황의 개선으로 이어지지 못할 수 있다는 한계가 존재한다.

그래서 이러한 한계점들을 보완하기 위해서는 보다 철저한 집단상담의 평가가 필요하다. 집단상담의 평가 대상은 '**누구 혹은 무엇을 평가할 것인가?**'에 대한 것으로 집단성원과 집단상담자, 그리고 집단상담 과정 전체가 평가의 대상이 될 수 있다. 집단상담을 평가하는 방법은 매우 다양하다. 참여자들이 공개 토의를 해 보는 방법이 있고, 집단상담 프로그램이 끝난 뒤에 연상되는 단어들을 열거하도록 하여 그 내용을 분석하고 평가해 보는 방법도 있다. 집단성원이 소감문을 작성하고 서로 발표하는 방법도 많이

활용된다. 이외에도 심리검사도구를 활용하거나 관찰이나 녹화, 축어록 작성을 통하여
상담 과정을 분석하는 방법도 있다(고영인, 2005: 162-164).

(1) 스몰 토크의 활용

스몰 토크(small talk)는 집단상담 과정 전반이나 집단성원 간에 이루어진 상호작용에
대하여 집단성원이 어떻게 느끼고 생각하는지를 솔직히 털어놓는 방법이다. 사전에 특
별히 준비할 것 없이 실시할 수 있다는 것이 장점이다. 하지만 명확한 평가기준이 없는
관계로 평가의 일관성과 체계성을 보장하기 어렵다는 단점이 있다.

(2) 단어연상기법의 활용

단어연상기법은 집단성원이 둥근 형태로 둘러앉아 집단 회기를 마치면서 연상되는
단어를 하나씩 이야기하는 방법이다. 이 방법은 집단성원의 꾸밈 없는 느낌을 반영할
수 있고, 집단에 대한 의미 있는 자료를 제공해 줄 수 있다는 장점이 있다.

(3) 관찰자 혹은 기록자 이용

1명의 집단성원을 정해서 그 집단성원의 태도와 행동을 관찰하고 기록한 후, 집단에
피드백을 하게 하는 평가방법도 효과적이다. 관찰자는 집단상담에 참여하지 않고, 집
단에서 일어나는 다양한 반응을 관찰한다. 기록자는 집단성원이 집단에 참여하는 자세
와 얼굴 표정, 그리고 몸짓 등을 기록한다. 집단성원의 동기유발 수준과 집단의 분위기
또는 집단에 영향을 미치는 다른 요인들에 대해서도 세밀하게 기록함으로써 집단의 전
개 과정을 마치 비디오 판독하듯이 평가할 수 있다.

(4) 녹음 혹은 비디오 촬영

이 방법은 집단상담의 모든 것을 하나도 빠트리지 않고 기록할 수 있다는 것이 장점
이다. 그뿐만 아니라 주관적인 가치판단이 개입되지 않기 때문에 상담 과정의 객관성
을 담보할 수 있다.

(5) 심리검사도구 이용

이 방법은 집단 자체나 개개 집단성원의 목적과 목표, 집단의 역할 및 지도성 등에 관한 사항을 알아보는 데 효과적인 방법이다. 심리검사도구를 집단상담 평가에 활용하려면 처음에는 시간이 많이 걸린다. 하지만 집단이 이에 익숙해지면 보다 짧은 시간에 처리할 수 있다는 것이 장점이다.

2) 주요 적용 대상별 집단상담

실제 상담현장에서는 다양한 유형의 내담자를 집단으로 구성하여 집단상담을 진행해야 하는 경우가 많다. 일반적으로 알려진 집단상담의 원칙을 준수하는 것도 중요하지만, 각 대상별 특성을 고려하여 집단상담의 기법을 적용하고 집단상담을 이끌어 나가는 것도 그에 못지않게 매우 중요한 의미를 지닌다.

(1) 아동을 대상으로 한 집단상담

아동 집단상담의 목표는 아동 자신이 자기이해와 대인관계능력을 향상시키고 환경에 잘 적응할 수 있도록 돕는 데 있다. 아동의 경우, 특히 또래관계가 중요하므로 집단에서 나타나는 상호작용은 아동의 성장과 발달에 큰 도움을 제공한다(차영희, 2010).

집단상담이 아동에게 유익한 근거는, 첫째, 집단상담은 아동의 대인관계 발달을 촉진할 수 있다(Ginott, 1985). 둘째, 집단 내 다른 아동의 존재는 자발성을 증진한다. 셋째, 또래 아동의 반응을 통해 자신의 행동을 재평가하게 된다. 이렇듯 집단상담이 유익한 점도 많지만 주의해야 할 점도 그에 못지않게 많다. 우선, 일부 아동의 경우에는 집단에 대한 기대치가 너무 큰 나머지 집단상담이 모든 것을 해결해 줄 수 있을 것이라는 환상에 빠지기 쉽다. 따라서 현실적인 수준에서 집단 활동에서 기대할 수 있는 부분들을 상담자와 참여 아동이 사전에 합의하고 제시하면서 집단상담을 시작하는 것이 좋다. 아울러 집단 경험에 대한 잘못된 인식으로 인해 자신의 문제를 집단 안에서만 풀어놓고, 정작 실제 생활에서는 행동의 변화로 이어지지 않을 수도 있다. 그러므로 아동 집단상담에서는 참여 아동에게 실천과제를 부여하고 참여 아동이 행동변화를 잘 이끌어 나가는지 정기적으로 점검하고 독려해야 한다. 마지막으로, 참여 아동에게 집단은 성장의 기회이지만 상처를 받는 장소가 될 수도 있음을 늘 염두에 두어야 한다. 필요한 경우, 집단에서 상처받을 수 있는 아동들은 별도의 개별상담을 병행하는 것이 좋다.

아동 집단상담의 구성은 대체로 6~8명이 적당한 것으로 알려져 있으며, 한 회기당 집단상담의 진행 시간은 절대적 원칙은 없으나 보통 40분 이내로 진행하는 것이 적당하다. 집단을 이끌어 가는 집단상담자는 성인 집단에 비해 아동 집단에 대해서는 더 많은 책임감을 가지고 임해야 한다(천성문 외, 2017: 294-300). 또한 아동들이 주제에 대해 충분히 준비되지 않은 상태에서 집단상담에 참여하므로 관련 자료를 수집하고 맞춤형 활동을 미리 준비한다면 더욱 효과적이다. 아동을 상대하는 집단상담자의 목소리는 열정이면 더욱 좋고, 아동들의 신체언어에 주의를 기울이면서 상담을 진행하는 요령을 터득할 필요가 있다. 아동학대와 같은 위기적 상황을 경험한 아동 집단상담의 경우에는 아동이 겪고 있는 특별한 상황에 대해 충분한 숙지를 한 다음에 상담을 진행하는 것도 필요하다.

(2) 청소년을 대상으로 한 집단상담

청소년의 공통 관심사는 교우관계와 외모, 자아상, 자존감, 그리고 성적과 진로 문제 등일 것이다. 이것들은 주로 또래관계와 관련한 심리적 특질이다. 그래서 또래 친구들로부터 받는 정서적 지지와 피드백의 정도는 청소년의 문제해결능력에 아주 중요한 영향을 미친다. 청소년 집단상담은 청소년의 관심과 흥미를 유발하고 공통의 관심사를 나누는 법을 학습할 수 있다는 점에서 매우 효과적인 상담기법이라 할 수 있다.

커렐은 청소년에게 집단상담을 적용하면 좋은 몇 가지 이유에 대해 다음과 같이 설명한 바 있다(Carrell, 2000). 첫째, 집단상담은 청소년이 또래 집단에서 감정과 경험을 함께 나누는 과정을 통해 자기중심성에서 벗어날 수 있도록 돕는다. 둘째, 청소년은 집단상담을 통해 의존성과 독립성이라는 주제를 모두 연습해 보는 기회를 가질 수 있다. 셋째, 청소년에게 상담자와 일대일로 만나는 개별상담은 오히려 불편할 수 있으므로 집단상담에 대한 거부감이 상대적으로 덜할 수 있다. 넷째, 집단상담의 환경은 청소년이 새로운 사회기술을 배우는 데 최적의 장을 제공할 수 있다.

청소년 집단상담의 구성은 대체로 12명 이하가 적당하며, 집단상담의 진행 시간은 한 회기당 90분 정도가 적당하다(천성문 외, 2017: 301-308). 집단 활동을 위한 회기의 수는 1~2회기가 적당하고, 약물남용이나 보호관찰 집단과 같이 문제행동 집단의 경우에는 1년 이상 진행되기도 한다. 그리고 집단을 구성할 때에는 참여하는 청소년의 동질성과 이질성을 동시에 고려하여야 한다. 만약 모든 집단성원이 똑같이 부정적인 행동을 한다면 긍정적인 모델을 볼 수 없게 되며, 집단에서 진행하는 상담 작업의 가치가 회석될 위험성이 크다. 아울러 청소년 집단을 지도하는 상담자는 청소년의 신체·정서·사회 특성 모두에 정통해야 한다. 그리고 집단상담자는 청소년의 가치와 생각을 존중하는 범위 내에서 집단 운영의 주도권을 잡고 있어야 한다. 그 이유는 청소년의 특성상 집단상담자가 주도권을 놓치게 되면 집단의 목적과 무관한 집단 활동으로 흐를 가능성이 높아지기 때문이다. 대체로 청소년 집단은 진행 내용을 구조화하여 진행해야 하고, 일단은 집단에 참여하는 청소년이 재미를 느낄 수 있는 내용으로 진행해야 한다. 상담자가 청소년과 함께 익스트림 스포츠를 즐길 만큼 위험 감수력(risk taking)이 높다면 더욱 적합한 집단상담자로 성장할 수 있는 자질을 가지고 있다고 할 수 있다.

(3) 부부를 대상으로 한 집단상담

부부 집단상담이란 부부와 집단상담자가 동반자로서 상호유대관계와 연결을 유지하여 부부가 서로 존중하는 태도를 지닐 수 있도록 돕는 과정이다. 그래서 부부 집단상담의 목적 또한 건강한 부부관계의 형성 및 유지에 있다. 비록 지금은 위기에 처해 있더라도 집단상담을 통해 갈등을 치유하고 부부관계를 회복한다면 부부에게 그것보다 바람직한 일은 없을 것이다. 특히 서로 사랑해서 결혼한 부부라면 더욱 그러하다. 그래서 부부를 위한 집단상담에서는 주로 긍정적인 피드백과 지지를 경험하도록 돕고, 부부 각자가 서로에게 유익한 존재임을 자각하도록 돕는 상담기법을 많이 사용한다.

하지만 부부 집단에 개입하는 일은 매우 복잡해서 일반적인 상담기법으로 해결하기 어려운 부분이 많다. 부부 집단은 참여하는 부부별로 서로 다른 과제(외도, 자녀 양육, 경제적 문제, 성격 차이, 시부모와의 갈등 등)를 가지고 집단에 참여한다. 그리고 부부 사이에도 서로 다른 가치와 기준으로 인해 특정 문제에 대한 인식과 태도가 서로 다를 수 있다. 부부는 부부 집단상담을 통해 각자 서로가 당면한 문제에서 잠시 벗어나 다른 부부의 문제해결 노력을 관찰함으로써 자신들의 부부생활을 반성적으로 고찰하는 성찰의 기회를 가질 수 있다.

그리고 부부 집단상담에서는 부부관계에서 비롯되는 부정의 관계와 정서 문제들을 이해할 수 있도록 다양한 도구를 활용하기도 한다. 예를 들어, 역할극이나 가족 세우기, 사이코드라마, 빈 의자 대화기법 등 개별 부부의 상황과 문제에 맞는 작업을 집단 안에서 사용할 수 있다. 무엇보다 부부 집단상담에서 가장 중요한 것은 집단상담자의 공정한 태도 유지라 할 수 있다. 부부는 각자 서로의 견해가 다르기 때문에 상담자가 어느 한 배우자의 편에 서게 되면 다른 배우자는 집단참여 자체를 거부하거나 강한 저항을 표출할 수도 있다. 따라서 집단상담자가 부부갈등의 문제에 대한 순환적 인과관계의 고리를 이해하고, 공정한 중재자의 역할을 잘 수행해야 부부 집단상담을 성공적으로 이끌 수 있다.

(4) 노인을 대상으로 한 집단상담

노인을 대상으로 집단을 운영할 때에는 집단성원의 선발이 매우 중요하다. 노인의 특성상 참여노인의 경력과 능력, 그리고 경험치가 매우 다양하기에 집단의 동질성을 확보하기가 쉽지 않다. 대체로 노인 집단의 크기는 12명 이내가 적당하다. 그리고 60~90분 정도가 집단상담의 시간으로 적합하다(김문영, 정현희, 2002).

노인을 대상으로 하는 집단상담에서 필요한 상담기법은 집단상담자가 인내심을 가지고 노인들의 반응을 이끌어 내는 것이라고 할 수 있다. 노인들은 대체로 운동의 속도가 느리고 상담자가 타인보다는 자신에게 더 많은 관심을 가져 줄 것을 기대하고 있다. 따라서 그러한 노인 참여자의 특성을 충분히 이해하는 집단상담의 진행 요령이 필요하다. 그리고 집단상담자는 긍정적이고 열정적인 에너지를 가지고 있어야 한다. 죽음이나 애도에 상담의 초점을 맞추기보다는 행복이나 건강, 학습, 활기찬 노년(acting aging)을 주제로 노인들의 욕구를 충족해 주는 것이 좋다.

제7장

가족상담기법

인간은 유사성을 근거로 함께 어울릴 수 있고, 차이점을 근거로 성장할 수 있다.

-버지니아 사티어(Virginia Satir)

1. 가족상담의 개념

1) 가족상담의 정의

가족은 결혼으로 형성되어 자녀의 출산으로 확대되었다가 자녀의 결혼과 분가로 축소되면서 사망으로 이어지는 가족생활주기에 따라 변화하는 생태체계라 할 수 있다. 모든 가족은 이러한 가족생활주기의 단계를 반드시 거치게 되며, 각 단계에서 다음 단계로 넘어갈 때 적응상의 문제가 발생할 수도 있다(박미은, 신희정, 이혜경, 이미림, 2015; 박태영, 김태한, 김혜선, 2009). 적응상의 문제가 심각할 경우에 가족은 엄청난 스트레스를 받을 수도 있다. 이때 가족생활주기상의 위기가 가족 문제의 근원이 될 수도 있다.

그러므로 가족상담에서 다루고 있는 주제와 가족상담자의 주된 관심사는 인간의 행동이 환경과의 관계양식에 따라 많은 영향을 받는다고 생각하여 가족성원 간의 관계

회복을 원조하는 데 두고 있다. 그리고 가족을 정의함에 있어서 "오랜 시간에 걸쳐서 발달하는 일관성 있는 의사소통양식과 가족구조, 그리고 가족규칙을 가진 집합체(集合體)"로 규정한다(Satir, Banmen, Gerber, & Gomori, 1991). 그럼에도 불구하고 가족상담에 대한 통일된 정의는 존재하지 않는 것처럼 보인다. 그 이유는 가족상담이 특정 전문 분야만의 활동으로 한정되지 않기 때문이다. 다만 가족상담은 심리상담 영역에서 매우 중요하게 생각하는 임상실천의 핵심 방법이고, 현재까지도 다양한 가족상담의 지식과 기법이 활용되고 있을 뿐이다.

학자들마다 다소의 견해 차이가 있겠지만 가족상담은 "가족성원 중 어느 한 개인에게 나타나는 어떤 병리나 증상 또는 부적응행동의 발생 원인이 그 개인 한 사람에게만 있는 것이 아니라 바로 그러한 증상을 낳게 한 가족 전체 또는 부분의 상호작용에 기인한다는 점을 전제로 개입하는 가족 단위의 심리상담"으로 정의할 수 있다(Zuk, 1981). 그리고 가족상담은 가족 안에 존재하는 여러 갈등을 해결하고 건강한 가족으로 바로 설 수 있도록 돕는 전문상담 활동이다.

2) 가족상담과 개인상담의 차이

가족상담은 개인 심리상담으로 다루기에는 한계가 있었던 일련의 적응상의 문제를 해결하기 위한 다양한 학문적 노력에 따라 발달하게 되었다. 가족상담은 단기적이고, 문제해결에 초점을 두며, 구체적이고 성취 가능한 목표를 설정하여 개입한다. 가족상담자는 심리치료와 가족체계이론 분야에서 최소 10년 이상의 임상 실습을 거친 임상전문가로 불리고 있다(정문자, 정혜정, 이선혜, 전영주, 2012: 17-19). 가족상담자는 개인의 변화를 강조하던 전통적인 시각에서 벗어나 결혼과 가족이라는 사회적 관계망 속에서 개인이 어떤 역할을 하는지를 면밀히 관찰하여 가족성원 전체의 변화를 도모하는 치료전략을 사용한다. 그리고 가족상담이 지향하는 치료의 관점은 전체적(holistic) 시각으로, 개인과 가족의 전체적 · 장기적 안녕에 관심을 둔다.

개인상담은 내담자를 수동적이고 반응적인 별개의 존재로 보며, 직선적 인과관계에 근거하여 개인의 문제를 바라보고 진단하고 평가하는 것을 강조하는 반면, 가족상담은 문제를 바라보는 관점이 개인치료와는 상당히 다르다. 가족상담에서는 내담자 주변의 중요한 타자들과의 관계와 가족구조의 맥락을 중요시한다. 개인의 문제를 바라보며 문제를 정확하게 진단하는 것보다 주어진 환경에 대해 내담자가 어떤 인식을 가지고 있는지에 초점을 둔다(정문자 외, 2012: 46-53). 그러나 이런 차이는 비교를 위한 것일 뿐 어느 치료법이 더 좋다고 판단할 수 있는 성질의 문제로 보아서는 안 될 것이다.

〈표 7-1〉 가족상담과 개인상담의 비교

구분	가족상담	개인상담
문제의 초점	내담자의 가족관계나 맥락을 일차적으로 고려	내담자의 특성과 문제행동을 일차적으로 고려
내담자에 대한 시각	능동적으로 선택할 수 있는 존재로 바라봄	수동적이고 반응적인 존재로 바라봄
치료적 가정	내담자의 세계와 내담자 가족의 상호작용을 존중하면서 치료 과정을 진행	상담자가 해결책을 제시하면 내담자가 반응할 것으로 가정하면서 진행
인과관계를 보는 시각	순환적 인과관계	직선적 인과관계
문제의 진단과 해결 과정	내담자의 인식행위에 따라 다르게 이해됨을 강조	정확한 진단과 사정에 따라 평가하고 개입

출처: 정문자 외(2012). pp. 46-49 재구성.

3) 가족상담의 발생배경

한 개인의 삶과 발달의 과정을 자신의 부모와 가족을 떠나 생각할 수 없듯이, 개인의 심리 문제는 가족과 복잡하게 얽혀 있는 경우가 많다. 그렇기 때문에 개인의 문제를 해결하기 위해서는 가족의 변화가 필요하다. 가족상담은 개인상담의 한계를 극복하기 위해 많은 상담전문가가 가족의 중요성을 강조하면서 발달하게 된 상담기법이다. 이처럼 가족상담의 태동과 발달은 세상을 바라보는 시각의 변화에 따라 다양한 형태로 진화하고 발전하였다. 상담자가 세상을 어떻게 인식하는지와 문제가 발생하는 원인이나 환경적 요인들을 무엇이라고 인식하는지에 따라 상담의 기본 가정이나 상담기법들이 달라질 수 있다. 초기의 가족상담은 대체로 체계론적 관점에 따라 발전하였던 반면, 후기의 가족상담은 포스트모더니즘이나 사회구성주의에 기초하여 발전하였다(정문자 외,

2012: 99-102).

여러 문헌을 통해 동시에 발견되는 가족상담의 발달 과정을 요약하면 다음과 같다. 먼저, 가족상담은 1940년대 초 베이트슨(Gregory Bateson)의 영향에서 시작된 것으로 보는 것이 일반적 견해이다. 1950년대 들어 보웬(Murray Bowen)을 비롯한 여러 정신의 학자가 조현병 환자를 치료하는 과정에 가족을 참여시키면서 가족상담이 싹 트게 되었 다. 1960년대 보웬의 다세대 가족상담 모델과 사티어(Virginia Satir)의 경험적 의사소통 모델, 그리고 MRI(Mental Research Institute)는 가족상담의 큰 우산으로서 여러 전문가를 모여들게 만들었다.

그리고 역사적으로 볼 때 1970년대는 가족상담이 꽃을 피운 시기라 할 수 있다. 이 시기의 가족상담은 전통적 형태에 더하여 미누친(Salvador Minuchin)의 구조적 모델, 헤 일리(Jay Douglas Haley)의 전략적 모델이 등장하면서 대중의 인기와 신뢰를 얻기 시작 하였다. 1980년대 들어서는 다양성에 기초를 둔 포스트모더니즘의 영향으로 문제해결 중심 모델과 이야기치료 등이 등장하기 시작하였다. 현재는 초기의 가족상담 모델과 후기의 가족상담 모델이 통합되거나 절충되어 사용되고 있다(정문자 외, 2012: 53).

현재는 가족상담의 영역이 부부치료와 가족치료가 하나의 통합된 분야로 이전되어 가족상담의 도움을 필요로 하는 사람들에게 치유와 회복의 경험을 제공하는 사례가 늘 어나고 있다. 우리 주위를 살펴보면 나이는 들어 어른이 되었지만 심리적으로는 다 자 라지 못하여 미성숙한 행동과 감정을 표현하는 성인아이(adult children)들을 많이 볼 수 있다. 이들은 자기중심주의에 매몰되어 가족과 공동체에 많은 고통을 안겨 줄 수 있기 에 가족상담의 주된 대상이 된다. 이처럼 가족관계 때문에 갈등하고 번민하는 많은 이 에게 가족상담은 매우 효과적인 치유방법이 될 수 있다. 이 장에서는 여러 가족상담의 유형 중에서 대중에게 가장 널리 알려지고 활용되고 있는 네 가지 모델(다세대 가족상 담, 구조적 가족상담, 경험적 가족상담, 해결중심 단기가족상담)을 엄선하여 각 모델의 주요 개념과 상담기법을 추려서 제시하고자 한다.

2. 보웬의 다세대 가족상담

다세대 가족상담(multi-generational family counseling)의 창시자 보웬(1913~1990)은 가족의 정서 과정이 세대를 관통하여 지속되며, 이전 세대에서 해결되지 못한 문제들이 다음 세대에서도 여전히 문제를 일으킨다고 보았다. 그는 개인의 문제는 개인 내면에만 있는 것이 아니라 원래부터 가족체계 내에 존재하던 것이기 때문에 개인의 변화는 다른 사람과의 관계를 변화시켜야만 가능하다고 생각하였다(정문자 외, 2012: 129-133). 그런데도 가족에 대한 우리의 반응은 습관적이어서 호흡하는 공기와 같이 평상시에는 잘 인식하지 못한다. 그래서 자신의 가족을 제대로 이해하려면 한걸음 뒤로 물러서서 볼 필요가 있다. 다세대 가족상담은 세대를 관통하는 가족의 정서적 과정을 이해하고 개별 가족의 자기분화를 통해 가족 전체의 변화를 이끌어 내는 상담기법이다.

1) 주요 개념

보웬은 약 30년간 가족상담 분야에 헌신하면서 가족상담의 이론적 기틀을 다졌던 대표적인 학자이다. 보웬의 다세대 가족상담의 주요 개념은 대체로 여덟 가지로 대별된다. 이 중 여섯 가지는 가족체계에서 일어나는 정서적 과정에 대한 것이고, 두 가지는 세대를 걸쳐서 일어나는 정서 과정에 대한 것이다. 그리고 보웬은 우리의 삶에는 항상 만성불안이 존재한다고 믿었고, 그러한 만성불안은 개인의 자율성이 허용되지 않는 상태에서 비롯되는 것으로 간주하였다. 보웬은 만성불안은 오로지 개인의 자기분화를 통해서만 해소 가능하다고 보았다. 그래서 보웬은 가족상담의 목표를 가족성원의 자아분화 수준을 높이는 데 두었다(박태영 외, 2009). 그것은 마치 어린 자녀가 어머니와 융합된 형태에서 벗어나 점차 자기 자신의 자주성을 획득해 나가는 장기적인 과정에 비유할 만하다.

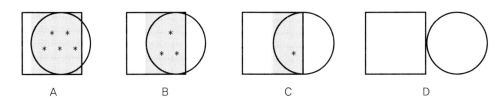

[그림 7-1] 분화와 만성불안

주: *는 만성불안의 크기를 의미함.
출처: Kerr & Bowen (2005); 정문자 외(2012). p. 133에서 재인용.

(1) 자기분화

자기분화(differentiation of self)는 개인이 가족에게서 심리적으로 얼마나 독립되어 있는가를 설명해 주는 다세대 가족상담의 핵심 개념 척도이다. 자기분화는 타인의 기준에 따라 생활하는 것이 아니라 자신만의 방식에 따라 생활하는 법을 배우는 능력이라 할 수 있다. 자기분화에는 두 가지 속성이 존재한다. 그중 하나는 정신내적 속성으로 자신의 생각과 감정을 분리할 수 있는 능력이다. 다른 하나는 대인관계의 속성으로 타인과 친밀한 관계를 맺으면서도 자신의 개성을 유지할 수 있는 능력이다(정문자 외, 2012: 134-138).

그런데 자기분화는 가족투사 과정을 통해서 생겨나는 것으로 보인다. 대체로 어머니가 신경을 많이 쓰는 자녀의 자기분화가 약할 가능성이 가장 높다. 더 나아가 미분화된 가족자아군(undifferentiated family ego mass) 현상이 생기면 가족의 갈등 상태는 장기간 고착되는 현상을 보이기도 한다. 온 가족이 정서적으로 한 덩어리가 되어 지나치게 가까운(over-closeness) 관계를 형성하면 서로에 대한 간섭이 지나치게 되어 오히려 다른 가족을 불편하게 만들고, 급기야 서로를 거부하기도 한다(권석만, 2015: 416).

자기분화의 수준이 낮으면, 자신과 다른 생각을 가진 가족을 비난하거나 가족 모두를 적으로 돌려 스스로 고립을 자초하기도 하고, 스트레스 상황을 견뎌 내는 면역력이 떨어질 수도 있다. 개인의 정체감은 미약하여 자신만의 사고는 사라지고 매우 위축된 정서 상태로 인해 우울감이 지속될 수도 있다.

〈쇼펜하우어의 고슴도치 딜레마: 내향성 vs. 고립주의〉

추운 어느 겨울 날, 서로의 온기를 위해 몇 마리의 고슴도치가 모여 있었다. 고슴도치들이 모일 수록 그들의 바늘이 서로를 찌르기 시작하였고, 그들은 떨어질 필요가 있었다. 하지만 추위는 고슴도치들을 다시 모이게끔 하였고, 같은 일이 반복되었다. 여러 번의 모임과 헤어짐을 반복한 고슴도치들은 다른 고슴도치와 최소한의 간격을 두는 것이 최고의 수단이라는 것을 발견하였다. 이와 같이 인간 사회의 필요로 인하여 인간이라는 고슴도치들이 모이게 되었지만, 그들은 인간의 가시투성이의 본성으로 서로를 상처 입힐 뿐이었다. 그리하여 인간들은 서로 거리를 유지하기 위해 예의를 발견하였으며, 이를 지키지 않으면 서로의 거리를 지키기 위해 거칠게 말하곤 하였다. 이 방법을 통해 서로의 온기는 적당히 만족되었으며, 또한 인간들은 서로의 가시에 찔릴 일도 없게 되었다. 하지만 남을 찌를 수도, 자신을 찌를 수도 없었던 사람은 자신만의 온기로 추운 겨울을 보내게 되었다.

출처: https://ko.wikipedia.org/wiki/ 고슴도치_딜레마.

(2) 가족의 삼각관계화

보웬은 한 가족 안에 두 사람이 해결하기 어려운 문제에 부딪히게 되면 갈등을 해결하는 방법으로 가족 내의 제3자를 끌어들여 삼각관계를 형성하는 경향이 있음을 발견하였다. 이것이 가족의 삼각관계화(family triangulation)이다. 가족의 삼각관계에 가장 큰 영향을 미치는 것은 불안이다(Kerr & Bowen, 2005). 두 사람의 관계에서 불안을 가장 크게 느끼는 사람이 자기편을 얻기 위해 먼저 다른 가족을 2인 체계 안으로 끌어들인다 (박태영, 문정화, 2012). 두 사람의 관계에 제3자가 일시적인 관여만 한다면 삼각관계가 고착되지 않지만, 제3자의 관여가 지속되면 삼각관계는 굳어진다.

이 정도가 되면, 주로 갈등을 많이 경험하는 두 사람은 직접 소통하여 갈등을 해결하려는 시도를 멈추고 제3자를 활용하여 간접 소통만을 하게 된다. 예를 들어, 두 사람의 갈등이 어떻게 해결되는지는 [그림 7-2]를 보면 잘 이해할 수 있다. [그림 7-2]의 경우를 보면, 첫 번째 부부체계로 보이는 2인 관계는 안정되어 별 문제가 없어 보인다. 그러나 부부 사이에 감정의 균열이 생기고 긴장관계가 형성되었을 때 긴장과 불안을 먼저 느낀 아내가 아들(제3자)을 갈등관계로 끌어들인다. 그렇게 삼각관계가 형성되고 난 뒤, 오른쪽 그림에서는 2인 관계의 갈등이 아빠와 아들의 갈등관계로 이동한 것을 알 수 있

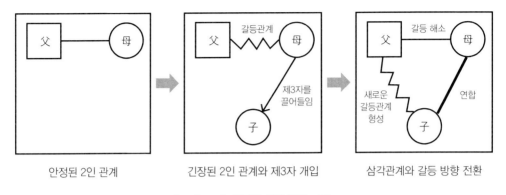

안정된 2인 관계   긴장된 2인 관계와 제3자 개입   삼각관계와 갈등 방향 전환

[그림 7-2] 삼각관계의 형성 과정

다. 그 결과, 부부의 관계는 갈등이 해소되고 편해진다(정문자 외, 2012: 139-141).

(3) 핵가족 정서체계

보웬은 사람들이 대체로 자신과 비슷한 수준의 분화 상태를 가진 사람을 배우자로 선택하는 경향이 있다고 보았다. 정신분석의 전이에 해당하는 이 개념은 부모와 자녀체계로만 구성된 가족의 집안 분위기를 좌우하고, 그러한 정서적 분위기는 부모의 분화 수준에 따라 많은 영향을 받는다는 것이다. 핵가족 정서체계(nuclear family emotional system)는 세대를 걸쳐서 아주 천천히 변화되는 다세대적 개념이다. 보웬은 개인이 나고 자란 가족에서 학습한 방식대로 대인관계를 맺고, 결혼을 한 이후에도 원래 가지고 있던 정서적 장을 재현하는 등의 행태가 다세대에 걸쳐 반복된다고 보았다(Kerr & Bowen, 2005). 따라서 가족 내에 존재하는 문제들을 해결하기 위해서는 먼저 개인이 원가족과 맺은 상호작용을 변화시켜 주어야 한다. 자기분화 수준이 높아지면 개인은 가족의 불안에 대해 일일이 반응하는 일을 자제하게 되고, 가족관계에 대해 신뢰하고 존중하는 마음이 강화된다.

(4) 가족투사 과정

이것은 부모가 자신의 심리적 문제를 자녀에게 전달하는 과정을 뜻한다. 같은 부모 밑에서 자랐다 하더라도 개인이 지각하는 가족체계는 각기 다를 수 있다. 어떤 자녀의 자기분화 수준은 높지만 또 다른 자녀는 그 수준이 낮을 수 있다. 대부분의 미성숙한 부모는 가족체계의 안정을 위해 자녀들 중 가장 스트레스와 불안에 취약하고 이성보다는 감정의 지배를 많이 받는 자녀를 투사의 대상으로 선택한다(정문자 외, 2012: 146-147). 가족투사 과정(family projection process)이 진행되는 단계를 살펴보면, 먼저 부모는 자녀 중 1명에게 나타날 일들을 미리 걱정하며 온통 그 자녀에게 집중적인 관심을 보인다고 가정해 보자. 과도한 애착 패턴을 지닌 어머니는 자녀에게 사랑이 부족하지는 않을까 염려하게 되고, 자녀의 의기소침한 행동을 애정결핍으로 간주하며, 과잉보호를 하게 될 것이다(권석만, 2015: 418-419). 과잉보호를 받고 자란 자녀는 성인이 된 이후에도 부모에게 의존하며 자기분화를 이루지 못하게 될 수 있다. 가족의 융합이 클수록 투사 과정에 많이 의존하게 되고, 결국 자녀의 정신적 손상도 커지는 것이다.

(5) 정서적 단절

정서적 단절(emotional cutoff)은 원가족과 관련된 일체의 불편한 감정을 외면하기 위해 가족을 멀리 떠나거나 대화 자체를 회피하는 것으로 세대 간 전수의 가능성이 크다(권석만, 2015: 417; 정문자 외, 2012: 147). 정서적 단절로 말미암아 자녀는 가족의 굴레에서 해방되었다고 느끼겠지만, 그렇다고 부모와 해결하지 못한 미해결된 갈등들이 해소된 것은 아니다. 정서적 단절은 그저 개인이 가족 내의 미해결된 문제들을 부인하고 있는 것일 뿐이다. 정서적 단절은 주로 정서적 의존성과 불안이 높은 가족에게서 자주 관찰할 수 있다. 또한 가족결속력을 강력하게 요구하는 가족체계에서 누군가는 이를 견딜 수 없다고 판단하여 정서적으로 단절하는 행동을 선택할 수 있다. 그리되면 가족은 깊이 있는 대화를 하기 어렵고, 한자리에 같이 있는 것은 상상조차 하기 힘든 일이 된다. 어쩌다 한 번 보는 명절에 가족 간 다툼으로 인한 사건이 많은 것도 분화 수준이 낮은 가족이 한자리에 모임으로써 불안 수준이 급격하게 높아지기 때문이다.

(6) 다세대 전수 과정

보웬은 조현병을 비롯하여 여러 개인과 핵가족의 적응력 손상은 다세대 전수 과정(multigenerational transmission process)의 결과로 발생한다고 보았다. 부모의 낮은 자기분화 수준이나 심리적 문제는 세대를 거치면서 전수되고 강화되는 경향이 있다. 자기분화의 수준이 낮은 두 사람이 결혼하였다면 이들은 자신들보다 더 낮은 분화 수준을 가진 자녀를 얻게 될 것이다. 자기분화의 수준이 낮은 부모는 자녀의 자기분화를 저해할 것이고, 이는 이후 자녀의 배우자 선택에도 영향을 미치게 된다. 보웬은 다세대 전수 과정을 통해서 전달되는 자기분화 수준이나 심리적 문제를 개선하기 위해 확대가족을 대상으로 하는 다세대 가족상담을 개발하였다.

(7) 형제자매의 위치

보웬은 가족 내 형제자매의 위치(sibling position profiles)를 기초로 자녀들의 성격이 일관되게 발달한다고 보았다. 그는 또한 형제자매의 위치가 가족의 정서체계 안에서 특정한 역할과 기능을 한다고 보고, 그것이 개인의 고정된 성격 특성을 발달시킨다고 보았다(정문자 외, 2012: 150-151). 그러나 그 역할이 늘 고정된 것만은 아니다. 막내 같은 장남도 있고 장녀 같은 차녀도 있는 법이다. 미래의 행동 형성에 영향을 미치는 것은 형제의 서열보다 가족 내의 기능적 위치이다.

(8) 사회계층적 정서 과정

보웬은 개인과 가족의 정서 과정 개념을 사회계층적 정서 과정(societal emotional process)으로 확장하였다. 사회도 가족과 마찬가지로 연합성과 개별성의 반대 균형 원리의 영향을 받게 되어 있다(정문자 외, 2012: 152). 가족의 분화 수준이 높을수록 그들은 협력하고 타인을 배려하면서 접촉 횟수가 늘어나지만, 분화 수준이 낮은 가족은 스트레스 상황에서 이기심과 공격성, 회피적 태도가 높아질 수 있다.

2) 상담기법

다세대 가족상담은 여러 세대를 통해 반복되고 있는 가족 과정과 구조를 파악하여 원가족에게서 자기분화를 높여 가족체계를 변화시키는 것에 초점을 둔다. 자기분화의 촉진은 개인의 불안과 스트레스를 완화시키는 데 가장 최적의 방법이다. 보웬의 관점에 따르면, 드러난 증상이 무엇이든 간에 불안의 감소와 자기분화 촉진, 치료적 삼각관계 만들기가 상담의 주된 목표로 작용한다.

(1) 가계도의 활용

보웬은 가족성원 간의 정서적 관계를 파악하기 위해 가계도(genogram)를 활용하였다. 그 이유는 적어도 3대 이상의 가족력에 대한 정보를 수집하고 가족성원의 정서적 관계와 융합의 정도를 평가하기 위해서이다. 가계도를 통해 한눈에 가족의 구조와 갈등, 단절, 삼각관계 등을 파악할 수 있다.

(2) 치료적 삼각관계 만들기

다세대 가족상담전문가의 주된 초점은 가족 내의 역기능적 삼각관계를 파악하여 수정해 주는 데 있다. 이것을 치료적 삼각관계(therapeutic triangles) 만들기라고 한다. 서로 갈등관계에 있는 두 사람의 긴장을 감소시키기 위해 상담자를 삼각관계로 끌어들이려 한다고 가정해 보자. 이때 상담자가 이들의 삼각관계에 정서적으로 말려들지 않고 중립적 입장을 잘 유지한다면, 가족은 자신의 정서적 충동에 의한 반응을 자제하게 될 것이다(Guerin, 2005). 더불어 가족은 마음의 평정을 되찾고 자신들의 문제에 대해 보다 분명하게 숙고하고 행동하기 시작할 것이다.

(3) 과정 질문하고 코칭하기

이 기법은 내담자의 불안을 낮추고 가족 내에서 자신의 역할이 무엇인지 생각해 보도록 돕는 기법이다. 주로 인지적 과정에 초점을 맞추고 내담자가 어떤 방식으로 가족과 관계를 맺는지 묻고, 개인의 반응이 가족에게 어떤 영향을 미치는지 그 순환적 과정을 이해하도록 돕는다(이정연, 2003). 예를 들면, "당신의 어떤 행동 때문에 남편이 그토록 화를 참지 못하는 것 같은가요?" "친정 가족 중에 누가 당신의 성격과 닮았습니까?" "당신의 자녀는 당신의 어떤 모습을 닮았습니까?" "화가 나 있는 자신을 어떻게 느낄 수 있나요?" 등 자신의 감정을 인식하고 이성적으로 감정을 조절할 수 있도록 촉진하는 질문기법이 자주 사용된다(권석만, 2015: 421). 알코올 중독 남편을 둔 아내에게 다음과 같은 순환 질문을 던져서 부부관계를 탐색하고 본인이 어떤 역할을 해야 하는지에 대한 통찰을 격려할 수 있다(Nichols & Schwartz, 2002; 정문자 외, 2012: 160에서 재인용).

> 상담자: (인지에 초점을 두며) "남편이 술을 마시면 부인께서는 어떤 생각을 하세요?"
>
> 내담자: "화가 나죠."
>
> 상담자: "남편이 술을 마시는 데 부인이 한 역할은 무엇인지 아십니까?"
>
> 내담자: "잘 모르겠는데요."
>
> 상담자: "남편이 당신에게 속마음을 털어놓을 수 있었습니까?"
>
> 내담자: "……."

상담자의 과정 질문(process question)에 내담자가 어느 정도 반응한다면, 그다음에는 내담자가 가족 문제를 직접 해결해 나가도록 조언할 수 있다. 이것을 통해 상담자는 내담자로 하여금 가족의 정서 과정과 개인의 역할을 이해하도록 도울 수 있다. 어디까지나 코칭하기의 목적은 내담자의 자기이해와 가족 간의 건강한 애착을 돕는 데 있으며, 중립적이고 객관적인 조언은 개인의 분화를 촉진할 수 있다.

(4) 나의 입장 기법

나의 입장(I-position) 기법은 보통 나-전달법과 유사한 기법이다. 상대의 행동을 비난하고 지적하기보다는 나를 주어로 해서 자신의 감정에 초점을 두고 표현하도록 하는 방법이다. 예를 들면, "도대체 당신이 집에서 하는 일이 뭐야?"라고 말하기보다는 "당신도 직장 일로 힘들었을 것이고, 집에 오면 쉬고 싶겠지만 집안일을 좀 함께해 주었으면 좋겠어요."라는 말이 상대의 마음을 움직이는 데 더 효과적이다.

3. 미누친의 구조적 가족상담

1) 주요 개념

구조적 가족상담(structural family counseling)은 미누친(1921~)이 개발한 가족상담기법이다. 그는 가족이 건강한 삶을 유지하기 위해서는 가족성원 모두가 분리된 체계를 가지고 있어야 한다고 주장하였다. 가족관계 내에서 보호받고 친밀감을 갖는다면 그것은 가족구조 안에 일정한 보호막이 있기 때문일 것이다. 미누친은 인간의 정신병리 및 증상과 관련된 대부분의 문제는 가족의 구조적 병리에서 비롯된다고 보았다. 이러한 문제를 해결하기 위해서는 가족의 구조적 변화가 일어나야 한다. 가족구조는 가족성원이 서로 관계를 맺고 상호작용하는 방식을 결정하는 데 있어 암묵적 규칙으로 작용하기 때문에 미누친은 개인을 변화시키기보다는 전체적 관점(holistic perspective)에서 가족구조의 변화에 일차적 관심을 둔 것이다.

(1) 제휴

제휴(coalition)는 가족체계 안에서 개인이 다른 가족성원과 협력적 관계를 맺는 것으로서 연합과 동맹의 형태로 주로 나타난다. 연합은 두 사람이 제3자에 대항하기 위해 힘을 합하는 것을 뜻한다(권석만, 2015: 422-423). 그에 비해 동맹은 두 사람이 공동의 목적을 달성하기 위해 제3자를 끌어들이는 것에 불과하여 연합과 같이 특정 대상에게 대항할 목적을 가지지 않는다. 주로 하위체계 간의 제휴가 흔히 나타난다.

(2) 경계선

경계선(boundary)은 눈에 보이지는 않지만 가족성원 개인과 하위체계의 안팎을 구분하는 구분하는 선이며, 가족성원 사이에 허용되는 접촉의 양과 종류를 결정한다(Becvar & Becvar, 1997). 그런 점에서 보면, 가족구조는 가족성원 간 상호작용의 유형에 나타난 경계선의 질적인 상태를 추상화한 것이라 할 수 있다. 미누친은 건강한 가족을 결정짓는 요소는 명확하고 적절한 형태의 경계를 가지고 있느냐에 달려 있다고 보았다(권석만, 2015: 423). 반면, 명확하고 적절한 경계를 설정하지 못한 가족은 가족체계의 일부분에서 벗어나지 못하여 정서적 고난을 감내하면서 살아갈 것이다. 가족은 각자의 독립적인 심리적 공간인 경계선을 인정하면서 그것을 침범하게 되면 종종 서로 갈등하고 반목한다.

가족은 하나의 전체이면서도 부분으로 구성된 구조를 가지고 있다. 그래서 구조적 가족상담에서는 가족 문제 해결을 위해 가족구조 전체를 중심으로 바라본다. 적절한 경계선에 의해서 하위체계가 보호받지 못한다면 그 하위체계 내의 개인은 상호작용하는 기법을 제대로 발달시키지 못하게 된다. 예를 들어, 부모가 자녀들이 사소한 말다툼을 할 때에도 계속 끼어들어 중재자 역할을 하게 되면 자녀들은 스스로 갈등을 해결하는 기법을 습득하지 못하게 된다. 건강한 가족은 분명하고 유연한 경계선을 가지고 있어서 하위체계 간의 구분이 명료하고 상호작용도 활발하다.

그러나 경계선이 다소 모호하여 하위체계의 구분이 애매할 경우에 가족은 서로에게 과도한 간섭을 하게 된다. 이를 두고 미누친은 '밀착된 가족(enmeshed family)'이라고 명명하고, 개인의 독립심과 자율성이 극히 제한되는 가족구조를 가진 가족이라고 표현하였다. 이러한 가족은 가족의 소속감을 지나치게 중시하여 자주성이 없고, 가정 밖에서 문제를 탐구하고 해결하려는 의지가 약할 수밖에 없다.

그에 비해 '유리된 가족(disengaged family)'은 경계선이 지나치게 경직되어 하위체계 간에 의사소통이 잘 되지 않는다. 그래서 가족성원 개개인은 매우 독립적이지만 가족 간의 애정과 지지는 매우 부족하므로 이 또한 변화의 대상이 되어야 한다고 보았다. 이러한 가족은 지나치게 자주적이고 독립적으로 기능하여 상호의존성이 없고, 필요할 때에도 가족에게 도움을 청하지 않는다. 가족 중의 한 사람이 심한 스트레스를 받을 때에만 겨우 다른 가족성원이 관심을 갖는 정도이다.

(3) 하위체계

건강한 가족이 되기 위해서는 먼저 개별 가족성원이 때로는 '우리는 하나'이지만, 때로는 '너와 나는 다름'을 인지하고 자신의 행동 방향을 조절할 수 있어야 한다. 그리고 그것은 가족 안에 건강한 경계를 가진 하위체계(sub-system)가 잘 기능하고 있을 때에만 가능하다. 가족의 하위체계는 가족성원에게 일정한 영향력을 행사하는 권력을 가지며, 일정한 권위에 따라 하위체계 간에도 권력의 서열이 존재한다. 하위체계의 종류는 부부체계, 형제자매체계, 부모자녀체계, 부모체계(시집과의 관계, 친정과의 관계) 등으로 세분화할 수 있다. 건강한 가족은 부모가 적절한 권위를 가지고 자녀들에게 민주적인 양육 태도를 보이지만, 그렇지 않은 가족은 권력의 서열이 분명하지 않아서 가족 간에 잦은 의견다툼과 충돌을 경험한다.

(4) 역기능적 가족과 기능적 가족

가족과 사회가 연결되는 지점은 바로 가족과 사회가 어떤 경계선에 따라 구분되는지에 달려 있다. 경계선이 얼마나 경직되거나 분리되어 있는지 또는 균형을 이루고 있는지의 여부는 가족상담의 주된 관심 대상이 된다. 기능적 가족(normal family)의 경계선은 균형을 잘 이루고 있다. 이러한 유형의 가족은 가족과 사회 사이에 교환이 필요한 에너지나 정보가 자유롭게 투입되고 환원되어 가족이 쓸 수 있는 에너지로 사용할 수 있다. 한편, 역기능적 가족(abnormal family)은 사회와 맺는 경계선이 매우 경직되어 있거나 경계가 아주 없어서 사회에 대해 고립감이나 적대감을 갖기 쉽다. 이러한 가족은 흔히 가족의 실패를 사회의 탓으로 돌려 비난하며, 반사회적 행동을 나타낼 수 있는 위험을 가지고 있다(송성자, 정문자, 1998).

　기능적 가족은 가족성원의 자존감이 높은 가족이다. 가족성원 스스로가 서로를 존중해 주며 서로를 구속하거나 통제하려고 하지 않는다. 그에 비해 역기능적 가족의 가족성원은 낮은 자존감을 가질 가능성이 높다. 그들 중에는 서로를 있는 그대로 수용하지 않고 지배 또는 통제하려는 사람(들)이 있기 때문에 가족성원 전체가 갈등과 긴장을 경험하게 될 가능성이 상대적으로 높다.

〈표 7-2〉 역기능적 가족과 기능적 가족의 비교

구분	역기능적 가족	기능적 가족
의사 소통	• 간접적이고 불투명한 이해 • 빈번한 이중구속 메시지 사용 • 수직적 의사소통구조 • 비난, 회유, 혼란의 메시지 사용	• 직접적이고 분명한 이해 • 이중구속 메시지 사용 자제 • 수평적 의사소통구조 • 합리적이고 절제된 감정표현
가족 규칙	• 암묵적이고 숨겨진 규칙이 존재하여 각자 알아서 처신 • 시대에 뒤떨어진 고정된 규칙 • 규칙의 변화가 거의 불가능	• 명백하고 분명한 규칙이 존재하여 상호공유 가능 • 시대 상황과 가치에 적합함 • 필요하면 언제든 변경 가능
가족 경계	• 경계선이 불균형 상태를 이룸 • 가족의 실패를 사회의 탓을 하며 비난, 고립 상태를 자초	• 경계선이 균형을 이루고 있음 • 필요한 에너지와 정보가 자유롭게 투입되고 환원됨
가족 관계	• 가족성원의 자존감이 낮음 • 우연적 · 무질서적이고 부적절하며, 파괴적인 가족관계	• 가족성원의 자존감이 높음 • 현실적 · 합리적이고 적절하며, 건설적인 가족관계

2) 상담기법

구조적 가족상담은 가족의 구조를 변화시켜서 가족성원이 자신의 문제를 해결할 수 있도록 돕는다. 구조적 가족상담의 목표는 역기능적 가족을 기능적 가족으로 변화시키는 것이다. 이를 위해 가족의 상호작용을 매우 중시하며, 가족상담실에서 일어나는 가족성원의 행동을 관찰하고 그러한 관계의 변화를 도모한다(권석만, 2015: 425). 때로는 가족상담자가 의도적으로 가족체계의 불균형을 유발하여 가족성원의 역기능적 행동 패턴을 인식하고 새로운 가족구조 형성을 돕는다.

(1) 가족 경계선의 재설정 시도하기

구조적 가족상담에서는 가족의 경계선이 전체 가족체계의 개방 정도와 개방 가능성을 나타내는 핵심 요소라고 생각한다. 가족체계는 진화하는 속성을 가지고 있으며, 체계의 경계는 항상 변화 가능성을 가지고 있다. 체계가 성장하고 발전하는 것은 폐쇄적인 체계가 융통성 있는 개방체계로 변화하는 것을 의미한다. 그래서 가족의 경계선을 재설정하는 것은 변화의 표적이 된다. 지나치게 강한 경계선은 가족의 자폐성과 고립상태를 유발한다. 반면, 지나치게 약한 경계선은 하위체계 간에 정서가 분리가 되지 않고 밀착되어 있는 상태를 만든다. 이러한 가족은 가족성원 개개인의 독립적인 생활과 개별성을 허용하지 않는다. 모든 가족성원은 하나의 단위로서 다 함께 똑같이 생각하고 느껴야 한다고 주장하기도 한다. 이런 상태를 두고 사티어는 자존감이 낮은 상태라고 표현하였고, 보웬은 미분화된 상태라고 표현하였다. 비슷한 가족의 문제행동이기 때문에 학자들마다 조금씩 사용하는 용어가 다를지라도 그 의미는 거의 동일하다.

(2) 상담자가 가족에 합류하여 새로운 상호작용 촉발하기

구조적 가족상담자는 그들 스스로가 가족의 일원이 되어 가족의 상호작용 속으로 합류하고 적극적인 개입을 시도한다. 이들은 가족에 합류함으로써 새로운 상호작용을 촉발하고 가족구조를 새롭게 재구성한다. 가족성원은 가족 문제나 역기능적 상호작용을 저마다 자신의 관점에 따라 일방적으로 표현하는 경향이 있다(권석만, 2015: 426). 이때 상담자는 재현하기(enactment) 기법을 사용하여 가족에게 역기능적인 행동이나 반응을 실제로 재현해 보도록 한다. 이것은 가족성원이 자신들의 관점에서 벗어나 다른 가족성원의 입장에 서서 생각해 볼 수 있도록 함으로써 건강한 상호작용에 대한 통찰의 개발을 도울 수 있다. 어머니가 자신에게만 야단을 너무 많이 친다고 생각하여 불만인 딸이 있다고 가정해 보자. 이때 상담자는 딸에게 "지금 따님이 어머니가 자신만 나무란다고 말하고 있습니다. 딸에게 어떻게 대답하시겠습니까?"라고 요청하여 어머니가 딸에게 어떻게 행동하는지를 실제로 나타내도록 한다. 그렇게 하면 두 사람의 상호작용을 비교적 객관적인 시각으로 재검토할 수 있게 된다.

구조적 가족상담자가 역기능적인 가족관계를 파악하기 위해서는 가족이 말하는 내용보다 상호작용하는 과정에 초점을 맞추어야 한다. 구조적 가족상담에서는 가능한 한 빨리 가족의 상호작용을 관찰하여 가족구조를 파악하는 것을 중요하게 생각한다. 이때 사용할 수 있는 가장 효과적인 도구는 '가족 지도(family map)'를 그려 보는 것이다. 그런 다음 역기능적인 상호작용을 포착하여 새로운 방식으로 반응하도록 조정하는 치료기법을 사용하면 더욱 효과적이다. 예를 들어, 늦둥이로 낳은 아들이 ADHD 행동을 일삼아 문제를 일으킬 경우, 가족상담실에서도 그런 행동이 여전히 나타날 것이다. 아들이 비명을 지르고 발버둥을 치자 처음에는 제지하던 부모가 곧 지쳐서 뒤로 물러나려고 할 것이다. 바로 그때 상담자는 자녀 양육에서 때로는 부모의 단호함이 필요함을 강조하며, 아들이 조용해질 때까지 아들의 팔을 붙잡고 있을 것을 제안할 수 있다. 20분 정도 거세게 저항하던 아들은 결국 자신의 뜻이 이루어지지 않을 것을 알고 조용해졌다.

(3) 새로운 가족구조의 생성 돕기

구조적 가족상담자는 가족의 고착된 관계구조를 변화시키기 위해 의도적으로 균형을 무너뜨리고 새로운 구조가 생성되도록 노력한다(권석만, 2015: 428). 이를 위해서는 가족에 합류하여 특정 개인이나 하위체계를 지지할 수 있다. 그리고 역기능적 가족은 경직된 가족 신념을 공유하고 있는 경우가 많은데, 그것들이 가족의 상호작용에 부정적인 영향을 미치며 가족 문제를 지속시킬 수 있다. 이때 가족상담자는 역기능적인 가족 신념을 포착하여 도전함으로써 가족성원이 새로운 관점에서 상호작용할 수 있도록 유도한다.

4. 사티어의 경험적 가족상담

경험적 가족상담(experiential family counseling)은 현대 가족상담의 어머니로 불리는 버지니아 사티어(1916~1988)에 의해 개발된 가족상담기법이다. 주요 개념으로는 가족규칙과 자아존중감, 그리고 의사소통과 대처 유형 등이 있다. 그는 평소 "가족은 소(小)우주이다. 가족을 치유하는 사람은 세상을 치유할 수 있다."라고 말하는 등 개인의 심리치유에 있어서 가족의 존재와 중요성을 그 누구보다 강조한 가족상담자이다(권석만, 2015: 435).

1) 주요 개념

(1) 가족규칙

가족규칙(family rule)은 가족성원이 지켜야 하는 가족의 법률이라 할 수 있다. 사티어가 오랜 상담 경험을 통해 깨닫게 된 사실 중 하나는 "대부분의 사람은 비합리적인 규칙에 얽매여 비인간적인 삶을 살고 있고, 이러한 규칙은 그들의 자존감에도 부정적인 영향을 미친다."는 것이다(정문자 외, 2012: 181-182). 가족이 저마다의 가족규칙을 분명하게 의식할 때도 있지만 거의 무의식적으로 따르거나 거부하는 경우도 많다. 기능적 가족은 인간적이고 가족의 기대에 맞게 얼마든지 유연하게 바꿀 수 있는 가족규칙을 가지고 있는 경우가 많다.

역기능적 가족은 시대적 상황과 윤리에 뒤떨어진 규칙을 여전히 준수하고 있는 경우가 많다. 이들 가족에서 한번 만들어진 가족규칙은 쉽게 바꾸기 어렵고, 가족 모두가 이 규칙을 지키는 것 자체를 힘들어하는 경우가 많다. 어릴 때는 부모가 정한 규칙이 다소 못마땅하더라도 그것을 지킬 수밖에 없다. 그래야만 부모의 집에서 생존이 가능하기 때문이다. 하지만 성인이 된 후에는 상황이 다르다. 나이가 들어서도 비합리적이고 개인의 입장을 전혀 고려하지 않는 규칙을 준수해야 한다면 그것 자체가 스트레스가 될 것이고, 성인이 된 자녀의 성장을 방해할 것이다. 그러나 가족규칙을 변화시키는 일은 말처럼 쉽지 않다. 따라서 외부 전문가의 도움이 필요할 수 있다.

이렇듯 비합리적인 가족규칙을 따름으로써 얻게 되는 결과는 가족의 자존감을 떨어뜨린다는 것이다. 예를 들어, 부모가 '다른 사람의 마음에 상처를 주지 말라'는 것과 같은 규칙을 정하여 자녀들에게 알릴 때에는 세상살이에서 먼저 타인의 감정을 존중하는 것이 중요하다는 의미가 담겨 있을 것이다. 외람되게도 그렇게 하기 위해 자기의 감정을 감추고 살아야만 한다면 그것은 바람직하지 않다. 그것은 오히려 그의 자존감만 낮아지게 할 것이다. 매번 지키기 어려운 가족규칙 때문에 화가 나지만 부모님이 정한 가족규칙을 깨트리기도 어렵다. 이 정도 되면 가족규칙이 개인과 가족의 성장을 방해한다고 할 수 있다. 이때는 규칙의 변경이 필요하다고 판단할 수 있다. 즉, 부모님이 정한 가훈(家訓)에 대한 정신은 유념하되 규칙은 하나의 지침에 불과하다고 생각하는 유연한 사고가 필요하다. 그것이 가능해지려면 사티어가 얘기한 다섯 가지 자유를 떠올릴 필요가 있다(Satir et al., 1991: 62). 규칙을 지침으로 바꾸면 일치적 의사소통이 가능해지고, 생활에 여유가 생기며, 자유가 넘치게 된다.

〈다섯 가지 자유〉

• **보고 들을 수 있는 자유**: 해야 하고, 해야 했으며, 이루어질 수 있을 것이라고 하는 것 대신에 여기에 있는 것을 보고 들을 수 있는 자유

• **느끼고 생각하는 것을 말할 수 있는 자유**: 해야 하는 것 대신에 느끼고 생각하는 것을 말할 수 있는 자유

• **마음껏 느낄 수 있는 자유**: 하지 않으면 안 되는 것 대신에 느끼는 것을 마음껏 느낄 수 있는 자유

• **원하는 것을 요구할 수 있는 자유**: 항상 허용을 기다리는 대신에 원하는 것을 요구할 수 있는 자유

• **모험을 할 수 있는 자유**: 안전하고 흔들리지 않는 것만을 선택하는 것 대신에 자신의 신념에 따라 모험할 수 있는 자유

---

(2) 자존감

자존감(self-esteem)은 "자신에 대한 존엄성이 타인이나 외적인 인정이나 칭찬에 의한 것이 아니라 자신 내부의 성숙된 사고와 가치에 의해 얻어지는 개인의 의식"을 말

한다(이철수, 2009). 그것은 자율적으로 행동할 수 있는 권한과 자유가 주어질 때 개인이 자신에 대해 가질 수 있는 가치의 정도라고 정의할 수 있다(송성자, 정문자, 1998). 자기존중과 자기가치는 개인 스스로가 자신에게 가지는 애착이나 사랑하는 마음, 그리고 신뢰와 존중 같은 것이다. 모든 인간은 생존하기 위하여 어느 정도 자신을 존중할 줄 아는 마음을 가져야 한다. 그 이유는 자신을 존중하는 마음을 가질 때 타인의 감정을 잘 이해하고 함께 어울릴 수 있기 때문이다. 가족상담은 이러한 가족성원의 자존감을 증진하는 것에 일차적인 목표를 두고 있다.

자존감의 형성은 생애 초기에 경험한 부모-자녀관계가 가장 중요한 영향을 미친다. 사티어는 자존감은 인간의 모든 에너지의 자원이 된다고 하였다. 그 에너지는 자신을 사랑하고 감사를 느낄 때 만들어지는 것이다. 그리고 그것은 자기 자신에 대하여 감사하고 사랑할 때 만들어진다. 가족상담을 받으러 오는 사람의 대다수는 자존감이 낮은 경우가 많다. 이들은 스스로 가치가 없다고 느끼기 때문에 다른 사람들이 자신을 비난할 것을 항상 염려한다. 스트레스 상황이 닥치면 언제나 최악의 경우를 예상하기 때문에 정서적으로 매우 불안해한다. 자신을 방어하기 위해 타인을 믿지 못하는 모습을 보이기도 하고, 타인에 대해 냉담한 반응을 보이기도 한다. 가족상담은 이러한 행동들을 비난하지 않고 관계를 재설정하도록 돕는다.

자존감이 높은 사람 원만함, 정직성, 책임감, 정열, 많은 관심, 자신의 능력에 대한 신뢰, 스스로의 결정, 타인의 가치를 인정하고 존중, 신뢰와 희망, 일시적으로 낮아진 자존감의 상태를 있는 그대로 표현한다.

자존감이 낮은 사람 자기 자신을 부인하고, 한 부분만을 보고 판단하고, 자신을 싫어하며, 부정적인 태도를 가지고 있다. 자기확신이 적고, 매우 불안해 보이며, 다른 사람이 자신을 어떻게 생각하는가에 대하여 지나치게 신경을 쓰게 되어 자신이 얼마나 사랑받을 만한 존재인지 지각하지 못하는 우를 범하기도 한다.

한편, 자존감에는 개인의 유일성과 인간으로서의 동일성이라는 두 가지 속성이 존재한다. 경험적 가족상담에서는 이 두 가지를 인식하는 과정에서 자존감이 발달한다고 본다. 모든 사람에게는 스스로의 가치를 발견하고 자기 형상을 만드는 것이 중요하다. 사티어는 가족성원 사이에서 공통의 관심사와 흥미는 가족이 시간과 공간을 함께하는 데서 발생하기 때문에 "유사성을 근거로 함께 어울리고 사랑할 수 있고, 차이점을 발견하고 존중함으로써 가족이 함께 성장할 수 있다."고 보았다(Satir et al., 1991). 사람은 자신의 것이 비현실적임을 발견하고 인정할 때 다른 사람의 것을 존중하게 되어 자신의 것을 버리거나 수정할 수 있게 된다. 타인을 거울삼음으로써 자기 자신을 좀 더 알게 되고 타인과 자신을 비교하지 않는 마음구조를 가지게 된다. 이것이 자존감을 만들어 나가는 중요한 과정이다.

〈자존감의 두 가지 속성〉

개인의 유일성 이것은 타인과 확실히 다른 어떤 것들을 가지고 있다고 생각하는 마음이다. 마치 모든 사람은 지문을 가지고 있지만 사람마다 각자의 지문이 다르듯이, 이 세상에서 나와 똑같은 사람은 없다는 것을 의미한다. '나는 오로지 나 하나'일 뿐이다.

인간으로서의 동일성 모든 인간은 같으며, 기본적인 신체구조를 동일하게 가지고 있다는 것을 인정하는 마음이다. 이것은 타인과 많은 측면에서 다르지만 유사한 것도 가지고 있고, 보통의 인간임을 받아들이는 삶의 태도를 갖게 만들어 준다.

사티어는 자기가치 및 자기존중을 발전시키려면, 먼저 인간 생존의 차원에서 자기존중의 3대 요소를 확인해야 한다고 말하였다. 그것들은 **자기**(자신에 대한 가치와 유일성)와 **타인**(유사점이나 차이점), 그리고 **상황**(부모, 환경조건) 등으로 대별된다. 인간에게 중요한 것은 행동하는 데 있어서 생존 욕구에 집착하기보다는 자신의 잠재성을 인정하고 긍정적인 측면을 표현하는 것이다. 예를 들어, 예기치 않은 실수를 범했을 때 "내가 얼마나 어리석은지 몰라. 내가 어떻게 이런 일을 했지?"라고 말하기보다는 "그래, 좋아. 나 자신을 한번 살펴봐야지. 어떤 경험을 통해서 부족한 것을 배우면 다음에는 더 잘할 수 있을 거야."라고 말하는 것이 좋다.

경험적 가족상담에서는 가족성원 개개인의 낮은 자존감을 회복시켜 자신의 가치를 인정하고, 자신의 장점과 자원을 발견하고 활용하도록 도와 스스로 문제 상황에 잘 대처할 수 있게 하는 상담기법을 주로 사용한다. 자존감에 대한 개념인 자기, 타인, 상황의 3대 요소 중 어느 한 부분이라도 온전하지 않으면 역기능적이라고 보았다. 그래서 경험적 가족상담에서는 이들의 조합에 따라 의사소통과 대처 유형이 달라진다고 보고, 이 세 부분이 모두 순기능을 하여 일치하도록 돕고자 노력한다(정문자 외, 2012: 174).

〈자존감의 3대 요소〉

• **자기**: 애착, 사랑, 신뢰, 존중을 통해 자신에 대한 가치와 자신의 존재를 유일무이(唯一無二)한 존재로 인식함을 의미한다.

• **타인**: 의미 있는 타자들과의 관계를 통해 형성되며, 다른 사람에 대해 느끼는 감정으로 다른 사람과의 동질성과 이질성, 그리고 상호작용에 대한 것을 의미한다.

• **상황**: 개인을 둘러싼 환경적 여건과 맥락을 의미하고, 부모나 원가족 삼인군에서의 상황을 의미한다.

[부록 8] 자존감 연습

① 두 사람씩 짝을 지어서 한 사람은 내담자가 되어 상담자의 눈을 바라보며 '나는 나 선언문'을 읽는다.

② 상담자 역할을 하는 사람은 정중한 자세로 내담자의 선언을 경청한 다음, 내담자가 선언문을 다 읽고 나면 **"당신은 진정 당신 삶의 주인이고, 여러모로 괜찮고 가치 있는 사람입니다."**라고 이야기해 준다.

③ 순서를 바꾸어서 역할을 반복한다.

나는 나(I am Me) 선언문

이 세상에 나와 아주 똑같은 사람은 하나도 없다.

내가 표현하는 모든 것은 내가 스스로 선택했기 때문에 진정으로 나의 것이다.

나는 나에 관한 모든 것, 즉 나의 신체, 나의 감정, 나의 입, 나의 목소리 등을 소유하고 있다.

나의 모든 행동은 다른 사람이나 나 자신을 위한 것이다.

나는 나의 환상, 나의 꿈, 나의 희망, 나의 두려운 감정을 모두 소유한다.

나는 나의 모든 승리와 성공, 나의 모든 실패와 실수를 다 가지고 있다.

나는 나의 모든 것을 소유하고 있기 때문에 나는 나에 대해 아주 잘 안다.

나를 잘 알게 됨으로써 나는 나의 모든 부분을 사랑하고, 친근하게 느낄 수 있다.

나는 나를 난처하게 만드는 것들이 나에게 있다는 것을 알고,

내가 알지 못하는 것들이 나에게 있다는 것도 안다.

그러나 내가 나를 친숙하게 느끼고 사랑하는 한 나는 나를 격려하고 나에게 용기를 줄 수 있다.

다행스럽게도 어려움에 대한 해결안을 찾을 수 있고,

나에 대하여 더 많은 것을 발견할 수 있다.

주어진 시간 안에 내가 보고, 소리 내고, 말하고, 행동하며, 생각하고, 느끼는 모든 것이 진정으로 나이다.

시간이 지난 후에 내가 보았고, 소리를 내었고, 생각하였고, 느꼈던 것들이

적절하지 못한 것을 알게 된다면 부적합한 것은 버릴 수 있고, 나머지는 그대로 소유할 수 있다.

그리고 내가 버렸던 것들에서 새로운 것을 발견한다면

나는 보고, 듣고, 생각하고, 말하고, 행동할 수 있다.

나는 생존하고, 타인에게 가까이 가고, 생산적이 되고, 외부세계에 관하여 알 수 있고,

명령할 수 있는 도구를 가지고 있다.

그리고 나의 소유는 아니지만 많은 것이 있다.

나는 나의 주인이며, 나는 나를 조정할 수 있다.

나는 나이며, 나는 괜찮고 가치 있는 사람이다.

출처: 송성자, 정문자(1998). pp. 54-55 재구성.

(3) 순환적 인과관계

사티어는 가족 간에는 주로 '자극-반응-강화'로 순환되는 메시지를 주고받는 일련의 연속적 상호작용을 따르기 때문에 가족의 갈등은 원인과 결과가 반드시 일치하지 않는 일종의 순환적 인과관계를 가진다고 보았다. 예를 들어, 어머니가 딸에게 늦게 귀가하는 것에 대해 잔소리를 하자 딸은 어머니의 잔소리 때문에 늦게 귀가하게 된다. 이런 자극과 반응이 계속되면서 서로의 행동을 강화한다(송성자, 정문자, 1998).

순환적 인과관계에서 가장 문제가 되는 것은 이중구속(double bind)의 메시지를 주고받는 것이다. 이것은 다른 가족을 혼란스럽게 만들고 눈치를 보게 만들어 가족관계 증진에 있어서 큰 걸림돌로 작용한다. 반면, 기능적인 가족은 스트레스 상황에서도 개인의 감정과 생각을 일치시키고 이중구속의 메시지 사용을 최대한 자제한다. 의사소통은 상호 간에 필요한 정보를 제공하는 것 이상으로 가족관계의 질을 좌우한다. 경험적 가족상담에서는 의사소통이 가족관계의 형성에 가장 중요한 기반이 됨을 이해하고, 보다 효과적인 의사소통방식을 배울 수 있도록 돕는 상담전략을 사용한다.

그래서 경험적 가족상담에서는 상담자가 가족체계의 외부 자원으로서 기본적인 변화매개체 역할을 수행할 것을 강조한다. 경험적 가족상담자는 내담자의 유일성을 수용함과 동시에 인간으로서의 동질성을 인정한다. 내담자의 자신감을 강화하도록 의미를 부여함으로써 영향을 줄 수도 있다. 초기 단계에서 내담자에게 변화가 가능함을 알려 주고, 변화에 대한 의지를 확인하는 것은 경험적 가족상담에서 매우 중요한 과업이다. 변화에 대한 긍정적인 신념은 내담자의 기대, 견해, 감정을 변화시키는 데 가장 큰 영향력을 발휘할 수 있다.

예를 들어, 아동기에 어머니가 사망하였을 경우, 어려서는 어머니가 살아 있기를 기대하고 간절히 바랄 수도 있다. 그러나 성인이 된 지금까지도 불가능한 것을 기대하고 있다면 이것은 과거에 지나치게 집착하는 것이나 다름없다. 이것은 성장하거나 발전하는 데 큰 장애가 된다. 새로운 기대와 현실에 적합한 것을 희망하도록 함으로써 안전하게 성취할 수 있는 방법을 발견하도록 하는 것은 경험적 가족상담의 중요한 기법이다. 사티어는 조각과 시범을 통하여 행동적인 상호작용과 변화를 경험하도록 하였으며, 조각에 참여한 사람들로 하여금 자신의 내면적인 측면을 인식하고 교정하는 경험을 하게 만드는 기법을 주로 사용하였다.

〈부모-자녀관계의 개선을 위한 개입전략〉

- 부모 자신이 자녀를 어떻게 다루고 있는지 알도록 돕는다.
- 부모가 나타내는 시선과 얼굴 표정이 어떤지 자각하도록 돕는다.
- 대부분의 아동은 모든 사건의 원인이 자신에게 있다고 생각하기 때문에 부모는 어떤 사건은 자녀와 관련이 있고, 어떤 사건은 다른 가족성원과 관련이 있음을 분리하여 자녀에게 말해 주는 것이 중요하다.
- 자녀가 자유롭게 질문할 수 있도록 돕고, 무엇이 일어나고 있는지에 관해 이야기할 수 있는 능력을 키워 준다.
- 자녀가 가지고 있는 동질성과 차이성에 관심을 갖는다.
- 자녀가 흥미 있어 하는 것을 발견할 수 있도록 기회를 제공하고, 자신감을 가질 수 있도록 격려해 준다.
- 부모는 자녀 훈육의 방법이 자녀에게 용기를 주고, 바람직한 행동을 하도록 하는지 알아야 한다.
- 자녀가 스스로 행동의 결과를 고쳐 나가도록 돕고, 수용하는 것은 학습을 위한 기회임을 알아야 한다. 처벌은 자녀의 자존감을 상하게 할 수 있다.

(4) 의사소통과 대처 유형

사티어는 오랜 가족상담의 경험을 통해 사람들이 평소에는 문제가 없지만, 스트레스를 유발하는 상황이 발생하면 그들만의 독특한 의사소통 및 대처 유형이 발생한다고 보았고, 긴장을 처리하는 방식에서도 공통점이 있다는 사실을 발견하였다. 그리고 이러한 의사소통방식은 일종의 생존반응(survival stance)으로서 자존감의 수준이 낮고, 세 가지의 자존감 요소가 불균형 상태에 있을 때 주로 나타난다. 자존감에 문제가 있음을 의미하는 이러한 상황에 대해 사티어는 역기능적 의사소통이라 이름 붙이고, 회유형, 비난형, 초이성형, 산만형으로 구분하였다(정문자, 2007). 이 유형들의 공통점은 언어적 메시지와 비언어적 메시지의 의미가 일치하지 않는 이중구속의 메시지를 전달하는 것이고, 그것의 사용을 문제 삼는 사람이 아무도 없다는 점이다.

이중구속의 메시지는 자존감이 낮고, 스스로 좋은 사람이 아니라고 생각하며, 다른 사람의 감정을 상하게 하는 것을 두려워할 때 주로 나타난다. 더 나아가 자신의 행동으로 말미암아 가족관계가 단절될 것을 지나치게 염려하고 남에게 짐이 되는 것을 싫어할 때에도 나타난다. 그 결과, 가족 사이에는 관계의 불신이 생기고, 좌절감과 거절의 느낌으로 자존심이 상하며, 자기존재의 가치에 대해서도 부정하게 되는데, 이 세상 그 어느 것도 이보다 슬픈 일은 없다. 사람은 누구나 자기존재 가치에 위협을 받게 되면 즉각적으로 방어적인 반응을 하게 될 것이다. 인간관계에서 사랑과 진정한 신뢰에 의심을 가지게 되면 다음과 같은 역기능적 형태의 생존반응을 사용할 것이다.

가. 역기능적 의사소통

① 회유형

회유형(placating)은 자신의 내적 감정을 무시하고 타인의 비위를 맞추려는 성향을 말한다. 다른 사람에게 모든 권한을 넘겨주고, 다른 사람의 의견에 전적으로 동조하며, 심지어 비굴한 자세를 취하기도 한다. 그리고 다른 사람과 상호작용하는 상황을 존중하지만 자신의 진정한 감정을 존중하지 않는다. 회유는 그저 기뻐하는 것을 가장한 것에 불과하다.

회유형의 내적 감정

자신의 마음은 편치 않지만 그저 다른 사람에게는 편하게 대해 주는 태도를 취한다. 나 자신이 느끼는 감정보다는 타인의 요구에 거절할 줄 모르고 눈치 보는 행동이 두드러지고 자기희생을 감수하며, 화내는 것이 두려워 무조건 참는 행동을 보인다. 주된 사고의 형태는 가족을 위해 산다고 생각하고, 자신은 가치가 없다고 느끼며, 항상 사람들에게 잘해야 한다고 믿는다. 또한 '다른 사람을 화나게 해서는 안 된다. 누구도 해쳐서는 안 된다. 모든 것은 다 내 탓이다. 당신이 원한다면 무엇이든 다 좋다. 나는 오로지 당신을 행복하게 해 주고 싶을 뿐이다.'라는 메시지를 상대방에게 전달한다.

② 비난형

비난형(blaming)은 회유형과 반대로 타인을 무시하는 성향을 보인다. 자신은 남 앞에서 결코 약해 보여서는 안 된다고 생각한다. 약한 자아를 보호하기 위해 마치 스트레스 상황에서 선제공격을 하듯이 타인의 말이나 행동

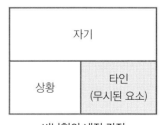

비난형의 내적 감정

을 비난하고 통제하며 명령하는 행동을 보인다. 타인을 비난하기 위하여 다른 사람의 가치를 떨어뜨리고 오로지 자신과 상황만 중시한다.

겉으로 보이는 행동은 공격적이나 그들의 내면에는 소외감과 고독감이 깊이 깔려 있다. 자존감이 낮고, 그런 자신의 속마음이 타인에게 들킬까 봐 전전긍긍하는 경우도 많다. 비난을 통해 복종하는 사람이 생기면 자신이 중요한 사람이 되었다고 생각하는 경향이 강하여 가족성원 중 가장 변화하기 어려운 유형이다. 왜냐하면 이들은 대체로 자기주장이 강하고 고집이 세며, 체면을 중시하고, 종종 타인에게 맹목적인 복종과 충성을 요구하기 때문이다. 욕도 잘하고 싸움을 잘 걸며, 편견이 심하다. 상대방의 의견을 무시하고 문제가 생길 때마다 남의 탓으로 돌리는 경우도 많다. 예를 들어, "내가 제일 잘 알아. 내 생각이 항상 옳아." "한 번 말했으면 그만이지 또 다시 얘기해야 해?" "죽어도 사과 못 해." "웬 여자가 고분고분하지 않고 말도 많고 따지는 게 많아?" 등의 표현을 자주 사용한다.

③ 초이성형

초이성형(super-reasonable)은 자기나 타인을 과소평가한다. 스트레스 상황에 부딪혔을 때에도 오로지 합리적인 상황만을 중요시하며 자신과 타인의 감정을 무시한다. 이들은 어떤 감정도 없이 이성적이고 냉정하며, 차분함을 유지하려 애쓴다. 사람을 대할 때 융통성이 없고, 매우 완고한 성격을 가진 경우가 많다.

초이성형의 내적 감정

말을 할 때에는 거드름을 피우며 길게 말하기도 하고, 급박한 위기 상황에서도 자신이 가장 현명하고 침착한 것처럼 보이려고 노력한다. 뜻을 알 수 없는 말을 혼잣말로 얘기하기도 하며, 듣는 사람이 이해를 못해도 상관하지 않고 불필요한 설명을 계속 늘어놓기도 한다. 그들은 자신이 항상 옳다는 것을 증명하기를 원하며, 티끌만큼이라도 남들과 다른 자신의 모습을 강조한다. 예를 들어, "나는 덥다."라는 말 대신에 "오늘은 덥다. 유독 그렇다."라고 말하여 감정에 초점을 두기보다는 상황에 초점을 두는 어려운 말로 바꾸어 말하기도 한다. 하지만 그들의 속마음은 외로움이 사무쳐 남몰래 눈물을 흘리는 경우가 많다. 남들과 잘 어울리지 못하고 매사에 완벽주의자인 이들은 타인의 장점을 인정하지 않고 매사에 불평불만이 많다. 지나친 책임감과 강한 자존심 때문에 잘난 체도 잘한다. 그래서 "공과 사를 명확하게 구분해야 해." "왜 다른 사람들은 일을 꼼꼼하고 완벽하게 처리하지 못하지?" "두고 봐. 내 말대로 하지 않으면 결코 성공하지 못할 거야." 등의 표현을 자주 사용한다.

④ 산만형

산만형(irrelevant)은 겉으로 보기에 유머가 넘치는 사람처럼 보인다. 그런데 실제로는 생각이 자주 바뀌고 동시에 여러 가지 행동을 해야 하기 때문에 자기, 타인, 상황 모두를 무시한다. 집안에서 혼자 바쁘고 부산하게 움직이지만 그들이 내뱉는 말과 행동의 의미나 내용은 대체로 빈약하기 일쑤이다.

산만형의 내적 감정

다른 사람들의 질문에 동문서답하며 어떤 주제에도 주의 집중을 하지 못한다. 이들은 가족 중 어느 누구도 나를 걱정해 주지 않는다고 생각하고 자신을 받아 줄 곳은 아무데도 없다고 생각한다. 다리를 심하게 떠는 등 신체의 한 부분을 계속 움직이며, 휘파람이나 콧노래, 눈 깜빡이기, 머리 매무새 만지기 등의 행동을 자주 보일 때도 있다. 다른 사람이 말을 할 때는 딴전을 피우고 정확한 답을 회피하며, 솔직하지 못한 태도를 보인다. 무책임하고 거짓말을 잘 하며, 난처할 때는 큰 소리로 웃어 넘기려고 하고 썰렁한 농담도 잘한다.

나. 일치적 의사소통

경험적 가족상담 개입의 주된 목표는 가족이 갈등의 메시지를 이해하고 일치적인 의사소통을 하도록 돕는 데 있다. 일치적 의사소통이란 원만한 대인관계를 형성하는 데 도움이 되는 의사소통방법이다. 이러한 유형의 사람들은 책임감이 강하고 정직하다. 타인을 대할 때에는 친근하고, 스스로를 바라보는 관점에 능력이 있으며, 문제 상황에 부딪히면 현실적인 방법으로 문제를 해결하는 능력이 탁월하다. 자신의 감정에 솔직하고 타인의 감정을 배려하는 능력도 탁월하여 자기, 타인, 상황 모두를 존중하는 삶의 태도를 지닌다.

역기능적 의사소통을 보이던 가족이 일치적 의사소통을 배우기 위해서는 말과 감정 모두가 일치하는지 스스로 자각하도록 돕는 것이 중요하다. 말과 감정을 동일한 방향으로 유지하는 것은 가족 간의 관계를 촉진하는 가장 좋은 방법이다. "나는 화 안 났어."라고 말하면서 얼굴 표정은 굳어 있고, 입술을 꽉 깨물고 있다면 그의 심리는 '나는 지금 화가 났지만 그렇게 느낀다고 말하면 안 된다.'라고 하는 것과 같은 것이다.

가족 간에 일치적 의사소통이 가능해지려면 먼저 가족 각자가 다른 가족성원과 관계를 맺는 과정에서 자신을 어떻게 평가하고 있는지 살펴봐야 한다. 다음은 네 가지의 역기능적 의사소통 유형을 변화시키는 방법이다. 사람들이 좀 더 성숙하기 위해서는 새로운 경험을 통한 학습과 의도적인 연습이 필요하듯이, 자신의 평상시 모습을 의도적으로 다시 보고 듣는 기회를 통해 모든 잘못된 습관과 감정에 이별을 고할 수 있다.

〈역기능적 의사소통에서 일치적 의사소통으로의 전환〉
- **회유형**: 자기 감정에 솔직하게 반응하고 지지체계를 개발하도록 돕는다.
- **비난형**: 다른 사람에 대한 감정을 종합적으로 인식하도록 돕는다.
- **초이성형**: 자신과 다른 사람에 대한 인식과 감정을 이해하도록 돕는다.
- **산만형**: 자기, 타인, 상황의 모든 측면에서 수용과 통합이 필요하다.

이를 단계별로 설명하면, 상담자는 가장 먼저 자신의 모든 신체 감각기관을 총동원하여 자기, 타인, 상황을 지각하도록 돕고, 타인과 관계를 맺을 때 충분한 관심을 가지도록 돕는다. 그런 다음에 자신이 경험한 이중구속 메시지의 의미와 가족규칙을 분명하게 깨닫도록 돕는다. 이때 상담자의 역할은 가족성원에게 3세대 원가족 도표 작성 및 설명 과정을 통하여 아동기에 형성된 좌절감을 이해하고 새로운 학습 경험과 변화과정을 경험토록 하여 일치적 의사소통을 잘 유지하도록 돕는 것이다. 마지막으로, 기회와 가능성을 표현하도록 도와 가족성원이 자존감을 향상시킬 수 있도록 돕는다.

〈일치적 의사소통을 위한 단계적 학습〉

- **자신의 신체 감각기관을 이용하여 깨닫기**: 자신이 보고 듣고 생각하고 느낀 것을 숨기지 않고 말할 수 있도록 돕는다.
- **이중 메시지의 극복**: 부모로부터 접수한 메시지에 혼돈이 생기지 않도록 부모가 먼저 일치된 의사소통을 하도록 돕는다. 네 가지의 생존 유형 중 한 가지를 선택하여 사용할 때의 문제를 생각한다.
- **아동기에 형성된 좌절감의 극복**: 가족성원의 역기능적 의사소통 문제는 자신이 어린 시절에 가지고 있던 부모상을 성장하면서 새롭게 재구성하지 못하였기 때문에 나타나는 현상이므로 상담 중에는 '지금-여기'의 관점에서 항상 진행될 수 있도록 하여 과거로부터의 집착에서 벗어날 수 있도록 한다.
- **기회와 가능성의 표현(다섯 가지 자유)**: 긍정적으로 우리의 자원을 사용하고 창의적으로 선택한 것을 사용하도록 돕는다.

2) 상담기법

(1) 빙산치료

사티어는 개인을 빙산에 비유하여 가족관계의 치유를 시도하였다(빙산치료: Iceberg Metaphor). 수면 위에 보이는 것은 개인의 행동이고, 수면 아래에 있는 것은 개인의 감정과 지각, 그리고 열망과 기대이다. 사티어는 겉으로 드러나는 내담자의 행동은 그저 빙산의 일각에 불과하다고 보았으며, 대부분의 경험은 수면 아래에서 경험되고 있는 것으로 생각하였다. 대부분의 상담 모델에서는 문제행동의 변화에 초점을 두지만 경험적 가족상담에서는 개인의 빙산 수면 아래를 탐색하여 내담자의 부적응 경험들을 표면화하고 변형하는 것을 목표로 한다.

예를 들어, 서로에 대한 기대와 욕구 불만족으로 잦은 부부싸움을 하는 부부의 경우에는 빙산 탐색을 통해 과거의 경험에 대해 각자가 가지고 있는 감정들을 파악할 수 있고, 서로에 대한 지각과 기대, 그리고 열망을 깨달음으로써 상대 배우자에 대한 이해가 넓어지고 배우자의 욕구를 충족시키려는 시도를 할 수 있다. 경험적 가족상담에서는 개인의 빙산을 탐색하기 위해 다음과 같은 질문을 던지고 내담자의 내면을 이해하기 위한 노력을 기울인다.

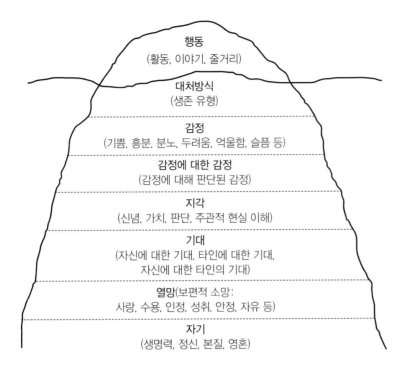

[그림 7-3] 개인 빙산의 비유(The Personal Iceberg Metaphor)

출처: Banmen (2001).

〈사례: 고부갈등으로 남편에게 화를 내는 아내의 내면을 이해하는 질문〉

• 행동: "남편에게 화가 나는 상황에서 어떻게 행동합니까?"

• 대처방식: "반복되는 대처 유형이 어떻게 나타납니까? 의도는 무엇인가요?"

• 감정

  – "그 상황에서 느끼는 감정은 어떤 것인가요?"

  – "그와 관련되어 다른 감정도 느꼈나요?"

• 감정에 대한 감정: "화가 나는 자신에 대한 느낌은 어떠한가요?"

• 지각

  – "그 상황에 대해 어떻게 이해하고 판단하고 있나요?"

  – "그때 어떤 생각이 드셨나요?"

• 기대

  – "그때 남편에 대한 기대는 무엇이었나요?"

  – "당신에 대한 남편의 기대는 어떤 것인가요?"

(2) 원가족 삼인군 치료

사티어는 치료의 대상을 내담자(client)나 확인된 내담자(IP: Identified Patient)라고 표현하지 않고, '스타(Star)'라는 표현을 주로 사용하였다. 그가 주로 사용한 원가족 도표(family of origin map)는 원가족의 맥락 속에서 개인심리의 경험이 가족과 어떤 상호작용 및 역동성을 가지고 있는지를 이해하고 평가하게 해 주는 유용한 도구이다. 이 도표를 통해 상담자는 가족의 성격과 자존감, 의사소통방식, 가족규칙, 가족역동성, 사회와의 연계성 등을 파악할 수 있고, 이를 바탕으로 내담자가 높은 자존감을 갖고 일치된 의사소통을 하는 데 어떤 변화가 필요한지를 파악할 수 있다(정문자 외, 2012: 187-191).

이렇게 작성된 원가족 도표는 원가족 삼인군 치료(primary triad therapy)에서 중요한 치료의 자원이 된다. 원가족 삼인군 치료는 역기능적인 삼인군에서 학습했던 것들을 변화시키는 데 효과적인 치료기법이다. 그리고 그것들은 그동안 가족생활 중에 가족의 삶의 질을 방해하는 장애물이었을 것이기에 변화의 표적이 된다. 따라서 원가족 삼인군의 치료 목적은 기능적인 삼인군의 특성을 갖도록 돕는 데 있다. 내담자가 자신의 행동에 책임을 지고, 자신의 감정을 지각하고 잘 조절할 수 있도록 도우며, 일치된 의사소통을 할 수 있도록 자존감을 높이는 것이 목적이다(정문자, 2007).

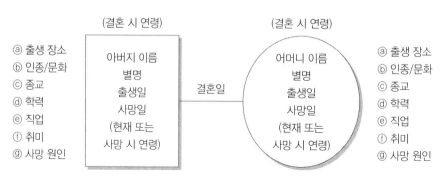

[그림 7-4] 원가족 도표 그리기

출처: 정문자 외(2012).

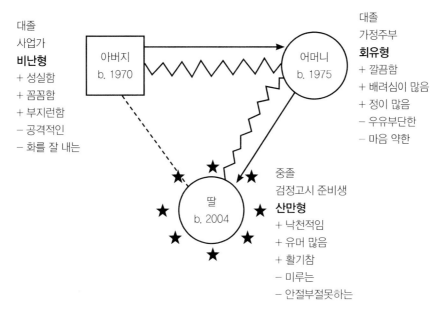

[그림 7-5] 원가족 도표(별칭: 대화가 필요해)

(3) 가족조각

가족조각(family sculpture)이란 특정 시점을 선택하여 그 시점에서 나타난 가족관계
와 다른 가족성원에 대한 개인의 느낌 등을 동작과 공간을 사용하여 표현하는 비언어
적 기법을 말한다. 이 기법의 사용 목적은 가족성원이 각각 자신의 내면적 감정에 접함
으로써 진정한 자아에 대해 깨닫고 새로운 대처방법을 생각해 보도록 하는 데 있다.

가족조각에 참여하는 가족은 그 과정에서 가족의 역동성을 가시적으로 경험하게 된
다. 비언어적인 가족조각기법은 자신에 대한 표현을 용이하게 하므로 언어능력이 제한
되어 있는 가족이나 자녀가 아직 어릴 경우 혹은 말이 너무 많거나 대화가 필요한 가족
모두에게 유용하다. 가족조각기법은 말을 하는 것 대신 몸으로 표현하여 무의식적이고
자연스러운 의사소통을 하기 때문에 언어 대화에서 일어날 수 있는 지나친 언어화, 주
지화, 방어 및 비난적인 투사의 영향을 줄일 수 있다. 다음은 사티어가 제시한 네 가지
의 역기능적 의사소통 유형을 가족조각으로 표현할 때 사용할 수 있는 자세들이다.

첫째, 회유형을 표현하는 특징적인 자세는 무릎을 바닥에 대고 앉고, 왼손은 구걸하
듯이 내밀고, 오른손은 심장에 얹고, 목은 치켜 올리고, 눈은 애원하듯이 쳐다본다. 이
자세는 '나는 당신을 위하여 무엇이든 하기를 원한다.'라고 과장하여 표현하는 것이다.

[그림 7-6] 가족조각의 예: 가족관계의 경험을 의사소통 유형별로 표현

둘째, 비난형을 표현하는 자세는 등을 똑바로 펴고 다른 사람을 손가락으로 가리킨다. 균형을 잡기 위하여 한쪽 발을 앞으로 하고, 한쪽 손은 허리에 얹고, 다른 한 팔은 쭉 펴서 검지손가락으로 앞을 가리키며 선다. 타인을 매서운 눈으로 위아래로 번갈아 쳐다보며 얼굴의 근육은 긴장된 상태를 유지한다. 심리적인 반응은 호흡이 빠르고 얕으며, 늘 긴장되어 있어서 목소리는 매우 날카롭고 크다.

셋째, 초이성형을 표현하는 자세는 한 치의 움직임도 없이 서 있고, 사람들 앞에서 경직된 자세로 팔짱을 끼고 있다. 입은 앙 다문 채 부동의 자세를 취한다. 그들의 얼굴에는 냉담하고 무표정한 것들이 그대로 드러난다.

넷째, 산만형을 표현하는 자세는 등을 구부린 채 서 있고, 앉았을 때에는 양 무릎 사이에 얼굴을 파묻기도 한다. 양팔과 손은 근처에서 움직이고, 머리를 한쪽으로 기울이고, 눈동자를 이리저리 굴린다. 호흡은 불규칙적이고, 숨을 가쁘게 쉬는 모습이 매우 불안해 보일 수도 있다.

5. 해결중심 단기가족상담

해결중심 단기가족상담(solution-focused brief family counseling)은 미국계 한국인인 김인수 박사와 그의 남편 스티브 드쉐이저(Steve de Shazer)가 함께 개발한 상담기법이다. 한국에는 1987년에 해결중심 단기가족상담이 소개되었고, 현재는 한국단기가족치료연구소와 해결중심치료학회를 통해 대중의 인기를 한몸에 받고 있다(권석만, 2015: 443).

1) 주요 개념

(1) 상담자와 내담자의 관계

해결중심 단기가족상담에서는 문제의 진단과 제거에 초점을 맞추기보다는 내담자의 긍정적인 측면에 초점을 맞추고 개입을 한다. 변하지 않고 그대로 머무는 것은 없다고 믿고 현재에 초점을 맞추고 개입하며, 내담자와 협력관계를 유지하는 것을 중요시한다. 상담을 진행하면서 상담자는 내담자와의 관계를 방문형, 불평형, 고객형으로 나누어서 상담 과정을 어떻게 진행할 것인지와 어떤 과제를 부여할 것인지를 결정한다. 방문형의 경우에는 자신의 의사와는 무관하게 상담을 받으러 오기 때문에 자신에게 문제가 있다고 생각하기보다는 다른 사람에게 문제가 있다고 생각한다. 이런 유형에게서 명확한 문제의 인식을 기대하기는 사실상 어려워 보인다. 불평형은 문제해결이 다른 사람의 변화를 통해서만 이루어질 수 있다고 생각한다. 반면, 고객형은 자신을 문제해결의 일부로 생각하고 문제해결을 위해 무엇인가를 할 의지를 보인다. 이들은 상담을 통해 무엇을 이루고자 하는지에 대해 생각해 보았고, 어떤 노력을 기울여야 하는지 잘 알고 있다.

(2) 해결중심 단기가족상담의 목표

해결중심 단기가족상담의 목표는 도움을 받으러 온 가족의 어려움을 해소하기 위하여 가족과 함께 다양한 해결방법을 모색하고 실행하는 것이다. 목표를 세울 때에는 다음의 원칙을 준수하는 것이 필요하다(정문자 외, 2012: 331-332). 첫째, 내담자에게 중요한 것을 목표로 한다. 그래야 내담자가 목표 성취를 위해 더 노력할 수 있다. 둘째, 현실적이고 달성 가능한 작은 것을 목표로 한다. 작은 목표는 내담자의 성취감을 높이고 변화에 대한 희망을 낳는다. 셋째, 목표가 명확하고 행동적인 것이라면 더욱 좋다. 추상적인 목표보다는 측정 가능한 것이 더욱 좋다. 넷째, 문제가 되고 부정적인 행동을 하는 것 대신 긍정적인 행동에 더 많은 관심을 둔다. 마지막으로, '지금-여기'에서 현실적인 목표를 설정한다. 그것이 내담자가 성취하고자 하는 것의 시작이 될 것이다.

2) 상담 과정

(1) 초기상담

첫 회기 상담에서는 내담자와의 관계 형성과 목표 설정을 우선시한다. 이때 예외 상황의 탐색과 기적 질문, 그리고 가제 등의 기법을 소개한다. 전체 상담의 길이는 약 1시간 내로 한다. 시작은 "여기 오신 목적이 무엇인가요?"라고 질문을 던져 내담자가 이 상담을 통해 해결하고자 하는 목표가 무엇인지를 확인한다. 그런 다음 "문제가 일어나지 않은 때는 언제인가요?"라고 예외 질문을 하여 문제가 없는 예외 상황을 발견한다. 그 후에 그 예외 상황이 우연적으로 발생한 것인지의 여부를 확인한다. 그리고 그것이 의도적이었다면 같은 것을 더하도록 하고, 어떻게 그렇게 되었는지 발견하는 과제를 제시할 수 있다 (정문자 외, 2012: 333-334).

앞선 질문에서 예외적 상황이 없다고 내담자가 생각한다면 기적 질문을 사용하여 "문제가 해결되었을 때 조금이라도 어떻게 다르게 행동할까요?"라고 질문을 던질 수 있다. 이것은 아주 작은 것들을 실행하거나 대처방식에 대해 관찰하고 변화를 도모하기 위한 과제를 제시할 때 유용하다.

(2) 중간단계와 종결상담

2회기 상담부터는 첫 회기 상담 이후에 나타난 내담자의 변화에 초점을 두고, EARS 기법을 사용하여 개입을 시도한다. 먼저, 구체적으로 '무엇이 좋아졌는지를 이끌어 낸다(E: elicit)'. 그런 다음 '좋아진 것들을 확장하고(A: amplify)' '그것들을 강화하며(R: reinforce)' 다른 나아질 것들을 향해 '질문하고 변화를 시도한다(S: start again)'. 비록 변화된 것이 없다고 얘기하더라도 작은 변화라도 함께 찾아봄으로써 변화의 파급 효과를 기대한다. 종결상담에서는 내담자에게 상담의 결과에 대해 요약과 피드백을 전해 주어 격려하고 원하는 미래를 만들 수 있도록 해결방안을 제시할 수 있다(권석만, 2015: 447). 그리고 내담자의 향상 정도를 평가하여 내담자가 만족스러운 결과를 얻었는지 확인한다.

3) 상담기법

(1) 해결중심의 열린 대화

해결중심 단기가족상담에서는 가족관계와 소통에 변화가 필요한 가족에 대한 개입을 시도할 때 '한 발짝 뒤에서 인도'하여 내담자가 문제를 다른 시각에서 바라보게 한다. 해결중심의 열린 대화는 가족이 '아직 말하지 못한 것'들을 말해도 괜찮을 것 같다는 안전함을 느끼는 시작점을 만들어 줄 수 있다. 그 과정에서 상담자는 '알지 못함의 자세'를 가지고 내담자의 이야기에 경청함으로써 가족의 의사소통을 촉진할 수 있다.

(2) 해결지향적 질문

① 상담 전 변화 질문

해결중심 단기가족상담의 기본 가정은 변화란 불가피하고 지속적으로 일어난다고 믿는 데 있다. 내담자가 상담을 약속한 후 경험한 바를 질문함으로써 내담자가 이미 가지고 있는 문제해결능력을 인정해 줄 수도 있고, 확대해 나갈 수도 있다. 상담 전 변화 질문(pre-session change question)의 구체적인 형태는 "처음 상담을 신청했을 때와 달리 지금은 상황이 좋아진 사람들이 많이 있습니다. 혹시 그런 변화를 경험하셨나요?"와 같다.

② 예외 발견 질문

예외 발견 질문(exception seeking question)은 내담자의 문제가 나타나지 않거나 덜 심각한 상황과 시간을 찾아내도록 하는 기법이다. 세상 어떤 문제에도 예외는 존재하는 법이다. 상담자는 예외 질문을 통해 내담자가 미처 인지하지 못했던 예외들을 찾아내고, 과거에 잘 통했던 해결책을 다시 해 보게끔 하거나 더 나은 미래가 가능하다는 희망과 자신감을 불어넣을 수 있다. 예외 발견 질문의 형태는 "그와 같은 문제가 일어나지 않은 때는 언제입니까?"라고 묻고, "문제가 일어난 때와 그렇지 않은 때의 차이점은 무엇인가요?"와 같다.

③ 기적 질문

기적 질문(miracle question)은 내담자가 인식하는 미래의 모습을 구체적으로 그려 보게 하는 기법이다. "이 상담이 끝나고 집으로 돌아가서 하루를 마치고 피곤해서 잠이 들었다고 가정해 봅시다. 당신이 잠든 사이에 기적이 일어나 당신이 고민하는 모든 문제가 완전히 해결되었습니다. 그러나 기적이 한밤중에 일어났기 때문에 아무도 당신에게 기적이 일어난 것을 알려 주는 사람이 없습니다."라고 운을 뗀 뒤, 다음의 질문을 던져 내담자가 기대하는 상황을 파악할 수 있다.

- "어느 날 아침에 일어났을 때, 당신에게 기적이 일어난 것을 어떻게 알 수 있을까요?"
- "무엇을 보고 당신은 기적이 일어난 것을 알 수 있을까요?"
- "기적으로 말미암아 당신의 삶에서 달라진 것은 무엇일까요?"

④ 척도 질문

척도 질문(scaling question)은 숫자를 활용하여 내담자가 생각하는 문제의 심각성, 문제해결에 대한 희망과 자존감, 변화에 대한 의지와 문제해결의 정도 등을 표현하도록 하는 기법이다. 척도 질문을 통해 내담자의 문제해결에 대한 태도를 분명히 할 수 있고, 변화의 동기와 의지를 강화해 줄 수 있다. 다음은 척도 질문을 사용할 때 주로 표현하는 방식으로 여러 상담 장면에서 응용 가능하다.

- "1부터 10까지의 척도에서 1은 가장 힘든 상태를 말하고, 10은 가장 좋은 상태를 말합니다. ○○ 님께서는 현재 자존감의 정도가 몇 점 정도 된다고 생각하세요?"
- "현재 점수가 3점이라고 표현하였는데요, 만약 4점으로 올라간다면 무엇이 달라질까요?"
- "당신이 원하는 점수는 몇 점인가요?"
- "○○ 님이 1점 올라간 것을 부인이 아신다면, 부인은 어떤 반응을 보일까요?"

⑤ 대처 질문

대처 질문(coping question)은 내담자가 스스로 인식하지 못한 자원과 장점을 발견하도록 돕는 기법이다. 이 질문이 주로 적용되는 대상은 미래를 매우 절망적으로 바라보고 자신의 삶에 아무런 희망이 없다고 생각하는 내담자이다. 대처방안에 대한 질문을 통해 내담자는 자신 안의 무력함에 대항하고, 아직 남아 있는 내적인 힘을 사용할 수 있는 용기를 가진다.

- "그토록 어렵고 견디기 힘든 상황에서 지금까지 어떻게 견딜 수 있었습니까? ○○ 님이 지금까지 버틸 수 있었던 힘은 무엇입니까?"
- "상황이 더 나빠질 수도 있었을 것으로 보이는데, 어떻게 대처하셨나요?"
- "힘들 때마다 술을 마시는 것이 문제해결에 도움이 되셨나요?"

⑥ 관계성 질문

관계성 질문(relationship question)은 내담자에게 '의미 있는 타자들(significant others)'의 생각이나 의견 등에 대해 질문하는 것이다. 다른 사람이 자신을 어떻게 보고 있는지는 개인의 자아상에 많은 영향을 미친다. 관계성 질문을 통해 내담자는 자신의 입장과 타인의 입장을 동시에 고려하는 새로운 관점을 형성할 수 있다.

- "남편 분이 보시기에, 부인이 부부생활 중에 가장 도움이 되는 점을 무엇이라고 말할 것 같은가요?"
- "○○ 님께서 방금 저에게 말씀하신 부부생활의 고충들을 부인께서 듣고 계신다면 어떤 말씀을 해 주실 것 같은가요?"

⑦ 기타 그 외의 것들에 대한 질문

이상에서 제시한 해결 지향의 질문 외에도 "그 외에 또 무엇이 있습니까?" "어떻게 그렇게 할 수 있었습니까?" "어떻게 해서 그렇게 하도록 마음먹게 되었나요?" 등의 질문을 통해 예외를 더 발견하고, 내담자의 강점과 자원 및 성공의 경험들을 긍정적으로 다루어 주는 질문 기법을 사용할 수 있다.

(3) 가족의 강점을 강조하는 피드백을 제공하기

해결중심 단기가족상담에서 상담자는 내담자가 중요하게 생각하는 것과 강점들을 강조하기 위해 칭찬을 해 준다. 칭찬을 한 다음에는 내담자와 상담자의 관계 유형에 따라 적합한 형태의 과제를 내 준다. 방문형에게는 상담을 받으러 오는 것 자체에 대한 칭찬을, 불평형에게는 관찰 또는 생각과제를, 고객형에게는 행동변화를 위한 과제를 내 준다. 해결중심 단기가족상담에서는 상담을 받을지 말지의 여부는 오로지 가족이 결정하는 것이므로 상담자는 매우 신중한 자세로 칭찬과 과제를 준비하여 내담자에게 제시하는 것이 필요하다.

6. 가족상담의 진행 과정

어떻게 해야 가족상담을 가장 효과적으로 수행할 수 있을까? 가족상담의 진행 관련 문제는 가족상담의 유형이나 가족상담자의 개인적 역량 및 상담방식에 따라 다를 것이다. 어떤 가족상담은 가족성원 모두가 참여해야 한다고 주장하지만, 또 어떤 가족상담에서는 가족 중 한 사람만 참여해도 가족상담이 가능하다고 말하기도 한다. 보통의 경우, 가족상담은 10~20회 정도의 단기로 잡는 경우가 일반적이다. 다음은 여러 유형의 가족상담에서 나타나는 공통의 과업들을 정리한 내용이다.

1) 가족상담의 목표 설정

가족상담자의 과업에 한정하여 설명하면, 어떤 상담자는 가족성원에게서 나타나는 역기능적인 의사소통방식을 바로잡아 주는 데 관심을 가진다. 또 어떤 상담자는 가족성원의 문제행동을 고치기 위해 역설적으로 그런 행동을 더 맘껏 해 보도록 권장하기도 한다. 그렇게 하는 이유는 이 역설적 의도가 가족관계 안에 존재하는 문제의 원인과 그 결과에 대한 새로운 인식을 가족에게 활성화해 주어 가족관계를 변화시킬 수 있다고 생각하기 때문이다. 그래서 가족상담자의 역할은 때로는 교사가 되기도 하고, 때로는 한 가족성원처럼 그 가족 속에 뛰어들어 특정 가족성원의 편이 되어 주기도 하는 등 실로 다양하다.

모든 가족상담의 논리적 기반은 어떤 한 가족성원에게 나타난 역기능적 행동이나 증상을 그 당사자의 문제로 보지 않고, 가족체계나 가족구조가 균형을 이루지 못하는 데 있다고 본다. 그야말로 가족의 문제는 가족 전체의 문제로 바라봐야 한다는 입장이다. 역기능적인 행동의 원인은 바로 가족관계에 있으므로 응당 가족 전체가 변화와 개입의 대상이 되는 것이다. 가족상담에서는 어떻게 하면 한 개인의 성장과 발달이 최대화될 수 있는 가족 환경을 만들어 주느냐를 가장 중시한다. 이미 주어진 가족 환경이 개인의 욕구 충족에 부응할 수 없는 환경이라면 그것을 고쳐 주어야겠고, 만일 처음부터 있어야 할 환경이 주어지지 않았다면 그러한 환경을 새로이 창조해 내야 한다.

2) 가족상담의 진행단계

(1) 첫 면접단계

가족상담은 보통 가족과의 첫 면접을 시작으로 하여 단계별로 진행된다. 대부분의 가족상담자는 어떤 경우에는 자녀를 제외하기도 하지만 가능한 한 많은 가족성원을 참여시키려고 노력한다. 가족상담의 첫 면접을 실시할 때 가장 중요한 것은 '지금-여기'를 강조하여 가족의 자발적인 대면과 자기개방이 일어나도록 안정적인 환경을 조성하는 것이다. 미누친은 첫 면접단계에서 가족상담자의 역할은 가족의 문화에 합류하여 그들을 있는 그대로 받아들이고 지지하면서 문제를 추적하는 데 있다고 보았다. 반면, 사티어는 첫 면접 때 가족력을 수집하여 '지적된 내담자'에게 일어난 과거의 중대한 사건들에 대한 가족 각자의 견해를 비교하는 일을 중요시하는 등 여러 가족상담의 유형별로 서로 다른 개입의 초점을 유지한다. 첫 면접이나 몇 번의 간단한 면접을 바탕으로 가족상담자와 가족은 보통 일주일에 1회당 90~120분을 넘지 않는 수준에서 상담을 진행하기로 약속한다.

(2) 중간단계

가족상담의 중간단계에서는 가족의 관계가 기능적으로 변화됨을 경험하고, 삼각관계나 제휴와 같은 일부 가족성원 간의 동맹관계에 변화가 생겨나기도 한다. 가족이 가족상담에 잘 참여하고 치료적 과업에 잘 적응하여 긍정의 변화를 보이기 위해서는 먼저 가족구조의 재구조화가 필요하다. 일명 문제를 확인하여 가족구조를 확인한 다음, 가족상담의 목적과 계획을 수립하고 가족구조를 재구조화하는 것이 필요하다. 이 단계에서는 경계선 만들기, 시연, 재구조화, 강조, 균형 깨트리기 등의 기법이 주로 활용된다.

가족상담전문가의 개입으로 가족의 구조가 새롭게 변화되고 긍정의 형태로 재구조화되고 나면, 우선은 가족구조 내에서 가족성원의 자율성이 높아질 것이다. 가족은 상호 간에 꼭꼭 감추어 두었던 개인적인 경험들을 공유하고 인정할 수 있게 될 것이고, 자기행동에 대한 다른 가족성원의 반응도 잘 수용할 수 있게 될 것이다. 가족상담에서는 변화를 일구어 낸 것에 만족하지 않고 그것이 잘 유지될 수 있도록 강화해 주는 후속 작업을 진행하는 것을 중요시한다. 그것은 가족이 예전의 역기능적 형태로 다시 돌아가는 것을 방지하는 데 매우 중요한 작업이다.

(3) 종결단계

가족상담이 성공적이라면 가족은 대개 몇 개월 후에 종결할 준비를 갖추어 자신들의 문제를 집단으로 보다 잘 해결할 수 있다. 물론 가족상담이 종결되었다고 해서 가족 문제가 사라지거나 가족 모두의 의사소통방식이 긍정의 형태로 개선되었다고 보기는 어렵다. 다만 종결의 단계에 이르면 가족과 상담자가 함께 노력한 결과, 이제는 가족만의 힘으로 행복한 가정을 이끌어 나갈 준비가 되어 있고, 상담자의 도움 없이도 독립적인 삶을 살 수 있게 되었음을 느낄 수 있다.

7. 가족상담의 전망과 과제

가족상담의 공통적인 이론적 기반은 개인이 변화되려면 먼저 그 개인의 주된 삶의 터전이 되는 가족체계와 의사소통의 맥락을 변화시켜야 한다는 것에 있다. 그래서 가족상담은 모든 문제의 원인을 개인의 정신내적 갈등에서 찾지 않고 개인이 가지고 있는 가족관계의 맥락에서 해결의 열쇠를 찾는다는 점에서 개인상담과는 차별화된다. 가족상담자들은 한 개인의 증상이나 문제 혹은 고통의 호소는 바로 개인이 속한 가족이 가진 역기능성을 잘 표현하는 것이라고 설명한다. 대부분의 증상은 가족의 항상성을 유지하고, 가족의 역기능을 숨기고 가리며 주의를 딴 데로 돌리기 위해 가족성원 중 한 사람에게 나타나는 것이라고 추정한다. 그래서 가족상담자들은 하나같이 가족체계를 변화시켜야 개인에게도 변화가 일어날 수 있다고 주장한다.

우리나라는 1980년대 후반부터 김인수 박사와 그의 동료들을 중심으로 가족상담에 대한 관심이 급격히 확산된 역사를 가지고 있다. 이후 지난 30년간 가족상담에 대한 교육과 훈련에 대해 흥미와 관심을 보이는 사람들이 점차 늘어나면서 최근에는 전통적 의미의 한국적 문화에 적합한 가족상담기법을 개발하고자 하는 새로운 시도들도 많이 일어나고 있다. 단기적이고 과제중심적인 가족상담을 국내에 소개한 것은 우선 가족 전체의 참여라는 형식에 대해 가족이 가질 수 있는 거부감을 최소화할 수 있는 가능성을 보여 준다.

분명 가족상담은 가족구조의 전체적인 재구조화를 이루는 과정에서 의도적인 구조의 변경 없이도 이중구속 메시지와 같은 역기능적 의사소통 유형을 일치적 의사소통 유형으로 개선함으로써 가족체계를 보다 성숙하고 생산적인 개방체계로 향상시킬 수 있다는 점에서 큰 장점을 지닌 상담기법이다. 지역사회 내의 여러 휴먼서비스 기관은 이러한 가족상담의 지식과 기법들을 활용하여 일상생활 속에서의 가족생활교육과 훈련에 연결해 나갈 수도 있을 것이다.

그래도 아직 가야 할 길은 멀기만 하다. 우리 사회의 가족상담 경험은 서구에 비해 일천하므로 앞으로 가족상담의 기법은 더욱 다양한 형태로 진화할 것이다. 그럼에도 이 장에서 제시한 바 있는 가장 영향력이 크다고 판단되는 네 가지 가족상담기법과 지식은 매우 유용하다. 바야흐로 융합의 시대에 맞게 다양한 가족상담기법을 실험적으로 응용해 보면서 한국의 가족문화와 사회적 특성에 잘 부합하는 가족상담의 이론적 기반 정립이 필요하다. 더불어 가족의 관계와 기능의 개선을 이끌어 낼 수 있는 유용한 가족상담 기법들을 많이 개발하여 우리 문화 속의 여러 특수한 문제로 인해 나타나는 가족 문제를 슬기롭게 헤쳐 나가야 할 것이다. 그러기 위해서는 최소한 대학원 수준에서의 가족상담교육과 석사학위 이후의 제도적인 임상훈련 기회의 확산, 그리고 가족상담에 관심이 있는 여러 학문 분야 간의 공동연구와 대처가 필요해 보인다.

제3부

다양한 심리치료의
이해와 적용

제8장 정신치료

제9장 대상관계 심리치료

제10장 인지행동치료

제11장 인간중심상담

제12장 게슈탈트상담

제13장 동기강화상담

제14장 통합심리치료

제15장 사회복지상담의 도전과 과제

제8장

정신치료

정신치료는 마치 옷이나 구두를 수선하는 작업과 같다.
- 폴 드왈드(Paul A. Dewald)

1. 정신치료의 개념

1) 정신치료의 의미

(1) 정신치료의 목표

정신치료(psychotherapy)의 목표는 이상적인 인간상을 만드는 것에 있지 않다. 그 대신 내담자의 주요한 정신적 장애를 불러일으키는 성격의 부분만을 다루는 것으로 한정한다. 내담자의 신경증적 증상은 일단 그대로 남겨 두고, '지금-여기'에 초점을 두어 치유하는 기법을 사용한다. 정신치료는 내담자가 어느 정도의 정서적 긴장을 견디는 능력을 배울 수 있도록 돕는다. 불안으로부터 벗어나 행복한 삶을 살아갈 수 있는 기회를 가질 수 있도록 돕는 일도 정신치료에서 매우 중요한 치료과업이다. 그래서 정신치료자는 내담자가 갈등하고 있는 문제나 소원-방어체계의 혼란된 불균형 상태를 변화시키고, 내담자가 표현하기 어려운 무의식적 소원을 충족시키거나 최소한 타협을 시도하는 작업을 진행한다.

이를 두고, 드왈드는 정신치료는 마치 옷이나 구두를 수선하는 작업과 같다고 비유하기도 하였다(Dewald, 2010). 아끼고 오래 입었던 옷이나 구두에 약간의 흠집이 있다고 해서 버릴 수는 없는 노릇이듯이, 약간의 흠집은 수선하여 입거나 신으면 그만큼 편한 것도 없다. 흔한 말로 옷과 구두는 오래 신을수록 편하다고 하였다. 이처럼 정신치료는 우리의 마음에 생채기가 생겼던 부분을 잘 수선하여 내담자 자신이 원래 가고자 했던 삶을 살아가도록 돕는 것을 목표로 가진다는 점에서 수선 작업에 비유될 만하다.

(2) 정신치료와 정신분석의 차이

일반인들이 보기에는 정신치료와 정신분석이 비슷한 것으로 인식되고 있지만 깊이 들여다보면 상당 부분 다른 것을 발견할 수 있다. 가장 핵심적인 차이는 정신분석의 경우에는 자유연상기법을 주로 사용한다는 것이다. 반면, 정신치료는 상담자와 내담자 간의 자유로운 연상과 대화가 합쳐진 형태로서 전통적인 형태의 자유연상기법을 제한적으로 사용한다. 정신치료는 정신분석에 비해 꿈의 해석 정도가 그리 깊지 않으며, 방어기제의 근절에 목표를 두고 있는 정신분석과는 달리 내담자의 건강한 측면을 지지하고 격려하는 목표를 가진다.

〈표 8-1〉 정신치료와 정신분석의 비교

구분	정신치료	정신분석
치료기간	짧음	긺
의사소통	대화와 연상이 합쳐진 형태	긴 자유연상
아동기 탐색	유연하게 탐색	철저하게 탐색
꿈의 해석 정도	깊음	매우 깊음
치료목표	지지, 안내, 격려	방어기제의 근절
방어기제의 활용	건강하지 못한 방어기제라 하더라도 일부 강화함	일체의 방어기제를 근절하는 것을 주장함

(3) 정신결정론

정신치료의 정신결정론(psychic determinism)에 따르면, 인간의 정신 안에서 일어나는 것은 어떤 것이라도 우연히 일어나지 않는다고 가정한다. **'환자는 항상 옳다(Patient is always right).'**라는 관점은 정신치료의 가장 중요한 핵심 가치이다. 정신치료에서 상담자의 주된 과업은 내담자의 반응과 생각, 그리고 느낌을 추리하고 그 타당성을 검증하는 데 있다. 의식 차원(structural model)의 경우에는 의식(환자의 생각, 말, 느낌, 사고나 경험 등의 감각의 일체)과 전의식(지금 현 순간에 의식 영역 외곽에 있는 생각, 감정, 공상, 관념, 기억, 경험 등), 무의식(상당한 심리적 작업 없이는 의식되지 못하는 것)으로 구분하여 치료의 작업에 활용하고 있다.

정신치료에서는 주로 무의식적 정신 과정을 일차 과정과 쾌락원칙에 따라 이루어짐을 이해하고, 인간의 정신세계에서 일어나는 어떤 것은 뇌에서 일어나는 신경생리학(화학적) 과정의 결과라는 주장에 따라 뇌신경의학적 관점을 기준으로 치료를 진행하기도 한다. 이 말은 인간 정신의 경험에는 생물학적 과정이 밑에 깔려 있고, 유전적 경

[그림 8-1] 인간 정신의 지형학적 모형

향도 포함한다는 것을 의미한다. 또한 발생학적 기초의 관점에서 어느 한 시점의 행동은 선행하는 행동으로부터 발생한다고 볼 수 있다. 그래서 정신치료에서는 인간의 심리정서발달에 있어서 초기 아동기의 중요성을 발견하고 강조한다. 이른바 역동적 접근을 사용하는 것이다. 이것은 어떤 한 시점의 행동은 그 사람의 내외부에 존재하는 모든 힘의 상호작용의 결과이며, 개인과 환경 간의 상호작용과 개인의 주관적 경험도 함께 고려해야 한다는 것이다.

(4) 갈등과 구조모형

정신치료의 기본 모태가 되는 정신분석이론은 인간의 심리 내면에 존재하는 갈등들에 관한 우리의 생각을 정립해 주고 그러한 내적 갈등들을 개념화하는 데 도움을 준다. 개인과 환경 간의 갈등은 타인, 문화, 사회적 압력 등의 영향에 기인하는 경우가 많다. 대부분의 인간의 심리적 갈등은 정신 내부 간의 갈등(intrapsychic conflict)으로 간주한다. 이것은 환경과는 무관한 개인 내부의 상호모순적 힘의 영향을 의미한다.

[그림 8-2]는 의식과 무의식의 차이를 잘 보여 준다. 실제 방송사고로도 잘 알려진 사건을 소개하고자 한다. 어느 공중파 방송국 앵커가 뉴스를 시작하기 전에 이런 멘트를 방송으로 송출하였다. "지금부터 정오의 주스(?)를 말씀드리겠습니다." 그러나 원래 이 앵커가 의식적으로 말하고자 했던 내용은 "지금부터 정오의 뉴스를 말씀드리겠습니다."였을 것이다. 그렇다면 이 앵커는 왜 뉴스(A) 대신 주스(B)라고 말했을까? 아마도 앵커는 뉴스를 시작하기 전에 필시 긴장을 많이 했을 것이다. 심지어 너무 긴장한 나머

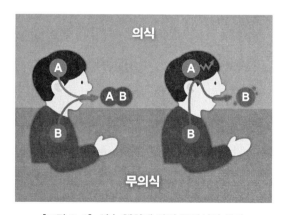

[그림 8-2] 실수 행위에 담긴 무의식의 의미

지 시원한 주스(B) 한 잔을 마시고 싶다고 생각했을 수 있다. 주스를 마시고 싶은 생각은 무의식적 소원에 해당한다. 그러나 뉴스를 진행하는 앵커의 머릿속에서는 뉴스(A)를 말해야 한다는 생각이 동시에 들었을 것이다. 이러한 상황에서 이 두 가지의 생각이 충돌하여 갈등구조를 만들고, A와 B 간 갈등의 싸움에서 A가 밀려나고 B가 부지불식간에 튀어나오게 되었다고 볼 수 있다. 이를 통해 '**실수 행위에 담긴 개인의 무의식의 의미**'를 유추해 볼 수 있다.

본능은 일차 과정의 사고양식을 보이며, 쾌락원칙에 따른 행동을 추구한다. 가장 중요한 본능의 속성은 공격충동과 성충동이다. 공격충동은 통달을 의미하기도 하고, 주장하고 통제하며, 적극적인 정신작용을 의미하기도 한다. 성충동은 쾌락적인 자극과 접촉, 인간의 상호작용을 내포하는 모든 것을 성적이라고 표현할 수 있다.

초자아의 경우에는 개인이 가지고 있는 어떤 신념이나 가치체계, 상벌관, 자아이상, 도덕적 양심이 주요 특질로 대표된다. 사람은 제각기 자신만의 내적 전형(internal model)을 갖게 되고, 자아이상을 위해 노력하며 살아가는데, 인간의 충동과 가치체계 간에 갈등의 소지가 많은 것과 관련된 내용이다.

자아의 경우에는 이차 과정의 사고양식을 가지고 현실원칙에 따라 행동할 것을 주문한다. 자아는 본능과 초자아의 힘 사이를 조정하는 역할을 주로 담당하며, 심리적 방어기제의 발달에 결정적인 기여를 한다.

2) 정신병리와 증상의 의미

(1) 정신병리의 발생 과정

인간의 모든 심적 장치의 기능은 정신 내부의 순응 상태 유지와 환경에 대한 순응 유지를 도모하는 데 있다. 순응은 역동균형(dynamic equilibrium)의 상태와 보상성(compensatory)의 원리가 작용할 때 이루어지는 마음의 평형 상태를 말한다. 마음의 평형 상태를 잘 유지하려면 우리의 마음이 어디에 쏠려 있는지를 이해하는 것이 필요하다. 한자로 무언가가 마음에 꼭 붙어 있다고 해서 착심(著心)이라고도 표현되는 카텍시스(cathexis)는 인간의 순응 유지를 위해 항상 변동하고 있는 상태라 할 수 있다.

대체로 인간의 정신건강은 이 카텍시스가 균형을 이룰 때 건강한 상태를 유지할 수 있다. 정서적으로 성숙하다는 것의 의미는 심리역동의 균형을 유지하고 내외갈등에 순응함과 동시에 융통성을 가지는 것을 의미한다. 그러나 이러한 것들의 균형을 이루지 못하고 마치 컵에 실금이 생겨 금방이라도 깨질 듯한 것처럼 정신세계의 압력이 위태로운 상태에 이르게 되면 정신병리가 발생할 가능성이 높아진다. 따라서 정신병리의 발생조건은 '내외부의 강한 압력(strong forces)'으로 인해 개인이 그동안 문제없이 발달시켜 왔던 순응기제가 더 이상 작동하지 않게 되었을 때 비기능성 발생역동균형을 상실하게 되면서 나타나는 결과물이다.

정서적으로 건강한 사람이란 현실적 왜곡이 없고 자신의 감정을 있는 그대로 느끼는 사람을 말한다. 그 감정은 자신의 현재 생활에서 일어나는 여러 가지 일에 대한 합리적 반응이다. 그 감정은 근본적으로 적합한 감정이란 점에서 의미가 있다. 그리고 현재의 생활여건이나 관계가 변화하면 그 감정도 그에 맞게 변화한다는 점 역시 정서적으로 건강한 사람의 표준이 될 수 있다.

반면, 정신병리는 내담자의 행동이 외부 상황이나 갈등과 비례하는 비순응 상태에 있는 것을 말한다. 대표적인 정신병리를 들면 다음과 같다. 먼저, 왜곡(distortion)은 마치 수수께끼 풀이를 하는데 무언가가 하나 빠져 있는 느낌을 말한다. 왜곡은 과장된 감정이나 행동이 지나치게 오래 지속될 때 생길 수 있다. 왜곡은 불투명한 행동과 반응을 특징으로 하며, 다소 혼돈스럽고 이해하기 어려운 내담자의 행동과 관련된다. 이처럼 내담자 자신도 확실히 알 수 없는 그 어떤 요인과 관계가 있는 것처럼 보일 때가 많다.

증상 형성 과정의 경우에는 열쇠와 자물쇠의 비유를 참고하여 볼 만하다. 현재의 촉발적 사건이나 압력적 갈등은 무의식적 갈등과 연관된다. 무의식적 갈등은 그동안 한 번도 완전히 해결되지 않았던 것으로 인생 초기에서 유래된 것일 수 있다. 열쇠는 현재의 상황이나 현재의 압력을 의미하고, 자물쇠는 그 전부터 있었던 심리적 균형과 내적인 무의식적 갈등이나 정신조직의 표상일 수 있다.

(2) 내담자가 보이는 증상

내담자가 보이는 증상 중 가장 대표적인 예는 퇴행이다. 퇴행은 열쇠가 자물쇠에 맞는 경우에 해당하는 증상이다. 퇴행의 증상은 현재의 상황이 심리적 퇴행 과정을 통해 그 전 수준의 정신조직을 되살리게 하는 것이다. 그것들은 어릴 때의 충동, 어릴 때의 초자아, 어릴 때의 자아 수준으로 되돌아가는 것처럼 보일 수도 있다. 퇴행의 수준이 깊고 그 범위가 넓을수록 환자의 행동은 더 왜곡되고 비현실적으로 보일 수 있다. 다만 내담자가 생각하는 미래의 위험을 지각하는 것은 어릴 적의 갈등이 되살아난 것에 불과하다. 그에 비해 무의식적 공상은 아동기에 형성된 일차 과정에 의해 조직화되며 실제 현실과 무관하게 나타나는 증상이라 할 수 있다.

다음으로, 불안은 어떤 공포를 정신내부적으로 경험하는 상태로 정의된다. 위험 상태를 더 가까이 경험하거나 인식할수록 환자의 공포는 더 커질 것이다. 불안은 위험 상태의 성질과 비례, 그 위험 상태의 재경험에 비례한다. 이차적 방어는 불안이 경험되는 것을 피하기 위해 이차적 방어기제를 동원하는 것이다. 이차적 방어기제의 도입 과정에서 신경증적 증상이나 왜곡이 형성될 수 있다. 이처럼 증상의 의미는 개인의 무의식적 갈등에 대해 환자 나름대로 이전에 이루어 놓은 타협의 해결책이라고 볼 수 있다.

예를 들어, 강박신경증 내담자의 증상에 대해 이해할 때 어떤 사람을 해칠지도 모른다는 두려움에 사로잡혀 있음을 표현하는 그의 심리를 이해해야 한다. 내담자는 그러한 증상을 통해서 다른 사람을 해치고자 하는 욕망과 충동을 공상으로 표현하고 있는 것이다. 다른 측면에서 보면 내담자의 증상은 남을 해치고자 하는 충동을 실제로 막고 있는 방어기제가 작동하고 있음을 의미할 수 있다.

다른 예로, 공포증의 증상을 가진 내담자의 경우, 내담자의 욕망은 오로지 무의식적 공상에 의해서만 표현되는 것으로 이해할 수 있다. 욕망의 금지나 욕망에 대한 방어는 그 욕망의 표현을 촉발하는 상황을 회피하기 위해서 표현되는 것이다. 내담자의 비현실적인 감정표현은 죄책감, 열등감, 우울, 창피함 등과 관련된 경우가 많다. 사실 이러한 감정들은 내담자가 품고 있는 어떤 욕망이나 충동에 대한 정서적 반응으로 이해해야 한다. 그 욕망이 내담자에게는 무의식적이고 스스로 받아들일 수 없는 것이기에 그러한 정서반응이 출현하게 되는 것이다.

(3) 증상 유지를 필요로 하는 내담자의 심리

내담자의 입장에서 증상 유지의 필요성이 무엇인지를 파악하는 일은 쉽지 않다. 내담자는 여러 가지 증상을 호소하고, 그 증상 때문에 치료를 받으러 오는 경우가 많다. 증상은 사실 자신의 내적 갈등과 장애를 해결하기 위한 무의식적 시도를 대표하는 것이다. 어떤 의미에서 증상은 환자가 그동안 혼자 힘으로 이룰 수 있었던 최선의 해결책일 수도 있다. 그러므로 증상은 내적 갈등에 대한 해결책임과 동시에 갈등에 대한 반응으로서 형성된 것이라 할 수 있다.

한편, 갈등을 대하는 내담자의 심리는 내적 갈등의 결과로 자기에게 의식되는 고통으로부터 구제받기를 원하고 있음을 의미한다. 내담자는 그 같은 증상을 야기한 내적 갈등을 직면하지 못하고 회피하기 마련이다. 그 이유는, 첫째, 내적 갈등이 불안과 고통을 야기하기 때문이다. 둘째, 비록 현재 상황에서 이루기 어렵지만 내담자는 해묵은 욕망과 충동을 계속해서 충족하려 하기 때문이다. 셋째, 새로운 차원의 순응이나 기능을 발휘하는 것이 두려운 데 비해, 옛것이 고통스럽긴 하지만 그래도 자신에게는 익숙하고, 새로운 것을 시도하는 것으로 인해 발생하는 두려움보다는 낫다고 생각하기 때문이다.

2. 정신치료의 주요 과업

1) 성격 이해의 중요성

사람의 성격은 신경증적인 무의식적 부분과 건강한 의식적 부분으로 구성된다. 치료동맹(working alliance)은 상담자가 내담자의 성격과 정신조직 중 좀 더 건강하고 좀 더 명료히 의식되는 부분과 손을 잡고 치료 작업을 수행해 나가는 것을 의미한다. 이때 내담자의 증상이나 장애를 유발하는 성격 중 신경증적이고 덜 성숙한 부분을 재편성하고 변화시키려고 노력하는 것이 중요하다.

어떤 사람의 성격 중 신경증이나 성격장애에 점령당한 부분이 클수록 예후가 좋지 않다. 반면, 어떤 사람의 성격 중 건강하고 의식적이며 합리적인 부분이 클수록 예후가 좋은 편이다. 증상을 야기하는 데 외부 압력이 차지하는 비중이 크다고 하더라도 건강한 성격구조를 가진 사람은 그러한 압력에 잘 대처할 수 있다. 반면, 장애의 원인이 개인의 심리 내면의 정신에너지를 많이 차지하면 내담자가 신경증적 반응과 증상을 자주 보일 수 있다.

2) 정신치료의 과업 및 역할

(1) 정신치료의 과업

정신치료자는 내담자의 증상이 어떤 종류의 것이든 간에, 그의 주관적 호소가 어떤 것이든 간에, 그것이 아무리 비합리적이라 하더라도 내담자의 무의식적 수준에서 예전부터 내담자의 심리 내면에 자리 잡고 있었던 내적 갈등에 대한 적절한 반응이라는 것을 믿어야 한다.

내담자가 자신의 증상을 정확히 이해하지 못하는 이유는 내담자가 그 갈등을 이전에 경험하였지만 무의식적으로 억압해 버렸기 때문이다. 그래서 일반인은 그것에 쉽게 접근할 수 없고, 심지어 의식조차 하기 힘든 것이다. 정신치료자의 가장 핵심적인 과업은 증상에 비례하는 무의식적 갈등을 추리해 내는 일이다. 그래서 정신치료자는 다음의 질문들을 통해 정신치료의 과정이 제대로 진행되고 있는지 자문(自問)해 보아야 한다.

첫째, 무의식적 갈등과 그 정신역동은 어떤 것이어야 하는가?

둘째, 그것이 어떤 것이기에 환자의 증상이 지금 저런 식으로 나타났는가?

셋째, 현재의 증상이나 장애나 반응에 비례하는 내담자의 무의식적 갈등과 정신역동은 무엇인가?

(2) 정신치료자의 역할

정신치료자(psychotherapist)의 역할은 참여관찰자(a participant observer)의 지위를 부여받는다. 정신치료 분야에는 다양한 접근방식이 있는데, 개인적 흥미와 동기에 따라 결정하는 것이 좋다. 정신치료자들이 이 직업의 영역으로 입문하게 되는 배경에는 첫째, 스스로 신경증적 · 성격적 문제가 있다고 인식하고 있는 경우, 둘째, 가족이나 친구에게 정서장애가 있을 때, 셋째, 인간의 삶에 대한 관심과 호기심 및 사회적 관계에 대한 욕구가 강할 때 등으로 대별된다.

정신치료자도 스스로의 내적 갈등을 잘 치유해야 정신치료자로서 훌륭한 역량을 발휘할 수 있다. 그것은 자신의 문제와 내적 갈등을 의식하도록 도와 정신치료자로서의 객관성을 유지하기 위해서 꼭 필요한 작업이다. 내담자의 어려움을 보다 잘 이해하고, 치료자 스스로의 내적 갈등을 잘 견디기 위해서라도 정신치료자 스스로 정신치료를 받아 보는 일은 매우 중요하다. 정신치료자로서 가져야 하는 인간적 자질은 내담자를 존중하고, 포용적인 태도와 끈기를 가지며, 수동성의 자족과 함께 정신치료법의 제한성을 인식하는 태도를 지녀야 한다는 것이다.

변화를 이끌어 내는 정신치료자의 자세는 내관(內觀: introspection)과 자각(自覺: self-awareness)을 잘 유지해야 하고, 공감(empathy)하는 능력과 뛰어난 관찰력을 가져야 한다. 필요하다면 얼마든지 내담자의 입장으로 퇴행해서 생각하는 여유를 가져야 한다. 환기적 경청과 고통을 동원할 수도 있어야 한다. 내담자의 전이에 대해서도 인내심을 발휘해야 하고, 내담자의 일방적 요구에 대해서도 유연하게 대처해야 한다. 유능한 정신치료자는 다음의 역량을 갖추고 있어야 한다(안영실 외, 2002).

① 정보를 이끌어 내는 기법
② 각종 상담을 실시할 수 있는 능력
③ 자료를 관찰하고 정리하고 연관 지어 추론할 수 있는 능력
④ 올바른 치료자로서의 인성(인내심, 신뢰성, 일관성)
⑤ 시간엄수, 비밀유지, 내담자와 경험을 공유하는 자세
⑥ 연극이 아닌 진정한 성격, 모범
⑦ 상담자 스스로를 내담자의 전이 대상으로서 허용
⑧ 불안함 없이 내담자를 대하고 전이를 통한 내담자 이해
⑨ 요약, 해석 및 판단의 능력
⑩ 직면시킬 것은 직면시킬 수 있는 능력

3) 정신치료에서 고려할 주요사항

(1) 치료적 조언으로 내담자의 반응 이끌기

정신치료에서는 내담자의 병적 상태 및 자아 기능의 정도를 점검하여 정해진 치료목표에 적합한 형태로 치료적 조언을 제공한다. 조언을 할 때에는 먼저 내담자의 문제 상황에 압력을 미치고 있는 상대방에게 상호작용을 피하거나 억제하도록 요청해야 한다. 그런 다음 내담자의 문제 상황에 압력을 미치고 있는 요인에 대해 내담자가 할 수 있는

일을 충고한다.

내담자가 상담자의 조언을 어느 정도 수용할 수 있다고 판단되면, 내담자가 처한 문제 상황에서 그가 반응할 수 있는 여러 가지 방안에 대해 논의하게 된다. 상담자가 내담자에게 조언한 문제들에 대해 내담자가 어떤 식으로 실천에 옮겼는지를 상담자에게 이야기하는 경우, 정신치료자는 그것에 대해 적극 지지해 줄 수도 있다. 또한 내담자가 그렇게 할 수 있었던 것에 대해서 칭찬하고 격려하는 식으로 내담자에게 보상과 강화를 줄 수도 있다. 이러한 방식은 상담자가 내담자의 외부적 초자아로서 기능하는 것이 되며, 상담자가 담당해야 할 전이 역할의 일부를 수행하는 것이 된다.

(2) 전이감정에 대한 개입 시도

정신치료에서는 과거 내담자에게 중요한 영향을 주었던 사람에게 의존했던 감정을 상담자에게 그대로 옮겨서 행동하는 것을 허용한다. 이것을 두고 정신치료에서는 전이 욕구의 충족이라고 한다. 그리고 그것은 내담자가 의식하지 않게 하면서 그 의존 욕구를 충족해 주고, 또 치료관계와 양립할 수 있는 형태로 치료에 도움이 되게끔 충족해 준다. 전이감정은 그 성격에 따라 긍정적 전이감정이 있고 부정적 전이감정도 있다. 다음은 두 가지 형태의 전이감정에 대해 정신치료자가 개입하는 방법에 대한 설명이다.

① 긍정적 전이감정에 대한 개입

내담자가 상담자와의 관계에 대하여 긍정적 감정이나 호감을 느낀다는 것을 말로 표현할 때, 지지상담의 전략상 내부의 전이반응이 강하게 의식화되는 것을 가능한 한 피해야 한다. 이때 상담자는 '정신상담에서는 그런 감정이 일어난다는 것'을 설명해 주고, 또 '이런 상황에서는 그런 감정이 정상적이라는 것' 또는 '그것은 일시적인 것이어서 치료가 끝나면 그렇게까지 느껴지지는 않을 것'이라는 이야기를 해 주면서 내담자를 안심시킨 후 내담자의 주의를 다른 곳으로 돌리는 식의 개입을 한다.

② 부정적 전이감정에 대한 개입

내담자가 신경질을 부린다든지 화를 낸다든지 적개심이나 공격충동을 표현하는 것과 같은 부정적 전이반응을 보일 경우, 상담자는 그것을 빨리 인정하고 그것에 관해서 내담자에게 설명해 주어 그 반응의 강도를 줄여 주는 것이 좋다.

(3) 내담자의 핵심 감정에 대한 개입

내담자가 자신의 심리적 문제나 자기 자신에 관해 이야기할 때 자신의 감정을 경험하는 것을 피하기 위해서 여러 가지 지성화의 방어기제를 사용하는 경우, 내담자의 방어조직을 그대로 유지시키거나 수용해도 무방하다. 어떤 경우, 내담자가 감정은 배제한 채 이성적 판단만을 강조한다고 해도, 상담자가 그에 부응하여 일정 정도 내담자의 지성화 욕구를 충족시켜 주어도 괜찮다.

(4) 치료구조의 설정을 내담자와 함께 논의

내담자가 상담 횟수의 빈도를 줄여 달라고 요청할 때, 상담자는 내담자의 그와 같은 요청에 기꺼이 응하고 "당신이 그런 요청을 한다는 것은 당신의 상태가 좋아진 징조예요."라고 말하면서 내담자 혼자의 힘으로 지낼 수 있게 된 데 대해서 적극적으로 칭찬해 주는 것이 좋다. 만약 부득이하게 내담자와 미리 약속한 상담 시간을 취소해야 하는 경우가 생겼을 때, 상담자는 내담자에게 상담의 약속을 지키지 못하는 분명한 이유를 설명해 주어야 한다. 그런 다음, 내담자가 이를 충분히 받아들이면, 상담자는 그 시간을 대신해서 다른 시간약속을 할 수 있다고 제안한다. 이것은 내담자로 하여금 현실을 받아들이게 함으로써 전이왜곡을 최소화하고 전이를 무의식의 수준에 머물게 할 수 있다.

3. 정신치료의 주요 상담기법

정신치료는 상담자와 내담자 간에 마음 놓고 대화할 수 있는 신뢰관계를 바탕으로 하여 내담자의 약해진 자아의 기능과 역할을 지지해 준다. 내담자가 현실생활에서 파생되는 문제들을 좀 더 잘 견디어 나가거나 해결할 수 있도록 해 주는 치료기법이 바로 정신치료이다. 임상현장에서 정신치료는 크게 지지치료와 통찰치료로 구분되는데, 이 장에서는 지면의 한계를 빌어 지지치료를 중심으로 관련 내용과 활용법을 제시하고자 한다.

1) 정신치료의 목표 설정하기

정신치료의 목표는 내담자의 제반 상태에 따라 대체로 다음과 같이 설정할 수 있다. 첫째, 내담자로 하여금 지금 이상의 심리적 붕괴를 일으키지 않도록 개입한다. 둘째, 목표는 정신병원에 입원해야 하는 사태를 방지하는 정도로만 돕는다. 셋째, 급성적 붕괴가 시작되기 전의 종전 수준까지만 회복되도록 돕는다. 넷째, 내담자가 처하게 된 위기를 극복하도록 돕는다. 다섯째, 내담자의 겉으로 표출된 증상의 감소 내지 재개에 초점을 두고 개입한다. 정신치료의 목표는 다음의 다섯 가지로 대별된다.

(1) 내담자의 의식적 문제만 다룬다

내담자는 자신이 의식하고 있는 심적 고통을 표현함으로써 환기와 더불어 카타르시스의 효과를 누릴 수 있다. 따라서 상담자는 내담자가 자신의 문제에 대한 생각을 표현하게끔 하는 수용적 태도를 취해야 한다. 내담자를 재촉해서 의식되지 않은 심리적 갈등이나 장애를 의식시키는 방향으로 탐색해서는 안 된다.

(2) 증상의 제거 및 경감에 주된 관심을 둔다

내담자의 불안이나 갈등을 불러일으키는 개입을 삼가야 한다. 그 대신에 불안에 대한 심리적 방어를 그대로 내버려 두거나 방어를 강화하는 식의 개입을 한다. 개입의 원리는 다음과 같다. 첫째, 심리적 방어기제가 강화되면 보다 안정된 역동균형이 생겨 역동균형이 깨질 가능성이 줄어든다. 둘째, 심리적 방어기제의 강화로 역동균형이 유지되면 받아들일 수 없는 무의식적인 충동이나 공상이 분출될 위험이 줄어들어 불안이 감소된다. 셋째, 불안이 감소되면 증상 형성에 있어 이차적 방어구축의 필요성이 감퇴하므로 증상이 제거되거나 경감된다.

(3) 전이의 무의식화와 전이를 충족해 준다

이것은 내담자와의 전이관계가 형성되었을 때와 전이관계로 인해 전이적 욕망이나 공상을 나타내었을 때, 상담자가 그것을 얼마간 충족시켜 주어야 한다는 원리를 말한다. 이 원리는 전이를 의식시키지 않고 전이욕망을 충족시켜 주면 그 욕망의 강도가 줄어들게 됨으로써 신경증적 불안을 야기할 자극이 그만큼 줄어든다는 것을 의미한다.

(4) 압력 제거를 위한 환경 개입을 시도한다

외부 압력의 강도나 영향을 줄이기 위해 주변 환경에 있는 사람들에 대해 개입을 함으로써 내담자가 갖고 있는 한정된 능력이나마 보존해 주기 위한 것이다.

(5) 모델링을 제시한다

내담자가 자신의 현재 문제를 풀어갈 때, 상담자를 모범으로 삼아 동일화함으로써 모방하도록 격려한다. 이것은 상담자란 내담자가 원래 순응과 동일화의 모델로 삼았던 사람보다 통상적으로 더 안정되고 적절한 모델이 될 수 있다는 가정에 그 기초를 두고 있다. 따라서 모범을 보여 줄 때에는 내담자가 과거에 사용했던 문제접근방식과는 다른 새로운 방식을 보여 주고 내담자가 그것을 모방하도록 조장한다. 그러므로 상담자는 중립성을 지켜야 하며, 판단자의 입장에 서서 적극적으로 상이나 벌을 베풀 수도 있고, 벌이나 질책을 가할 수도 있다. 다만, 이러한 상벌은 치료적으로 효과를 발휘할 수 있도록 적절한 상담관계 테두리 내에서 하여야 한다.

이상에서 밝히고 있는 정신치료의 목표를 요약해 보면 다음과 같이 정리하여 제시할 수 있다.

- 정신치료는 보통 그 목표가 한정되어 있고 증상의 제거만을 주목적으로 한다.
- 내담자가 현재 의식하고 있는 문제만을 취급한다.
- 내담자의 여러 가지 방어 기능이나 다른 여러 가지 순응 기능을 지지해 주고 강화해 주어서 치료 전과 비교해서 보다 안정된 역동균형을 유지해 나갈 수 있도록 한다.
- 상담자는 보다 적극적으로 결정을 내리고 내담자의 행동에 관해서도 적극적으로 지시를 내린다.
- 상담자는 내담자가 자신의 신경증적인 성격구조와 내적인 무의식적 갈등을 지닌 채 그 한계 내에서 좀 더 편안하게 살 수 있게끔 도와주기는 하지만 그러한 무의식적인 갈등을 의식화하거나 내적인 정신병리를 수정하려고 하지는 않는다.

2) 정신치료의 효과성 검토

(1) 정신질환의 특징과 내담자의 일반적 기능

정신질환의 일반적 특징에 따라 다음의 경우에는 정신치료의 효과성을 장담하기 어렵다. ① 내담자가 현재 급성으로 붕괴되고 있는 와중에 있거나 현재 그 기능이 퇴행하고 있는 경우, ② 내담자의 생활과 삶의 갈등의 원인이 내적·심리적 요인보다 현재의 외부 압력이 차지하는 비중이 클 경우, ③ 내담자가 정신병 삽화(episode)를 자꾸 일으키는 경우와 같이 장애가 매우 심한 경우, ④ 내담자가 병으로 인하여 많은 이차이득을 얻고 있는 경우 등을 들 수 있다. ⑤ 내담자가 가지고 있는 발병 이전의 기능에 따라서도 치료의 효과성이 영향을 받을 수 있다. 삶의 과정에서 무능과 실패를 거듭했거나 착수한 일을 성공적으로 처리하지 못한 사람에게는 방어의 심리가 워낙 강하여 정신치료에 효과적으로 반응하기가 어려울 수 있다.

(2) 내담자의 특수적 기능에 따른 적응증

정신치료자는 내담자의 특수적 기능에 따라서도 정신치료의 효과가 상이하게 나타날 수 있음을 명심해야 한다. 다음과 같은 상황에서는 내담자의 방어와 저항의 심리에 부딪혀 정신치료의 과정이 더디고 힘들게 진행될 수 있다. 대체로 대상관계를 맺기 어려워하거나 회의나 불신 혹은 의심이 많은 경우에는 정신치료의 효과성을 장담하기 어렵다. 그리고 자신의 문제나 갈등을 타인에게 투사하거나 남을 비난하고 즉각적인 결과만을 바라고 도움을 받아가면서 자기 주변 사람이나 환경을 조종하려 하거나 지배하려는 성향이 강한 경우에도 그러하다. 이외에도 자신의 감정을 잘 의식하지 못하고 자기 나름의 특유한 방법으로 감정에 대한 반응을 회피하는 내담자의 경우에도 치료의 효과를 기대하기 어렵다. 언어표현능력이 단조롭고 반복적이며 판에 박은 듯 고정적인 내담자도 그러하다. 지능이 낮거나 불안이나 전이좌절을 참지 못하는 내담자에게도 정신치료는 권장되지 않는다.

(3) 내담자의 의식구조의 기능에 따른 적응증

내담자의 초자아의 기능에 따라서도 정신치료의 반응이 상이할 수 있다. 내담자의

초자아 기능이 경직되어 있거나 융통성이 없는 경우나 자책이 심하거나 자살할 위험성
이 있는 내담자와 반사회적 행동이나 부도덕적 행동을 하는 내담자의 경우에도 정신치
료가 큰 효과를 나타내기 어렵다. 그리고 내담자의 어떤 하나의 행동이 발달단계에서
의 어릴 때의 고착으로 인해 일어난 경우와 어린 시절에 내담자가 충분한 돌봄 없이 불
안정된 환경에 오랫동안 노출된 경우에도 정신치료가 적합하지 않을 수 있다. 이런 경
우, 내담자의 내적 세계가 연약하고 무의식적으로 퇴행된 경우가 있을 수 있기에 정신
치료의 효과를 기대하기 어렵다.

3) 정신치료 상황의 구성

정신치료 상황을 구성할 때에는 먼저 치료 시간과 치료 빈도, 그리고 치료 횟수를 고
려해야 한다. 내담자 증상의 경중을 따져서 입원치료를 할 것인지와 통원치료를 해야
할지를 신중하게 결정해야 한다. 치료과정에 가족이나 친지를 참여시킬 것인지도 매우
중요한 이슈가 된다. 정신치료의 대표적인 두 가지 요소는 현실과 전이로 대별된다. 상
담자의 관심은 어디까지나 상담자가 환자를 수용하고 이해하는 정도에 달려 있다. 다
음은 정신치료를 구성할 때 요구되는 제반조건에 대한 설명이다.

(1) 내담자의 질문에 대한 응대

상담자는 내담자에게 지지가 되는 답은 모두 제공해 주는 것을 기본으로 하되, 다음
의 사항에 유의하여 답변하는 것이 필요하다. 첫째, 상담자의 과거 경력이나 현재 생활
에 대한 질문에도 대답해 준다. 둘째, 동성애적 갈등을 갖고 있는 내담자에게는 상담자
가 기혼자이고 이성애자라는 것을 알려 준다. 셋째, 정신병리의 주된 문제가 자녀와의
관계 문제일 때, 상담자가 관련된 지식을 가지고 있다면 이러한 문제에 대한 경험이 있
다는 것을 알려 준다. 넷째, 심한 종교적 갈등을 갖고 있는 내담자에게는 상담자의 종
교적 신앙이나 가치관을 알려 주는 편이 도움이 된다.

(2) 치료 빈도와 치료 시간 설정

정신치료에서는 내담자가 보이는 병의 증세에 따라 치료 빈도와 치료 시간을 융통성

있게 정할 수 있다. 심할 경우에는 일주일에 여러 번 치료할 수도 있다. 증상이 호전되면 내담자가 자신의 기능을 최선으로 유지할 수 있는 수준까지 빈도를 줄일 수도 있다. 치료 시간은 내담자의 필요성에 따라 융통성 있게 조절할 수 있어야 한다. 치료 시간이 얼마 지나지 않았는데 내담자가 더 이상 이야기하고 싶은 것이 없는 경우에는 그 시간을 일찍 종결하는 것이 타당하다. 특히 내담자 편에서 끝내기를 원하는 경우에는 더욱 그렇게 하는 것이 좋다. 이것은 내담자의 방어, 즉 자신이 받아들일 수 없는 이야기나 감정이 일어나는 데 대해서 그가 방어하는 것을 상담자가 존중하는 것으로 보일 수 있기 때문이다.

그리고 내담자가 하던 이야기를 끝맺기 위해서 또는 어떤 문제의 해결에 대한 상담자의 칭찬과 격려를 받기 위해서 가외로 시간이 더 필요한 경우에는 그렇게 해 주는 것이 전이를 충족시켜 주는 것이 될 수 있다. 통상적으로 치료 시간은 아주 짧은 경우에는 5분에서 10분 사이, 또 어떤 경우에는 25~30분 정도가 적당하다.

(3) 치료 비용을 안내하고 결정

치료 비용은 내담자의 요구와 성격에 따라 융통성 있게 결정한다. 죄책감이 심한 내담자의 경우에는 치료 비용으로 인한 경제적 부담이 죄책감을 가중시켜 전이충족을 방해할 수 있기 때문에 내담자 대신 가족과 상의(치료비는 상담자의 이기적 목적 때문이라 생각함)하는 것이 좋다. 반면, 독립적이거나 의존 욕구에 대한 반동형성 내담자일 경우에는 내담자 스스로 지불하게 하는 것이 좋다. 그 이유는 그러한 행동 자체가 내담자의 수동성과 의존성을 부정하는 것이므로 치료에 계속 참여하는 효과로 이어질 수 있기 때문이다.

연속 회기로 진행되는 치료 중에 특정 회기에 불참하는 것은 내담자의 전이충족을 위해 용인된다. 불참은 상담자에 대한 내담자의 적대적·부정적 전이감정의 무의식적 표현이므로 이를 허용하여 의식화하지 않기 위함이다.

(4) 비밀보장과 전이반응의 처리

내담자의 치료적 필요성과 증상에 따라 융통성을 기하여 비밀보장을 해야 한다. 통상 가족과 만날 때 이 사실을 내담자에게 알리겠다고 말하는 것이 좋다. 정신치료의 전략은 내담자가 의식할 수 있는 정도까지 강하게 전이반응을 불러일으키지 않고, 전이 자체는 내담자의 무의식 속에 머물게 하며, 전이 파생물을 충족해 주는 것이어야 한다. 이렇게 하면 내담자의 눈에 상담자가 현실적인 사람으로 보이게 되고, 전이왜곡이 일어날 가능성을 줄여 줄 수 있다.

프로이트와 같이 긴 의자(couch)는 내담자의 퇴행 방지를 위해 사용하지 않음을 원칙으로 한다. 주요 결정을 보류하거나 취소해야 할 상황이 생긴다면 내담자에게 그 이유를 충분히 설명해 주어야 한다. 상담자는 내담자가 어떤 충동적이고 신경증적인 결정을 하지 않도록 적극적으로 찬성하거나 반대하면서 지도하는 입장에 선다. 이것은 내담자에게 현실을 보여 주는 것이 되며, 아울러 그 이유를 밝히지 않음으로써 촉발될지도 모를 전이왜곡을 교정하는 계기가 될 수 있다.

4) 정신치료에서 활용되는 상담기법

정신치료의 일반적인 역할은 변함없는 태도와 진지한 목적의식을 가져야 한다는 것이다. 또한 치료에 대한 확고한 소신과 함께 내담자 존중의 자세를 한시도 잊어서는 아니 된다. 수용의 자세와 통찰을 통한 실행의 강화는 매우 중요하다. 때로는 역전이의 처리와 내담자의 변화에 대한 계속적인 평가를 매우 중요시한다. 다음은 정신치료에서 주로 활용되는 상담기법에 대한 설명이다.

첫째, 정신치료에서는 적극적인 경청기법을 활용한다. 경청은 어떤 것을 그냥 받아들이기만 하는 수동적 과정이 아니라 매우 능동적이고 적극적인 과정이다. 상담자는 경청을 통해 내담자의 어려움과 갈등의 본성을 이해하려고 하고, 그것이 지니는 여러 가지 의미를 밝혀 주어야 한다. 또한 내담자의 정신과 성격이 어떤 식으로 조직되어 있고 어떤 식으로 작용하고 있는가를 이해해야 한다. 따라서 상담자는 '주의가 고루 머물고 있는 상태'에서 내담자의 이야기를 경청해야 하며, 이때 감정이입이 뒤따라야 한다.

둘째, 명료화와 직면기법을 적절하게 활용해야 한다. 명료화는 "좀 더 자세히 말씀해 주시겠습니까?" 혹은 "그 점에 대해서 좀 더 충분히 설명해 주시겠습니까?"라는 식으로 내담자를 격려하는 것이다. 한편, 직면은 '내담자에게 의식될 수 있고 또 관찰될 수 있는 일들을 지적해 주는 것이고, 내담자가 제시한 어떤 하나의 자료가 다른 자료와 어떤 점에서 유사한지 혹은 다른지에 관해서 내담자에게 생각나게 하는 것이다.

셋째, 정신치료에서 해석기법은 내담자의 정신생활 중에서 내담자 자신이 이미 의식하고 있는 부분에서 시작하여 점차 덜 의식하고 있는 부분으로 이동하는 순으로 활용하여야 한다. 그리고 상담자의 해석에 대한 내담자의 거부나 저항적 태도가 있을 수 있으므로 내담자의 방어가 어느 정도 감소된 후에는 내담자의 내적인 무의식적 갈등을 해석해 주어야 한다. 무엇보다 해석을 제공할 때에는 그 해석에 필요한 밑바탕 자료가 내담자에게 중요하고 관련성이 깊은 것이어야 하고, 내담자의 언어로 표현하며, 내담자의 경험에 맞추어 제시하는 것이 좋다. 이때 상담자가 내담자가 자주 쓰는 표현법이나 용어나 말투를 빌려서 해석해 준다면 더욱 좋다.

마지막으로, 상담자는 때로는 내담자에게 어떤 제안을 하여 내담자를 치료의 방향으로 이끌 수도 있고, 내담자의 어떤 행동을 적극적으로 방지하거나 최소한 그 행동에 간섭하는 형태로 개입할 수도 있다. 이처럼 정신치료에서는 상담자가 내담자의 여러 가지 행동이나 활동을 직접 규제하거나 통제할 수 있다.

4. 정신치료의 진행 과정

1) 초기 국면

(1) 기본 원칙 소개

통상 두 번째 면담에서 이 규칙을 설명함을 원칙으로 한다. 시작을 할 때에는 다음의 말로 시작한다. "(손가락을 하나씩 펴 보이며 설명) 오늘 실질적인 면담에 들어가기 전에 당신과 제가 함께 지켜야 할 네 가지 규칙에 대해 설명해 드리겠습니다. 잘 듣고 궁금한 점이 있으시면 그때 얘기해 주시기 바랍니다." 그런 다음, 상담자는 면담에서 지켜야 할 네 가지 규칙을 차례로 설명한다.

"첫째, 이 면담은 주로 당신이 말하고 저는 듣는 편으로 하겠습니다. 그러나 제가 가만히 듣고만 있는 것이 아니라, 필요한 경우에 가끔 개입도 하게 될 것입니다."

"둘째, 당신이 현재 생각하고 느끼는 점에 관해 가능한 한 자유롭고 편안하게 말씀하시면 됩니다. "

"셋째, 말씀을 하시다 보면 이야기하고 싶지 않거나 이야기하기가 힘들고 어려울 때도 있습니다. 그렇더라도 용기를 내어서 이야기하는 것이 치료에 도움이 됩니다."

"넷째, 속담에 '말을 강가로 데려갈 수는 있으나 말에게 억지로 물을 먹일 수는 없다.'라는 말이 있습니다. 이와 같이, 이 면담은 우리 두 사람이 함께 참여하지만 모든 문제해결의 열쇠는 바로 당신이 가지고 있음을 의미합니다. 그리고 우리가 함께 나누는 대화는 당신의 허락 없이는 그 어느 누구에게도 말하지 않을 것을 약속드립니다. 비밀보장이 된다는 뜻이지요."

이 네 가지 원칙을 설명한 다음, 상담자는 내담자에게 "지금까지 제가 말씀드린 이 네 가지 약속을 이해하셨습니까?"라고 재차 질문해야 한다. 내담자가 고개를 끄덕이거나 "예."라고 응답했다면 그다음 순서로 "(손바닥을 앞으로 내 보이며) 그럼 무엇이든 좋으니 말씀해 보시죠."라고 말한 후, 내담자가 먼저 말할 때까지 기다리면 된다.

(2) 문제의 우선순위에 따라 개입

상담 초기에 상담자는 내담자의 상담 주제가 되는 주요 문제가 무엇인지 파악하고 내담자의 성격조직과 방어기제 및 행동양식은 무엇인지 역동적으로 이해하여 평가한 후에 우선적으로 주의를 기울여야 할 문제 영역, 즉 상담자의 영향력으로 빨리 고칠 수 있는 갈등이나 문제 영역을 골라내는 것이 좋다.

(3) 고통의 정도를 파악해서 즉각적으로 개입

초기 면담에서 내담자가 현재 얼마나 어려움이나 고통을 느끼고 있는지의 정도를 파악하고, 이러한 고통을 제거하기 위해서 얼마나 활발하게 개입하여야 하는지를 고려한 후 개입하여야 한다.

(4) 정신치료의 횟수 결정

정신치료의 치료 빈도는 내담자의 증세에 따라서 그 횟수를 조정해야 한다. 초기 치료에서는 비교적 빨리 증상이 경감되고 호전되는 방향으로 빈도를 정하는 것이 좋다. 내담자와 신뢰를 유지할 수 있도록 함과 동시에 내담자의 전이가 의식되지 않도록 빈도와 강도를 조절해야 한다. 부득이한 사정으로 치료의 빈도를 줄일 때에는 강화를 주는 것도 고려해야 한다.

(5) 내담자의 정신역동에 따른 맞춤형 강화전략 동원

정신치료의 목표는 내담자의 내면에 깔려 있는 갈등을 무의식에 남아 있도록 하여 현실의 압력이 어떤 것이든 간에 직면하더라도 자신의 역동균형을 유지할 수 있는 역량을 증진하는 데 있다. 상담자는 내담자의 내재적 성격구조와 양립할 수 있는 방어기제를 밝혀내어 이와 같은 방어기제를 활용하거나 강화해 주는 여러 가지 구체적인 방안을 제시하여야 한다. 또 때로는 그러한 방어기제에 잘 맞는 어떤 태도를 갖도록 제안할 수도 있다. 그리고 다음의 성격을 가진 사람들에게는 특별한 그 나름의 전략을 사용해야 한다.

① 수동의존적인 성격을 소유한 내담자

상담자가 관심을 가진다는 것을 내담자가 눈으로 볼 수 있게끔 외적으로 표현하고 상담 시간도 자주 가지며 칭찬과 격려도 눈에 띄게 표현한다.

② 의존 욕구에 대한 반동형성적인 내담자

상담자가 내담자의 의존성을 강조하지 않고 독립성을 격려함과 동시에 치료의 빈도도 빨리 줄이도록 노력하고, 또 내담자에게 자신의 갈등이나 문제를 스스로 해결할 능력이 있다는 것을 강조한다.

③ 강박적인 성격구조와 지성화의 방어기제를 갖고 있는 내담자

상담자는 개입 시 감정과는 비교적 거리가 먼 인지적인 용어를 사용해서 내담자의 반응 중에서 정서적인 면은 되도록 강조하지 않는 것이 바람직하다.

(6) 전이의 조기발견과 즉시 활용

상담자는 어떤 것이 내담자에게 적합한 전이반응이고, 또 어떤 것이 그의 내적 갈등이나 정신역동 및 방어기제와 조화를 잘 이루는 전이반응인지를 치료 초기에 신속하고 정확하게 파악한 후 그러한 전이반응을 조성하여 전이관계가 조장되게끔 반응하여야 한다. 상담자가 내담자에게 강한 부모와 같은 충고자나 안내자의 역할을 하는 것이 가장 효과적이라고 판단되면 상담자는 초기부터 매우 지시적이고 감독자적인 개입을 하여 내담자의 행동을 변화시키려고 노력하게 된다. 그리고 내담자의 문제가 지나치게 가혹한 신경증적 죄책감과 도덕에 관한 갈등에서 우러난 것으로 판단될 때, 상담자는 관대하고 수용적인 전이 대상의 모델 역할을 담당하여 내담자가 여태까지 지녀 왔던 도덕률보다는 훨씬 융통성 있고 폭이 넓은 도덕률을 가진 사람으로서 대해 주는 것도 치료의 효과를 높일 수 있다.

2) 중간 국면

(1) 중간 국면의 분계(分界)점

내재된 갈등의 출현으로 인한 고통을 이겨 낼 수 있을 만큼 치료동맹의 강도가 강해졌을 때나 오늘의 고통은 보다 깊은 이해와 통달 및 해결을 위한 과도기라고 내담자가 점차 인식하게 될 때, 그리고 전이가 나타나기 시작할 때와 상담의 초기가 끝나고 중간기가 시작되는 시점이다.

(2) 전이의 활용

내담자가 자신의 의존 욕구를 상담자에게 전이할 때, 상담자는 그 의존 욕구를 내담자가 의식하지 못하는 가운데 치료상 유익하게 충족해 준다. 만일 어떤 내담자가 자신의 어떤 행동에 대해서 벌이나 상을 예상하고 있다고 할 때, 상담자는 지지치료적 상담의 올바른 테두리 내에서 치료적으로 유익한 상벌을 주는 기회를 가져야 한다.

(3) 저항의 취급

정신치료에서는 억압된 무의식적 갈등이 내담자에게 의식되지 않게끔 하고, 그것을 무의식에 그대로 남아 있게 하려고 노력하기 때문에 일반적으로 상담자는 저항이 표시되는 것에 대해서 간섭하지 않는 것이 좋다.

3) 종결 국면

정신치료자는 치료의 종결단계가 다가오고 있는가, 혹은 벌써 종결단계가 시작되었는가를 판별할 줄 알아야 한다. 일반적으로 종결단계에는 두 가지 부류가 있는데, 하나는 성공하지 못한 사례의 경우이고, 다른 하나는 성공한 사례의 경우이다.

(1) 성공하지 못한 사례

내담자나 상담자가 공히 '이제 상담목표가 달성될 것 같지 않다.' '오랫동안 침체 상태나 답보 상태가 계속되고 있다.' '더 이상의 진전이 있을 것 같지 않다.'는 것을 인식하게 될 때는 이를 솔직히 인정하여야 한다.

가. 내담자 측에서 중단할 때

① 상담자는 내담자에게 언제든지 치료를 중단할 권리가 있다는 것을 인식하고 치료의 지속을 강요하지 않아야 한다.

② 내담자가 아무 말 없이 오지 않는 경우, 전화나 편지를 통해 최소한 한 번 더 만나서 치료의 중단에 따른 문제를 다루어 나가야 한다.

③ 내담자가 자타에 대해 심한 위험부담을 안고 있는 경우나 병이 심해 올바른 의사결정능력이 결여되어 있다고 판단되는 경우에는 내담자를 책임질 수 있는 가족과 접촉할 의무가 있다. 가족에게 치료 중단을 알리고 가족이 내담자의 장래 안정을 위해 적절한 대책을 강구하도록 권해야 한다.

나. 상담자 측에서 중단할 때

'치료가 효과적이지 못하다.' 혹은 '더 이상 치료를 해도 별로 소용이 없다.' '내담자의 시간과 노력 및 비용의 낭비를 초래하겠다.'라고 상담자의 판단이 설 때는 내담자에게 이런 결정을 이야기하여야 한다. 하지만 통상 내담자에게 충분한 시간적 여유를 주어

상담자의 결정에 대해서 내담자가 가질 여러 가지 감정이나 반응을 표현하고 풀 수 있도록 하여야 한다.

다. 공동으로 중단할 때

상담에 진전이 없어 종결하는 것이 좋다고 상담자와 내담자 간에 의견일치를 보았다 하더라도 내담자가 이런 결정에 대한 자신의 여러 가지 반응과 감정을 처리하는 데는 어느 정도의 시간이 필요하다. 그러므로 종결은 그만한 시간적 여유를 가지고 진행하는 것이 좋다.

(2) 성공한 사례

치료의 종결이 성공적이라고 판단할 수 있는 경우는 대체로 다음의 네 가지 경우로 대별된다. 첫째, 내담자의 증상이 완쾌되었거나 상당히 좋아졌을 때이다. 둘째, 내담자가 보다 효과적이고 안정된 역동균형을 대내외적으로 이루었을 때이다. 셋째, 내담자의 행동 형태가 변해서 종전의 행동 대신 새로운 자체 강화적인 행동이 나타났을 때이다. 넷째, 내담자의 외부적인 환경여건이나 대인관계에 적절한 변화가 일어나서 내담자가 보다 안락하고 효율적인 역동균형을 이룰 수 있게 되었을 때이다.

(3) 종결의 정신역동

① 상실감과 불안감

정신치료의 경우, 상담자는 적극적인 역할을 행하고 내담자의 생활에 있어 매우 현실적인 인물로 화(化)하였기 때문에 내담자는 이와 같은 현실적인 인물을 상실하는 데 대하여, 그리고 여태까지 향유했던 사람과의 관계를 상실하는 데 대하여 애석감을 갖게 된다. 또 자신의 증상이나 병이 장차 재발하지는 않을까, 그리고 얼마나 혼자서 잘 기능할 수 있을까를 걱정한다.

② 긍정적 전이 속에서의 종결

상담자는 치료의 종결을 계획할 때 긍정적 전이관계 속에서 끝을 맺되, 전이 자체는 내담자의 무의식 속에 머물게 하면서 종결할 수 있다.

③ 종결에 대한 방어의 유지

갈등에 대한 내담자의 방어조직과 치료의 종결이 촉발하게 될 상실과 이별에 관련된 방어조직은 그대로 유지되어야 한다. 이럴 때 상담자는 감정과 연관된 내담자의 심층적인 갈등을 밝히는 것을 삼가야 한다.

(4) 종결의 전략

① 적극적 · 긍정적 · 현실적 종결

종결 문제가 나타난 경우에도 상담자는 내담자를 적극적으로 충족해 주면서 종결해야 한다. 다시 말하면, 긍정적 전이를 고양하면서 종결지어야 한다. 이럴 때 상담자는 내담자가 진보를 보인 데 대해서 칭찬의 표시를 해 주거나 내담자가 진보를 보인 데 대해서 다른 형태의 적극적인 심리적 강화를 해 주어야 한다.

② 상실감의 극소화 방안

상실감을 최소한으로 하기 위해서는 치료 횟수를 점차 줄여 나가는 방법을 선택하는 것이 좋다. 필요하다면 언제든지 상담자를 즉시 만날 수 있다는 것을 강조해 둔다. 내담자와의 접촉을 계속 유지하기 위해, 편지나 연하장 혹은 크리스마스카드 등을 보내서 어떻게 되어가고 있는지를 알려 달라고 제안할 수도 있다. 장차 내담자와 만날 어떤 특정한 날짜와 시간을 미리 정해 놓을 수도 있다.

③ 증상 재발의 예고

종결 형식에 있어서 또 하나의 적절한 방법은 내담자에게 "장차 가끔 심하지는 않겠지만 증상이 재발할지도 모릅니다. 그렇지만 그것을 지나치게 걱정할 필요는 없습니다. 또 만일 그 증상이 아주 심하게 나타나거나 오래 지속되는 경우에는 거북하게 생각하지 말고 언제든지 저를 찾아오세요."라고 말해 주어야 한다.

④ 의식적인 상실감의 표현

치료의 종결이 다가오면 내담자는 여러 가지 비애감과 상실감을 경험할 수 있는데, 만일 이것이 의식되어 있고, 또 내담자 자신이 이것을 체험하고 있다는 것을 자각하고 있는 경우에는 상담자가 상담 시간에 이러한 비애감과 상실감이 표현되게끔 격려해 주거나 이러한 감정이 환기되도록 하고, 필요한 지지적 개입을 해 주어야 한다.

5. 정신치료의 평가와 적용

정신치료는 프로이트가 정밀하게 구축한 정신분석이론과 매우 상세하게 안내된 치료기법에 따라 진행되는 인류 최초의 심리치료이자 심리상담기법의 기원으로 평가되고 있다(권석만, 2015: 80-82). 인류의 역사를 돌아볼 때, 상담의 역사는 정신치료의 전과 후로 나눌 수 있다고 해도 과언이 아닐 정도로 정신치료의 영향력은 말로 형용할 수 없을 만큼 크고 위대하다. 무엇보다 정신치료의 강점은 내담자의 문제와 증상을 이해할 수 있는 포괄적인 설명체계를 제시하여 준다는 것에 있다. 내담자의 성격과 증상을 그가 걸어온 삶의 궤적을 따라가며 해석해 주는 것은 정신치료의 백미(白眉)라고 할 수 있다.

그럼에도 정신치료만큼 상담전문가들의 사랑과 비판을 동시에 받은 상담기법도 드물 것이다. 전문가들이 이구동성으로 지적하는 가장 대표적인 문제점은 바로 정신치료의 기간이 너무 길다는 것이다. 치료의 기간이 길다고 치료의 효과가 보장되는 것은 아니다. 그런데도 내담자 입장에서 볼 때, 주 2~3회 이상 그것도 수년간에 걸쳐서 시간과 비용을 지불해 가며 상담을 받아야 하는 것은 매우 큰 고충일 것이다.

다음으로 치료의 효과성에 대한 의문들이 있다. 프로이트가 정신분석이론을 발표할 당시만 하더라도 자신의 임상적 경험에 비추어 환자가 치료되는 것을 직접 목격하였기 때문에 정신치료의 효과성에 대해 추호의 의심도 하지 않았을 것이다. 그래서 프로이트는 정신치료의 효과성을 검증하려는 시도를 별도로 하지 않았다고 한다. 정신치료의 주된 관심사는 겉으로 드러나 보이는 내담자의 증상을 감소시키는 것보다는 내담자의 성격구조를 근원적으로 바꾸는 데 있었기에 치료의 효과를 객관적으로 검증하는 것도 말처럼 쉽지 않다.

정신치료를 받은 내담자들 중 단지 그 절반 정도만이 치료의 효과를 보았을 뿐이라는 나이트의 연구(Knight, 1941)는 최초로 정신치료의 효과성을 검증한 연구로 잘 알려져 있다. 후대의 여러 학자(Bacharch, Galatzer-Levy, Skolnikoff, & Waldron, 1991; Freedman, Hoffenberg, Vorus, & Frosch, 1999)는 정신치료의 효과성을 대체로 긍정적으로 평가하였다. 반면, 신경증의 증상을 지닌 내담자를 대상으로 약 4개월간 주 1회 정도의 빈도로 정신치료와 단기행동치료의 효과성을 비교 검토한 슬론 등의 연구에 따르면, 두 개의 치료 집단 간에 효과의 차이가 없었다는 결과도 있다(Sloane, Staples, Cristol, Yorkston, & Whipple, 1975). 이 연구의 결과는 이후 정신치료의 효과성에 의문을 품는 임상가들에게 주 공격 대상의 지점으로 활용되기에 이르렀다. 심지어 다수의 상담자는 정신치료가 앞으로 위축될 것을 심각하게 염려하기도 하였다. 거기에는 항정신성 약물의 도움으로 정신치료를 받지 않고서도 증상이 호전되는 일들이 가능해진 것도 한몫하였다고 평가된다. 그렇지만 "내담자의 증상을 치료하는 정신치료는 옷 수선을 하는 것과 같다."는 정신은 여전히 유효하고, 정신치료는 여전히 다양한 상담 장면에서 활용도가 가장 높으며, 가장 강력한 상담기법이라는 점은 누구도 부인할 수 없는 사실로 인정받고 있다.

제9장
대상관계 심리치료

남이 나를 알아주지 않아도 노여워하지 않으니, 어찌 군자가 아닐 수 있으랴!
(人不知而不慍 不亦君子乎!)
-『논어』학이편 1장

1. 대상관계의 개념

1) 대상관계이론의 발달배경

대상(對象)이라는 용어를 최초로 사용한 사람은 프로이트이지만 대상관계의 개념을 체계화한 사람은 따로 있다. 그들은 바로 제2차 세계대전이 한창이던 때부터 영국에서 함께 활동한 멜라니 클라인(Melanie Klein), 로널드 페어번(Ronald Fairbairn), 도널드 위니캇(Donald Winnicott), 마이클 발린트(Michael Balint)로 대표되는 정신분석학자이다(Clair, 1996; Hamilton, 1988). 프로이트가 대상관계를 모든 개인이 자신의 본능적 욕구를 충족하기 위해 선택하는 사람이나 사물 등 이중적 의미를 가지는 것으로 파악한 것에 비해, 대상관계이론가들은 대상(object)을 오로지 인간의 욕구 충족을 위해 존재하는 사람으로 한정하여 사용했다는 것이 가장 큰 차이점이다(Greenberg & Mitchell,

1983).

주로 유아를 대상으로 정신분석을 시도한 클라인의 경우에는 프로이트의 본능-욕동지향적(instinct-drive-oriented) 관점에 근거하여 유아의 내면세계를 탐색했던 반면, 페어번은 고전적인 프로이트 이론의 관점을 거부하고 대상지향적(objected-oriented) 관점을 전개하였다(윤순임 외, 1997; 최영민, 2010: 248). 그래서 페어번은 인간을 쾌락을 추구하는 존재가 아니라 대상을 추구하는 존재라고 주장하였고, 모든 유아는 다른 사람과 관계를 맺고 싶어 하는 기본 동기를 가지고 있다고 믿었다(원호택, 1997). 이후 대상관계이론은 1960년대 제이콥슨(Edith Jacobson)과 말러(Mahler), 1970년대 건트립(Harry Guntrip), 파인과 버그만(Pine & Bergman), 그리고 컨버그(Otto Kernberg) 등을 거치면서 이론적 확장을 거듭하였다.

인간을 본능에 지배되는 수동적 존재로 보았던 프로이트의 견해와는 달리, 대상관계 심리치료에서 '의미 있는 타자들'은 개인의 욕구 충족의 수단 그 이상이며, 정서적 유대를 형성하고 있는 대상에게서 어떤 존재의 의미를 가지는지를 더 중요시한다(최명민, 1999). 대상은 생애 초기의 양육자를 통해 형성한 내적 표상(representation)에서 비롯된 것으로, 한 번 형성되어 개인의 마음속에 내면화된 이후에는 생애발달 과정에서 만나는 여러 다른 사람과의 관계의 밀도에 지대한 영향을 미치는 것으로 간주된다. 이에 따라 대상관계 심리치료에서는 유아와 부모관계의 질에 깊은 관심을 두었고, 유아가 하나의 인격체로 성장하는 과정을 분리와 개별화의 과정으로 설명하고 있다.

2) 대상관계의 정의

대상관계이론에서 말하는 '대상(object)'이란 주체(subject)에 상대되는 개념이다. 그리고 대상관계는 특정 개인이 주체로서 삶을 살아감에 있어서 '의미 있는 타자들'이라 할 수 있는 대상과 맺는 관계를 의미한다. 한 가지 유의할 점은 대상관계는 어디까지나 개인의 심리 내면에서 일어나는 심리적 기제일 뿐, 그 자체가 외부 대상과 맺는 대인관계를 의미하는 것은 아니라는 점이다(김진숙, 2009). 이론적으로 볼 때 대상관계가 개인의 성격에 미치는 영향과 그 형성 과정은 매우 복잡해 보인다. 다양한 상담 장면에서 대상의 개념을 잘 활용하려면 먼저 그 개념적 정의를 이해할 필요가 있다.

(1) 대상

대상(object)이란 주체와 일정한 관계를 가지는 어떤 것으로 정의된다(Clair, 1996). 첫째, 이 대상에는 다양한 의미가 있을 수 있다. 우선 대상은 특정한 사람을 지칭하더라도 그것이 한 사람의 인격 전체를 대표할 수는 없다. 개체는 대상의 특정한 부분(예: 어머니의 젖가슴이나 손가락)이나 특성(예: 좋음, 나쁨)과도 관계를 형성할 수 있다. 둘째, 각 개인은 실제로 존재하는 외적 대상뿐만 아니라 그 인물에 대해 심리적으로 형성하여 만든 이미지나 표상을 만들어 낼 수도 있다. 셋째, 대상에는 내적 대상도 아니면서 외적 대상도 아닌 중간적 성격을 지닌 대상도 있다. 이것을 두고 중간 대상(transitional object)이라고도 한다. 예를 들어, 유아가 어머니라는 실제 대상이 없이도 곰 인형이나 어머니와 함께 덮고 자는 이불에서 심리적 안정을 느끼며 잠을 잘 잘 수 있는 이유는 바로 그것들이 어머니와의 강한 애착관계의 대체물이 될 수 있기 때문이다. 유아는 어머니와 관계를 맺은 경험들을 인형이나 이불을 대상으로 하여 의미를 부여하고 강한 정서를 느끼는 것이다(Winnicott, 1971).

(2) 내적 대상과 외적 대상

대상은 내적 대상(internal object)과 외적 대상(external object)으로 구분될 수 있다. 외적 대상은 직접 관찰이 가능한 사람이나 사물 혹은 대상 등을 지칭한다. 반면, 내적 대상은 외적 대상을 지각하는 과정에서 경험하는 정신적 표상(mental representation)이다. 달리 말해, 내적 대상은 외적 대상에 대해 개인이 어떤 의미를 부여하는가에 따라 달라지는 성질을 가지고 있으며, 외적 대상을 대할 때마다 느끼는 특정 이미지나 생각과 감정 혹은 기억들이다. 대상관계 심리치료에서는 외적 대상보다는 내적 대상으로부터 비롯되는 정신적 표상으로 이루어진 내담자의 내적 세계를 주로 다룬다. 개인에게 어떤 사건이 있었느냐가 중요한 것이 아니라 그 사건을 어떻게 경험하고 바라보고 있는지를 더 중요하게 생각한다. 이처럼 대상에 대한 평가는 개인이 '의미 있는 타자들'과 어떤 관계를 맺을지를 결정하는 대상관계의 기본이다.

(3) 부분 대상과 전체 대상

한 개인의 심리 내면에 각인된 이미지나 표상은 그 개인과 관계를 맺고 있는 '의미 있는 타자들'의 전체(전체 대상: whole object)에 대한 것만은 아니다. 대상의 특정 부분(부분 대상: part object)도 일정한 이미지나 표상으로 표출될 수 있다. 예를 들어, 어머니의 젖가슴과 같은 어머니 신체의 특정 부위가 유아의 대상이 될 때 우리는 그것을 부분 대상이라 부른다. 임상적으로 이 두 가지를 구분해야 하는 이유는 유아의 성격발달은 어머니의 부분 대상(젖가슴, 손가락, 입, 팔 등)이 전체 대상(어머니 그 자체)에 속한 것이라는 것을 깨닫지 못한 상태에서 부분 대상이 전체 대상으로 통합하여 이해되는 과정을 거쳐 이루어진다고 보기 때문이다. 초기 유아기 때 유아는 자신을 부드럽게 감싸주는 '어머니의 손(good mother)'과 '잘못을 꾸짖는 어머니의 입(bad mother)'이 서로 분리된 대상이라고 이해한다. 그러나 성장하면서 유아는 이 두 부분 대상은 사실은 분리된 것이 아니라 어머니라는 전체 대상에 속한 것임을 깨닫게 되어 혼란에 빠지기도 한다(김진숙, 2002).

이처럼 유아는 점차 어머니라는 대상이 가진 양극단의 속성을 통합적으로 이해하고 받아들이게 되면서 어머니에 대한 전적인 수용과 통합을 이룰 수 있게 된다. 대상관계이론에서는 대상이 두 가지 면을 모두 가지고 있을 수도 있다는 점을 한 개체가 이해할 때 개체의 성숙이 가능하다고 본다. 또한 심리적으로 성숙한 사람은 대상을 부분 대상으로만 인식하지 않고 좋고 나쁜 면을 동시에 가지고 있는 전체 대상으로 지각하는 경향이 있다고 생각한다. 사람이 항상 좋거나 나쁠 수는 없듯이, 성숙한 사람은 대상의 좋은 점과 나쁜 점 모두를 인정하고 받아들이지 이 둘을 전체 대상의 일부로 인식하지 못하고 분리(splitting)하여 인식하는 경우는 거의 없다. 흑백 논리를 강하게 피력하거나 부분 대상의 특성을 분리하여 전체 대상으로 과잉 일반화하려는 성향을 보이는 사람들을 두고 대상관계 심리치료에서는 심리적으로 미성숙한 사람이라고 평가한다.

(4) 대상관계와 표상

대상관계(object relation)는 한 개인이 타인과 관계를 맺는 방식을 결정하는 정신 내적인 기본 구조이며, 생애 초기에 '의미 있는 타자들'과 맺은 관계에서 경험한 것들이 자기 안에서 어떤 정신적 표상으로 내면화된 것이기도 하다(Horner, 1984: 3). 흔한 말로 표상은 자신과 대상에 대해 갖는 어떤 대표되는 정신적 상(像)을 말한다. 실제 인간관계에서는 사실의 관계를 있는 그대로 반영하기보다는 타인과 관계하는 가운데 개인이 주관적으로 지각하고 경험한 것을 나타내 보이는 것이라 할 수 있다. 생애 초기에 양육자와 상호작용했던 경험과 그에 수반되는 정서 상태까지 내면화한 것들이 주로 대상표상을 형성한다.

대상관계는 다음의 두 가지 표상으로 대별된다. 어머니로 대표되는 대상에 대한 느낌과 인상 등으로 구성되는 '**대상표상**(object representations)'과 대상표상에 대응되는 자신에 대한 심리적 느낌인 '**자기표상**(self representations)'을 연결하는 정서 상태로 구성된다(Hamilton, 1988). 또한 대상관계는 개인이 환경 안에서 심리적으로 중요한 사람이나 사물에 대해 가지고 있는 개인의 행동과 태도로 정의될 수 있다. 대상관계에 반대되는 것은 자기도취관계이다. 이런 관계에서는 오로지 개인이 자기 자신에게만 집중하고 있어서 다른 사람과의 진정한 인간관계가 존재하지 않는다. 대상관계의 어떤 부분은 개인이 의식할 수 있으나 어떤 부분은 개인의 의식 밖에 있으면서 영향을 미칠 수 있다. 그리고 생애 초기에 형성된 대상관계는 이후에 경험하는 많은 것에 의해 수정될 수도 있다. 하지만 병리적 상황에서는 대상관계가 경직되게 구조화되어 변화의 장애물이 되기도 한다(Stadter, 1996).

2. 주요 개념

1) 대상영속성

유아의 첫 번째 애착 형성은 자신의 기본 욕구를 이해하고 만족시켜 줄 수 있는 사람이 있을 때 생겨난다. 양육자와 맺는 관계의 연속성과 일관성은 인간의 심리발달에 매우 중요한 영향을 미치는 요소라 하겠다. 그래서 대상관계 심리치료에서는 유아가 자신의 어머니에게서 충분한 돌봄을 받고 있다고 느낄 때 어머니를 신뢰하는 대상으로 인식한다고 생각한다. 유아가 어머니와 관계를 맺는 과정에서 생긴 신뢰감은 이후 유아가 성장하는 과정에서 '의미 있는 타자들'과의 관계를 통해 더욱 확장된다(김영호, 2008).

대상관계이론에서는 유아기에 부모와 함께한 경험의 질에 따라 개인의 성격발달의 정도가 다를 것이라 생각한다. 훌륭한 양육으로 충분한 학습과 사회화를 경험한 유아의 성격발달이 욕구 좌절을 경험한 유아보다 더 안정된 성격을 가질 수 있다고 생각한다. 사람들은 자기 나름대로의 감정을 가지고 있고 자신의 욕구에 따라 반응한다. 유아가 전체-대상관계로 발전하는 시기는 생후 18개월 정도가 지나서이고, 이때 충분히 분화된 자아발달을 이루며, 대상영속성을 성취한다. 대상영속성을 성취한 자아는 혼자 있는 것이 두렵지 않고 낯선 환경에도 잘 적응하며, 자신을 유지 · 발전시킬 수 있는 안정적이고 독립적인 존재로서 살아갈 수 있게 된다.

2) 대상관계 형성 과정

대상관계 형성 과정은 크게 3단계로 기술된다. 마지막 단계인 격리와 개별화기는 다시 네 개의 하위단계로 나뉜다. 각각의 발달단계는 서로 중첩되기도 하고, 이전 단계와 이후 단계가 완전히 대체되지 않으며, 동일한 시기에 중첩되어 진행되기도 한다.

(1) 정상적 자폐기

출생 후 2~3개월에 해당하는 정상적 자폐기(normal autism phase)는 신생아기에 나타나는 진실로 미분화된 단계이다. 이 시기 유아에게 대상이 존재하는지는 알 수 없다. 다만 시간이 지나면서 유아는 자신의 욕구를 만족시킬 수 있는 것은 스스로 만들어 낼 수 없고 외부의 도움으로만 가능하다는 생각을 하기 시작한다(Mahler, Pine, & Bergman, 1975).

(2) 정상적 공생기

생후 2개월을 전후한 시기에 유아는 자신의 욕구를 충족시켜 줄 대상이 누구인지에 대해 자각하기 시작하는데, 이를 정상적 공생기(normal symbiosis phase)라 한다. 이 시기에 유아는 어머니를 자신과 동일한 개체로 생각하고 행동한다. 이때 유아의 어머니가 좋은 돌봄을 제공하면 유아는 즐거움과 고통을 구분하는 힘을 가지게 된다. 이 시기 유아의 내적 욕구는 사실상 외부의 어떤 도움 없이는 해결되기가 어렵기 때문에 내외부로부터 오는 자극들에 그저 울음으로만 반응할 수도 있다. 그래도 좋은 기억이나 경험은 자아의 중심에 자리를 잡을 것이고, 나쁜 경험은 자아의 중심에서 비켜날 것이다. 이 시기 유아가 경험한 것들은 대부분 어머니와 관계를 맺는 과정에서 나타난 것이라고 할 수 있다. 그래서 유아가 외부 대상을 지각하는 이미지는 즐거운 경험과 즐겁지 않은 경험 이 두 가지로만 구분되며, 이것들은 개인의 자아정체감 형성에 중요한 영향을 미친다. 첫 돌이 지날 때쯤, 유아가 어머니와의 공생관계에서 충분한 돌봄의 경험을 가지게 된다면 유아는 어머니에게서 쉽게 분화되어 외부 대상과의 심리적 확장을 이룰 수 있게 된다.

(3) 격리와 개별화기

격리와 개별화기(separation and individuation phase)에서 유아에게 요구되는 가장 큰 발달 과업은 자신과 타인의 존재를 구별해 내는 자각능력을 향상시키는 것이다. 대상관계이론가들은 유아가 이 시기를 성공적으로 잘 보내야 긍정적인 자아의식을 가질 수 있다고 말한다. 격리와 개별화기는 다시 네 가지의 하위 발달단계로 나눌 수 있다 (Mahler, 1968; Mahler et al., 1975).

① 분화와 신체이미지 형성단계(differentiation and body image period)

생후 4~5개월이 되면 유아는 팔다리를 잘 가눌 수 있게 되어, 어머니의 품에서 점차 떨어져 나가게 된다. 이때 유아의 분화는 촉진되고 자신만의 기초적인 신체이미지를 가지게 된다. 7~8개월경에는 시각적으로 다른 사람을 세밀하게 살펴보고 자신의 어머니를 다른 사람들과 비교할 수도 있는데, 어머니가 지니고 있는 목걸이나 귀걸이 혹은 어머니 냄새를 알 수 있는 옷들을 구분하기 시작한다.

② 실행단계(practicing period)

스스로의 힘으로 걸을 수 있게 되면 유아는 어머니의 품을 떠나 자기행동에 더 몰두하게 된다. 때로는 유아가 어머니의 존재를 망각한 것처럼 보이지만 정서적 안정감을 정기적으로 취하기 위해서 곧 어머니의 품으로 돌아온다. 이때 어머니가 유아의 욕구를 잘 충족시켜 주면 유아는 정서적으로 자연스럽게 분화될 수 있다. 생후 18개월 정도가 지나 누구의 도움을 받지 않고도 홀로 걸을 수 있는 능력을 갖춘다는 사실은 유아가 개별화를 이루는 데 가장 중요한 영향을 미친다. 일부 미성숙한 어머니들은 걸음마기의 자녀가 걸음마를 떼는 모습을 보면서 이제 아이가 다 자랐다고 생각하고 공생적으로 안아 주는(holding) 행동을 멈추기도 한다(김영호, 2008). 이러한 유형의 어머니들은 자녀를 양육할 때 즉각적인 돌봄과 보호를 제공해야 할 때와 아이의 개별화를 위해 약간의 심리적 거리를 두고 지켜보는 것의 차이를 구분하지 못하여 걸음마기 아동의 성장과 발육을 저해하기도 한다.

③ 화해의 단계

태어나 두 돌이 지나면 유아의 정서적 분화는 더욱 촉진된다. 이 시기 유아는 어머니에게서 떨어져 스스로 뭔가를 하고 싶은 욕구와 어머니와 친밀하게 지내고 싶은 욕구 모두를 동시에 가진다. 이 시기의 유아는 어머니의 주의를 끌기 위해 지속적으로 어머니를 부를 것이다. 그럴 때마다 어머니가 유아의 부름에 잘 응대해 주지 못하고 유아의 욕구를 알아차려 주지 못하면 유아는 최초로 욕구 좌절을 경험하게 된다. 그로 인해 유아는 심리적으로 무력감을 느끼고 어머니의 애정을 잃는 것에 대한 두려움을 점점 크게 인식하게 된다(김영호, 2008). 심지어 어머니의 뒤꽁무니만 졸졸 따라다니거나 부모의 행동을 따라 하는 경우도 늘어나는데, 이런 행동들은 어머니라는 대상과 재결합하려는 무의식적 시도라고 할 수 있다.

대상영속성이 생기는 18~24개월 시기의 유아는 어머니가 일시적으로 자신의 곁을 떠나더라도 곧 자신에게 돌아올 것을 믿는다. 그러나 여전히 어머니가 없는 것은 유아에게 몹시 불안한 일이 아닐 수 없다. 이때 유아는 어머니를 대체할 수 있는 대상을 찾거나 대상과 동일시를 이루려고 노력하기도 한다.

유아가 19~36개월에 이르면, 어머니는 자녀가 자기전능성과 망상적 과대평가에서 스스로 벗어날 수 있도록 유아의 심리적 독립을 격려해 줄 필요가 있다. 그런데도 어떤 어머니들은 자녀가 독립되어 간다는 사실을 받아들이기 어려워하고 자녀를 자신의 곁에서 떠나지 못하게 하는 등 정서적으로 지나치게 밀착된 행동을 보이기도 한다. 이러한 태도는 유아의 자아 에너지를 고갈시키고 퇴행시킬 수도 있는 위험한 행동이다.

④ 대상영속성 수립 하위단계

이 시기의 유아에게 주어지는 두 가지 발달과제는 '대상영속성을 획득하는 것'과 '개별성을 강화하는 것'이다. 대상의 '좋고' '나쁜' 면은 유아의 내면의 표상으로 점차 통합된다. 이 단계의 유아는 말을 할 줄 알게 됨에 따라 기본적인 초자아의 밑거름이 완성되고 자아의 기능이 발달하게 된다. 자아의 가장 중요한 발달 과업은 자신 안에 존재하는 충동을 조절하는 법을 배우는 것이다. 이 시기의 유아는 자아 기능의 확대로 현실원칙에 따른 행동이 나타나고 현실감별능력이 증가한다. 그렇게 되면 대상영속성의 습득에 따라 안정되고, 타인과 긍정의 경험을 쌓아 나가는 과정을 계속하여 성격발달을 이루어 나갈 수 있다.

3) 내면화

내면화는 유아가 대상이 가지는 일련의 특성을 자기 내면으로 받아들인 다음, 자신의 특성으로 변형하는 것을 말한다(김진숙, 2001). 내면화는 개인과 대상이 분화되는 정도에 따라 함입(incorporation), 내사(introjection), 동일시(identification)로 구분된다(Hamilton, 1988).

첫째, 함입은 개인이 중심자아와 대상을 구분하는 심리적 경계가 형성되기도 전에 대상의 특성과 대상관계의 경험들을 개인의 내면으로 받아들인 상태, 즉 미분화된 자기-대상표상을 말한다(Hamilton, 1988).

둘째, 내사는 중심자아와 대상이 어느 정도 분화되어 대상의 행동이나 태도 등이 대상이미지로 보존되는 기제를 말한다. 개인의 중심자아에 내사된 긍정의 대상은 개인이 자신의 긍정성을 믿고, 힘들고 어려운 상황에서도 좌절하지 않고 역경을 딛고 일어서는 회복탄력성의 기초가 된다. 반면, 내사된 부정의 대상은 개인이 자신을 부정적으로 바라보고 냉혹하게 대하도록 만든다. 그리고 타인을 대할 때도 냉정하고 엄격하게 대하는 등의 태도를 보인다.

셋째, 동일시는 내사된 대상의 특성들을 선별적으로 받아들여 자기표상으로 동화(assimilation)하는 심리적 움직임이다. 이것은 앞의 두 가지 내면화 기제보다는 훨씬 성숙되고 세련된 움직임이다. 동일시가 잘 이루어지면 개인은 새로운 인간관계를 형성하는 데 자유로울 수 있다.

4) 분열

자아 기능이 아직 다 자라지 못한 유아는 자신이 지각하는 어머니의 좋은 모습과 나쁜 모습, 그리고 이 두 가지 모습과 연관된 상충된 감정을 동시에 받아들이고 처리하기 어렵다(김진숙, 2001). 그 이유는 유아가 초기 양육자와의 경험에는 좋은 느낌을 주는 경험과 불쾌한 느낌을 주는 경험이 공존한다는 사실을 자각하지 못하기 때문이다. 분열은 서로 다른 정서가 대상에게 부여되어 있다는 점을 명확하게 구분하지 못하고, 한 번에 대상의 어느 한 측면만을 의식하고 경험하는 과정에서 대상의 또 다른 축을 이루는 다른 한 측면은 의식에서 배제하는 심리적 기제를 말한다.

유아에게서 분열의 기제가 작동하게 되면 유아는 이질적이고 상충되는 대상의 측면들을 오로지 좋고 나쁨의 두 가지 이미지로만 나누고, 이 두 가지 이미지가 서로 겹치지 않도록 만들어 버린다. 그 대상을 어머니로 대비하여 생각해 보면, 유아는 어머니라는 대상 속에 좋은 면과 나쁜 면 모두가 공존하고 있다는 사실을 유아기에 이해하고 수용하기까지 대상에 대한 다양한 경험을 기억하고 비교할 수 있는 인지적 능력을 발달시켜야 한다(Horner, 1984). 그리기 위해서는 일차적으로 유아와 어머니의 관계가 만족스러워야 하는데, 그렇지 못하면 유아는 지속적으로 좌절을 경험하게 되어 높은 수준의 불안을 보이게 될 것이고, 급기야 자아 기능이 통합적으로 발달하지 못하게 되어 대상에 대한 큰 혼란의 문제가 생기게 된다.

그런데 이러한 문제는 개인의 내면세계에서도 종종 발견되는 현상이다. 자신의 어떤 특성이 좋은 것인지와 나쁜 것인지는 유아가 대상관계에서 경험하는 것들을 바탕으로 결정된다(김창대, 1996; 김진숙, 2001에서 재인용). 유아의 어떤 부분이 어머니로부터 거부되거나 불쾌했던 경험은 나쁜 것으로 지각되고, 어머니로부터 충분한 돌봄을 제공받았던 경험은 유아에게 좋은 것으로 지각된다. 유아의 입장에서 볼 때 하나의 개체에 좋은 부분과 나쁜 부분이 함께 공존한다는 사실을 이해하고 수용하기는 어려운 일이다. 혹시라도 유아의 나쁜 부분으로 인해 어머니가 유아를 수용하는 것을 꺼리기라도 한다면 유아의 내면세계는 위축되어 좋고 나쁜 부분의 구분이 지나치게 경직되고 고착된다. 이에 따라 유아는 자신의 내면에 좋은 부분과 나쁜 부분이 공존하고 있다는 사실을 받아들여 통합된 자신으로 수용하기보다는 나쁜 부분을 억압하거나 없애려고만 노력하게 된다.

이와 같이 분열이 지나쳐서 자아의 통합에 실패할 경우, 개인은 자신을 비롯하여 다른 사람들을 있는 그대로 받아들이지 못하고 흑백 논리의 관점에서 세상을 지각하게 되는 등 심리적 부적응을 초래할 수 있다. 그리고 지나치게 나쁜 특성에 연연하게 되면 그 자체가 개인에게 많은 갈등과 불안, 그리고 수치심을 불러일으키기도 한다(Trembley, 1996; 김진숙, 2001 재인용). 대체로 성숙한 사람은 자신이 좋고 나쁜 측면 모두를 가지고 있다는 사실을 잘 알고, 이를 수용하여 자신 안에서 개선할 점들을 찾아 성장하려고 노력할 뿐 나쁜 측면을 반드시 제거해야 할 부분으로 간주하지는 않는다. 그러나 분열의 기제가 강한 사람의 경우에는 나쁜 부분을 수용하지 못하고 분리하여 오로지 제거하려는 시도만을 함으로써 투사적 동일시와 같은 부적응적 행동을 시도할 수도 있다.

5) 투사적 동일시

투사적 동일시(projective identification)는 클라인이 1946년에 발표한 「분열성 기제에 관한 논고」에서 처음 사용한 용어이다. 클라인의 견해에 따르면, 유아는 어머니에 대한 환상적 공격성을 두 가지 방식으로 표현한다. 초기 유아기 아동은 어머니를 독립적 대상으로 생각하지 않기 때문에 어머니의 나쁜 자기는 곧 유아의 나쁜 자기가 된다고 생각하는 경향이 있다. 그래서 클라인은 유아가 자신이 원치 않는 내부 대상을 분리하여 외적 대상에 투사하고 상해를 입히려고 하고 조종하고 소유하려는 무의식적 심리기제를 발동한다고 생각하였다(최영민, 2010: 332).

이처럼 투사적 동일시는 개인이 수용하기 힘든 어떤 내적 상태나 특성을 다른 사람들에게 투사하여 그들로 하여금 투사된 상태나 특성처럼 느끼거나 행동하도록 유도하는 무의식적인 심리적 기제이다(김진숙, 2009). 투사적 동일시는 개인의 내면에 존재하는 내적 갈등을 외부에 투사하는 데 그치지 않고, 다른 사람이 투사한 것과 일치되게 생각하고 느끼며 행동하도록 교묘히 조종한다. 그런 다음 다른 사람으로 하여금 그를 향해 자신이 던진 투사의 그물에 합류할 것을 압박하는 과정으로 진행된다.

이러한 과정을 보다 체계적으로 설명한 사람은 토마스 오그덴이다. 그는 투사적 동일시가 다음과 같은 연속적인 일련의 단계로 구성된다고 설명하였다(Ogden, 1979). 투사적 동일시의 첫 번째 단계는 자기의 일부를 제거하려는 개체의 소망의 관점으로 바라보아야 할 것이다. 그 이유는 투사적 동일시의 근원에는 한 개체 내에 제거하고 싶은 부분이 있는데, 그것이 내면의 다른 부분으로 인해 공격받을 것을 미리 염려하여 마치 선제공격을 하듯이, 그 부분을 타인의 내부에 던져 버리고 그 속에 보존하려는 심리가 있기 때문이다(최영민, 2010: 351-354). 이처럼 투사자(projector: 개체)가 자기의 일부분을 다른 사람에게 위치시키고 수용자(recipient: 대상)의 내면을 조종하는 것이 투사적 동일시의 핵심적 측면이다(a: 투사). 예를 들어, 가족 내에서 존중받지 못하고 소홀히 대접받는 이유가 자기 안의 나쁜 자기의 특성 때문임을 받아들이기 어려운 가정주부 K 씨가 있다고 생각해 보자. 남편을 사랑하지 않는 이유로 떨쳐 버렸으면 하는 마음은 아내와 어머니로서 적절하지 못한 나쁜 자기이다. 이렇게 스스로 받아들이기 어려운 부적절한 자신의 모습, 가족으로부터의 거절감, 사랑받고 존중받지 못하는 느낌(all-bad-self) 등을 남편과 상담자에게 투사한다.

두 번째 단계는 투사를 하고 난 다음, 개체는 대상과 심각하게 연결되어 있다고 느낀다. 이것이 바로 투사적 동일시가 투사와 구별되는 가장 중요한 특성이다. 나쁜 자기의 측면을 외적 대상에 투사한 후, 투사한 대상을 낯설게 느끼고 심리적으로 거리를 두는 것과 상반된다. 투사적 동일시는 일종의 내사(intojection)의 방어기제라고 보아도 무관하다(b: 연결감 유지). 예를 들어, K 씨는 투사의 결과로 남편이 자신의 부탁을 들어주지 않는다고 혼자 화를 내고, 자신이 투사한 내용에 대해 계속 감정적인 경험을 한다.

세 번째 단계는 수용자가 투사자의 환상 및 소망과 일치되게 느끼고 행동하도록 압력을 받는 경험을 하는 것이다. 이러한 압력의 경험들은 투사자와 대상 간에 생성된 상호작용에 의해 나타나는 실제의 압력이므로 투사자와 대상 사이에 상호작용이 없다면 투사적 동일시도 존재하지 않는다(c: 조종). 예를 들어, K 씨는 남편에게 불만을 토로하고, 남편이 보기 싫다며 남편과 함께하는 것을 거부한다. 자신을 존중해 주지 않는 남편을 위해 자신이 할 수 있는 것은 아무것도 없다고 생각한다. 그러나 이것은 어디까지나 자기 안의 거절감과 사랑받고 존중받지 못하는 것들을 방어하는 방법에 불과하다. 투사적 동일시에서는 이러한 방어가 자신의 심리 내면에서 일어나는 것이 아니라 상대방을 조종하는 형태로 일어나게 된다.

네 번째 단계는 수용자 내면에서 투사받은 것을 처리하는 심리적 과정에서 투사적

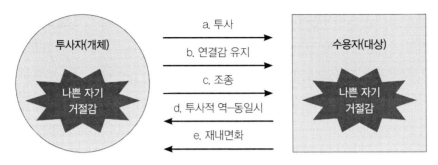

[그림 9-1] 투사적 동일시의 진행단계

역-동일시의 심리적 기제가 발동하게 된다. 예를 들어, 자신을 돌보지 않는다는 아내의 불평을 항상 듣던 남편이 이제는 자신도 아내로부터 존중받지 못한다는 생각에 화가 나고, 아내의 요구를 들어주기 힘들어질 수도 있다. 즉, 아내가 투사한 것들이 남편의 마음속에서 무의식적으로 일어날 수도 있다(d: 투사적 역-동일시).

다섯 번째 단계에서는 투사자가 던진 메시지를 확신하며 수용자 또한 그것을 진정 자신의 것처럼 행동하게 되는 재내면화가 나타날 수 있다. 가령, 앞의 사례처럼 모든 것을 남편의 탓으로 돌리는 아내(투사자)는 자신을 외면하는 남편을 보면서 남편이 자신을 이렇게 존중해 주지 않고 무시하고 함부로 대하니까 자신도 어쩔 수 없이 집에 있지 못하고 밖으로 떠돌 수밖에 없다고 확신하게 된다(e: 재내면화).

예를 들어, 아들에 대한 의존의 욕구를 수용하기 힘든 어머니가 자신이 가진 의존의 욕구를 아들에게 투사하여 아들이 자신에게 지속적으로 도움을 요청하도록 조종한다. 그런 과정에서 아들은 부지불식간에 자신의 자율성이 떨어짐을 경험하고, 어머니는 아들로 하여금 그 스스로가 원래부터 의존적인 존재였던 것처럼 느끼고 행동하게 만든다. 또 다른 예로, 투사적 동일시는 현재 부부관계에서 거부적이고 학대하는 대상을 배우자에게 투사하여 배우자로 하여금 학대하는 대상의 역할을 하도록 유도한 다음, 자신은 무기력한 희생자 코스프레(역할)를 할 수도 있다. 이처럼 투사적 동일시는 개인이 타인을 향해 일방적으로 던져 버리는 투사가 아니라 투사적 역-동일시의 형태로 되돌아오는 상호 인간관계의 성격을 강하게 가지고 있는 방어기제이다(Scharff & Scharff, 1991).

투사되는 부분에는 자기의 어떤 특성뿐만 아니라 내면화된 자기표상, 대상표상도 포함된다(Stadter, 1996). 투사적 동일시는 대인관계에서 부적응행동을 유발하고 분열을 강화하는 결과를 초래하는 경우가 많다(Stadter, 1996). 그래서 이 개념은 부부관계나 가족관계의 역기능적인 측면을 이해하는 데 매우 유용하다(최명민, 1999). 여러 상담 장면에서 투사적 동일시는 상담자에게 강력한 역전이를 불러일으키기 때문에 투사적 동일시에 대한 이해는 상담자가 자신의 역전이반응에 대한 통찰을 얻는 데 중요한 단서를 제공할 수 있다.

6) 참자기와 거짓자기

위니캇은 다른 대상관계이론가와 달리, 자기의 개념을 참자기(true self)와 거짓자기(false self)라는 쌍을 이루는 독창적인 개념을 제시하였다(Winnicott, 1971). 그는 참자기를 인간의 타고난 잠재력이며, 우리 인간의 본능적인 핵(core)과 같아서 일차적으로 모성돌봄의 영향을 많이 받는다고 설명하였다. 여러 임상 경험을 통해 위니캇은 오로지 참자기만이 창조적일 수 있고, 자신의 삶을 생생하게 느끼게 만들어 줄 수 있다고 생각하였다. 참자기에 대비되는 거짓자기로는 삶의 생생함을 느낄 수 없다고 보았다. 거짓자기의 개념을 이해하기 위해서는 먼저 참자기가 인간 존재의 핵심에서 고립되어 있음을 이해해야 한다. 자기의 핵을 위협하는 외부의 간섭이나 침범이 지나칠 경우, 개인은 중심자아를 보호하고 숨기기 위해 거짓자기를 만들어 내고, 외적 대상에 순응하는 듯한 반응을 보이려 노력한다. 그러나 그것은 결코 개인이 바라던 것이 아니었기에 자신의 모습에 만족하지 못하고 방황하는 삶을 살게 될 수도 있다(최영민, 2010: 485-488).

위니캇은 거짓자기가 건강한 성인에게도 나타나지만 참자기를 대신해 버리는 아주 극단적인 경우도 있다고 설명하였다(Winnicott, 1971). 먼저, 극단적인 거짓자기의 경우에는 완전히 실제 모습을 대신하기도 한다. 이때 참자기는 철저하게 숨겨진다. 유아는 자발성을 상실하고 어쩔 수 없이 대상이 원하는 대로 모방하고 순응하는 삶을 숙명처럼 받아들이며 살아야 할 수도 있다. 이런 유아는 또래관계에서 전체 인격이 부딪히는 상황에 놓이면 무언가 결핍되어 있는 모습을 보이기도 하여 깊은 수준의 친구관계를 맺지 못한다.

다른 하나는 방어로서의 거짓자기가 있을 수 있다. 이것은 겉으로는 거짓자기의 삶을 살지만 참자기로서의 삶도 일부 존재하여 아무도 모르는 자신의 공간에서는 참자기

[그림 9-2] 거짓자기의 참자기 보호 기능

의 삶을 살아가기도 한다. 어쩌면 이것은 숙명처럼 살아가야 하는 거짓자기의 삶의 굴레에서도 자신의 본연의 모습을 잃지 않고 살아가려는 그 나름의 고군분투하는 삶의 모습일 수도 있다.

이외에도 거짓자기가 보다 건강한 경우, 생애 초기에 중요했던 인물과 동일시를 하여 거짓자기의 삶을 살아갈 수도 있고, 사회적 관계에서 자신의 감정을 여과 없이 드러내어 여러 사람을 불편하게 만들기보다는 감정을 절제하고 예의바른 태도를 보이는 거짓자기와 같은 건강한 거짓자기도 있다.

3. 대상관계 심리치료의 진행 과정 및 기법

1) 내담자의 발달 욕구에 따른 치료

대상관계 심리치료에서는 생애 초기의 대상관계 형성 과정에서 상처를 경험한 사람들은 자신만의 독특한 방어기제를 발달시킨다고 생각한다. 유아기에 상처를 입은 대상관계는 유아의 심리·정서발달에 매우 중요한 영향을 미친다. 대상관계 형성 과정 중 자폐기나 공생기에 어떤 심한 외상을 입게 되면 정신과적 증상의 발생률이 그만큼 높아진다. 정신과적 증상은 실패한 개별화를 의미한다. 인격장애 중 자기애성 인격장애나 경계선 인격장애는 '격리와 개별화기'에 경험한 외상에 기인하는 경우가 많다(김영호, 2008). 대상의 분열은 '전부 좋은(all good)'과 '전부 나쁜(all bad)' 감정으로 이끌기 때문에 대상의 양면성을 수용하기 어렵게 만든다.

대상관계 심리치료에서는 연령에 상관없이 내담자의 발달적 욕구에 기초를 두고 치료를 진행하며, 내담자가 초기 발달단계를 재경험하게 만드는 것을 강조한다. 따라서 상담자는 내담자의 증상들을 다룰 때, 내담자가 경험한 내적 경험들을 내담자의 언어로 표현하도록 도와주어야 한다. 그래야만 생생하게 기억된 내적 대상의 경험의 영향력이 줄어들 수 있다. 대체로 내담자들이 경험하는 증상의 이면에는 내적 대상관계가 생생하게 체험되어 특정 대상에 대한 두려움과 불안이 깊이 자리 잡고 있는 경우가 많다. 치료적 관계를 형성한 상담자에게 내담자는 자신의 내적 경험들을 말로 표현함으로써 내담자가 가진 내적 대상관계의 생생함이 상징적 언어로 대체되고, 그 순간 그 생생함이 희미해지거나 종국에는 사라지게 될 것이다(최영민, 2010: 289). 이때 상담자가 내담자가 아직 획득하지 못한 자아 기능을 보조하는 자아로서의 역할을 수행하여 내담자를 돕는다면 더욱 효과적이다.

2) '충분히 좋은 어머니'로서의 역할수행 지도

위니캇은 유아기의 심리적 과정에 지대한 영향을 미치는 모성의 역할에 많은 관심을 기울였으며, 특히 **충분히 좋은 어머니**(a good enough mother)'의 역할을 강조하였다(Winnicott, 1971). 그는 유아가 충분히 발달하기 위해서는 특히 '충분히 좋은 환경'의 조성이 중요한데, 유아가 안전하다고 느낄 만큼 '충분히 좋은 환경'은 어머니가 어떤 역할을 하는가에 따라 달라진다고 보았다(김영호, 2008). 위니캇은 어머니가 자녀에 대해 '충분히 좋은 어머니'의 역할을 수행해야 한다고 보았고, 모성의 가치를 특별히 강조하였다(Davis & Davis, 1981).

여성은 자신이 가지고 있는 '여성적 요소의 잠재성' 때문에 가장 좋은 어머니가 될 수 있는 소인을 가지고 있다. 따라서 어머니는 자녀의 발달을 촉진할 수 있는 '충분히 좋은 환경'을 만들어 줄 수 있는 최적의 적임자라 할 수 있다. 유아는 '충분히 좋은 환경'이 주어지면 그것을 당연한 것으로 받아들이지만, 그렇지 못한 환경일 경우에는 유아의 방어반응을 불러일으키게 되어 '거짓자기'를 발달시킬 수도 있다(Davis & Davis, 1981). '충분히 좋은 환경'은 어머니가 만들어 주는 유아의 발달을 촉진하는 '충분히 좋은 어머니'의 역할을 의미한다. 위니캇은 이를 안아 주기(holding), 다루기(handling), 대상 제공하기(object providing), 반영하기(mirroring), 살아남기(surviving), 놀이하기(playing)와 같
은 모성적 돌봄의 기법으로 설명하였다.

(1) 안아 주기

안아 주는 환경은 유아를 잘 돌보는 '충분히 좋은 어머니'의 양육기법의 모든 것을 의
미한다. 신체와 정신 모두가 통합되지 않은 상태에서 유아는 환경의 위협으로부터 자
신을 보호해 줄 사람을 필요로 한다. 안아 주기는 생리적인 것과 심리적인 것이 아직
구별되지 않은 생의 초기에 나타나는 사랑의 한 형태로서 신체적으로 유아를 안아 주
는 것을 의미한다. 이는 유아의 신체적 · 심리적 성장과 발달에 속해 있는 미세한 변화
에 맞추는 일상적인 돌봄을 모두 포함한다.

위니캇의 설명에 따르면, 안아 주기는 기본적으로 신체 접촉을 포함하지만 본래 의
미는 유아에게 필요한 전체적인 환경을 제공하는 것이라고 하였다(Winnicott, 1971). 그
는 유아의 심리발달을 위해서는 상반되어 보이는 두 환경이 필요하다고 생각하였다.
하나는 대상으로서의 어머니이고, 다른 하나는 환경으로서의 어머니이다. 따라서 '충
분히 좋은 어머니'는 다음의 두 가지 기능을 능숙능란하게 할 줄 아는 사람이라 할 수
있다. 어머니는 유아가 흥분된 시기(excited phase)에 엄마는 거울반응을 잘해 주어야
하고, 고요한 시기(quiet phase)에는 그저 하나의 환경으로만 존재하여도 충분하다(최영
민, 2010: 479-483).

① 대상으로서의 어머니(object mother)

유아는 어머니의 얼굴을 보면서 자신의 얼굴이라고 믿는다. 어머니의 얼굴에 나타나
는 감정을 자신의 것으로 경험한다는 뜻이다. 가령, 어머니의 얼굴에 기쁨이 묻어나면
유아도 어머니의 얼굴을 보면서 동일한 수준의 기쁨을 느끼고 경험한다. 결국 유아에
게 어머니의 얼굴이란 거울 속에 비치는 자기의 모습을 보는 것이다. 어머니와 맺는 최
초의 만족스런 경험을 통해 유아의 자기가 출현하게 되는데, 이를 두고 위니캇은 'I'단
계라고 불렀다. 이후 6개월이 경과하면 'I am'의 단계가 나타나고, 이 단계에서 유아는
하나의 자기를 이루고 존재함을 지각한다. 이때 적절한 모성돌봄이 필요하다. 그래야
만 유아는 'I am alone'의 단계로 발달할 수 있다. 이쯤 되면 유아에게 상당한 심리적 성

장이 이뤄졌다고 볼 수 있다. 이 시기에 어머니는 유아의 흥분된 자발적 욕구에 거울반응을 잘해 주어야 하고, 유아의 몸짓과 욕구 충족의 대상이 되어 주어야 한다.

② 환경으로서의 어머니(environment mother)

유아가 모체와의 융합 상태에서 거울반응을 받는 흥분된 상태와 함께 비록 미분화된 상태라 하더라도 어떠한 간섭도 없이 홀로 지낼 수 있는 고요한 상태를 필요로 하기도 한다. 홀로 있다는 것은 아무도 없이 혼자 있음을 뜻하는 것이 아니라 어머니가 곁에 있는 가운데 홀로 있음을 의미한다. 이것은 '어머니와 함께 있으면서 홀로 있다.'는 것과 같다. 그리고 핵심은 어머니(환경)가 유아를 침범하지 않고 유아가 편안한 마음으로 오로지 자신의 활동에 몰입할 수 있도록 해 주는 것과 같다. 어머니는 그저 아무런 요구도 하지 않은 채 물리적 공간을 유아와 함께 공유(non demanding presence)하는 것이다. 위니캇은 믿을 만한 어머니와 함께하며 유아가 혼자만의 편안함을 느끼는 상태를 'I am alone' 상태라고 지칭하였다.

(2) 다루기

이것은 어머니가 유아를 안아 줌으로써 유아의 신체와 정신을 함께 다루어 주는 것을 말한다. 신체와 정신의 하나됨은 자아통합에 있어서 매우 중요하다. 신체 활동에서 느끼는 즐거움은 유아의 자기발견으로 이어진다. 어머니의 적절한 다루기는 '유아를 돌보는 사람이 유아와 유아의 신체가 하나의 단위를 형성했다는 믿음을 갖고 유아를 돌본다.'는 것을 의미한다. 어머니의 적절한 다루기를 통하여 유아는 자신이 몸 안에 존재함을 지각하고 몸의 기능을 즐기며, 자신과 타인의 것을 구별할 수 있는 능력을 갖추게 된다.

(3) 대상 제공하기

유아의 욕구에 적절히 반응해 주는 좋은 어머니는 유아에게 '이것이 바로 내가 원했던 것'이라는 경험을 가지게 해 준다. 나중에 그것은 '내가 이것을 창조했다.'라는 경험으로 변한다. 환상과 현실은 하나가 되며, 유아는 세상을 욕구 충족이 가능한 세상으로 인식하게 된다. 어머니의 돌봄에 관한 궁극의 목적은 자녀가 대상과 친숙하도록 돕는

데 있다. 대상의 상실은 유아에게 놀이 영역의 상실과 의미 있는 표상의 상실을 가져올
수 있다.

(4) 반영하기

유아는 어머니의 반영하기를 통하여 세상과 접촉한다. 환경은 유아를 침범하고, 유
아는 이에 대해 방어적으로 반응하기도 한다. 환경의 압력이 커지면 유아는 '참자기'를
숨긴다. 그 대신 침범으로부터 자신을 보호하기 위한 방어기제로서 '거짓자기'가 발달
한다. 거짓자기는 자기의 감정이나 색깔이 없고, 공허하고 허무하다는 느낌을 갖도록
만들기 때문에 극복의 대상이다. 유아의 정서발달 초기단계에서 어머니가 유아를 반영
해 주는 거울 역할(mirroring)은 안아 주기와 함께 유아의 신체와 정신의 통합을 위한 중
요한 요소라 할 수 있다. 반영하기를 잘하려면 어머니와 유아 사이에서 '서로 바라봄'이
가장 중요하다. 모든 의미 있는 관계에서는 의사소통이 중요하듯이, 생애 초기 어머니
와 융합되어 있던 상태에서 점차 분화되어 가는 개인은 독립된 개체로서의 의사소통방
식을 명확하게 사용할 줄 알아야 한다.

(5) 살아남기

대상관계이론에서는 어린 유아가 어머니를 나쁜 대상으로 인지하고 공격적으로 대
할 때에도 어머니는 자녀에게 보복하지 않고 살아남아야 한다고 말한다. 만약에 어머
니가 자녀의 공격에 보복을 하면 유아는 해체불안을 경험하게 된다. 이것은 완전한 고
립의 느낌과 같이 극심한 불안 속에서 더욱 확장된다. 해체불안이 지나치면 유아의 참
자기는 뒤로 물러나고, 대상이나 자신, 그리고 현실에 대한 느낌을 상실하게 된다. 심
지어 가짜자기가 만들어 내는 순종하는 아이가 되어 내면의 자기는 우울한 상태를 유
지하게 되면서 정신치료가 필요할지도 모른다.

(6) 놀이하기

이것은 어머니가 유아가 열중하는 놀이에 반응하며, 유아와 함께 놀아 주는 것을 의
미한다. 대체로 어머니에 대한 신뢰감은 중간 놀이터를 만들어 준다. 이 놀이터는 바로
어머니와 유아의 연결 속에 있는 잠재 공간이 된다. '충분히 좋은 어머니'의 역할을 통

하여 성장을 촉진하는 환경이 조성될 때 그제서야 유아는 자신만의 놀이 활동을 할 수 있다. 이는 유아로 하여금 자신이 이 세상에서 환영받을 만하고 필요한 사람이라는 인식을 만들어 주는 것에도 중요한 영향을 미친다.

3) 투사적 동일시의 문제 다루어 주기

대상관계 심리치료에서는 내담자의 초기 유아기에 경험했던 투사적 동일시 행동을 중요하게 다룰 것을 제안한다. 이것은 자아의 일부가 분열되면서 대상으로 투사되는 것인데, 투사적 동일시가 작용하는 대상은 보통 발달 초기의 공격적인 관계 경험과 관련이 있다(박경순, 2009). 예를 들어, 어머니가 자기의 나쁜 부분들을 많이 가지고 있다면 유아는 그런 어머니를 자신에게 투영하여 '나쁜 자기(bad self)'로 지각할 수 있다(Segal, 2009). 그 과정에서 유아는 자신을 어머니의 일부분으로 인식하고, 무의식적 환상들을 사실처럼 받아들이면서 자신의 일부분을 상실했다고 믿고는 고갈된 느낌을 가질 수 있다. 그리고 어머니(외적 대상)가 마치 유아 자신의 일부인 것처럼 경험하고 그것을 내면화하려는 행동을 보일 수도 있다. 이것이 결국은 유아로 하여금 좋은 대상(good object)과 나쁜 대상(bad object)를 명확히 구분하지 못하게 만들 수 있다.

대상관계 심리치료에서는 이러한 상태가 유아가 태어날 때부터 가지고 있는 시기심(envy)과 같은 공격성을 자극한다고 생각한다. 유아가 어머니로부터 충분한 돌봄을 제공받지 못하면 분노와 시기심으로 가득 찬 공격성을 가지게 된다고 생각하는 것이다. 심지어 어머니가 제공하는 돌봄이 불충분하다고 느낄 때 유아는 어머니의 그런 인색한 태도에 분노를 느낄 수도 있다. 대상관계이론의 관점에 따르면, 유아는 어머니가 자신에게 응당 주어야 할 젖의 최소한의 양만을 남기고 사라져 버렸다며 극한의 상실감을 느끼고 어머니의 젖가슴을 파괴하고 싶은 강한 충동을 느낄 수도 있다고 한다. 이때 유아의 시기심은 외부 대상(특히 자신을 돌봐 주는 어머니의 젖가슴)을 파괴하고 싶은 것과 관련된다. 하지만 시기심과 질투는 명백히 구분되어야 할 것이다. 질투(jealousy)는 파괴의 대상을 어머니의 젖가슴에서 경쟁자로 옮기는 것이다(Greenberg & Mitchell, 1983). 시기심이 질투로 변화되려면 경쟁자가 좋은 것을 가졌다는 것을 인식할 수 있어야 한다. 그래야만 유아가 새롭게 형성하는 대상에 대해 투사적 동일시와 같은 공격적인 태도를 버리고 대상과 소통하려는 자세를 보일 수 있으며, 그것은 이후 공감적 능력으로 발달해 나갈 수 있다.

4. 대상관계 심리치료의 평가와 적용

이 세상을 혼자서 살아갈 수는 없는 법이다. 누구나 죽는 그 순간까지 타인과 관계를 맺으며 이 세상을 살아가게 되어 있다. 처음엔 가족을 통해 세상을 보고, 성장한 이후에는 사회에서 알게 된 여러 사람을 만나며 기쁨과 행복, 그리고 슬픔과 고통을 차례로 경험하게 되는 것이 이 세상의 이치이다. 어떤 이는 자신의 모습이 타인에게서 거부당하거나 무시당하지는 않을까 염려하며 스스로 보호막을 치고 살아간다. 이들에게 인간관계는 불편함과 갈등의 근원이다. 또 어떤 이는 타인을 자신에게 우호적인 존재로 바라보고 친밀한 관계를 잘 유지한다.

개인이 어떤 유형의 삶의 태도를 취할 것인가는 전적으로 개인의 몫이지만 나 외에 타인의 존재를 지각하는 방식은 오로지 자신의 삶에서 이미 축적된 대인관계의 경험이나 욕구와 기대에 따라 달라질 것이다. 대상관계 심리치료는 생애 초기에 경험한 부모와의 관계 경험이 자신에게 어떤 영향을 주었고, 그 과정에서 형성된 표상들이 개인의 성격과 인간관계에 어떤 영향을 미치는지에 깊은 관심을 두는 상담기법이다(김진숙, 2001). 실제로 이 상담기법은 정통파의 정신분석치료에서 다루기 힘들었던 경계선 인격장애와 같은 유형의 정신과적 증상의 치료에 매우 효과적인 기법으로도 잘 알려져 있다(Hamilton, 1992). 이제 대상관계 심리치료는 10회기 정도의 단기치료의 형태로 진화해 나가고 있으며, 불안장애와 같은 신경증 치료와 가족치료, 집단치료 등으로 그 적용 범위를 넓혀 가고 있다(Stadter, 1996).

무엇보다 대상관계 심리치료는 생애 초기에 유아가 주 양육자와 맺은 관계의 경험들이 이후의 성격발달과 자아형성 및 대인관계에 영향을 미친다는 점을 강조하며, 내담자와 상담자 간에 형성된 치료동맹의 관계를 중심으로 내담자의 심리적 내상(內傷)을 치료하는 상담기법이다. 이것은 전통적으로 가족의 관계성을 강조하는 우리나라의 문화적 전통과도 잘 부합하는 상담기법이 아닐 수 없다(김진숙, 2000). 최근 우리 사회에서는 대인관계 문제로 고통을 받는 이들이 점차 늘어나고 있다. 부부관계, 부모-자녀 관계와 교사-학생관계, 아동 및 청소년의 또래관계, 직장동료들과의 관계 갈등의 문제가 점차 늘어나고 있다. 향후 우리 사회에서 내담자의 인간관계 문제를 이해하고 해결하며, 더 나아가 예방하는 데 있어 대상관계 심리치료의 주요 개념과 원리가 유용하게 적용될 수 있을 것이다.

제10장

인지행동치료

생각이 바뀌면 행동이 바뀌고, 행동이 바뀌면 습관이 바뀌고,
습관이 바뀌면 인격이 바뀌고, 인격이 바뀌면 운명까지도 바꿀 수 있다.
　　　　　　　　　　　　　　　　-윌리엄 제임스(William James)

1. 인지치료의 개념 및 원리

1) 인지치료의 개념

인지치료(cognitive therapy)는 1960년대 초 아론 벡(Aaron T. Beck)이 우울증 치료를 위해 개발한 것으로, 구조화되고 단기중심적이며, 현재지향적인 상담이론이다. 이 치료기법은 내담자가 당면한 문제들을 해결함에 있어서 내담자가 가지고 있는 역기능적인 사고와 행동들을 수정하도록 돕는 데 치료의 목표를 두고 있다. 인지치료에서 모든 심리적 장애는 왜곡된 역기능적 사고 때문에 나타나는 현상이라고 가정한다. 인지치료자들은 인지적 왜곡은 비합리적 사고를 낳고, 그것은 현실에 대한 평가를 왜곡하여 부정적인 자아상을 낳는다고 생각한다. 이후 인지치료는 앨버트 엘리스(Albert Ellis)가 주창한 합리정서치료(rational emotive therapy)와 함께 인지행동치료 모델로 확대되면서

현재에 이르고 있다. 이외에도 인지행동치료는 스트레스대처훈련, 문제해결훈련, 분노조절훈련 등 다양한 상담현장에서 활용되고 있다.

2) 인지치료의 목표

벡은 인지치료의 목표는 어디까지나 인지적 왜곡의 수정에 있다고 보았다(Beck, 1964). 그는 평소 스트레스가 어디에서부터 유래하는지에 대해 관심이 많았는데, 오랜 임상실험과 연구 끝에 "모든 유기체가 스트레스를 받고, 심리적으로 고통을 받게 되면 정보처리 과정에서 여러 가지 형태의 인지적 왜곡(cognitive distortion)이 나타난다."는 사실을 발견하였다. 다음은 상담현장에서 흔히 볼 수 있는 인지적 왜곡에 대한 설명이다.

(1) 임의적 추론

임의적 추론(arbitrary inference)은 명확한 증거가 없고 오히려 반대되는 증거들이 있음에도 불구하고 특정한 결론을 내리는 것이다. 예를 들어, 엘리베이터를 탔는데 마침 엘리베이터가 고장 나서 운행이 잠시 중단된 경우를 두고, 임의적 추론을 주로 하는 사람은 속으로 이렇게 생각할 것이다. '나 같은 것이 타니까 엘리베이터가 고장이 나지. 나는 정말 가치가 없는 사람이야.' 이런 생각은 참으로 어처구니없는 생각이 아닐 수 없다. 그것은 단지 우연히 일어난 사고에 불과하며, 자신의 무가치함과는 전혀 무관한 외부적 사건일 뿐이다. 하지만 정작 이런 생각을 가진 사람은 그 사건이 마치 자신의 무가치함을 증명하는 사건이라도 되는 것처럼 받아들이고, 앞뒤 따져보지도 않고 성급한 결론을 내리는 것이다.

(2) 선택적 요약

선택적 요약(selective abstraction)은 어떠한 '사실관계의 확인(fact check)'을 해 보지 않은 상태에서 관련된 사실 모두를 무시하고 특정 사실만 선택하여 임의적으로 결론을 내리는 것을 말한다. 예를 들어, 한두 가지 실수한 것에 얽매여 자신이 가지고 있는 열 가지의 장점을 잊어버리고 괴로워하는 경우는 여러 정황과 정보 중 현재 도드라져 보이는 약점의 정보에만 주의를 기울인 결과로 나타난 인지적 왜곡이라고 볼 수 있다.

(3) 과잉 일반화

과잉 일반화(overgeneralization)는 몇 가지 제한된 증거나 사실에만 기대어 이를 여러 상황에 적용하여 생각하는 경우를 말한다. 가령, 학교에서 쪽지시험을 잘 못 본 학생이 '나는 앞으로 영원히 시험 성적이 나쁠 거야.'라고 생각하면서 작은 것도 크게 생각하는 침소봉대(針小棒大)하는 경우가 이에 해당된다. 여자 친구에게서 알 수 없는 이유로 이별 통보를 받은 청년이 '나는 앞으로 결혼을 하지 못할 거야!'라고 생각하는 것도 과잉 일반화된 생각이다.

(4) 과대화와 극소화

어떤 사실을 지나치게 과대평가하거나 과소평가하는 것도 인지적 왜곡의 한 형태이다. 주차를 하다가 자신의 차 뒷범퍼를 아주 살짝 긁은 운전자가 스스로 한탄하며 '나는 차를 완전히 망가뜨린 엉망진창의 운전자야!'라고 생각하는 경우는 과대화(magnification)의 인지적 왜곡이다. 사회적으로 성공한 남성이 '나는 문제가 많고 열등한 존재야.'라고 생각하는 경우는 자신의 성취를 과소평가하는 극소화(minimization)된 인지적 왜곡이라 할 수 있다.

(5) 개인화

개인화(personalization)는 확실한 증거나 근거 없이 외부 사건을 자신과 연결하여 해석하는 것을 의미한다. 학교에서 교수님께 인사를 했는데, 인사를 안 받아 주는 모습을 본 한 학생이 '이제는 저 교수님도 나를 무시하시는구나.'라고 생각하는 것도 개인화에 해당된다. 이때 해당 교수님의 의도를 확인하는 일은 중요하지 않다. 중요한 것은 교수님에게서 무시받은 느낌과 그로 인해 받은 내담자의 상처뿐이다. 주로 외부 환경의 고려 없이 자신의 입장만 생각하여 행동하는 사람일 경우, 이러한 개인화가 더욱 촉진되는 경향이 있다.

(6) 이분법적 사고

이분법적 사고(dichotomous thinking)는 모든 상황을 아주 좋거나 아주 나쁜 극단적인 분류로만 평가하는 것을 말한다. 어떤 친구가 조금이라도 섭섭하게 대하면 '나는 진정한 친구가 하나도 없어. 나는 외톨이야!'라고 생각하는 경우가 있다. 이런 사람들의 심리에는 세상을 '적 아니면 동지'로 바라보는 흑백 논리가 강하게 작용한다.

3) 인지치료의 주요 원리

인지치료는 그 어떤 심리적 문제와 장애에도 적용 가능하지만 문제의 성격에 따라 각기 융통성 있는 자세로 치료의 초점을 달리할 수 있어야 한다. 가령, 우울증을 치료할 때에는 우울증을 유발하는 비합리적 사고의 수정과 현실적이고 효율적인 대처기제의 개발에 중점을 두고 치료를 진행해야 한다.

〈표 10-1〉 정신장애의 유형별로 나타나는 비합리적 신념

정신장애	비합리적 신념
우울증	자기 자신, 이 세상, 미래에 대한 지나치게 부정적인 견해
조증	자기 자신, 이 세상, 미래에 대한 지나치게 긍정적인 견해
불안장애	일상생활 중에 신체적 · 정신적 위협을 항상 느낌
공황장애	신체적 · 정신적 경험에 대해 지나치게 파국적 해석을 함
공포증	특정한 상황에서 위협감을 지속적으로 느낌
편집증	부정적 편견을 다른 사람들의 탓으로 돌림
히스테리증	반드시 자신이 모든 무대의 주인공이 되어야 한다고 생각함
강박증	의심과 위협에 대처하기 위해 일종의 의식행위(ritual)를 함
자살	희망이 없다고 느끼고 자신을 하찮은 존재로 생각함
거식증	다른 사람들에게 살쪄 보이는 것에 대해 과도하게 두려워함
건강염려증	자신에게 중대한 질병이 있다고 굳게 믿음

불안장애를 치료할 때에는 불안이 일어나는 상황에 대한 명확한 평가를 통한 치료전략을 개발해야 한다. 거식증을 치료할 때에는 개인적 가치와 통제에 대한 신념을 수정하는 데 초점을 두고 치료를 진행해야 한다. 약물 중독자를 치료할 때에는 자신에 대한 부정적 신념과 약물 사용을 촉진하거나 허용하는 신념들의 변화동기를 이끌어 내는 데 치료의 초점을 두어야 한다. 일반적으로 알려진 인지행동치료의 원리는 다음과 같다.

- 인지 용어로 환자의 문제를 공식화(formulation)하고 치료를 진행한다.
- 내담자와 치료자 간 치료동맹(therapeutic alliance)을 공고히 형성한다.
- 내담자의 상호협조(collaboration)와 적극적 참여를 강조한다.
- 목표지향적이고 문제중심적인 치료를 진행한다.
- '지금-여기'의 상황을 강조한다.
- 재발방지(relapse prevention)를 강조한다.
- 단기적이고 시간제한적인(time-limited) 구조화된 치료를 진행한다.
- 내담자들이 자신의 역기능적 사고와 믿음을 식별하고 평가하여 그에 반응하도록 가르친다.
- 내담자의 사고, 기분, 행동변화를 위한 다양한 기법을 사용한다.

2. 인지치료의 과정과 적용 사례

1) 인지치료의 과정

인지치료에서는 내담자의 역기능적 사고와 행동을 교정해 줌으로써 내담자가 일상생활에서 경험하는 문제들에 대해 새로운 인식을 심어 주는 치료전략을 주로 사용한다. 인지치료의 과정은 다음의 네 단계로 구분된다.

- **제1단계**: 상담자는 내담자 스스로 자신의 문제가 무엇인지 보다 분명하게 이해하도록 돕는다.
- **제2단계**: 내담자로 하여금 자신의 인지 과정을 점검해 보게 한다. 그리고 여기서 느끼는 감정을 하나의 사실보다는 검증이 필요한 가설로 생각하도록 교육하거나 제시한다.
- **제3단계**: 내담자 스스로 상담자가 제시한 이론에 대해 생각하고 검증해 보게 한다. 이 과정을 통해 내담자는 기존의 자신의 생각과 기대가 얼마나 편향되었고, 역기능적이었는지 알게 된다.
- **제4단계**: 내담자는 점차 새롭고 적응적인 인지적 · 정서적 통찰을 획득하고, 새로운 대인관계를 형성 및 적응하며 유지하게 된다.

　　인지치료의 일반적인 진행 절차는 먼저 치료 시간을 구조화한다. 그런 다음 자동적 사고를 식별하고 평가한다. 자동적 사고에 반응하며 개인적 규칙이나 가정들을 식별하고 수정한다. 마지막으로, 문제해결을 시도하는 등의 순서로 치료를 진행한다.

　　보통 내담자의 자동적 사고나 인지적 왜곡의 기저에는 개인적 도식(schema)이 있다. '나는 사랑받지 못할 거야.'라는 개인적 도식은 '사람들이 나를 알게 되면 내가 형편없는 사람이라는 것을 곧 알게 될 거야.'라는 개인적 가정을 활성화시킨다. 이 가정은 '그

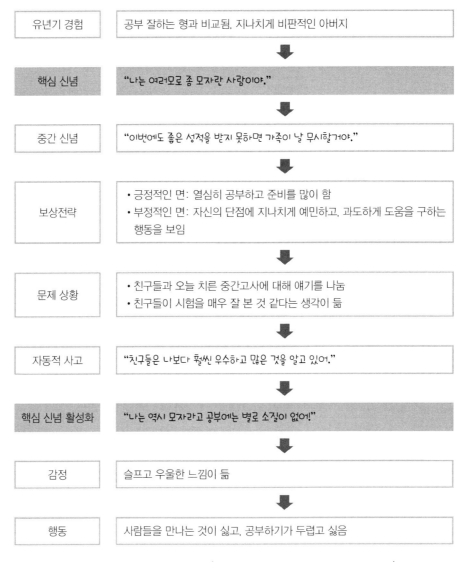

[그림 10-1] 인지 개념화 도표(cognitive conceptualization diagram)

는 나를 좋아하지 않아. 언젠가 나는 버림받겠지?'라는 자동적 사고를 활성화시킨다.

2) 조현병의 증상을 지닌 내담자를 위한 인지행동치료기법

(1) 조현병의 증상을 지닌 내담자와 인지적 손상의 교정

조현병 환자에 대한 인지행동치료는 인지적 결핍에 대한 치료기법을 주로 사용한다. 인지적 손상(cognitive impairments)은 조현병 환자들의 사회적 장애에 있어 중요한 역할을 한다. 그러므로 조현병 환자의 재활을 성공적으로 성취하려면 조현병 환자들의 인지적 손상을 교정해 주어야 한다. 조현병 환자들에게 조현병의 기원은 뇌의 기질적 장애라는 사실을 교육하고, 이를 정확하게 인식하게 하는 것이 오히려 심리적 안심을 줄 수 있다. 왜냐하면 병의 원인이 다른 기이하거나 마술적인 것이 아니라 뇌의 질환이므로 감기처럼 힘들고 증상이 악화될 때에는 잠시 쉬었다가 회복이 되면 다시 활동할 수 있기 때문이다. 이러한 인식을 통해 환자는 극심한 스트레스를 피하고, 자신의 병에 대한 공포나 두려움으로 인한 2차적 증상에서 비롯된 다양한 부작용을 완화시킬 수 있다. 하지만 조현병 환자를 대상으로 인지행동치료를 할 때에는 다음의 사항에 유의해서 진행해야 한다.

첫째, 치료적 협조관계를 잘 유지해야 한다. 치료 과정에서 환자가 자신의 증상을 인정하는 것은 환자의 자존감을 저하시킬 위험이 크다. 특히 환자 자신이 현실에 대해 왜곡을 하고 있다는 사실을 인식하게 될수록 더욱 큰 공포를 느끼게 되므로 이에 대한 배려와 지지가 필요하다. 또한 인지행동치료의 궁극적 목표가 환자 스스로 자신의 문제를 관리할 수 있도록 도와주는 것이므로 재학습과 훈련을 위해서도 치료적 협조관계가 필수적이다.

둘째, 환자의 귀인양식(attribution pattern)에 대한 치료자의 이해가 매우 중요하다. 인지행동치료에서는 조현병에서 종종 나타나는 환각이나 망상은 내적인 사건들(내적 생각, 느낌)을 외부적인 원인으로 잘못 귀인하기 때문이라고 본다. 예를 들어, 환청은 자신의 내적인 사고 과정을 외부의 소리로 잘못 귀인하는 것이다. 망상의 경우에도 외부에서 어떤 생각을 주입하는 것이라기보다는 자기 자신의 내적인 사고 과정이나 내용을 외부에서 주어진 생각이라고 잘못 귀인하는 것으로 본다.

셋째, 망상에 대한 도전은 저항을 낳기 쉬우므로 소크라테스식의 질문법을 사용하여 치료한다. 예를 들어, "다른 사람들은 당신의 생각에 동조합니까?"라고 묻는 방법을 적절히 활용해야 한다. 이에 대해 환자가 "아니요."라고 말하면 "그렇다면 우리가 어떻게 이 현상을 설명할 수 있을까요?" "왜 다른 사람들과 ○○ 씨와의 생각이 이렇게 차이가 날까요?"라고 물어 적절히 질문을 활용해야 한다. 이러한 과정을 통해 점진적으로 환자의 망상이 기초하고 있는 증거들을 고려하면서 현실검증을 하는 과정으로 나아가도록 유도한다.

(2) 조현병 환자의 저항을 최소화

인지행동치료 과정에서 나타나는 조현병 환자의 저항을 최소화하기 위한 방법은 다음과 같다.

- 환자의 신념에 대한 수정은 망상이나 내적인 주관적 신념보다는 간단하고 접근하기 쉬우며 변하기 쉬운 신념부터 시작해야 한다.
- 환자의 망상에 대한 대안적 신념들을 고려하는 과정에서 여러 대안적 신념보다는 한 가지 대안이라도 심도 있게 고려하도록 하는 것이 중요하다.
- 논박(dispute/challenge)의 대상은 환자의 망상이나 신념 자체가 아니라 그 망상이나 신념의 기초적 증거들임을 명심하고, 논박 때문에 환자의 저항이 활성화되지 않도록 조심해서 치료해야 한다.
- 환자 스스로 자신의 망상이나 신념에 대해 논박할 수 있고, 이 행동을 습관으로 익히고 학습하도록 계속 격려해야 한다.

조현병 환자를 위한 인지행동치료를 할 때에는 자유롭고 공개적인 분위기에서 이루어져야 한다. 환자도 치료자에게 궁금한 내용을 수시로 질문하고 확인할 수 있다면 더욱 좋다. 그런 다음 환자는 탈중심화(decentering: metacognitive technique; perspective-taking)를 통해 자신의 망상이나 신념을 현실 그 자체(reality itself)로 보지 않는다. 대신 그곳으로부터 좀 떨어져서 현실(reality)에 대한 해석이나 관점의 하나로 고려해야 한다. 그런 다음 자신의 망상이나 신념에 대해 수량화된 연속적인 평가를 하도록 훈련한다. 수량화된 연속적 평가는 자신의 망상이나 신념, 감정에 대해 〈0~100점〉 〈상·

중·하〉로 평가하도록 훈련하는 것이다. 자신의 망상이나 신념, 기분에 대한 확신도를 회기 전과 후, 회기마다 실시하여 비교함으로써 치료자나 환자 모두 치료 효과를 검증해 볼 수 있다.

필요하다면, 환자의 망상이나 신념에 대해 적절히 논박하거나 현실검증을 할 수도 있다. 논박은 환자의 망상에 대한 확신도에 따라 유연하게 접근한다. 현실검증의 경우, 환자의 망상이나 신념을 명료하게 규명한 후 이를 지지해 줄 수 있는 현실적인 증거 자료들을 찾아 그 결과를 함께 검토해 본다. 이 과정에서 환자에 대한 존중과 치료자와 환자의 협조적 관계가 계속 유지되어야 한다.

한편, 다른 사람의 관점을 취하는 훈련을 제공할 수도 있다. 치료자는 환자의 망상이나 신념을 명료화한다. 다른 사람들과 공유하기 어려운 것에 대해 토론하면 더욱 좋다. 환자로 하여금 잠시라도 다른 사람들의 입장에서 자신의 문제를 보도록 권유한다. 이 과정을 거치면서 환자는 자신의 망상이나 주관적 신념에 대해 보다 객관적으로 바라볼 수 있게 된다. 치료 회기에서 다룬 내용에 대해서는 환자에게 숙제를 내 주어 다음 회기까지 일상생활에서 적용해 보도록 훈련한다.

3) 인지치료의 적용 사례

(1) 우울증을 호소하는 대학 신입생의 사례
가. 초기상담(1~3회기) 진행

다음은 우울증을 호소하는 대학 신입생을 상대로 인지행동치료를 진행한 사례이다. 초기상담에서 인지행동치료를 할 때에는 먼저 라포를 형성한 뒤에 관련 정보를 탐색하고 수집해야 한다. 그런 다음 인지모형에 대한 교육을 실시하고, 상담목표를 설정하며, 내담자의 치료에 대한 기대 등을 다뤄 주어야 한다. 필요한 경우에는 숙제(homework)를 내 주는 형태로 상담 회기를 구조화하여 진행한다.

(만 19세의 대학 신입생인 영희가 최근 지속적으로 슬프고 아무 의욕이 없으며, 불안함과 우울증을 경험하여 상담을 신청하게 되었다.)

상담자: "이번 상담에서 무엇을 기대하고 있는지 얘기해 보시겠어요?"

내담자: "글쎄요. 잘 모르겠어요……"

상담자: "좋습니다. 우선은 학생의 생각이 학생의 느낌에 영향을 준다는 것이지요. 최근에 학생의 기분이 변화되었던 때가 있었습니까? 기분이 아주 흥분되거나 침울해지는 것 같을 때요."

내담자: "좀 그런 적이 있는 것 같아요."

상담자: "그때에 대해 자세하게 이야기해 주겠어요?"

내담자: "같은 과 친구들과 점심을 먹고 있었는데요. 점차 불안해지기 시작했어요. 수업 시간에 교수님이 강의하신 내용을 말하고 있었는데, 저는 무슨 말인지 전혀 알 수 없었거든요."

〈내담자의 자동적 사고 점검〉

상담자: "그때 어떤 생각이 스쳐 지나갔나요?"

내담자: "'강의 내용이 무슨 말인지 모르겠어. 그런 사실을 친구들이 알면 창피할 거야.'라고 생각했던 것 같아요."

〈내담자의 감정 점검〉

상담자: "그런 생각이 학생으로 하여금 불안하게 했나요?"

내담자: "네, 그런 것 같아요."

… (중략) …

내담자: "그녀는 행복하다. 우울하지도 않다. 나는 다시는 절대 그렇게 될 수 없을 거야."

상담자: "좋습니다. 우리는 '나는 다시는 행복하게 될 수 없을 거야.'라는 학생의 생각이 감정에 어떤 영향을 주는지 확인할 수 있었습니다. 그렇지요?"

내담자: "네, 그런 것 같아요."

〈내담자가 제대로 이해했는지 확인〉

상담자: "다시 한 번 정리해서 사고와 감정의 관계에 대해 이야기해 주시겠습니까?"

내담자: "글쎄요. 나의 생각이 내가 느끼는 감정에 영향을 준 것 같아요."

상담자: "네, 맞습니다. 자, 이제 일주일 동안 생활하면서 학생의 기분이 변하거나 안 좋아졌을 때를 알아차려 보세요. 이 작업을 계속해서 다음 시간에 점검할 수 있을까요?"

내담자: "네, 그러죠."

내담자에게 내 줄 수 있는 숙제는 다음과 같은 내용으로 제공할 수 있다. 첫째, 내담자에게 일상생활에서 상담목표들을 스스로 정리해 보도록 한다. 둘째, 기분이 변했을 때 스스로에게 '지금 무슨 생각이 스쳐지나갔나?'라고 물어보고, 그 생각들을 노트에 적도록 한다. 셋째, 현재의 문제는 내가 게으르고 나태해서 생긴 것이 아니라 상황적 스트레스로 인해 우울한 것일 뿐이라는 점을 스스로에게 상기시킨다. 넷째, 다음 상담에서 다룰 주제에 대해 미리 생각하고 정리해 두도록 한다. 다섯째, 이번 주에 3회 정도 하루 30분 이상 땀 흘리는 운동을 하도록 한다.

〈자동적 사고(automatic thinking)에 대한 질문 요령〉

• 그렇게 생각하는 이유는 무엇인가?
  – 이 생각을 뒷받침하는 증거는 무엇인가?
  – 이 생각에 반대되는 증거는 무엇인가?
• 또 다른 설명이 존재하는가?
• 그 생각을 할 때, 나에게 나타날 수 있는 가장 최악의 일은 무엇인가?
  – 가장 최선의 일은 무엇인가?
  – 가장 현실적으로 나타날 결과는 무엇인가?
• 자동적 사고를 믿어서 나타나는 효과는 무엇인가?
  – 지금 내 생각을 바꾸면 어떤 변화가 나타날까?
• 그것에 대해 나는 무엇을 해야만 하는가?
• 만일 내 친구가 나와 유사한 상황에 처해 있다면 나는 그에게 무슨 말을 해 줄 것인가?

나. 중기(4~7회기)상담의 진행

중기상담에서는 먼저 내담자의 자동적 사고와 감정의 탐색을 주로 진행한다. 그런 다음 내담자의 자동적 사고의 내용을 평가하고 반응해 준다. 중간 신념(가정, 규칙, 가치)에 대한 수정이나 핵심 신념에 대한 평가와 수정도 이때 같이 진행한다. 다음은 중기상담에서 나타날 수 있는 사례이다.

상담자: "학생이 여기 상담실에 도움을 받으러 온 것에 대해 자신이 부족한 사람이라는 생각이 들었다고 했나요?"

내담자: "네, 조금이요."

상담자: "음…… 그런데 저는 오히려 그 반대로 보고 있어요. 학생이 도움을 구하러 여기 왔다는 사실은 학생이 아직 정상적이고 장점을 갖고 있다는 신호가 아닐까요? 만일 학생이 여기 오지 않았더라면 어떤 일이 생겼을까요?"

내담자: "아직도 많이 혼란스럽고…… 수업도 안 들어갔을 거예요."

상담자: "만일 학생이 우울증 같은 병에 걸렸을 때 도움을 구하는 행동이 가만히 있는 것보다 적절한 행동이 아닐까요?"

내담자: "예…… 그렇겠지요."

상담자: "한 번 예를 들어 볼까요? 두 학생이 있는데, 한 학생은 치료방법을 찾으러 오고, 다른 학생은 계속 혼자 있다면 어떤 학생이 더 적절할까요?"

내담자: (머뭇거리며) "도움을 요청한 학생이 아닐까요?"

상담자: "확신합니까?"

내담자: "도움을 요청하지 않아 다른 사람과 갈등만 일으키는 것은 적절함의 표시가 아닙니다."

상담자: "어느 정도로 확신하나요?"

내담자: "많이…… 80% 정도요."

상담자: "자, 그럼 이런 생각을 학생의 현재 상황, 치료와 공부에 적용할 수 있을까요?"

내담자: "할 수 있을 것 같아요."

상담자: "자신의 생각들을 적어 봅시다. 과거의 생각을 기존의 신념으로 표시해 봅시다. 무엇이었지요?"

내담자: '내가 누군가에게 도움을 요청한다면, 그건 내가 부족한 사람임을 인정하는 꼴이다.'

상담자: "학생은 그 생각을 80% 정도 확신했습니다. 적어 보시고요. 지금은 그 생각을 어느 정도 확신합니까?"

내담자: "적어졌어요. 40% 정도?"

상담자: "좋습니다. 80% 옆에 40%라고 적어 보세요."

내담자: "네."

상담자: "자, 이제 새로운 신념을 적어 봅시다. 한 번 적어 보시겠어요?"

내담자: '누군가에게 도움을 요청해도 나는 부족한 사람이 아니다.'

상담자: "네, 좀 더 구체적으로 말하면 '내가 필요할 때 도움을 요청한다면 그것은 건강함의 신호이다.'라고 써 보시지요."

내담자: "네."

상담자: "이 신념을 얼마나 확신합니까?"

내담자: "많은 편이에요. 70~80%."

상담자: "좋습니다. 옆에 적어 보시고요."

상담자: "그리고 이번 주에 오늘 우리가 함께한 작업을 숙제로 해 오면 어떨까요? 이번 주 동안 매일 기존의 생각들을 적고 확신도를 써 보고, 그 옆에 새로운 신념을 쓰고 확신도를 써 보세요."

다. 후기(8~10회기)상담의 진행

후기상담에서는 먼저 자동적 사고와 중간 신념, 그리고 핵심 신념에 대한 계속적인 평가와 수정을 진행한다. 그런 다음 일상생활에서의 실험과 확인 작업을 촉진하고 다양한 문제해결방법과 의사결정, 행동실험, 자기행동 모니터링 및 스케줄링, 이완법, 점진적 노출, 역할연기 등의 기법을 동원하여 문제해결을 촉진한다. 다음은 후기상담에서 나타날 수 있는 상담의 사례이다.

상담자: "우리 역할연기를 한 번 해 볼까요? 내가 학생의 룸메이트가 되고, 학생은 내게 충고를 해 주는 겁니다."

내담자: "좋아요."

상담자: "난 이 책을 아무리 읽어 봐도 이해가 잘 안 돼. 어떻게 해야 할지 모르겠어."

내담자: "교수님께 가서 물어보지 그래?"

상담자: "그렇게는 할 수 없어. 교수님은 날 멍청하다고 생각할 거야."

내담자: "아니야, 학생을 돕는 것이 교수의 일이잖아."

상담자: "아마 나 같이 이해력이 낮은 학생은 없을 거야."

내담자: "그래도 좋은 교수님이라면 학생들을 도와주시지 않을까?"

상담자: "하지만 교수님이 기꺼이 도와주셔도 내가 멍청한 아이라는 건 알게 되실 거야."

내담자: "그래, 하지만 학생이 모든 것을 알 수는 없잖아."

상담자: "교수님이 나를 멍청하다고 생각하면 어쩌지?"

내담자: "글쎄…… 첫째, 네가 정말 멍청하다면 대학에도 못 들어왔을 거야. 둘째, 교수님이 네가 모든 것을 이해할 것이라고 기대한다면 너무 과도한 기대를 하시는 것이 아닐까? 네가 이 모든 것을 알고 있다면 그 과목을 왜 수강하지?"

상담자: "아니야, 나는 가면 안 돼!"

내담자: "아니야, 너는 가야 해. 네가 멍청하다고 생각하는 것은 너만의 생각이지, 교수님은 전혀 그렇게 생

각하지 않으실 거야."

상담자: "좋습니다. 아주 확신을 갖고 잘하고 계십니다. 역할연기를 정리하고요. 그렇다면 이런 주장을 학생의

친구가 아니라 학생 자신에게 적용하면 어떻게 될까요?

3. 합리정서치료의 개념

1) 주요 개념

합리정서치료에서는 우리가 경험하게 되는 정서는 우리가 경험한 어떤 사실 그 자체에 의해서라기보다 그 사실에 대하여 우리가 어떻게 생각하느냐에 따라 달라진다고 생각한다. 그래서 비합리적인 생각을 바꿈으로써 정서를 바꿀 수 있다고 본다. 합리정서치료의 창시자인 앨버트 엘리스가 가지고 있는 인간관은 다음과 같다.

- 인간은 외부적인 어떤 조건에 의해서라기보다도 자기 스스로가 자신의 정서적 혼란을 일으키는 여건을 만든다. 인간은 합리적으로 생각할 수도 있고, 비합리적으로 생각할 수도 있다.
- 인간은 사실을 왜곡하고 불필요한 정서적 혼란을 일으키는 생득적인 문화적 경향성을 가지고 있다.
- 인간은 자신의 인지적 · 정서적 · 행동적 과정을 변화시킬 수 있는 능력이 있다.
- 인간은 자기와 대화(self-talking)하고, 자기를 평가(self-evaluation)하며, 자기를 유지(self-sustaining)하려고 한다.
- 인간은 성장과 자아실현의 경향성을 가지고 태어나지만 잘못 학습된 생각이나 자기패배적 신념으로 인하여 때로는 성장이 정체된다.

합리정서치료에서 주로 다루는 문제는 정서와 신념의 문제라 할 수 있다. 정서는 대개 적절한 정서와 부적절한 정서로 나뉜다. 그리고 신념의 문제는 합리적 신념과 비합리적 신념으로 구분할 수 있다. 먼저, 적절한 정서는 '~하기를 원한다.' '~하기를 바란다.' '~하기를 더 좋아한다.' 등과 같은 합리적 신념에 근거한 감정이다. 반면, 부적절한 정서는 '반드시 ~해야 한다.' '반드시 ~이어야 한다.' '절대로 ~해서는 안 된다.'라는 식의 절대적 명령이나 요구와 같은 비합리적 신념에 기반한 감정이다. 부적절한 정서란 우리가 싫어하는 조건을 바꾸도록 도와준다기보다 그 조건을 악화시키는 것으로 변화의 대상이 된다. 임상현장에서 주로 논의되는 비합리적 신념과 관련한 생각은 다음과 같다.

- 모든 사람으로부터 반드시 사랑받고 인정받아야 한다.
- 불행은 외부 환경 때문이며, 인간의 힘으로 그것을 통제할 수 없다.
- 해를 끼치거나 부당한 사람은 반드시 비난받거나 처벌받아야 한다.
- 내가 바라는 대로 일이 되지 않는 것은 끔찍스러운 파멸이다.
- 어떤 난관이나 책임을 직면하는 것보다는 회피하는 것이 더 낫다.
- 내 주변에는 내가 의존할 만한 더 강한 누군가가 있어야 한다.
- 나의 운명은 과거의 경험이나 사건에 의하여 결정되며 여기서 벗어날 수 없다.
- 모든 문제에는 완벽한 해결책이 있으며, 그것을 찾지 못한다면 그 결과는 파멸이다.

2) A-B-C-D-E 이론

A-B-C-D-E 이론에서는 인간의 비합리적인 신념으로 인해서 부적응적인 정서와 행동이 생겨나는 과정을 잘 설명해 주고 있다. 또한 어떻게 비합리적인 신념을 합리적인 신념과 적응적인 정서로 바꿀 수 있을 것인가를 설명해 준다.

(1) 선행사건

선행사건(activating event)은 개인에게 정서적 혼란을 야기하는 어떤 사건을 말한다. 가령, 시험에 떨어졌다든지, 실직하게 되었다든지, 여러 사람 앞에서 상사에게 꾸지람을 듣는 것과 같은 인간의 정서를 유발하는 원인이나 사건을 의미한다.

(2) 신념체계

어떤 사건이나 행위 등과 같은 환경적 자극에 대해서 개인이 갖게 되는 태도 또는 사고방식을 가리킨다. 신념체계(belief system)에는 합리적 신념과 비합리적 신념이 있다.

(3) 감정적 · 행동적 결과

선행사건을 접했을 때 비합리적인 태도 내지 사고방식을 가지고 그 사건을 해석함으로써 느끼게 되는 정서적 결과(consequence)를 말한다. 비합리적인 사고방식을 지닌 사람들은 대개의 경우, 지나친 불안, 원망, 비판, 죄책감 등과 같은 비합리적인 정서나 감정을 느끼게 된다.

(4) 논박

논박(disputing)은 내담자의 비합리적인 신념이나 사고 형태에 대해서 다양한 관점에서 생각해 보도록 유도하는 기법이다. 이때 상담자는 내담자가 생각하는 바가 세상 이치에 부합하는지를 논리적으로 따져 보는 질문을 던진다. 사람들의 생각에는 다 그만의 근거나 증거가 있는 법이다. 엘리스는 논박기법이 내담자가 자신의 생각에 대해 근거 없이 생각하는 행동을 멈추고, 비합리적 신념을 수정하는 데 매우 효과적인 기법이라고 설명하였다. 그리하여 기존의 신념을 고수하는 것이 내담자에게 이득인지 아니면 보다 합리적인 형태로 바꾸는 것이 이득인지를 판단하도록 돕는다. 다음은 합리정서치료에서 사용하는 논박의 네 가지 형태를 소개하도록 하겠다(권석만, 2015: 218-219).

① 소크라테스 문답법

합리정서치료에서 논박을 할 때 가장 흔하게 사용하는 방법은 소크라테스 문답법(socratic questioning)을 사용한 논박이다. 내담자의 기존 생각에 대한 반영적 질문을 던지는 것으로 시작하고, 그 질문을 통해 내담자의 변화를 유도한다. 논박의 질문은 주로 다음의 다섯 가지 질문이 가장 많이 사용된다.

〈표 10-2〉 소크라테스 문답법에서의 질문 유형

유형	질문의 예
논리성에 기반을 둔 질문	• "그러한 생각이 타당하다는 근거는 어디에 있나요?" • "당신이 원하는 대로 되지 않는다고 해서 세상이 끝난 것을 의미하나요?"
현실성에 기반을 둔 질문	• "당신이 원하는 대로 세상 일이 다 풀리는 것이 가능할까요?" • "모든 사람이 자신이 원하는 대로 일이 풀린다면 어떤 결과가 일어날까요?" • "당신은 끔찍할 것이라고 하셨는데, 실제로 어떤 끔찍한 일이 있었나요?"
실용성에 기반을 둔 질문	• "당신이 그런 생각을 계속하면 자신에게 어떤 도움이 됩니까?" • "그런 생각이 당신의 기분을 좋게 만드는 데 도움이 됩니까?" • "모든 사람에게 인정받아야 하는 것이 당신을 힘들게 하지 않나요?"
철학에 기반을 둔 질문	• "그런 신념이 과연 당신을 행복하게 해 주는지 궁금하네요." • "그런 신념이 당신의 삶에 어떤 의미가 있다고 생각하세요?"
대안을 검토하는 질문	• "이 상황에서 다르게 생각할 만한 여지는 없나요?" • "당신의 삶을 건강하게 만들어 줄 합리적 신념은 무엇인가요?"

출처: 권석만(2015: 218)과 양옥경 등(2010: 236)을 참고하여 재구성.

② 설명식 논박

설명식 논박(didactic disputing)은 주로 집단상담에서 선호하는 논박의 형태이다. 상담자가 내담자들에게 강의하듯이 관련 설명들을 체계적으로 진행하여 내담자의 비합리적 신념을 논박하고 변화시키는 기법이다. 상담자는 비합리적 신념과 합리적 신념의 차이를 일목요연하게 정리하는 형태로 설명하여 내담자의 생각을 바꾸도록 돕는다.

③ 유머의 사용

이 방법은 내담자의 비합리적 신념을 수정하기 위해 유머의 기법을 사용하는 것이다. 상담자는 내담자의 비합리적 신념을 수정하기 위해 직설적으로 질문하고 도전하지 않는다. 그보다는 일부러 역설적 의도를 가지고 내담자의 신념에 더욱 강한 형태로 반응하여 내담자가 가진 신념의 비합리성을 깨닫도록 돕는다. 예를 들어, '시험성적이 떨어지는 것은 끔찍한 재난'이라고 여기는 학생에게 유머를 사용하여 논박을 한다면 다음과 같다. "그래요. 그런 일이 일어나는 것은 상상할 수조차 없죠. 그건 너무 끔찍해요. 앞으로 학생이 어떻게 살아갈지 걱정이 되네요. 그건 내가 들은 최악의 뉴스예요. 너무 끔찍해서 차마 입에 담기조차 힘드네요. 그냥 다른 이야기로 넘어가죠. 어서 빨리요." 이 방법을 사용할 때에 주의할 점은 내담자의 생각 자체를 웃음으로 넘어가도록 만들어야지 내담자 자신을 평가하는 듯한 인상을 주어서는 안 된다는 것이다.

④ 대리적 모델링

비 온 뒤에 땅이 더 굳어진다는 말이 있듯이, 상담자는 대리적 모델링(vicarious modeling)을 통해 내담자와 유사한 사건을 경험했지만 좌절하지 않고 오히려 그것을 성장의 계기로 극복한 사례들을 모델로 제시할 수 있다. 덧붙여 상담자는 그들이 심각한 부적응을 겪지 않았던 이유는 내담자와 같이 비합리적 신념을 지니고 있지 않았기 때문이라는 점을 강조한다. 그렇게 되면 내담자는 '이 세상에서 내가 가장 불쌍한 사람이지.'라는 생각에서 벗어나게 되고, 새로운 통찰을 배울 수 있다.

(5) 개입의 효과

개입의 효과(effect)는 내담자가 가진 비합리적 신념을 철저하게 논박함으로써 합리적인 신념으로 대치한 다음에 느끼게 되는 자기수용적인 태도와 긍정적인 감정의 결과를 말한다. 그리고 이것은 인지변화를 통해 내담자가 자신 안의 왜곡된 면을 수정하여 삶에 대해 현실적인 철학을 가지도록 돕는 효과로 나타난다.

4. 인지행동치료의 평가와 적용

최근에 인지행동치료는 정신보건시설과 학교교육현장, 그리고 신체건강과 관련한 생활습관의 변화와 같은 다양한 임상현장에서 적용되고 있다. 또한 그 치료의 기법들은 산업체와 자녀 양육, 부모교육 등의 다양한 영역으로 확대되고 있어 21세기 임상적 형태의 상담 분야에서 가장 각광받고 있는 상담기법 중 하나이다(김정모, 2004). 인지행동치료는 인간과 환경의 적응을 강조하며, 인간을 사고하는 합리적인 존재로 보아 인지발달 과정을 순전히 자발적인 과정으로 본다. 벡과 엘리스의 이론은 잘못된 인지적 왜곡이나 비합리적 신념을 바꿈으로써 문제가 되는 정서와 행동을 통제할 수 있다고 가정한다(장수한, 김현주, 임혁, 채인숙, 2017: 270). 무엇보다 우리는 인지행동치료를 통해 개인이 환경 속에서 다른 사람의 행동, 사건, 상황에 어떤 의미를 부여하는지에 대해 접근할 수 있는 이론적 틀을 제공받아 치료 과정에 활용할 수 있게 되었다.

그리고 인지행동치료는 내담자가 지각한 현실이 실재하는 세계보다 더 중요하다는 실증적 근거를 제공하고 있다는 점에서 다른 상담기법들과 차별화된다. 모든 것은 마음먹기에 달려 있다는 옛 선인의 말처럼, 생각의 구조를 바꾸면 행동의 수준이 달라지고 더불어 내담자의 삶이 달라진다는 것을 믿는 상담의 철학적 기반이 되어주고 있다.

그동안 알려진 사실들을 종합해 볼 때, 인지행동치료는 우울증과 불안장애의 치료에서 약물치료만큼 매우 탁월한 효과를 가진 치료방법이라 할 수 있다(김정범, 이상희, 2006). 그러나 그것은 인지행동치료로 인해 생겨난 직접적인 효과라기보다는 대개 약물치료와 인간관계치료 등과 같은 치료들과 병합할 때 효과가 더 크게 나타난다. 최근에 인지행동치료는 여러 형태의 보완적 모습으로 유연하게 사용되고 있다. 자가치료에 속하는 독서치료나 컴퓨터를 이용한 인지행동치료도 나타나고 있고, 마음챙김명상을 인지치료기법과 결합하여 제공하는 경우도 많아지고 있는 등 새로운 치료법은 지금도 계속 개발되고 있다.

제11장

인간중심상담

우리가 사람들에게 함부로 개입하지 않는다면 그들은 석양이 지는 것처럼
경이롭고 아름답게 보일 것이다. 나는 석양이 지는 것을 통제하려고 하지 않는다.
단지 그것들이 하늘에 펼쳐질 때 경외심을 갖고 바라볼 뿐이다.

-칼 로저스(Carl Rogers)

1. 인간중심상담의 개념

1) 인간중심상담의 발생배경

인간중심상담은 칼 로저스(Carl R. Rogers, 1902~1987)가 오랜 기간 동안 숙련된 상담 지식으로 연마하고 발전시킨 상담기법이다. 로저스는 자기치유의 경험을 통해 진정으로 내담자가 변화됨을 목격했던 내용들을 정리하여 1951년에 『인간중심치료(Client-Centered Therapy)』를 출간한 이후, 자신만의 독특한 상담기법들을 통칭하여 내담자 중심(client-centered)이라는 이름을 붙였다. 이후부터 로저스는 자신의 상담기법을 더 정교하게 다듬는 과정에서 항상 '사람다운 상담'을 먼저 생각하면서 인간중심치료(person-centered therapy)라는 명칭으로 수정하여 사용하기 시작하였다(Rogers, 2009a). 이 장에서는 로저스의 인본주의 철학적 견해에 따라 인간중심의 접근과 상담이라는 용

어를 최초로 사용한 그의 업적을 기려서 '인간중심상담'이라는 명칭으로 통일하여 사용하고자 한다.

인간중심상담의 특징은, 우선 상담자가 내담자의 문제를 진단하거나 행동의 변화를 설득하는 것과 같은 시도를 거의 하지 않는다는 것이다. 그 이유는 인간의 긍정성을 믿고 어떤 조건도 달지 않고 상담을 진행한다는 로저스의 철학적 신념 때문이다(권석만, 2015: 271; 이명희, 1994). 이처럼 인간중심이론으로 무장한 상담자는 내담자의 있는 그대로의 모습을 수용하고 공감적인 상담 분위기를 조성한다. 그리고 내담자 스스로 긍정의 변화를 이끌어 나가면서 문제해결을 모색하도록 돕는 역할만을 수행한다. 인간중심상담에서는 모든 문제의 해결은 내담자가 이미 가지고 있지만, 스스로가 그 문제를 해결할 능력을 갖고 있는 사람인지를 깨닫지 못하고 있는 점을 상기시켜 주는 형태로 변화를 이끌어 낸다.

현재까지 알려진 사실에 따르면, 로저스는 미국의 심리치료사들에게 가장 많은 영향을 준 사람이기도 하다. 로저스가 심리치료사들로부터 가장 큰 호평을 받은 이유는 무엇보다 그가 상담에서 상담자와 내담자의 치료적 관계를 가장 중요시하였기 때문일 것이다(Goldfried, 2007). 특별히 내담자가 경험하는 공감은 상담자가 어떤 상담기법을 적용하느냐에 관계없이 훌륭한 치유의 효과를 발휘할 수 있다(Brown, 2007).

로저스는 인간 성격의 변화는 내담자가 더 통합적으로 변할 때 가능하다고 보았다. 그는 내담자의 마음속에 존재하던 내적 갈등이 줄어들면 생활 에너지가 많아지게 되고, 그 결과 내담자가 더 성숙한 행동을 하게 된다고 하는 성격변화의 경로로 이해하였다(연문희, 2009). 달리 말해서, 로저스가 성격구조의 변화를 내담자중심상담의 목표로 설정한 것은 단지 내담자가 보이는 증상을 제거하거나 관찰 가능한 문제행동을 제거하는 것 이상의 치료적 효과를 가진다고 보았기 때문이다(Hill, 2007). 그리하여 현재 내담자중심상담기법은 진로상담과 심리 문제의 해결, 정신장애의 치료 등에서 광범위하게 적용되고 있으며, 여러 상담자의 훈련도구로도 활용되고 있다.

2) 사람에 대한 이론적 견해

인간중심상담에서 모든 사람은 일생 동안 보다 가치 있는 존재로 성장하고자 하는 내적 동기를 가진 사람이라고 규정한다(Rogers, 2009b). 이를 두고 로저스는 "인간은 본래부터 선천적으로 위대한 사람이 되고 싶은 욕구를 실현하는 경향성(actualization tendency)을 지닌 존재"라고 생각하였다. 그리고 많은 내담자가 가지는 심리 문제들은 대부분 자신의 부모나 주위 어른들이 그들이 어린 시절부터 본래 가지고 있던 욕구와 재능들(선천적 성향들)을 충분히 받아주지 못할 때 생겨나는 것으로 보았다. 이 과정에서 내담자들은 자신이 원하는 삶을 살기보다는 부모의 기대에만 부응하는 삶을 살게 되어 자신이 원하는 삶의 모습을 점차 잃어가는 것으로 이해하였다. 그것은 왜곡된 자기개념을 낳고, 현실에 대한 부적응 상태를 초래한다고 보았다(권석만, 2015: 271; 연문희, 이영희, 이장호, 2008).

　　로저스는 상담의 중심은 단연코 내담자 그 자체에 두어야 한다고 보았다. 로저스는 상담자가 내담자에게 '이렇게 해야 한다.' '저렇게 해야 한다.'고 지시하지 않는 것이 사람을 치유하기 위한 가장 좋은 치료적 조건이 된다고 보았다. 또한 그는 상담의 과정에서 상담자가 내담자를 판단하거나 해석하고 충고하고 가르치려는 태도를 유지하기보다는 내담자 스스로가 자신이 원하는 삶을 살아갈 수 있게끔 도와야 한다고 보았다(연문희 외, 2008). 그리고 상담자는 내담자 스스로가 이미 성장할 수 있는 내면적 힘을 가지고 있다는 사실을 인정해야 한다고 생각하였다. 그렇기 때문에 상담자의 역할은 내담자가 현재 직면한 문제들을 스스로 해결하고 자기 자신에게 좀 더 집중할 수 있도록 격려하는 것만으로도 충분하다고 보았다.

　　이와 같이 내담자의 내면에 존재하는 힘을 믿고 개입하는 인간중심의 접근은 기존의 정신분석과 행동주의가 주도하던 1960년대 주류심리학에 큰 반향을 일으켰다. 이후 인간에 대한 긍정의 존중은 '인간은 기본적으로 유능한 존재'라는 생각으로 발전하였다. 그리고 모든 인간은 역경에 맞설 수 있는 내면의 강인함을 가지고 있으며, 자기실현을 위해 나아가는 잠재성이 풍부한 존재라는 인식은 이후 로저스 학파(Rogerian)의 대표적인 인간관이 되었다. 그래서인지는 몰라도 로저스는 생전에 심리치료(psychotherapy)라는 용어보다는 상담이라 부르기를 선호하였다. 또한 환자(patient)라는 말보다는 내담자(client)라는 말로 부르기를 더 좋아하였다. 인간중심상담의 중심에는 항상 '사람'이 있으며, 상담이 성공적으로 이루어지기 위해서는 먼저 상담자가 내담자와 맺는 치료적 관계에서 상담자가 먼저 진실되고 일관된 모습을 보여 주어야 한다고 강조하였다(권석만, 2015: 277).

3) 상담의 목표

인간중심상담의 목표는 상담자가 내담자에게 전폭적인 신뢰와 존중을 제공하는 일련의 상담 활동으로 내담자 스스로가 이전에 표현하지 못했던 감정들을 더 분명히 표현하도록 촉진하는 데 두고 있다. 이처럼 인간중심상담은 내담자가 직면한 문제의 해결뿐만 아니라 내담자의 성장과 성숙을 추구한다. 내담자의 성장과 성숙을 촉진하도록 돕는 일은 내담자의 대처능력을 향상시키는 데 탁월한 힘을 발휘할 수 있다. 성숙한 사람이야말로 하나의 생명체로서 경험한 것들의 의미를 명확하게 인식하는 법이다. 충분한 사랑을 받아 본 사람만이 사랑을 베풀 수 있듯이, 로저스는 무조건적으로 존중받고 있다는 경험을 가진 사람만이 자신의 내면에 담긴 욕구와 경험들에 주의를 잘 기울이고 진실된 삶을 살아갈 수 있다고 보았다. 현실에 대한 정확한 인식은 내담자의 방어적인 삶의 태도를 줄여 주어 '온전히 기능하는 사람'으로 나아가는 길목이 되어 줄 수 있다고 본 것이다.

한편, 인간중심상담의 종착지는 내담자가 '온전히 기능하는 사람'이 되도록 돕는 데 있다. 그런 사람이 되기 위해서는 그동안 타인의 가치의 조건들에 맞춰서 살던 낡은 삶의 방식을 버리고 내면의 진실된 자아와 마주해야 한다(연문희 외, 2008). 상담자의 핵심적인 역할은 내담자가 자신의 특성과 경험을 열린 마음으로 자각하게 함으로써 있는 그대로의 자기 모습을 더 잘 수용하고 존중할 수 있도록 성장지향적인 상담 분위기를 조성하는 것이다(권석만, 2015: 286-287). 그 과정에서 상담자는 내담자의 주관적인 경험을 감지하려고 노력해야 한다. 그 이유는 내담자가 자기와 경험의 불일치를 인식하고 해결하도록 내담자를 격려하기 위해서이다. 또한 상담자는 상담에 임하는 자신의 태도가 내담자의 성격변화를 촉진한다는 점을 명심해야 하며, 상담자 자신을 변화의 도구로 사용할 줄 알아야 한다.

2. 주요 개념과 상담의 핵심 조건

1) 주요 개념

(1) 실현경향성

로저스는 인간에게 단 하나의 동기가 있다면 그것은 아마도 실현경향성일 것이라고 말하였다. **"흔들리지 않고 피는 꽃이 어디 있으랴."**라는 도종환 시인의 시처럼, 인간에게도 자신의 잠재력을 만개하기까지는 인고(忍苦)의 시간이 필요하다. 실현경향성은 그런 힘든 시간을 견뎌 내고 끝끝내 성장하고 성숙해 나가는 우리 인간의 선천적인 성향을 의미한다. 그런 인간의 선천적인 실현경향성을 제약하는 요인은 개인이 속한 환경뿐이다(Thorne, 2007: 79-80). 충분한 햇살과 건강한 토양이 부족하면 나무가 잘 자라기 어렵듯이, 대부분의 인간도 실현경향성을 지원하는 환경조건(수용의 경험, 부모의 따뜻한 보살핌 등)이 주어지지 않으면 건강한 성장을 이루기 어렵다.

(2) 자기실현과 자기의 개념

보통 자기(self)는 나와 타인이 구분되는 실존적 존재에 대한 기본 인식으로 정의된다. 자기개념(self-concept)은 현재 자신이 어떤 사람인지에 대한 개인의 인식으로서 흔히 자아상(self-image)으로 불리기도 한다. 자기개념은 인간이 자기 자신에 대해 과거부터 지금까지 생각하고 판단하는 체계적 인식으로 개인이 어떤 경험을 하고 성장해 왔는가에 따라 달라지는 속성을 지닌다(권석만, 2015: 281-282). 자신에 대한 인식이 발달하면서 인간은 타인에게서 긍정적인 존중을 받고 싶은 욕구를 발달시킨다. 그것은 신체적 · 정서적 보살핌과 깊은 관련이 있다. 자기개념은 현재의 자기 모습을 반영하는 현실적 자기(real self)뿐만 아니라 긍정적 존중을 받기 위해 추구해야 할 이상적 자기(ideal self)도 포함한다.

(3) 가치의 조건

인간은 대개 부모와 같이 '의미 있는 타자들'과 상호작용을 하는 가운데 자신이 소중한 존재임을 지각하는 가치의 조건(conditions of worth)을 습득하며 살아간다. 타인에게서 자신이 존중받는다는 느낌은 개인의 자존감에 아주 중요한 영향을 미친다. 아동은 부모에게서 긍정적인 관심과 인정을 받기 위해 부단히 노력하지만 그런 노력들이 항상 성공하는 것은 아니다. 그래서 아동은 부모에게서 인정받기 위해 부모가 원하는 가치와 기준을 받아들이고 이를 내면화한다. 이것은 아동이 자기 내면의 목소리에 주의를 기울이기보다는 부모가 제시하는 가치의 조건을 더 중요하게 생각하기 때문이다. 그것은 부모에게서 긍정적 존중을 받기 위한 생존의 목적과 관련된다. 그러나 자신의 의사와 무관한 타인의 가치를 내면화하는 과정에서 느끼는 불쾌함이나 불편한 경험은 향후 아동이 성장하는 과정에서 심리적 부적응 상태로 이어질 수 있다.

(4) 심리적 부적응: 경험과 자기개념의 불일치

인간중심상담이론에서는 개인의 심리적 부적응 상태를 정신병리로 간주하지 않는다. 다만 심리적 부적응 상태를 개인의 실현경향성이 억제된 상태로만 간주한다(권석만, 2015: 283-286). 로저스는 모든 사람은 잠재력을 발휘하고자 하는 실현경향성을 지닌 존재이고, 그런 존재의 의미는 건강한 자기개념을 형성하는 데서 비롯된다고 생각하였다. 그런데 성장 과정에서 일어나는 아동의 행동과 경험을 부모가 무조건적으로 수용하고 존중하지 않을 수 있다. 그렇게 되면 아동은 부모의 애정을 얻으려는 욕구와 아동 개인의 독특한 욕구 사이에서 갈등하게 된다. 부모는 아동에게 부모의 가치를 일방적으로 따를 것을 주문하는데, 이 과정에서 힘이 없는 아동이 가치전쟁의 승리를 만끽할 가능성은 거의 없다. 이처럼 부모가 제시하는 가치의 조건이 아동 개인이 가지는 하나의 생명체적 욕구와 동떨어지게 되면 아동의 경험과 자기개념 간에 불일치가 나타난다. 특히 자녀의 욕구를 잘 수용하지 못하는 미성숙한 부모가 양육하는 아동은 자기개념과 경험의 불일치에 대한 경험치가 더 클 것이다. 가치의 조건과 일치하는 경험은 자기개념으로 잘 통합되지만 그렇지 못한 경험은 무시되거나 왜곡된다. 경험과 자기개념의 불일치는 불안함을 야기하고, 개인은 그 불안을 방어하기 위해 자신의 경험을 왜곡하거나 부인하게 된다.

부모의 사랑에 조건이 많이 달릴수록 개인의 행동은 더 병리적으로 늘어날 수 있다. 예를 들면, 높은 성취를 강요하는 부모의 영향하에서 아동기를 보낸 사람들은 당시에 그들이 성취한 경험을 보다 잘 기억할 것이다. 그 과정에서 가치의 조건에 맞지 않는 경험과 생동은 왜곡되거나 의식에서 사라질 것이다. 심지어 성취 욕구가 지나치게 강한 사람들은 여유와 휴식을 필요로 하는 생명체의 (신체적) 요구를 부정하고 성공만을 위해 달려가는 어리석은 행동을 보일 수도 있다. 따라서 심리적 부적응 문제를 해결하는 핵심은 개인이 하나의 생명체로서 경험하는 바와 자기개념의 불일치 문제를 어떻게 해소하느냐에 달려 있다. 자기와 경험의 일치 여부에 따라 건강한 삶과 부적응적인 삶의 기로가 갈린다. 자기와 경험의 불일치는 가치의 조건에 근거하여 긍정적인 존중의 경험을 얻기 위해 합리화, 투사, 그리고 부정과 같은 방어기제를 발달시키게 된다. 그 결과, 진실된 경험세계를 경험해 보지 못한 채 점점 부정확하고 고정된 방식으로 세상을 바라보게 된다.

(5) 온전히 기능하는 사람

'온전히 기능하는 사람(the fully functioning person)'의 특성은 경험에 대한 개방성을 갖추고 있다는 것이다. 그들은 자신 안에 일어나는 모든 경험을 현실적으로 받아들이고 앞으로 닥칠 일들을 미리 걱정하고 불안해하지 않는다. 자기 자신이 삶에서 세운 가치를 믿으며, 타인의 영향을 덜 받는다. 자유로운 삶을 즐길 줄 알며, 보다 생산적이고 건설적인 방향으로 삶을 영위해 나간다. 자신이 맡은 일들에 대해서는 적극적으로 책임질 줄 알고 소신 있게 행동한다. 온전히 기능하는 사람이 되려면 먼저 어린 시절에 부모나 타인으로부터 무조건적인 존중을 받아 보는 경험을 가져야 한다. 로저스는 그런 경험이 잘 축적된 사람들이 자존감이 높고 자신의 경험과 내면의 힘들을 통합하는 능력이 탁월하다고 보았다. 그리고 타인이 제시하는 가치의 기준에 따라 삶을 살지 않고 자신이 세운 삶의 기준에 따라 살 것이라고 생각하였다.

2) 상담의 세 가지 핵심 조건

인간의 성장에 필요한 조건들은 사실상 인간의 발달이라는 원대한 목적에 따라 움직인다. 인간중심상담에서는 모든 사람은 자기 자신에 대해 일정한 수준의 이해를 가지고 있으며, 자신의 삶에서 자기주도적인 행동을 할 수 있는 내면의 힘과 자원을 자신 안에 이미 갖추고 있다고 가정한다. 한 송이 꽃이 피기까지는 적정량의 햇빛과 뿌리를 내릴 수 있는 토양이 필요하듯이, 사람의 성장에 필요한 조건, 즉 내면의 힘과 자원은 내면의 성장을 촉진하는 자양분이 될 수 있다. 로저스는 사람의 성장을 촉진하는 토양을 만들어 주기 위해서는 반드시 세 가지 조건이 필요하다고 보았다(Rogers, 1980: 130-132). 다음은 상담자가 내담자와 관계를 맺을 때 다루어야 할 핵심 조건들이다.

(1) 진실성

진실성(genuineness)은 상담관계에서 상담자 스스로가 전문가로서의 모습이나 개인적 가면을 벗고 진정한 자신의 모습을 표현할수록 내담자가 더 건설적인 모습으로 변하고 성장할 수 있음을 믿는 것을 말한다(Rogers, 2009a). 이 얘기는 상담자는 내담자 앞에서 자신의 페르소나(persona)를 벗고 인간적인 모습을 보여 주어야 한다는 의미로 받아들여도 좋다. 상담자는 내담자와 마주할 때 자신의 마음에 흐르는 감정과 태도에 대해 솔직하고 개방적이어야 한다(Shebib, 2006: 30). 상담자가 가식적인 태도를 보이는 것은 금물이다. 로저스는 상담자가 내담자에게 자신의 감정을 진실하게 표현할수록 상담이 더 효과적으로 진행될 것이라고 믿었다.

(2) 무조건적인 긍정적 존중

내담자의 변화의 토양을 만드는 데에는 내담자에 대한 상담자의 수용과 배려, 그리고 존중의 자세를 가지는 것이 중요하다. 아마도 내담자가 통합된 자기개념을 갖추지 못했던 이유는 부모나 주위 사람들로부터 충분한 수용과 존중을 받지 못했기 때문일 수 있다. 그 결과, 내담자는 방어적인 태도로 외부 환경에 반응하고 내적 갈등을 경험한다. 로저스는 개인이 겪는 부정의 경험을 최소화하고 자신을 온전히 바라볼 수 있도록 돕기 위해서는 타인에게서 조건 없이 존중받는 경험을 제공해 주는 것이 중요하다고 생각하였다. 내담자가 무엇을 경험하였든 간에 상담자가 내담자에게 무한의 지지와 관심을 제공하면 치료적 발달과 변화가 더 잘 일어날 수 있다는 것이다. 이처럼 무조건적 존중(unconditional positive regard)은 내담자의 자존감을 증진하는 매우 뜻깊은 상담자의 행동이라고 할 수 있다. 무조건적인 긍정적 존중은 내담자로 하여금 내면의 자원과 힘을 복원하도록 도와 '온전히 기능하는 사람'으로 성장하도록 도울 수 있는 최적의 지름길이 된다.

(3) 공감적 이해

공감은 내담자의 눈으로 세상을 바라볼 수 있다는 것을 의미한다. 공감적 이해(empathetic understanding)는 상담자가 자신의 감정이나 반응을 내세우지 않고 내담자의 입장에 서서 생각하고 배려하고 행동하는 능력이라 할 수 있다. 내담자가 경험하고 있는 감정과 개인적으로 중요하게 생각하는 일의 의미에 대해 상담자가 이해한 바를 정확하게 내담자에게 전달하면 내담자와 상담자의 관계는 치료적으로 더 크게 발전할 것이다. 공감적 이해가 잘 이루어지려면 먼저 상담자가 내담자의 이야기에 적극적으로 경청해야 한다. 그런 다음, 진정한 이해와 진실된 공감을 표현해 주어 내담자의 마음을 충분히 읽어 준다면 내담자의 얼어붙은 마음에 따뜻한 훈기를 불어넣어 줄 수 있을 것이다.

3) 상담의 원리와 변화의 증거

사람은 누군가에게 소중한 존재로 대접받아 본 경험이 많이 쌓일수록 자신을 돌보는 삶의 태도를 더욱 긍정적으로 발달시킬 수 있다. 누군가가 자신의 마음을 공감하고 경청해 주면 자기의 경험과 현실을 일치시키는 힘이 커진다. 누군가가 내 얘기에 귀 기울여 줄 때, 우리는 자신의 내면에서 경험하는 감정의 흐름을 좀 더 정확하게 이해할 수 있게 된다(Rogers, 2009a). 자기를 이해하고 자신을 소중하게 여길 때 자신의 경험은 현실이 되고, 그 현실은 자신의 것이 된다. 그 과정에서 개인은 더욱 진실되고 참된 자기의 모습을 찾게 되며, 그만큼 진실되고 '온전히 기능하는 사람'이 될 수 있는 자유가 더 커진다.

인간중심상담이론의 핵심은 내담자의 자기와 경험을 일치시키는 것이다. 내담자가 자신의 경험을 자각하고 수용하여 자기개념에 통합하는 것은 내담자의 성장과 성숙을 위해 매우 중요하다. 치료적 변화는 내담자가 자신의 경험을 개방적으로 자각하는 것에서부터 시작된다. 자신의 몸과 마음에서 떠오르는 감각과 욕구, 감정, 사고, 그리고 행동을 있는 그대로 인정하고 그러한 경험들을 자연스러운 자신만의 경험으로 받아들이는 것이 치료적으로 매우 중요하다(권석만, 2015: 286-288).

내담자가 진실로 자신의 경험을 소중히 생각하고 수용하며 신뢰감마저 생긴다면 자신을 방어할 필요성은 사라질 것이다. 그 결과, 내면의 욕구나 감정에 대해 솔직한 자기표현이 가능해지고 타인의 평가에 민감하게 반응하지 않게 된다. 오로지 자신이 하고 싶은 대로, 마음이 이끄는 대로 선택하고 행동할 뿐이다. 이러한 경험들이 점차 쌓이다 보면 내담자는 현실을 왜곡하지 않고 정확하게 인식할 수 있게 된다. 자존감과 문제해결능력은 이전보다 훨씬 높아지고 자기와 경험의 일치감이 촉진된다. 이 과정은 개인의 실현경향성을 높여서 '온전히 기능하는 사람'으로 성장하도록 돕는다.

3. 인간중심상담의 진행 과정 및 기법

1) 상담의 진행 과정

(1) 초기 준비단계
① 내담자와 상담자의 첫 만남으로 시작하기

인간중심상담에서는 자아를 찾고자 하는 내담자와의 첫 만남으로 상담의 회기를 시작한다. 이때 상담자는 내담자를 만나 비교적 짧은 시간 동안 내담자가 이야기할 마음의 준비를 갖출 수 있도록 침묵의 시간을 가지기도 한다(Farber, Brink, & Raskin, 2017). 그 이유는 상담의 첫 회기에는 대부분의 내담자가 상담자에 대한 신뢰가 부족하고 자신의 경험을 적극적으로 표현할 준비가 덜되어 있기 때문이다. 다음은 초기 준비단계에서 주로 나타날 수 있는 상담자와 내담자의 대화이다.

> 상담자: "지금 이 순간이 다소 갑작스럽고 불편할 수 있습니다. 제가 준비할 시간이 1분 정도 필요할 것 같아요. 괜찮겠습니까? 1~2분 정도 조용히 시간을 가져봅시다. (침묵의 시간이 흐름) 자, 당신은 이야기할 준비가 되었습니까?"
>
> 내담자: "네, 그래요."
>
> 상담자: "좋습니다. 저는 당신이 이야기하고 싶은 주제나 문제가 무엇인지 잘 모릅니다. 하지만 당신이 어떤 이야기를 하든 기꺼이 들을 준비가 되어 있습니다."

② 상담의 구체적인 상황을 정의하며 상담 과정을 이끌어 가기

상담자는 내담자에게 이 상담은 내담자가 스스로 자신의 문제를 해결하도록 도와주는 것이며, 내담자의 문제를 대신 해결해 주는 과정이 결코 아니라는 점을 인식시켜야 한다. 심지어 상담 시간을 계획하고 약속하는 것도 내담자의 책임이라는 것을 명백하게 이해하도록 돕는다. 이 단계에서는 초보적인 수준에서 내담자가 자신의 경험을 조금씩 드러내기 시작한다. 때때로 자신의 문제나 갈등을 호소하지만 그 이유를 다른 사람의 탓으로 돌리는 등 문제를 회피하는 듯한 모습을 보이기도 한다.

③ 상담자는 자유롭게 내담자의 문제를 탐색하고 집중력 있게 듣기

상담자는 내담자의 사고와 감정, 그리고 행동을 반영하고 명료화하여 내담자 자신의 문제에 관한 감정을 자유롭게 탐색해 나갈 수 있도록 용기를 북돋우어 준다. 이때 상담자는 내담자의 이야기에 집중하기 위해 적극적인 경청의 노력을 기울여야 한다. 매우 단순하지만 '음…… 음……'이라는 표현을 자주 사용하고, 내담자를 향해 몸을 기울이고, 고개를 끄덕이며, 시선을 접촉하는 태도를 지속적으로 취하면 내담자가 더욱 주도적으로 자신의 감정을 표현할 수 있게 된다. 이 시간에는 내담자 안에서 나타나는 다양한 감정을 쏟아 놓는다 하더라도 그냥 내버려 두어야 한다. 그렇게 하면 내담자는 지금 이 시간이 진실로 자기 자신을 위한 시간임을 비로소 이해하게 된다. 이를 통해 내담자는 심리적으로 매우 편안한 상태를 경험하게 되고, 그 과정에서 자신이 존중받고 있다는 사실을 서서히 지각하게 된다.

내담자: "선생님, 저는 도대체 제가 어떤 사람인지 모르겠어요. 지금의 제 모습은 진짜 제 모습 같지가 않아요.
　　　지금은 너무 혼란스러워요."

상담자: "음…… 음……"

내담자: "난 사람들이 나의 진짜 모습을 아는 것을 원치 않아요."

상담자: "음…… 음……"

④ 내담자가 좀 더 많은 감정과 경험을 표현하기 시작

상담이 진행되면서 상담 초기에 가졌던 긴장감들이 점차 줄어들면 내담자는 상담자에게 좀 더 많은 감정과 개인적인 경험을 이야기할 수 있게 된다. 그러나 그것들은 '지금-여기'에서 느끼는 현재의 경험이 아니라 주로 과거의 경험을 마치 타인의 관점에서 바라보듯이 표현하는 것일 가능성이 높다(권석만, 2015: 297). 이때까지만 해도 내담자 자신이 겪고 있는 문제의 원인이 자신의 내부에 있다는 사실을 인정하기는 어려워 보인다.

(2) 중간단계

① 진실하고 솔직한 반응의 단계로 한 걸음 더 나아가기

내담자는 상담 초기에 상담자와 관계를 맺고, 자기에 관한 여러 경험을 탐색해 나가는 과정에서 수용되는 것이 얼마나 기쁜 일인지를 점차 깨닫게 된다. 이러한 유쾌한 경험은 상담에 대해 내담자가 좀 더 자유롭고 개방적인 태도를 가질 수 있도록 해 준다. 그러면서 전에는 의식하지 못했던 감정을 자각하여 더 많은 정서적 표현과 반응을 보이기 시작한다(권석만, 2015: 298). 아울러 자신이 겪고 있는 문제해결의 열쇠는 결국 자신이 가지고 있다는 책임의식을 가지게 된다. 그러나 아직까지는 내담자가 자신의 내면에서 떠오르는 강렬한 감정에 정면으로 맞서지 못하고 주저할 수 있다. 그뿐만 아니라 상담자 앞에서 진실하고 솔직한 반응을 보이는 것에 대해 여전히 힘들어할 수 있다.

② 내담자의 다양한 감정을 수용하고 정리해 주기

상담자가 내담자를 공감적으로 이해하고 있고, 자신의 모습을 무조건적으로 수용해 주고 있다는 사실을 내담자가 느낀다면 내담자가 느끼는 감정은 자연스러운 경험으로

떠오르게 된다. 이쯤 되면 내담자는 이전에는 부인해 왔던 자신 안의 부정의 감정도 자신의 경험으로 받아들이는 용기를 가지게 된다. 이때부터 내담자는 자신의 경험과 일치하는 '진정한 자기(the real self)'가 되고자 하는 욕구를 새롭게 가지게 된다.

이러한 결과를 만들어 내기 위해서는, 상담자는 먼저 내담자가 표출하는 부정적 감정이 무엇이든 간에 그것들을 알아 주고 수용해 주어야 한다. 상담자는 내담자가 표현하는 분노와 증오심, 그리고 질투심과 같은 부정의 감정을 진정으로 받아들인 다음 내담자가 그런 감정을 자유롭게 표현할 수 있도록 격려해 주어야 한다. 사람은 누구나 그렇듯이, 부정의 감정을 완전히 표현하고 나면 미약하지만 긍정의 감정을 조금씩 표현하기 시작한다. 긍정의 감정표현은 내담자를 성장과 성숙으로 이르게 하는 디딤돌이 될 수 있으므로 상담자는 부정의 감정과 긍정의 감정 모두를 내담자의 경험에 일치시킬 수 있도록 노력해야 한다.

이처럼 상담자는 내담자의 부정적 감정을 받아들임과 동시에 긍정적인 감정을 인정하고 받아들여야 한다. 내담자 쪽에서는 자기평가와 정서반응 간의 일치 및 조화를 탐색하고 정리한다. 긍정적 감정을 받아들인다는 것은 찬성을 한다든지, 칭찬을 한다는 뜻과는 다른 것이다. 찬성과 수용은 다른 것이다. 그저 고개만 끄덕거려 찬성을 표시하면 되는 것이 아니라 진실로 내담자의 마음과 감정을 이해하고 공감하며 받아들여야 한다.

③ 내담자의 자기이해와 통찰을 이끌어 내기

지금부터의 단계는 이전의 단계와 구분되는 극적인 변화의 서막과 같다. 내담자는 자신 안에 존재하는 부정과 긍정의 감정을 모두 수용하면서 이전에는 부인하였던 감정을 현재의 경험으로 받아들인다. 그러한 자신의 경험을 방어하지 않고 수용하게 되는 그 순간에 내담자는 '진정한 자기'가 노래하는 삶의 주인이 되는 느낌을 갖는다. 자신의 문제행동에 대해 객관적인 평가 대상으로만 바라보던 자세에서 현재의 경험을 있는 그대로 생생하게 표현하는 등 주체적인 자아의식이 발달하게 된다. 이러한 경험은 내담자가 자신의 문제에 대해 보다 주체적으로 대처하도록 만들어 준다.

이렇게 하여 진정한 자기이해의 토양이 만들어지면 통찰(insight)이 자연발생적으로 생겨난다. 이 같은 통찰은 향후 내담자를 새로운 차원의 통합으로 이끄는 가장 중요한 동력이 된다. 통찰을 통해 내담자는 여러 문제에 대한 대안을 선명하게 그려 볼 수 있다.

(3) 종결단계

① 내담자에게 긍정의 행동변화가 나타나기 시작

이 단계에 이르면 내담자는 상담자의 도움 없이도 문제해결에 대한 자신감을 갖게 된다. 내담자의 긍정의 행동이 증가하면서 그간 내담자의 마음을 괴롭혔던 자기개념과 경험 간의 불일치성은 확실히 줄어든다(권석만, 2015: 298). 상담 초기에는 다소 소극적이던 긍정의 행동이 시간이 흐르면서 보다 적극적인 형태로 나타나기 시작한다.

② 내담자의 성장을 도모하며 종결을 시도하기

종결의 시기가 다가오면 내담자는 과거의 행동과는 달리 통제된 긍정의 행동을 더 많이 하게 된다. 문제 증상은 감소하고 불편함은 줄어든다. 의사결정 과정에서 내담자의 두려움은 점차 사라지며 자기책임의식이 고양된다. 그리하여 지각된 자아와 이상적 자아 사이에서 조화를 얻는다. 그뿐만 아니라 상담자와 내담자 간의 유대감은 더욱 강화된다. 이쯤 되면 내담자가 더 이상의 도움을 받을 필요성이 적어지는데, 이때가 상담관계를 종결해야 할 적기라고 볼 수 있다.

2) 상담기법의 활용

(1) 상담자로서 진실함을 보여 주고 이해한 것을 점검하기

어떤 내담자든 자신 앞에 진실하지 않은 상담자에게 신뢰를 보내기는 어려울 것이다. 상담자가 내담자의 마음을 충분히 이해하지도 못했으면서 "당신이 지금 어떤 마음인지 제가 잘 알고 있어요."라고 말하는 것은 금물이다. 짐짓 거짓으로 꾸며서 표현하는 것을 내담자도 직감적으로 알 수 있기에 이런 표현은 매우 조심해야 한다. 그 대신 상담자는 자신이 느낀 것을 그대로 "제가 당신의 마음을 충분히 이해하기는 어렵습니다. 다만 그러한 일들이 당신에게 매우 큰 상처가 되었을 것 같다고 느끼고 있어요."라고 말하는 것이 내담자에게 보다 솔직하고 진실한 태도를 보이는 것이라 할 수 있다(권석만, 2015: 293-296). 상담을 진행하는 중에 상담자가 진실한 태도를 유지하기 위해서는 상담자 스스로가 자신이 듣고 이해한 것들이 내담자 입장에서 정확한지 여부를 다음과 같이 정기적으로 점검해야 한다(Farber et al., 2017: 39).

> 내담자: "마치 번개를 맞은 것처럼……. (한숨을 쉬며) 아니에요. 뭐라고 설명을 해야 할지 잘 모르겠어요."
>
> 상담자: "굉장히 큰 물체에 머리를 부딪힌 것처럼……. 혹시 이렇게 말씀하고 싶은 것이 맞나요?"
>
> 내담자: (웃으며) "표현하기 애매하네요."
>
> 상담자: "좋아요. 저는 당신이 의미하는 것을 정확하게 알기를 원합니다."
>
> 내담자: "네, 확실히 해야죠."

(2) 공감적 이해를 반영해 주기

적극적 경청으로 이루어지는 공감적 이해는 내담자의 자기표현과 자기탐색을 촉진한다. 당연히 내담자는 자신이 처한 상황과 문제에 적극적인 관심을 보이는 상담자에게 조금씩 마음의 문을 열게 될 것이다. 상담자가 내담자에게 자신이 공감적으로 이해한 바를 전달하고, 내담자는 상담자에게서 자신이 깊이 이해받고 있다는 긍정의 경험을 쌓아 가게 된다. 그 와중에 상담자에 대한 신뢰는 높아지고 내담자의 자기표현도 증가할 것이다. 하지만 상담자의 공감적 이해가 늘 올바른 것은 아니다. 공감적 이해를 반영해 줄 때에는 겸손한 말투로 "제가 이해하기로는……." "당신은 ∼하게 느끼고 계시는 것 같군요."와 같이 중립적으로 표현하는 것이 좋다.

명쾌하지 않은 내담자의 진술은 좀 더 제대로 이해할 수 있도록 '재진술'의 기법에 근거하여 내담자의 감정을 충분히 반영해 주어야 한다. 로저스는 재진술기법의 사용은 상담자가 내담자의 혼돈스러운 감정 상태에 맞추는 데 탁월한 기법이라고 하였다(Farber et al., 2017: 40-42). 인간중심상담에서 주로 사용되는 재진술의 형태는, 첫째, 내담자의 말을 그대로 반복하여 주기(명확하고 중요하다고 생각되는 내담자의 진술을 강조할 목적으로만 사용), 둘째, 내담자의 진술을 통합하여 명확하게 하기, 셋째, 1인칭 목소리로 재진술하기 등으로 다양하다.

> 내담자: (긴 한숨을 쉬며) "그동안 제가 했던 일들이 모두 물거품이 되었어요. 이제 저는 다시 일어날 희망이
> 안 보여요."
> 상담자: "지금 당신은 사회적으로 배척당한 사람처럼 느끼고 계시는 것 같군요."
> 내담자: "네, 정말 그래요."

> 내담자: "저는 제 자신을 사랑하고 싶어요. 하지만 그럴 수가 없네요. 나이 40이 다 되었지만 어떤 면에서는
> 저는 아직 어린 것 같아요. 주는 것은 전혀 모르고 받을 줄만 알죠. 너무 이기적이죠? 사랑은 주고받는 상
> 호작용이 중요한데 말이죠. 저는 너무 사랑받고 싶어요. 그렇지만 선생님도 알다시피 그렇게 되기 위해
> 서는 저도 뭔가 노력을 해야겠죠?"
> 상담자: "당신은 서로 사랑하기를 원하는군요."
> 내담자: "네, 그래요."

(3) 즉시성 표현기법 사용하기

인간중심상담에서 즉시성을 강조하는 이유는 상담자가 내담자와 맺는 관계에서 서로의 생각과 감정을 즉각적으로 탐색하고 확인하고 논의할 수 있기 때문이다. '지금-여기'에서 느끼는 현실의 생각과 감정은 내담자의 자기와 경험의 일치를 촉진할 수 있는 매우 효과적인 상담기법이라 할 수 있다. "지금 어떤 느낌이 드세요?" "당신의 말을 들으니 ~한 감정이 느껴지네요."라고 말하는 것이 가장 많이 쓰이는 즉시성 표현기법이다.

(4) 내담자가 진술하지 않은 감정 인식하기

인간중심상담에서는 내담자의 언어적 표현과 비언어적 표현 모두를 소중하게 생각한다. 그것은 내담자의 미묘한 정서적 반응이므로 비언어적 표현을 인식하는 것은 대부분 내담자를 보고 듣고 주의를 기울이면서 강화된다(Farber et al., 2017: 42).

> 내담자: "저는 지금 정말 예민한 상태예요. 선생님이 어떤 분인지도 잘 모르겠고, 당신이 나에게 함부로 말하
> 지는 않을까 하는 생각도 들어요. 그러나 음……."
>
> 상담자: "당신의 목소리가 떨리는 것이 느껴지네요."
>
> … (중략) …
>
> 내담자: "네, 저는 지금 남편에 대해 화가 머리끝까지 나 있어요."
>
> 상담자: (약간의 침묵의 시간을 가진 뒤) "지금 그 말씀을 하시면서 입술을 깨물고 있는 것이 보이네요. 긴장
> 하고 있는 것 같기도 하고요."
>
> 내담자: "네, 그냥 참고 지내기가 너무 힘들어요."

(5) 내담자를 안심시키기

인간중심상담에서 상담자는 내담자가 자신의 문제를 수용하고 폭넓게 사고할 수 있
도록 도와주어야 한다. 이때는 보편적인 시각에서 자신의 문제를 바라볼 수 있도록 내
담자의 문제를 일반화해 주는 것이 중요하다.

> 내담자: "저는 제가 무언가를 원할 때마다 그것을 손에 넣지 못했어요. (침묵) 하지만 이번만은 달라요. 이번
> 일은 저에게 정말 값지고 중요한 일이에요."
>
> 상담자: "저는 이 세상 어느 누구도 원하는 것을 다 얻을 수는 없다고 생각해요."

때때로 내담자는 부정적인 자기판단에 대해서 동의하지 않기도 한다. 그럴 때에도
다음과 같이 안심을 시키면 내담자와의 관계가 더욱 발전할 수 있다.

> 내담자: "제가 계속 중얼중얼 말만 뱉어 내고 있는 것 같아요."
>
> 상담자: "그것은 아마도 당신이 스스로를 꾸짖는 것 같아요. '나는 계속 떠들고 있어.'라고 말이죠."
>
> 내담자: "음……."
>
> 상담자: "그렇지만 저에게는 그런 당신의 행동이 계속 떠드는 것으로만 들리지는 않아요."
>
> 내담자: "그렇지 않나요?"
>
> 상담자: "네, 다만 그것이 당신에게 어떤 의미인지 생각하고 있어요."

(6) 해석과 직면기법 사용하기

인간중심상담에서는 상담자의 치료적 개입을 극히 자제하기 때문에 해석을 잘 사용하지 않을 것으로 생각하는 사람이 많다. 하지만 필요한 경우에는 내담자의 문제의 원인과 결과에 대한 해석기법을 적극 사용한다. 다만 인간중심상담에서 사용하는 해석은 과거와 현재를 연결하는 다른 성격이론과는 달리, 내담자의 세계를 좀 더 자세하게 이해하는 데에만 사용된다는 점에서 차이가 있다.

> 상담자: "당신은 지금 남편이 스스로가 어떤 사람인지를 진정으로 알기를 원하고 있군요." (침묵)
> 내담자: "네, 맞아요. 저는 남편이 깨닫고 있는 것보다 더 많은 것을 깨닫기를 바라요." (눈물을 글썽이며)
>   "자신이 얼마나 괜찮은 사람인지를……."
> 상담자: "그래요, 정말 당신은 그렇게 볼 수 있기를 희망하고 있군요."
> 상담자: "네, 맞아요."

상담의 과정이 안정화 단계에 이르고 내담자와 나누는 대화가 상담 초기에 비해 훨씬 부드러워졌다면 내담자의 불일치한 측면에 대해 마주하도록 직면시키는 것이 가능하다(Farber et al., 2017: 46). 이외에도 인간중심상담은 대체로 상담자가 많은 지시를 하지 않는 것처럼 보이지만, 예외적으로 내담자가 자기를 더 많이 이해하도록 돕기 위해서 다소 직접적인 질문을 사용하기도 한다.

> 상담자: "당신은 '나는 절대로 화를 내서는 안 돼.'라고 속으로 되새기는 것 같군요."
> 내담자: "네, 확실히 그래요." (작게 웃음)
> 상담자: "그런데 방금 얘기한 것들을 들어 보면 '나는 원래 화를 잘 안 내는 성격이지만 지금은 몹시 화가 난다.'라고 계속 설명하려는 것처럼 들려요."
> 내담자: "네, 그래요. (얕은 한숨을 쉬며) …… 저는 어떻게 제 화를 표현해야 할지 잘 모르겠어요."

(7) 자기노출기법 사용하기

인간중심상담에서 자기노출기법은 진실한 상담관계를 촉진한다. 상담자의 적절한 수준의 자기노출을 통해서 내담자는 그가 접할 수 없었던 새로운 정보에 근거하여 자신의 관점을 되돌아보고 수정할 수 있는 기회를 가진다. 과거에는 두려운 마음에 시도해 보지 못했던 타인과 비교하는 행동을 상담자와 진지하게 해 봄으로써 자신의 생각을 건설적으로 변화시켜 나갈 힘을 비축할 수도 있다.

> 상담자: "이게 도움이 될지는 잘 모르겠습니다만 한 가지 말씀드리고 싶은 것이 있어요. 저는 당신이 아무에게도 도움이 되지 않는다는 느낌이 어떤 것인지 잘 이해할 수 있어요. 그 이유는 저도 한때 그렇게 생각해 본 적이 있기 때문이죠. 그런 생각이 자신을 얼마나 힘들게 만드는지 잘 알아요."
>
> 내담자: "선생님도 그런 적이 있었어요? (안도의 한숨을 쉬며) 정말 놀랍네요."

4. 인간중심상담의 평가와 적용

인간중심상담이론에서는 모든 인간을 누구나 실현경향성 및 성장과 성숙으로 나아갈 수 있는 능력을 이미 갖춘 긍정적인 존재로 간주한다. 로저스는 아무리 부적응적인 삶의 형태를 보이는 사람이라도 존재하는 것 그 자체만으로 타인에게 충분히 존중과 사랑을 받을 만한 가치를 가진 존재라고 보았다. 그렇기 때문에 소중한 존재로서 사람을 대해야 하는 상담자의 가장 일차적인 치료적 과업은 내담자와의 관계를 잘 형성하여 상담에 임하는 자세를 갖추는 것이다.

1950년대 이후로 인간중심상담은 심리상담 영역에서 양대 이론(정신역동이론 vs. 행동주의이론)의 거대한 기둥 사이에서 무조건적인 긍정적 존중이라는 긍정적 인간관을 바탕으로 그들만의 새로운 심리치료 모델을 제시하였다. 로저스는 "**상담은 내담자의 문제를 해결하기 위한 전문 활동이기 이전에 먼저 인간 대 인간의 진정한 만남임을 명심해야 한다.**"라고 하였다. 이러한 철학적 배경에 따라 그는 상담자가 내담자의 사고와 행동, 그리고 감정의 변화를 이끌어 내기 위해 세 가지 핵심 조건(진실성, 무조건적인 긍정적 존중, 공감적 이해)에 근거한 상담기법을 사용할 것을 강조하였다.

로저스는 상담자가 진실한 모습으로 내담자를 대하는 것이야말로 가장 중요한 치료적 요인이라고 생각했기에 상담이 마치 개인의 문제를 모두 해결해 줄 것인 양 믿는 신비주의를 철저하게 배격하였다. 실제로 그가 자신이 수행한 상담 활동의 전체 과정을

100회 이상 녹음하여 세상에 공개한 사실은 상담학 분야에서 전설로 남아 있다. 상담자의 진정성을 있는 그대로 보여 주기 위한 로저스의 이러한 일련의 노력들은 상담 활동의 신비성을 제거함과 동시에 상담자 훈련을 위한 슈퍼비전 과정을 향상시키는 데 크게 기여하였다(권석만, 2015: 300).

인간중심상담은 지극히 사람중심의 사고와 인간 존재에 대한 끝없는 존중의 관점을 가지고 있다고 평가받고 있어서 현재에도 다양한 상담 영역에서 폭넓게 활용되고 있다. 비에스텍이 내담자를 있는 그대로의 모습으로 보고, 상담자가 내담자의 사고와 행동에 대해 함부로 판단하지 않아야 함을 강조했듯이(Biestek, 1958), 인간중심상담에서는 내담자의 행동을 억지로 통제하지 않을 것을 강조한다. 이처럼 개인의 의사를 절대적으로 존중하고, 관계에 기초한 치료적 개입이야말로 인간중심의 실천현장에서 매우 유용한 상담기법이라고 할 수 있다.

제12장

게슈탈트상담

"우물꾸물하다가 내 이럴 줄 알았지(I knew if I stayed around long enough, something like this would happen.)."

-조지 버나드 쇼(George Bernard Shaw)의 묘비명

1. 게슈탈트상담의 개념

1) 게슈탈트상담의 정의

게슈탈트(Gestalt)란 독일어로 전체, 형상, 형태, 모습을 의미하는데, 영어로 번역이 불가능하기 때문에 영어권에서도 이 용어를 그대로 사용하고 있다. 게슈탈트란 우리 인간이 지각하는 행동의 동기를 뜻한다고 볼 수 있다. 따라서 게슈탈트는 그 자체로 하나의 전체이며, 욕구의 해결을 향해 나아가는 방향성 있는 행동동기라고 볼 수 있다. 게슈탈트 심리학자들에 따르면, 우리가 어떤 대상을 지각할 때에는 산만하게 흩어진 부분들을 따로 보지 않고 하나의 의미 있는 전체로 지각하는 경향이 있다고 한다(Clarkson, 1990; Horney, 1991). 이를 두고 그들은 '게슈탈트'를 만들어 지각한다고 말하며, 모든 사람은 게슈탈트를 형성하여 자신의 욕구를 해소하거나 조정하고 해결한다고

가정한다.

대부분의 인간은 매 순간 그 상황에서 자신에게 필요한 것을 자연적으로 알아서 지각하고 해결해 나간다. 그렇기 때문에 일부러 게슈탈트를 만들려고 애써 노력할 필요는 없다. 하지만 개인의 자연스런 활동들이 인위적으로 차단되고 방해받을 때, 심리적 부적응의 문제가 발생할 수 있다. 게슈탈트상담에서는 이러한 상황을 '접촉-경계 혼란'이라고 부른다. 게슈탈트상담에서는 대부분의 인간이 어떤 자극에 노출되면 그것을 하나의 부분으로만 보지 않고 의미 있는 전체의 형태로 지각하는 경향을 가진다고 생각한다. 사람들이 어떤 자극에 대해 인식할 때마다 게슈탈트를 만들어 지각한다는 논리이다. 예를 들어, 한 아이가 엄마가 음식 찌꺼기를 버리고 설거지를 하는 등의 행동을 보고 있다고 가정해 보자. 이때 아이가 "엄마, 지금 뭐 해?"라고 하면 엄마는 "응, 지금 설거지하고 있어."라고 응답할 것이다(김정규, 1995). 여기서 엄마는 자녀에게 자신의 행위를 하나씩 따로 분리하여 설명하지 않는다. 오히려 하나의 의미 있는 전체 행위로 뭉뚱그려서 설명한다. 엄마가 말한 '설거지(행위 그 자체)'가 바로 게슈탈트인 것이다.

한편, 형성된 게슈탈트 모두가 우리의 마음속으로 떠올라 완벽하게 해소되지는 않을 것이다. 그중 어떤 것은 계속해서 우리의 마음속에 남아 해결되지 않은 채 우리의 마음을 어지럽힐 것이다. 이 상태는 게슈탈트가 미해결된 상태로 남은 것이라 할 수 있다. 미해결된 게슈탈트는 그것이 완전히 해결될 때까지 의식의 전경에 남게 된다. 심지어 그것은 엄청난 에너지를 동원하게 만들고, 결국에는 미해결된 과제를 해결하기 위해 개인으로 하여금 집착하도록 강요할 수도 있다.

따라서 게슈탈트상담은 주로 현재 개인의 기능을 방해하는 과거의 미해결된 과제들이 무엇인지를 밝혀서 수정하도록 돕는 데 주력한다. 그리고 내담자가 과거에 학습한 행동들이 지금은 더 이상 기능하지 않는다는 것을 알아차리도록 돕는다. 이러한 자각 덕분에 내담자는 새로운 선택을 할 수 있다. 이는 새로운 환경이나 상황에 처했을 때 새로운 행동을 개발함을 의미한다. 환경이 바뀌지 않을 때에는 적응상의 문제가 잘 나타나지 않지만, 환경이 달라졌을 때에는 새로운 환경에 대한 자각이 필요하다.

〈게슈탈트상담의 주요 특징〉

- 인간은 외부의 자극을 받아들일 때 전경과 배경으로 구조화하여 지각한다. 자신의 관심을 끄는 부분은 전경으로 지각하고, 나머지는 배경으로 지각한다.
- 인간은 능동적으로 외부의 환경을 조직하여 의미 있는 전체로 지각하는 등 일종의 게슈탈트를 형성하여 지각하는 경향을 가진다.
- 인간은 자신의 현재 욕구를 바탕으로 게슈탈트를 형성하여 외부 자극을 지각한다. 예를 들면, 백지에 그려진 원을 볼 때 배고픈 사람은 빵으로 지각하는 데 반해, 놀고 싶은 아이는 공으로 지각할 것이다.
- 인간은 미해결된 상황을 완전히 해결하려는 경향을 지니고 있다. 예를 들어, 어떤 사람과 대화하는 도중에 다른 사람이 갑자기 끼어들어 방해를 받아 대화가 중단된 경우, 대화를 마저 하여 끝내려는 행동을 보일 것이다.
- 인간의 행동은 인간이 처한 상황의 전체 맥락을 통해서만 이해할 수 있다. 부분은 전체의 맥락을 떠나서 그 자체로는 아무런 의미가 없다.

2) 게슈탈트상담에서 인간을 바라보는 철학적 견해

게슈탈트상담은 프리츠 펄스(Fritz Perls, 1893~1970), 로라 펄스(Laura Perls, 1905~1990), 그리고 폴 굿먼(Paul Goodman, 1911~1972) 등이 공동으로 창시한 상담기법이다. 게슈탈트상담에서 가장 중요하게 여기는 관심 영역은 인간이 어느 순간에 경험하는 사고와 느낌이다(Corey, 2010). 인간이 총체적인 유기체로서 활동하고 반응할 때 정상적이고 건강한 행동이 나온다. 인간은 대부분 자신의 생활을 몇 개의 부분으로 나누어서 몇 가지 사건에만 주의를 기울이고 관심을 쏟는다. 그렇게 생활을 몇 개의 단편으로 나누게 되면 생산적이지 못한 것에서부터 심각한 사건에 이르기까지 비효율적인 생활방식이 된다.

게슈탈트상담에서는 인간을 자신의 인생을 통합하여 통일감을 가지고 스스로 조절할 수 있는 존재로 바라본다. 인간은 자각(自覺)행동을 통해서 다양한 선택을 할 수 있고, 자신의 행동에 대해 분명한 책임을 질 수 있다고 보는 것이다. 게슈탈트상담에서는 내담자의 자각의 질과 양에 따라서 상담의 성패가 달려 있다고 생각한다. 게슈탈트 심리학자들은 모든 인간은 환경의 일부로서 단순히 반응만을 하는 것이 아니라 스스로 삶을 창조해 나가는 존재라고 생각한다. 그러므로 외부 환경이 주는 자극에 대해서는 자신의 반응을 스스로 조절하는 능력을 이미 갖추고 있다고 생각한다. 인간은 과거와 미래가 아닌 오직 현재에서만 자기를 경험할 수가 있고, 본질적으로 선하지도 않고 악하지도 않은 존재라는 것이 그들의 생각이다.

2. 주요 개념 및 상담원리

1) 주요 개념

(1) 전경과 배경

어느 한 순간에 관심의 초점이 되는 부분을 전경(figure)이라고 하고, 관심 밖으로 물러나는 부분을 배경(ground)이라고 하는데, 건강한 개체는 매 순간 자신에게 중요한 게슈탈트를 선명하고 강하게 형성하여 전경으로 떠올릴 수 있는 데 반해, 그렇지 못한 개체는 전경을 배경으로부터 명확히 구분하지 못한다(Zinker, 1977). 이처럼 게슈탈트상담에서는 인간이 게슈탈트를 형성하여 지각하는 것

루빈의 컵

을 전경과 배경의 관계로 설명한다. 게슈탈트를 형성한다는 말은 '어느 한 순간에 가장 중요한 욕구나 감정을 지각하여 전경으로 떠올린다.'는 뜻이다. 예를 들면, 배고픈 사람은 음식이 전경이고, 그 이외의 것은 배경이다. 그리고 현재 갈증을 느끼고 있다면 지금 이 순간에 느낀 갈증은 전경으로 떠오르고, 다른 것은 잠시 배경으로 사라진다(Seligman & Reichenberg, 2014).

건강한 내면의 힘을 지닌 사람은 매 순간 자신에게 중요한 게슈탈트가 무엇인지를 선명하게 형성하여 전경으로 떠오르게 할 수 있다. 반면, 건강하지 못한 사람은 전경을 배경에서 떼어 내어 구분하기 어려워할 것이다. 그 이유는 자신의 욕구나 감정을 다른 것과 구분하여 게슈탈트로 형성하는 능력이 대체로 모자라기 때문이다. 이러한 유형의 인간은 자신이 진정으로 원하는 일이 무엇인지 잘 모르고, 매사에 의사결정을 잘하지

못하며 혼란스러워하는 경향이 있다.

앞에 보이는 그림은 '루빈의 컵'이다. 컵으로 보일 때에는 흰 부분이 전경으로 지각되지만 검은 부분이 전경이 될 때에는 마주보고 있는 두 사람으로 보일 것이다. 전경과 배경은 수시로 교체 가능하며, 그런 과정을 통해 컵 혹은 두 사람으로 인식하는 것이 가능하다. 전경으로 지각되는 부분들은 배경보다 선택적 주의를 이끈다. 가장 일차적으로 전경으로 떠올렸던 게슈탈트가 해소되고 나면 그것은 배경으로 조용히 사라진다. 그런 다음 자연스럽게 이차적으로 관심이 가는 대상이 전경으로 떠오르게 된다. 이처럼 전경과 배경의 교체는 개인의 욕구와 환경적 여건에 따라 자연스럽게 이루어진다.

(2) 미해결된 과제의 적절한 처리

만약 어떤 사람이 자신의 욕구에 관한 것을 지각하기 위해 일종의 게슈탈트를 형성하였지만 상황이 여의치 않아서 이를 완전히 해결하지 못하였다면 어떻게 될까? 게슈탈트 형성 자체가 방해받았다면 어떤 현상이 나타날까? 이때 해결되지 않은 게슈탈트는 쉽게 사라지지 않고 계속 배경에 남게 된다. 우리의 마음속에 남아 전경으로 나아가려고 애쓸 것이다. 우리는 완전히 해소되지 않은 게슈탈트를 '미해결된 과제(unfinished business)'라고 부른다(Corey, 2010). 미해결된 과제가 많을수록 사람은 자신의 생명을 유지하고 변화시키고자 하는 욕구들을 효과적으로 해소하기가 어렵다. 그것은 이후 심리적 · 신체적 장애를 일으키는 주요 요인이 된다. 때로는 전경으로 떠오르지도 못하고 중간층에 남아 있는 게슈탈트도 있다. 그렇게 되면 개인이 게슈탈트를 해소하는 데 사용하는 심리적 에너지의 사용량이 너무 크기 때문에 어느 정도는 해결이 필요한 성질을 갖고 있다. 따라서 게슈탈트상담은 개인이 가지고 있는 미해결된 과제를 완전히 해결하도록 돕는 것을 가장 중요한 치료목표로 간주한다.

예를 들어, 아침에 아내와 싸우고 출근한 남편은 아내와 싸웠던 일로 인해 생긴 분한 감정이 미해결된 과제로 남게 된다. 이에 따라 남편은 편안한 마음으로 회사 일에 집중할 수 없고, 직장에서 수행해야 할 일들을 전경으로 떠올릴 수 없게 된다. 이 모든 것이 아내와 싸운 일로 인해 생긴 미해결된 과제 때문이다. 이처럼 미해결된 과제는 전경과 배경의 수리로 교체되고, 심리적 안정 상태를 유지하는 것 자체를 방해하기 때문에 개인의 심리사회적 적응을 어렵게 만드는 요인이 될 수 있다(김승국, 1998).

그렇다면 미해결된 과제를 어떻게 해야 잘 처리할 수 있을까? 펄스는 미해결된 과제를 해결할 수 있는 가장 효과적인 방법은 '지금-여기'를 알아차리는 것이라고 하였다 (Perls, 1970). 미해결된 과제는 당사자에게 끊임없이 해결을 요구하며 전경으로 떠오르려고 노력하는 경향이 있다. 그렇기 때문에 항상 '지금-여기'에 그 모습을 유지하고 있다고 말할 수 있다. 따라서 미해결된 과제를 회피하지 않고 알아차리는 일은 매우 중요하다. 펄스는 **"과거는 지나가 버린 것이고 미래는 아직 오지 않았다. 지금 이외에는 존재하지 않는다."**라고 말하였다. 그는 과거의 경험보다는 현재의 경험을 더 중요하게 본 것이다. 그렇다 하더라도 개인의 과거에 대한 기억과 미래에 대한 기대는 오직 현재의 시기에서만 경험할 수 있기 때문에 '과거의 현재화'나 '미래의 현재화'를 동시에 요구할 수 있다.

(3) 알아차림

펄스는 인간의 삶은 게슈탈트 형성과 해소의 반복적인 순환 과정이라고 하였다 (Perls, 1976). 이때 알아차림(awareness)은 게슈탈트 형성과 관계된 것으로서 사람이 자신의 욕구나 감정을 지각하여 게슈탈트를 형성함으로써 전경으로 떠올리는 행위와 능력을 말한다(Richard, 2013). 알아차림의 종류는 자신의 신체 상태, 정서, 욕구, 미해결된 과제, 외부 환경, 대인관계, 집단 분위기 등 '현상을 알아차리는 것'과 자신의 동작, 생각, 상상, 지각, 접촉-경계 혼란 등에 대한 '행동을 알아차리는 것'과 같이 두 가지로 대별된다. 어느 경우이든 간에 알아차림은 '지금-여기'에서만 가능하다.

인간은 알아차림을 통해 자신의 경험이나 행동에 대한 책임을 질 수 있게 된다. 그것은 자신과 하나가 되어 주인된 삶을 가능하도록 돕는다. 만약 알아차림이 없다면 새로운 상황에 대한 지각 또한 없을 것이다. 그 결과, 상황에 맞는 행동을 선택할 수 없게 된다. 알아차림은 상황 변화에 대한 반응성을 높이기 때문에 사람의 외부 환경에 대한 적응의 필수요건이라고 할 수 있다. 그렇다고 이것이 사회진화론과 같이 적자생존의 의미를 담고 있는 것은 아니다. 그저 변화하는 환경에 가장 잘 반응한다는 의미일 뿐이다.

(4) 접촉

접촉(contact)은 게슈탈트를 완전히 해결하기 위해 개인이 선택하는 행동이다. 접촉은 전경으로 떠오른 게슈탈트를 해소하기 위해 환경과 상호작용하는 행위라고 할 수 있다(Seligman & Reichenberg, 2014). 접촉은 알아차림을 유지한 채 행하는 개인의 행동이며, 이 알아차림이 차단되면 접촉은 단절된다. 접촉은 어떤 매개물도 필요로 하지 않는다. 오로지 개인이 경험한 바에 따라 온전히 개방되는 것이 특징이다. 신선하고 놀랍고 때로는 긴장된 만남이다. 접촉을 통하여 새로운 것이 흡수됨과 동시에 통합되고 인간의 성장이 촉진된다.

일반적으로 게슈탈트상담에서는 접촉이 진행되는 과정을 다음과 같이 소개하고 있다. 하나의 게슈탈트가 전경으로 형성되었다가 성공적으로 해소되고 나면 또 다른 게슈탈트가 과정을 반복적으로 수행한다. 예를 들어, '**물러남(배경) → 어떤 욕구나 감정이 신체감각의 형태로 나타남 → 그런 감각을 알아차림(게슈탈트를 형성하여 전경으로 떠올림) → 게슈탈트를 해소하기 위해 상당한 양의 에너지를 동원 → 행동으로 옮김 → 환경과 접촉하며 게슈탈트를 해소**'하는 과정이 반복적으로 이뤄진다. 이 과정을 통해 한 번 형성된 게슈탈트는 전경으로 떠올랐다가 배경으로 물러나 사라지고, 비로소 사람은 휴식을 취할 수 있게 된다. [그림 12-1]은 게슈탈트를 형성하고 해소하는 과정을 통하여 자연스럽게 유기체의 활동을 진행하는 과정이라고 볼 수 있다. 어느 단계에서든 차단이 되면 유기체는 게슈탈트를 완결 지을 수가 없고, 그 결과 현실 적응에 실패하게 된다(Zinker, 1977: 96-113).

접촉은 크게 '자신의 내면과 접촉하기'와 '타인과 접촉하기', 그리고 '환경과 접촉하기' 등의 세 가지로 나누어진다. 대인관계에서는 '나-너 관계'가 가장 만족스런 접촉을

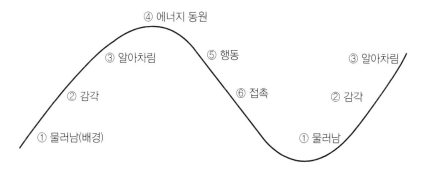

[그림 12-1] 접촉의 형성과 생성주기

출처: 김정규(1995).

가져다준다. 이는 결론을 미리 정하지 않고 서로가 서로에게 영향을 줄 수 있는 평등한 대화적 관계이다. 게슈탈트상담은 '나-너 관계'에서 나타나는 자기 자신, 타인 혹은 외부 환경과의 만남과 접촉을 통해 상담자와 내담자가 함께 성장하는 것을 상담의 궁극적인 목표로 삼는다. 상담자는 내담자를 대할 때 어떠한 선입견이나 가치관도 배제한 채 내담자를 온전히 수용해야 한다.

(5) 접촉-경계 혼란

이것은 자각과 접촉을 방해하는 차단행동을 의미하며, 정신병리 발생의 주요 원인으로 지목되어 왔다. 펄스는 접촉-경계 혼란은 우리와 환경이 서로 직접 만나지 못하도록 둘 사이에 마치 중간층 같은 것이 끼어 있는 현상이라고 말하였다. 그는 이 중간층을 '마야(maja)'라고 불렀다. 이것은 개체와 환경이 직접 만나는 것을 방해하는 '환상' '선입견' '편견' 같은 것에 비유할 만하다. 접촉-경계 혼란으로 말미암아 인간은 자신의 경계가 불명확하여 정체성을 확립하지 못할 수도 있다. 어디까지가 자기 자신이고, 어디까지가 타인인지 잘 구분하지 못한다. 이처럼 접촉-경계 혼란으로 인해 많은 사람은 현재 필요한 행동을 제때 수행하지 못하여 미해결 과제를 쌓아 놓게 된다. 접촉-경계 혼란의 행동에 대한 자각을 통해 차단행동이 줄어들어야만 건강한 접촉이 가능해진다. 접촉-경계 혼란을 일으키는 여러 가지 심리적 현상을 살펴보면 다음과 같다 (권석만, 2015: 355-360).

① 내사

내사는 부모나 사회의 영향을 받아 형성되고 내면화된 가치관으로서 지나치게 경직된 내사는 개인의 행동에 악영향을 미친다. 내사로 말미암아 자신에게 필요한 행동을 하지 못하고 억압하게 된다. 펄스는 내사를 생물학적 과정에 비유하여 설명하였다. 만약 어떤 사람이 나름의 소화나 동화의 과정 없이 다른 사람의 행동이나 가치관을 비판하지 않고 그대로 받아들인다면 그것은 자기의 것으로 완벽히 소화된 것이라고 보기 어렵다. 이것은 심리적 이물질로 남아 개인의 내면적 갈등을 일으킬 수도 있다. 우리는 이러한 현상을 내사라고 부른다. 예를 들어, "사고치지 말고 얌전히 있어라." "부모님 말씀에 순종해라." "성공해야 한다." 등 대부분이 사회행동과 관련하여 인간의 자율적인 행동을 억누르는 초자아의 명령들로서 부모나 사회의 영향을 받아 형성된 내사의 대표적인 형태이다.

② 투사

투사(projection)란 자신의 문제를 다른 사람이나 세상의 탓으로 돌려 책임을 전가하는 것이다(권석만, 2015). 이것은 개인이 자신의 욕구를 자각하고 접촉하며 해소하는 과정들을 방해할 뿐만 아니라 타인과 접촉하지 못하도록 만든다. 그렇게 되면 타인의 존재를 있는 그대로 바라보지 못하게 된다. '나의 생각, 나의 태도, 나의 욕구, 나의 감각'만으로 타인과 세상을 지각하기 때문에 이들에게 진정한 사회적 만남은 존재하지 않게 된다. 이처럼 인간이 누군가에게 자신의 문제를 던지는 것은 그렇게 함으로써 자신의 욕구가 좌절되는 것을 막고 고통을 덜 받기 때문이다. 받아들이기 힘든 부분은 부정하고 문제를 타인의 탓으로 돌려세움으로써 심적 부담을 덜 수 있는 효과도 있다. 하지만 어디까지나 투사는 자신의 욕구나 감정을 타인의 것으로 왜곡해서 지각하는 것에 불과하다. 치료를 받지 않으면 자신에게 필요한 행동을 수행할 수 없게 되어 더 큰 정신적 병리가 나타날 수 있다.

③ 반전

반전(retroflection)은 타인에게 하고 싶은 것을 자신에게 하는 것이나 타인이 자신에게 해 주기를 바라는 행동을 스스로 자신에게 하는 것을 말한다(이우경, 임종성, 2007). 예를 들어, 타인에게 화를 내는 대신 자신에게 화를 내는 경우가 이에 해당한다. 반전을 보이는 사람들은 타인과 함께 있을 때에도 혼잣말로 대화하거나 딴 생각을 하는 경우가 많다. 이것은 타인과 접촉하는 것 자체를 회피하게 만든다. 하지만 사람들이 반전을 통해서 얻을 수 있는 이점은 하기 싫은 행동을 하지 않음으로써 어떠한 처벌이나 불이익도 받지 않는다는 것이다. 심지어 자신의 책임을 외부로 돌리기 때문에 죄책감을 덜 가질 수도 있다. 하지만 사실 그것이 정상적인 인간의 행위라고 보기는 매우 어렵다. 이 또한 변화가 필요한 인간의 무의식적 행위이다.

④ 융합

융합(confluence)이란 밀접한 관계에 있는 두 사람이 서로 차이점이 없다고 느끼도록 합의할 때 발생하는 접촉-경계 혼란의 현상이다. 융합은 주로 부부지간이나 부자지간, 오랜 친구 사이, 개인과 조직의 관계 사이에서 나타난다. 이러한 관계는 대개 오랫동안 서로 길들여진 관계이기에 일정하게 형성된 균형 상태를 깨뜨리는 것이 쉽지 않다. 심지어 융합관계를 깨뜨린 사람은 심한 죄책감을 느낄 수도 있다. 융합관계의 장점은 개인의 고독감을 줄여 준다는 것이다. 그러나 지나친 융합관계는 독립된 인격체로서 개인이 자신의 독특한 욕구를 자각하고 접촉하는 것을 어렵게 만들기도 한다. 그러한 삶은 미해결된 과제를 축적시킨다. 융합의 심리적 현상을 심하게 보이는 사람은 어떤 행동을 결정할 때 자신의 욕구보다 타인의 눈치를 지나치게 보는 경향이 강하다. 자신의 욕구는 늘 소외되어 마음 한구석에 불만이 오랫동안 똬리를 틀고 앉아 있게 된다. 펄스는 융합관계에 대해 설명할 때 다음과 같이 말하였다(Perls, 1976).

"그들은 단지 차가운 외부 대기에 직접 노출되지 않을 목적으로 두껍고 단단한 껍질을 만들어 그 속에 안주하고 있을 뿐이다. 융합으로 인하여 자신의 경계를 갖지 못할 때 개체는 자신의 욕구와 감정을 제대로 해소할 수 없고, 따라서 그러한 삶은 미해결된 과제를 축적시킨다."

⑤ 편향

편향(deflection)은 개인이 특정한 정서나 욕구를 접촉하는 것을 두려워하여 회피적인 행동을 취하는 것을 뜻한다(김정규, 1996). 사람들은 흔히 감당하기 힘든 내적 갈등이나 외부의 환경적 자극에 노출될 때 환경의 압력에 압도당하지 않기 위해 자신의 감각을 둔화시키고 자신 및 환경과 접촉하는 것을 약화시키는 경향이 있다. 이러한 행동은 주로 지식인에게 많이 나타난다. 편향을 사용함으로써 현재 존재하는 고통을 덜 느낄 수 있고, 만일의 경우에 발생할 수 있는 좌절을 피할 수 있다는 이점이 있다.

(6) 대화적 관계

게슈탈트상담에서는 치료적인 조작을 사용하기보다는 진솔한 대화를 통하여 내담자와 접촉하는 것을 중요시한다(김보중, 장현아, 2015). 여기서는 대화를 통해 상담자가 내담자를 있는 그대로 경험하면서 진정한 자기를 보여 준다. 이러한 대화적 관계의 특징은 돌봄, 수용, 자기책임이다. 그래서 대화적 관계에서 상담자는 내담자와 나눈 대화의 결과를 일부러 통제하지 않는다. 어떤 결과에 도달하더라도 종착지를 미리 결정하지 않고 다양한 가능성을 열어 둔다. 서로의 관계는 상대를 수단으로 대하지 않고 목적으로 대한다. 서로 긴밀하고 친밀한 관계를 맺지만 그렇다고 융합된 관계를 형성하는 것은 아니다. 서로의 대화적 관계를 강화하기 위해 때로는 다음과 같은 피드백을 적절히 제공해 줄 필요가 있다. 예를 들어, "제 얼굴을 보면서 이야기해 보세요." 혹은 "지금 ○○ 님은 저를 쳐다보고 있지 않습니다. 그러니 제가 왠지 무시받는다는 느낌이 드네요."라는 식으로 피드백을 해 줌으로써 상담자와 내담자가 더 깊은 대화적 관계로 나아갈 수 있게 된다.

2) 게슈탈트상담의 상담원리

(1) 개인의 욕구 충족으로 성장 도모하기

개인은 자신 안에서 일어나는 욕구와 해결의 과업을 의미 있는 전체로 지각하는 존재이다. 예를 들면, 하루 동안에 여러 가지 하는 일이 많지만 그 일을 일관되고 의미 있는 전체로 지각하는 경우가 있다. 이처럼 개인은 자신의 현재 욕구를 기초로 게슈탈트를 형성하여 지각한다. 전형적인 예로는, 백지에 그려진 원을 보고 배고픈 사람은 빵으로, 놀이를 하고 싶은 아동은 공으로 지각하는 경우를 들 수 있다. 이처럼 개인의 행동은 그가 처해 있는 전체 상황의 맥락을 통하여 이해될 수 있다(김경희, 2000). 사람은 환경으로부터 일정한 양만큼 지원을 받지 않으면 살아갈 수 없지만 때로는 홀로서기도 필요하다.

(2) 회피의 개선 도모하기

이것은 미해결된 과제에 직면하거나 그것과 연관된 불안정한 정서로부터 자신을 보호하기 위해 사용하는 상담원리이다(Yontef, 2008). 일반적으로 사람들이 불안이나 슬픔, 그리고 죄의식과 같은 감정들과 직면하는 것을 회피하는 이유는 그것이 파국적 결과를 초래할 것이라는 부정적인 예상 때문이다. "지금 내 고통을 사람들에게 말하면 사람들은 당황하게 될 거야. 그 결과, 그들은 나를 멀리할 거야."라고 말하면서 사람들을 일부러 멀리하는 사람이 대표적인 예라 할 수 있다. 또한 '내가 화를 내면 남편은 날 버릴지도 몰라.' 와 같이 분노의 감정을 표현하기 어려운 사람에게서 나타나는 회피의 심리라 할 수 있다. 이에 상담자는 내담자가 직면하기 어려워하는 부정의 감정을 표현하도록 도움으로써 자신의 내면이 원하는 소리에 응하도록 하고 회피행동을 개선시킨다.

(3) '지금-여기'의 원칙 강조하기

과거는 지나가 버린 것이며 미래는 아직 오지 않았다. 게슈탈트상담의 장면은 모두 현재 자신과 상담자의 현실에 맞추어 진행된다. "당신은 지금 무엇을 느끼고 있습니까?"라고 묻기도 하고, "지금 당신의 몸에서 어떤 것이 느껴집니까?"라고 하여 내담자의 게슈탈트를 '지금-여기'로 맞춘다. 그 이유는 몸과 말로 느끼는 모순되는 것들을 알아차리도록 도와 성숙한 인간을 형성하도록 돕기 위함이다(김승국, 1998). 중요한 것은 내담자가 '지금-여기'에 와 있으며, 그것들은 끊임없는 변화의 과정에 있다는 것이다. '지금-여기'에 온전히 머물 때, 게슈탈트는 완전히 해결된다. 그렇지 않으면 병리가 발생한다.

내담자의 성장에는 치료의 지지를 비롯한 환경적 지지가 중요하지만, 가장 중요한 것은 내담자 자신의 자기 지지(self support)이다. 내담자의 자기 지지에는 내담자의 체력, 호흡, 지식, 판단력, 자율성 등이 있다. 그중에서도 호흡이 가장 중요한 것이라 볼 수 있다. 호흡은 '지금-여기'에 온전히 머물면서 개인의 삶에 신선한 공기를 공급해 주는 수단이기 때문이다. 대부분의 사람은 위기에 처하면 그 상황을 회피하려고 한다. 게슈탈트상담에서는 '지금-여기'에 나타나는 것들을 회피하지 않고 직면하여 머무는 것이 가장 중요한 자기 지지라고 본다. 깊은 호흡을 하면서 '지금-여기'에 나타나는 현상을 직면하며 따라가는 것은 내담자의 성장을 촉진한다.

(4) 상담자와 내담자의 수평적 관계 지향하기

게슈탈트상담의 진정한 본질은 상담자가 자신의 감정을 내담자에게 분명히 표현하고, '지금-여기'의 관점에서 상호관계에 초점을 맞추는 데 있다. 이를 통해 상담자는 내담자의 왜곡된 지각을 현재의 새로운 경험으로 통합할 수 있도록 이끌어 준다(김충기, 강봉규, 2003). 그래서 게슈탈트상담에서는 내담자의 행동을 설명하려 하거나 분석하려는 시도를 거의 하지 않는다. 대신 내담자 스스로 자신의 내부와 외부에서 드러나는 현실의 경험을 자각하고 접촉함으로써 자신의 내면의 욕구와 문제를 이해하고 깨닫도록 도와주려 한다.

이처럼 게슈탈트상담에서는 인간은 저마다 독특하고 가치 있는 존재라고 생각하며, 내담자의 존재를 있는 그대로 수용하려고 노력한다. 우리가 타인을 있는 그대로 수용하지 못하는 것은 그들을 위해 정해 놓은 우리의 목표를 향해 그들을 인위적으로 바꾸려고만 하기 때문이다. 그러한 태도는 상대편의 존재를 사랑하는 것이 아니라 우리가 정해 놓은 목표를 사랑하는 것이므로 게슈탈트상담의 정신에도 위배된다. 게슈탈트상담이론가들은 상담자와 내담자의 관계는 어디까지나 철저하게 수평적 관계에 기반을 두어야 한다고 생각한다.

(5) 창의적 태도와 실존의 체험 지향하기

틀에 박힌 정형화된 삶을 사는 사람은 마치 무한궤도 위를 달리는 전차와 같다고 할 수 있다. 인생을 대하는 자세가 창의적인 사람은 자신의 욕구에 진실하게 반응하고, 자유롭게 세상을 누비며 자신의 체험 영역을 확장해 나간다. 게슈탈트상담에서는 내담자가 이러한 창의적인 태도를 개발할 수 있도록 돕는 것을 중시한다. 창의적 태도는 내담자가 자신의 문제에 대한 새로운 해결을 모색할 수 있도록 힘을 부여하기 때문이다.

더 중요한 사실은 창의적 태도를 가진 사람은 자신의 삶을 창조해 나가는 과정에서 존재의 의미를 파악하는 능력이 탁월하다는 점이다. 존재의 의미를 안다는 것은 어떤 의미일까? 게슈탈트상담자들은 과거나 미래보다는 현재의 경험과 체험에 더 깊은 관심을 기울인다. 과거나 미래를 부정하는 것은 아니지만 과거와 미래는 현재 행동의 맥락 속에서만 의미를 갖는다고 생각한다. 그래서 과거의 사건이나 미래의 사건도 현재화하여 내담자가 '지금-여기'에서 체험하도록 해 줌으로써 실존적인 사건으로 체험하도록 돕는다(Yontef, 2008). 그렇게 하는 이유는 그런 과정들을 통해 내담자가 자신의 삶의 주인으로 거듭날 수 있다고 믿기 때문이다.

(6) 내담자가 보이는 저항 수용하기

게슈탈트상담자들은 상담 과정 중에 저항이란 표현을 잘 사용하지 않는다. 그들은 저항을 외부 압력에 대한 내담자의 정당한 자기방어 노력 중 하나라고 생각하기 때문이다. 그리고 내담자의 저항적인 행동은 상담자가 보이는 성급한 개입에 대해 내담자가 반응하는 자기보호행동이라고 생각한다. 만약에 상담자가 내담자의 세계에 조심스럽게 접근하는 태도를 보인다면 내담자는 안정감이 커져서 저항의 필요성을 별로 느끼지 않을 것이다. 저항을 대하는 상담자의 자세는 오직 그 저항을 받아들이는 것이어야 한다(김충기, 2009). 상담자는 내담자의 저항행동을 통해 자신의 행동을 되돌아보고 내담자를 이해하려고 애써야 한다. 그렇게 되면 내담자는 상담자에게 점차 신뢰감을 표현하기 시작할 것이다. 내담자의 저항행동 대부분은 상담자가 자신의 문제를 잘 이해하지 못한다고 느끼거나 비난하거나 질책하는 것으로 느끼기 때문에 나타나는 불신의 행동이다. 그런 점에서 내담자의 저항은 상당 부분 정당한 것이라고 말할 수 있다.

3. 게슈탈트상담의 과정과 상담기법

1) 상담의 목표 설정하기

게슈탈트상담은 내담자가 외부에 투사되거나 자신의 내부에서 격리되어 자신의 것으로 지각되고 통합되지 못한 에너지나 감정을 스스로 자각하고 통합하도록 돕는 상담기법이다. 게슈탈트상담자들은 많은 사람이 자신 안에 존재하는 에너지를 제대로 통합하지 못할 경우, 이를 외부에 투사하거나 억압함으로써 파괴적인 행동을 취할 가능성이 높다고 본다(Horney, 1991; Richard, 2013; Seligman & Reichenberg, 2014). 그래서 게슈탈트상담은 내담자가 실존적인 삶을 통해 성숙한 인간이 되도록 도와주는 데 상담의 목표를 둔다. 그렇게 되면 개인은 실존적으로 깨어 있어 자신의 존재는 물론 타인의 존재와 사물을 있는 그대로 바라보게 되고 삶의 능동적 대처와 창조성을 회복하게 되어 종국에는 삶을 긍정적으로 보고 감사하며 사는 상담의 효과를 누리게 된다.

(1) '나-경계'를 확장함으로써 성장과 성숙 돕기

게슈탈트상담에서는 내담자의 증상을 제거하기보다는 내담자의 성장을 돕는 데 가장 많은 관심을 기울인다. 이것은 사람을 환경 속의 존재로서 스스로 성장·변화해 나가는 살아 움직이는 유기체적 생명체로 보는 게슈탈트상담의 기본 철학에도 잘 부합한다(윤순임 외, 1997). 게슈탈트상담에서는 어떤 상태가 정상이고 어떤 상태가 비정상인지는 중요하지 않으며, 미리 정해 놓은 기준에 따라 내담자를 그 틀에 맞추려는 것은 옳지 않다고 보았다. 그리고 게슈탈트상담가들은 사람은 누구나 자신이 생각하는 이상적인(ideal) 상태로 성장할 수 있는 능력을 이미 갖추었다고 믿었다. 그래서 게슈탈트상담의 목표는 병적으로 보이는 내담자 성격의 일부분을 교정하는 데 두지 않고, 내담자의 자생력을 격려하여 새로운 성장을 향해 나아가도록 도와주는 데 있다.

이처럼 게슈탈트상담의 가장 일차적인 목표는 내담자의 내면에 존재하는 것들에 대한 지각과 외부 환경에 대한 지각을 확장하여 성장하고 성숙하도록 돕는 데 있다. 그러려면 내담자가 자신의 욕구나 충동을 억압하지 않고 자연스럽게 표현하며 환경과 자유롭게 교류할 수 있어야 한다(심혜숙, 1997). 그런데 심리적 문제로 힘들어 하는 이들은 자신의 감정이나 욕구를 억압하고 있어서 자신이 무엇을 원하는지 잘 인지하지 못한다. 이들은 억압된 감정이나 욕구에 직면하는 것을 대체로 두려워한다. 그렇기 때문에 자신을 방어하는 데 너무 많은 에너지를 소모하기도 한다.

게슈탈트상담에서는 개인의 방어를 해제하고 그동안 억압해 왔던 내적 욕구에 대해 게슈탈트를 형성하여 다시 접촉하게 해 주려는 시도를 한다. 이를 두고, 펄스는 '나-경계(I-boundary)'를 확장해 주는 시도라고 불렀다. '나-경계'가 넓어질수록 개인은 자기의 욕구와 감정을 다양하게 체험할 수 있고, 활동 영역도 넓어지게 된다. 그렇게 되면 개인은 제한된 틀에서 벗어나 사고, 감정, 행동을 자유롭게 펼치게 되어 자신감이 높아지고, 새로운 체험으로 확장할 수 있는 마음의 용기를 더 많이 가지게 된다. 내담자가 자신의 감정과 욕구를 자유롭게 표현할 수 있게 되면서 불안과 공포증과 같은 이상심리적 현상에서 벗어나 새로운 삶의 체험에 직면하고 도전할 수 있게 되는 등 성장과 성숙이 촉진된다. 다시 말해서, 그동안 타인의 눈치를 보고 환경에 지나치게 의존하던 개인은 '나-경계'를 확장함으로써 자신의 내적 욕구에 적극적으로 반응하여 책임 있는 인간으로 성숙해 나가는 것이다.

(2) 내담자가 통합의 기능을 발휘하도록 돕기

게슈탈트상담의 두 번째 목표는 내담자의 감정, 지각, 사고, 신체가 모두 하나의 전체로서 통합된 기능을 발휘하도록 돕는 것이다. 대체로 이상심리(abnormal personality) 현상은 개인이 전체로서 작용하지 못하고 여러 부분으로 분할되어 존재한다는 것을 뜻한다. 자신의 전체를 통합적으로 자각하지 못하고 일부분만을 자신의 것으로 인정하는 사람은 진정한 자신의 내면의 목소리에 집중하지 못한다. 게슈탈트상담을 통해 내담자는 자신의 모든 감각과 감정을 지각하고 접촉하도록 배우며, 자신에 대한 자각을 넓히고, 자신의 감정, 신체, 환경에 대한 지식을 확장하는 법을 배운다(Yontef, 2008).

게슈탈트상담에서는 내담자의 통합이 어느 정도 가능해지면 자립을 도모하는 전략을 효과적으로 사용한다. 이때 사용되는 게슈탈트상담의 기본 철학은 '**사람은 누구나 스스로를 보호할 수 있는 능력을 이미 가지고 있다.**'는 것이다. 그래서 게슈탈트상담은 그러한 내담자의 자립능력을 일깨워 주는 방향으로 진행된다. 대체로 내담자는 자신을 보호하는 데 필요한 자원과 능력이 없다고 믿기 때문에 타인에게 의존하거나 타인을 조종하려고 한다. 그렇게 하는 이유는 외부의 지지를 충분히 받기 위해서이다. 게슈탈트상담에서는 이러한 내담자의 시도를 중단하도록 지도하고, 내담자가 주체적으로 행동하고 스스로를 지지하는 법을 배우도록 도와준다.

(3) 내담자가 책임 있는 삶의 자세를 갖도록 돕기

일반적으로 건강한 사람은 자신의 책임이 무엇인지를 잘 안다. 책임이란 어떤 상황에 처하더라도 능동적으로 반응할 수 있는 인간의 능력이다. 이런 능력을 잘 발휘하려면 주위에서 일어나고 있는 사건을 잘 알아차리고 그에 따라 능동적으로 반응할 수 있어야 한다. 그런 점에서 볼 때, 책임은 자유롭고 적극적인 개인의 행동이라 할 수 있다. 모든 행동은 개인의 선택의 연속에서 비롯된다. 타인에게 책임을 전가하는 것은 옳지 않다. 타인을 조종하여 미안한 감정(빚지는 마음)을 갖도록 해서 자신을 돕게 만드는 행위도 바람직하지 않다. 따라서 타인에게 의존하려는 삶의 자세를 버리고 자신의 행동을 스스로 선택하고 책임질 수 있는 사람으로 거듭나도록 돕는 일은 게슈탈트상담에서 매우 중요한 상담목표라 할 수 있다.

(4) 내담자가 진정한 자기를 발견하고 실존의 삶을 살 수 있도록 지도하기

게슈탈트상담의 궁극적 목표는 내담자 스스로 자신의 진정한 모습을 되찾도록 도와

주는 데 있다. 상담자는 내담자가 전체로서 자신을 지각하도록 격려해야 한다. 게슈탈트상담에서 생각하는 변화의 시작은 매우 단순하다. 바로 내담자가 어떤 이상적인 사람이 되려는 시도를 내려놓고 진정 자신이 소원하는 바대로 살아갈 때가 변화와 성장의 시작이 된다. 진정한 자신이 된다는 것은 실존의 삶을 산다는 것과 같으며, 개인이 자신의 자연스런 욕구에 따라 사는 것을 뜻한다(Yontef, 2008). 이처럼 실존의 삶이란 내담자로 하여금 자신의 욕구와 현실을 외면하지 않고 받아들여서 자립하고 잠재적 가능성을 실현해 나가도록 하는 것이다.

따라서 게슈탈트상담에서는 내담자가 자신의 체험을 외부에 투사하지 않고 받아들이도록 돕는다. 그 과정에서 다른 사람에게 상처를 입히지 않으면서도 자신의 욕구를 해소할 수 있는 효과적인 기법을 익히게 된다. 타인의 시선에 지나치게 함몰되지 않으면서 자신의 주변에서 일어나는 모든 사건을 수용할 수 있는 감수성을 기르는 것은 게슈탈트상담에서 매우 중요한 치유의 과정으로 받아들이고 있다. 이처럼 게슈탈트상담은 자신의 행동에 대해 책임을 지는 자세를 키우고, 경험을 통해 자신에 대한 새로운 개념을 형성하여 실존의 삶을 살도록 돕는다.

2) 게슈탈트상담의 주요 상담기법

게슈탈트상담에서는 여러 가지 기법을 개발하여 상담에 사용한다. 하지만 이는 어디까지나 내담자의 성장을 지원하기 위한 부수적인 도구일 뿐 정말 좋은 상담은 내담자와의 자연스런 대화와 만남을 더 강조한다. 게슈탈트상담에서 사용하는 상담기법은 여러 가지가 있지만 여기서는 몇 가지 대표적인 기법만 소개하고자 한다.

(1) 빈 의자 대화기법

흔히 내담자는 자신의 문제에 집착한 나머지 상대방의 감정이나 행동에 대한 이해가 부족하다. 빈 의자에 가서 앉아 봄으로써 상대의 심정을 이해하는 기회는 내담자의 자각을 일깨워 주는 데 큰 도움이 된다(Greenberg & Pinsof, 1986). 빈 의자와 대화하는 일은 외부로 투사된 자신의 욕구나 감정, 가치관을 자각하게 해 준다. 또한 내사된 가치관이나 도덕률을 의식화하고 진정한 자신을 찾아 통합하는 데 도움을 주기도 한다.

아무래도 대화의 대상이 사람이 아니라 무생물체인 의자이기 때문에 보다 비교적 자유롭게 상상할 수 있으며, 내담자의 저항이 적다는 것도 빈 의자 대화기법(empty-chair dialogue)의 특장점이라 할 수 있다.

〈빈 의자 대화기법의 사용방법〉

- "사람은 누구나 상상력을 가지고 있죠. 저는 이제부터 여러분을 상상의 세계로 안내할까 합니다."
- "여기 빈 의자가 하나 있습니다."
- "누군가가 앉아 있습니다. 누구일까요?"
- "여러분이 몹시 보고 싶은 사람이 앉아 있다고 상상해 볼까요?"
- "어떻게 앉아 있나요? 표정은요?"
- "여러분은 뭐라고 첫마디를 하겠습니까?"
- "그러면 그분은 뭐라고 대답할까요?"
- "눈을 감아도 좋습니다. 만약 그분을 만난다면 어떤 얘기를 하고 싶은가요?"

게슈탈트상담에서 빈 의자 대화기법은 현재 상담 장면에 같이 있지 않은 사람과 관련된 사건을 다룰 때 사용된다(이정숙, 2014). 예를 들어, 돌아가신 어머니가 빈 의자에 앉아 계신다고 상상하고서 어머니에게 하고 싶은 말을 하는 기회를 부여할 수 있다. 빈 의자와 대화하는 것에 대해 거부감을 표시하는 내담자도 있지만 대부분의 내담자는 이 기법을 무리 없이 받아들인다.

이처럼 빈 의자 대화기법은 직접 대화의 이점이 매우 큰 상담기법이다. 직접 대화는 내담자가 간접적으로 묘사하는 대화에 비해 훨씬 더 큰 치료의 힘을 가지고 있다. 또 다른 예를 들어 보자. 아버지와의 갈등으로 힘들어하는 아들에게 아버지에 대해 말해 보라고 하는 것은 아버지와 관련된 여러 정황을 말로 설명해야 하는 번거로움이 있다. 자칫 잘못하면 아버지의 행동을 일방적으로 자신의 입장에서만 말해서 사실을 왜곡할 수 있으므로 내담자 입장에서는 꺼릴 수도 있다. 또한 문제의 원인에 대해 원인과 결과를 중심으로 설명하거나 개념적으로 분석해 버리게 되어 아버지를 실존적으로 체험하지 못하고 대상화할 위험이 크다.

직접 대화의 형식은 내담자가 처한 상황을 직접 관찰할 수 있기 때문에 내담자의 행동이나 감정을 이해하거나 공감하기가 쉽다. 무엇보다 빈 의자 대화기법은 과거나 미래의 사건을 현재의 사건으로 체험하도록 만들어 주는 이점이 크다(김정규, 1995; Oaklander, 2006). 내담자에게 중요한 것은 그것의 현재적 의미라고 볼 수 있기 때문에 내담자는 빈 의자 대화기법을 통해 이러한 사건의 현재적 의미를 탐색하고 실험해 볼 수 있는 것이다. 그리고 내담자마다 상상의 인물과 대화를 하고 내담자 스스로 그 인물이 되어 의자에 앉아서 대답을 하도록 한다. 필요시에는 의자 대신에 보조자아를 등장시켜 그 인물의 역할을 맡게 할 수도 있다. 보고 싶은 사람 이외에도 제일 먼저 떠오르는 사람, 부모, 애인, 존경하는 사람, 돌아가신 분 등 구체적인 인물뿐만 아니라 한 번도 되어 보지 못했던 자기 자신, 이상적인 자기 자신을 형상화하여 대화를 나눌 수도 있다. 예를 들어, 울고 있는 아이, 슬픔에 잠긴 사람, 앉아서 떨고 있는 사람의 모습을 자신에게 투사해 볼 수도 있다.

다음은 남편에 대해 집착하는 마음이 커서 분노조절의 어려움을 겪고 있는 30대 부인을 대상으로 빈 의자 대화기법을 활용한 사례이다.

> 내담자: "제 남편은 저를 사랑하지 않아요. 저는 남편이 몹시 미워요."
>
> 상담자: "그렇군요. 자, 남편이 저기 빈 의자에 앉아 있다고 상상해 보세요. 지금 남편에게 뭐라고 말해 주고 싶으신가요? (빈 의자를 가리키며) 저기로 가서 무슨 말이든 하고 싶은 대로 이야기해 보시죠."
>
> 내담자: "아니, 왜 만날 다른 여자들만 보면 정신을 못 차려? 내가 그렇게 싫어? 나 하나로 만족을 못 하는 거야?"
>
> 상담자: "이제 다른 의자에 앉아서 당신이 남편이라고 생각하고 행동해 보세요."
>
> 내담자: "아니 내가 언제 다른 여자를 봤다는 거야? 당신 미친 것 아냐? 난 그런 적이 없거든. 당신 또 치료를 받아야겠어. 왜 가만히 있는 사람 가지고 난리야?"
>
> 상담자: "이제 다시 당신 자신으로 돌아가서 말씀해 보세요."
>
> 내담자: "당신이 언제 나를 제대로 봐 준 적이 있어? 그리고 애들하고 놀아주기나 했어? 도대체 집에 와서 당신이 하는 일이 뭐야? TV 보고 빈둥거리기나 하지…… . 에이, 정말(한심한 듯 냉소적으로 한숨을 쉬며)."
>
> 상담자: "이제 남편이 되어 말해 보세요."

내담자: "아, 그것 참. 이 여자가 잠시 쉬는 꼴을 못 보네. 내가 말을 말아야지. 당신이 그러니까 내가 당신하고 말을 섞기 싫은 거야. 무슨 여자가 부드러운 구석은 하나도 없고 (입술을 꽉 깨물며) 성질만 부리고 말이야.(고개를 절레절레 흔들어 보임)"
상담자: "자, 이번에는 당신 차례입니다."
내담자: "남편은 저에게 관심이 전혀 없어요! 제 기분 따윈 상관하지도 않는다고요. 남편이 절 사랑해 주었으면 좋겠어요."

(2) 꿈 작업

대부분의 사람은 깨어 있는 시간 중 많은 부분을 앞으로 닥칠 일을 걱정하거나 과거의 경험을 기억함으로써 '지금-여기'에서 벗어날 때가 많다. 게슈탈트상담자들은 꿈속에 숨겨진 존재적 메시지가 있다고 보았다. 그것이 일단 발견되면 우리 마음속의 빈 곳을 채울 수 있다고 믿었다. 그래서 그들은 꿈 작업을 통해 내담자의 생활상의 문제를 풀 수 있는 실마리를 얻을 수 있다고 보았다. 그뿐만 아니라 꿈 작업은 내담자의 자각을 더욱 발전시킬 수 있는 가능성을 열어 주는 통로라고 보았다(김승국, 1998; 김형태, 1998; Oaklander, 2006). 꿈 작업은 아동에게도 사용할 수 있다. 1명의 자원자가 자신의 꿈을 이야기하면 다른 사람들은 그 꿈속의 사람과 사물의 역할을 한다. 그 자원자는 꿈을 공연하는 연출자가 된다. 꿈의 통합에서 상담자의 임무는 내담자가 현재 회피하려고 하는 것에 집중해서 내담자가 고통스러운 상황을 행동으로 나타내도록 돕고, 내담자의 성격을 다시 통합하는 것이다.

(3) 내담자의 욕구와 감정 자각

내담자가 '지금-여기'에서 무엇을 체험하고 있는지와 관련한 욕구와 감정을 자각하는 것은 게슈탈트상담에서 매우 중요한 치료 과업 중 하나이다. 많은 종류의 상담기법이 있지만 사실 대부분의 기법은 내담자로 하여금 자신의 욕구와 감정을 좀 더 잘 자각하도록 도와주는 기법이라고 할 수 있다. 다음은 내담자가 자신의 욕구와 감정을 보다 선명하게 자각하도록 도와줄 수 있는 상담자의 질문 요령이다.

〈내담자의 욕구와 감정을 자극하는 상담자의 질문 요령〉

• "지금 어떤 느낌이시죠?"

• "지금 무엇을 자각하시나요?"

• "생각을 멈추고 현재 느낌에 집중해 보세요!"

• "방금 그 말씀을 왜 하셨는지 자각해 보세요!"

• "지금 좀 화가 나셨나 보죠? 당신이 원하는 것이 무엇입니까?"

• "방금 하신 말씀 중에 명사를 동사로 바꾸어서 말씀해 보세요!"

• "'나는 ~을 하고 싶다.'라는 문장을 세 개 정도 완성해 보세요!"

(4) '나도 비밀이 있다'

이 기법에서는 죄책감과 수치감을 탐색하도록 허용한다. 상담자가 굳게 보호된 개인의 비밀을 공상화하여 그것을 드러나게 하는 것이 아니다. 오히려 그 비밀이 드러난다면 그들이 어떻게 느낄지, 그리고 다른 사람들이 어떻게 반응할지를 상상하게 하는 것이다(Oaklander, 2006). 집단상담의 상황에서 참여자가 집단 앞에 서서 감추는 데 많은 힘을 소모했던 자신의 일면을 공개한다면 집단성원은 각자 무슨 말을 할 것인지 상상해 보도록 요구한다. 이 기법은 내담자가 왜 자기 비밀을 드러내지 않으려고 하는지를 탐색하고, 자기가 부끄럽게 여기고 죄책감을 가지고 있는 것들이 드러나는 것에 대한 두려움을 탐색하기 위해 신뢰감을 구축하는 하나의 방법으로도 사용된다.

(5) 투사(投射)놀이

투사의 역동성은 자신이 자기 속에서 보고 받아들이기를 원치 않는 바로 그것을 다른 사람에게서 명확히 보는 것이다. 이것은 감정을 부정하고 타인에게 동기를 전가하는 데 많은 정력을 소모할 수 있다(Oaklander, 2006). 가끔, 특히 집단에서는 한 개인이 타인에게, 그리고 그들에 대해 하는 말들이 사실은 자신이 가지고 있는 속성의 투사인 것이다(심혜숙, 1997). 투사놀이를 통해 상담자는 "난 당신을 믿을 수 없어요."라고 말하는 내담자에게 믿을 수 없는 사람의 대역을 하도록 한다. 즉, 상대방이 되도록 요구하여 어느 정도의 불신감이 내적 갈등인가를 알아보도록 한다. 상담자는 그 사람에게 자신이 집단에서 타인에게 하는 말들을 시험적으로 해 보도록 요구한다.

4. 게슈탈트상담의 평가와 적용

게슈탈트상담은 비교적 짧은 역사에도 불구하고 오늘날 가장 인기 있는 심리상담이론 중 하나로 발전하였다. 게슈탈트상담의 가장 큰 특징은 상담 과정 자체가 실존적 특성을 담고 있다는 것이다(Seligman & Reichenberg, 2014). 내담자의 실존적 특성을 잘 반영하기 위해서는 먼저 현재를 중심으로 상담을 이끌어 나갈 필요가 있다. 그래서 상담의 주된 관점은 '지금-여기'에서 내담자가 무엇을 느끼고 경험하고 있는지를 강조한다. 개입의 초점은 과거에 해결하지 못했던 과제들을 효과적으로 다루는 데 있다(권석만, 2015). 그렇게 함으로써 내담자는 지금 이 순간에 자신이 무엇을 경험하고 있는지에 대한 자각을 증진할 수 있다.

하지만 게슈탈트상담이 내담자의 감정을 인식하고 표출하는 것을 강조한 나머지 인지적 요소를 간과했다는 점은 이 상담기법의 한계점으로 지적된다. 그래서 최근에는 이러한 요인에 좀 더 관심을 기울이고 경험의 정서적인 면과 인지적인 면을 통합하려는 시도가 이어지고 있다(Corey, 1991). 게슈탈트상담이 효율적이려면 상담자가 높은 수준의 인간적 성숙을 이루어야 한다. 상담자 또한 자신의 욕구를 지각하고 내담자의 과정을 간섭하지 않으며, 내담자 스스로 빗장을 걸고 있던 방어기제를 기꺼이 풀고 자기노출의 영역을 넓혀 나갈 수 있도록 노력해야 한다(윤순임 외, 1997).

최근 들어 게슈탈트상담은 전통적으로 감정이 억압되어 복합적인 문제를 가진 내담자와 의사결정에 장애가 있는 사람에게 적용하던 것에서 벗어나 점차 그 영역을 확대해 나가고 있다. 최근에는 대인관계가 두려워 회피하는 소극적인 사람이나 불안 증상을 보이는 사람과 행동장애를 보이는 아동 등 그 활용 범위가 넓어지고 있다. 이외에도 경계선 인격장애, 조현병, 우울증, 강박증, 알코올 중독자 집단을 대상으로 게슈탈트상담이 확대되고 있다. 현재 외국에서는 많은 게슈탈트상담자가 활발하게 활동하고 있고, 독일에서는 게슈탈트상담만을 전문적으로 하는 병원이 여러 곳 있을 정도이다.

엄밀히 말하면, 게슈탈트상담의 효과는 상담기법 자체보다는 이 이론을 적용하는 상담자의 역량에 좌우되는 측면이 강하다(Richard, 2013; Seligman & Reichenberg, 2014). 따라서 게슈탈트상담자는 보다 엄격하고 잘 구조화된 교육훈련과 실습을 통해 양성됨이 마땅해 보인다. 지금도 많은 상담기관, 공공 복지시설, 종교단체, 직장, 학교 장면에서 게슈탈트상담이 활용되고 있으며, 일반인들을 위한 워크숍도 활발히 개최되고 있다.

제13장

동기강화상담

성공이란 열정을 잃지 않고 실패를 거듭할 수 있는 능력이다!

-윈스턴 처칠(Winston Churchil)

1. 동기강화상담의 개념 및 필요성

1) 동기의 정의

(1) 동기의 역할

인간의 심리를 이해함에 있어서 동기(motivation)의 중요성은 바로 그것이 개인이 추구하는 특정 삶의 목표와 관련한 생각과 감정, 그리고 행동을 통합한다는 데 있다. 동기가 결여된 변화행동은 애시당초 존재하지 않는다(Greenberg & Safran, 1987; Klinger, 1996). 인간의 행동에는 그에 부합하는 인지구조가 강하게 결합되어 있어서 사람들은 어지간한 이유 없이는 자신의 행동을 잘 바꾸지 않는다. 이처럼 사람이 잘 변하지 않는 이유는 동기와 인지의 상호작용의 결과라 할 수 있다(Cox et al., 2003; Fardardi, 2003). 어떤 이들은 그의 행동에 분명한 문제가 있거나 파멸의 모습을 보이기도 한다. 심지어 해결책이 뻔히 보이는데도 그들의 그런 사실을 외면하는 것처럼 보이기도 한다(Miller & Rollnick, 2006). 그러나 어떤 행동에 대한 동기가 분명하다면 내담자는 분명 변화된 행동으로 한걸음 더 나아갈 수 있게 된다.

한편, 동기는 대인관계에 있어서도 중요한 역할을 한다. 항상성이론(consistency theory)에 따르면, 인간은 일생 동안 자신의 심리적 만족감을 얻기 위해 노력하고, 환경에 의해 좌절하는 일이 없도록 특정한 대상에 접근하거나 회피하는 행동을 보인다고 가정할 수 있다(Grawe, 2004). 긍정적이고 바람직한 대상에 대해서는 접근동기가 활성화되지만, 부정적이고 다소 꺼려짐이 느껴지는 대상에 대해서는 회피의 동기가 생기는 것이다(Elliot & Covington, 2001; Horowitz, Dryer, & Krasnoperova, 1997). 대인관계의 문제는 이러한 접근 혹은 회피의 동기가 여러 환경적 요인과 갈등을 빚을 때 발생한다(김향숙, 2011). 예를 들어, 성장하는 과정에서 반복적으로 좌절을 경험할 경우에는 회피의 동기가 활성화되어 사회적으로 부적절하게 행동하고 대인관계에서 느끼는 만족감이 낮아질 가능성이 높다(Holtforth, Grawe, Egger, & Berking, 2005). 동기강화상담에서는 내담자가 호소하는 대인관계상의 어려움을 효과적으로 해결하기 위해서는 접근과 회피의 동기에 대한 면밀한 분석이 꽤 유용한 정보가 되어 줄 수 있다고 생각한다.

또 다른 동기의 중요성은 그것이 개인의 심리적 안녕감(well-being)을 가져온다는 점이다. 디너와 후지타의 견해에 따르면, 심리적 안녕감을 결정짓는 것은 그 사람이 어떤 목표를 향해 차근차근 나아가는 것에 대한 기쁨을 느끼고자 하는 동기를 가지고 있는지의 여부에 달렸다고 한다(Diener & Fujita, 1995). 일반적으로 알려진 심리상담의 목표가 개인의 심리사회 부적응의 문제들을 해결하여 심리적 안녕감을 증진하는 것에 있다는 점을 생각해 볼 때, 내담자가 자신의 인생의 목표를 제시하고 이를 실천해 나갈 수 있도록 돕는 동기강화상담의 접근은 매우 중요한 의미를 지닌다.

(2) 변화를 위한 동기

이처럼 동기는 사람들을 변화하게 만들고, 그 변화를 유지하도록 만드는 모든 가능한 것의 집합체라고 할 수 있다. 동기는 크게 외적 동기와 내적 동기로 나뉜다. 내적 동기(intrinsic motivation)는 누가 시켜서 하는 것이 아니라 자기 스스로 무언가를 하려고 하는 자율성과 같은 심적 에너지를 말한다. 반면, 외적 동기는 설득, 달램, 압력, 강요

등과 같은 외적 요인으로부터 나오는 타율성이다. 동기강화상담의 접근에서는 내담자
가 변화를 지속하도록 만들기 위해 필요한 변화동기를 만들 때에는 내적 동기를 발전
시켜 나가는 것을 더 중요한 것으로 간주한다.

'변화를 위한 동기'는 내담자가 변화하려는 준비가 얼마나 되어 있는지를 가늠하는
중요한 잣대라 할 수 있다. 내담자가 변화하려는 이유와 욕구 및 변화할 수 있다는 자
신감을 자주 표현할수록 변화동기가 크다고 말할 수 있다(신수경, 조성희, 2016: 28-30).
변화동기는 변화를 추구하고자 하는 개인의 의지와 능력, 그리고 준비 정도에 따라 그
수준이 결정된다. 그래서 변화동기는 특정 행동을 변화시키고자 하는 자발적 태도라
말할 수 있다. 우리가 일상적인 대화에서 개인의 변화동기를 확인할 수 있는 표현들은
'이번엔 꼭 ~할 거야.' '난 할 수 있어.' '~할 준비가 되어 있어.'와 같은 말이다. 대체로
이렇게 말하는 사람들은 변화에 대한 동기가 높은 사람들이라 할 수 있다.

한편, 작심삼일(作心三日)이란 말이 있다. 이 말에 빗대어서 보면, 변화동기만 가진다
고 해서 행동의 변화가 직접적으로 나타나는 것은 아니라는 생각을 하게 된다. 진정한
행동의 변화는 변화에 대한 실천의지를 가지는 변화결단(commitment to change)의 단
계에 이르러야 완성된다. 변화결단은 변화된 행동을 지속하도록 만드는 힘이 되어 준
다. 이에 밀러와 롤닉은 모든 동기는 "변화의 중요성과 관련된 그 사람의 의지와 변화
에 대한 자신감을 표현하는 능력, 변화에 대한 준비 등 세 가지 필수 요소를 필요로 한
다."(Miller & Rollnick, 2002)라고 말하였다.

(3) 동기의 구성 요소

① 변화에 대한 의지

변화에 대한 의지는 **'변화하기를 얼마나 원하는가?'**와 **'변화에 대한 욕구를 얼마나 가
지고 있는가?'**라는 질문을 통해 쉽게 확인할 수 있다. 또한 변화의지는 현재 위치와 달
성할 목적 사이의 부조화나 현재 생활과 자신의 가치관 사이의 부조화 정도와 관련이
있다. 열망 혹은 기대하는 이상과 현재 상태와의 부조화가 상당할 때 변화의 동기가 생
기기 시작한다고 보는 것이다(Mason & Butler, 2010).

② 변화에 대한 능력

변화에 대한 능력은 내담자 스스로 변화를 이루어 낼 수 있을 것이라는 자신감과 실제로 변화를 실행하는 능력을 의미한다. 능력은 변화에 대한 자신감과 관련되며, 자기효능감을 가지고 변화를 추구하는 행위를 뜻한다.

③ 변화에 대한 준비

변화에 대한 준비는 내담자가 변화가 왜 필요한지를 명확하게 이해하고 있고, 스스로 변화를 위해 도움닫기를 할 준비가 되어 있는 상태를 의미한다. 밀러와 롤닉은 변화의 중요성을 인식하고 변화에 대한 자신감을 가지고 있다고 해서 변화가 시작되기에 충분한 것은 아니라고 주장하였다(Miller & Rollnick, 1991). 변화의 중요성을 자각하고 자신감이 있다 하더라도 변화에 대한 준비가 없으면 변화가 일어나지 않기 때문이다. 따라서 변화중요성과 변화자신감은 동기화된 정도를 나타내며 준비 정도라고 할 수 있다. 변화중요성에 대한 명확한 인식과 변화에 대한 자신감이 높을수록 변화의 준비 정도가 높은 사람이라고 판단할 수 있다.

2) 동기강화상담의 정의

(1) 밀러와 롤닉의 만남으로 시작된 동기강화상담

동기강화상담(Motivational Interviewing: MI)은 윌리엄 밀러(William R. Miller)가 1982년 안식년을 맞아 노르웨이에 있을 때 여러 심리학자와 교류하던 중에 고안한 상담이론이다. 1983년에 밀러는 자신의 임상적 경험들을 정리하여 「문제음주자들을 대상으로 한 동기강화상담」이라는 논문을 발표하면서 학계의 주목을 한몸에 받았다. 이후 밀러는 1989년에 닉 헤더(Nick Heather)와 공동연구차 호주를 방문했다가 운명적으로 스티븐 롤닉(Stephen Rollnick)을 만났다. 급기야 그들은 동기강화상담에 관한 그간의 임상 경험을 토론하고, 함께 책을 쓰기로 의기투합하면서 이론적으로 더욱 정교하게 다듬어 세상에 선보였다(Rubak, Sandboek, Lauritzen, & Christensen, 2005).

동기강화상담에 대한 정의는 밀러와 롤닉의 최초 정의(Miller & Rollnick, 1991: 52)를 우선적으로 참고할 필요가 있다. 그들은 1991년 초판에서 동기강화상담을 변화를 필요로 하는 사람이 양가감정을 해결하여 변화로 움직이도록 돕는 특별한 방법이라고 설명하였다. 이후 그것은 내담자중심의 상담이며(Miller & Rollnick, 2006: 25), 내담자가 행동변화에 대한 결단을 공고히 하도록 돕는 내담자와 상담자 간의 협동적 대화방식이라고 정의를 확대해 나갔다(Miller & Rollnick, 2013: 12).

(2) 동기강화상담의 특징

밀러와 롤닉은 동기강화상담의 기본 정신을 특히 강조하였다(Miller & Rollnick, 1991). 심지어 이 상담에서 사용하는 모든 핵심 기법은 그 정신을 벗어날 경우에 동기강화상담으로 간주할 수 없다고 말하기도 하였다. 그들은 용어를 사용하는 것에 있어서도 매우 신중했다고 한다. 상담이나 치료라는 용어보다는 면담이란 말을 더 선호하였다. 그 이유는 동기강화상담은 어디까지나 상담자와 내담자가 동등한 입장에서 서로의 관점을 바라보는 상담기법이어야 함을 강조했기 때문인 것으로 보인다. 우리나라에서는 '한국동기면담연구회'가 결성되어 교육과 훈련을 담당하고 있다(신수경, 조성희, 2016).

다음으로 내담자의 행동변화를 이끌기 위해 단기중심의 치료접근을 사용하는 것도 동기강화상담의 주요 특징 중 하나이다(Capuzzi & Stauffer, 2013). 동기강화상담은 변화에 대한 마음의 준비가 덜된 사람이나 타인과의 의사소통에 어려움이 있는 사람, 그리고 이제 막 변화를 결심했으나 막상 변화를 가로막는 장애물로 인해 힘들어하는 사람에게 매우 유용한 상담기법이다(서경산, 2014).

동기강화상담은 내담자의 행동변화가 얼마나 준비되어 있느냐에 따라 5단계로 진행되는 구조화된 상담기법이다(Prochaska & DiClemente, 1992). 동기강화상담에서 다섯 가지 변화의 단계는 상담자가 내담자의 동기를 이끌어 내는 전략을 개발하는 형태로 사용된다. 변화에 대한 준비가 덜된 내담자에게는 변화의 이득에 대한 정보를 제공해 주고, 내담자가 변화에 대한 의지를 보일 때까지 기다려 준다. 한편, 변화에 대한 준비를 갖춘 내담자에게는 변화를 실행하는 과정에서 예상되는 장애물을 검토하고 극복 가능한 방법을 함께 찾아 준다. 유지단계에 있는 내담자에게는 실천 가능한 장기적 목표를 정하도록 상담한다(Burbank, 2001; Kelly, Marreto, Gallivan, Leontos, & Perry, 2004).

〈행동변화 5단계〉

1단계 숙고 전 단계(precontemplation stage): 향후 6개월 이내에 어떤 변화를 시도할 의사가 없는 상태

2단계 숙고단계(contemplation stage): 변화의 장애물과 변화를 통해 발생할 이익들을 인식했으나 내적인 갈등이 많아서 변화를 할까 말까 주저하고 있는 상태

3단계 준비단계(preparation stage): 한 달 이내로 행동변화를 적극적으로 취하겠다고 계획하고 의욕을 불태우고 있는 상태

4단계 실행단계(action stage): 변화를 작심하고 결행한 후 6개월 동안 행동변화를 계속하고 있는 상태

5단계 유지단계(maintenance stage): 행동변화를 6개월 이상 지속하고 재발하지 않으려는 노력을 기울이는 단계

3) 동기강화상담의 필요성

상담 분야에서 동기에 대한 논의가 시작된 것은 그리 오래되지 않았다. 아주 오래전에는 개인의 생각과 감정, 그리고 행동에 비해 동기의 중요성이 상대적으로 떨어져 보였다. 심지어 동기는 상담의 치료적 효과에 부수적으로 따라오는 특질로 간주되기도 하였다(Zuroff et al., 2007). 어쩌면 내담자가 상담실을 내방했다는 사실 그 자체는 이미 내담자가 상담에 대한 동기를 높게 가지고 있음을 의미하는 것이라고 볼 수 있다는 이유 때문일 수도 있다.

하지만 어떤 유형의 상담기법을 도입하더라도 모든 사람이 치유되는 것은 아니다. 어떤 이들은 상담 중에 더 퇴행되기도 하고 강한 저항을 보이기도 한다. 때로는 상담을 갑자기 중단해 버리기도 한다. 상담을 통해 얻은 치유의 효과가 일상생활에 바로 적용되는 것도 아니다. 동기는 행동변화를 시작하고 유지하기 어려운 내담자들의 개인차의 변인으로서 주목받기 시작하였다(김향숙, 2011). 많은 상담현장에서 내담자의 동기에 대한 이해도가 높아지면서 내담자는 상담 장면에 계속 머무를 수 있게 되고, 긍정적인 행동변화가 일어남을 발견하게 되면서 현재 이 상담기법은 다양한 상담현장에서 널리 활용되고 있다(Miller & Rollnick, 1991).

그런데 초기의 동기강화상담은 알코올 중독을 비롯한 다양한 행위 중독과 건강 관련 행동을 개선하는 것에 주로 초점을 맞추어 접근하였다. 동기강화상담이 중독 관련 치료에서 효과가 있었던 이유는 중독치료의 목표가 행동변화이고, 행동변화의 핵심은 변화동기에 있기 때문이다(Miller & Rollnick, 2006). 하지만 변화가 필요하다고 느끼더라도 사람들은 변화를 선택해야 할지, 말아야 할지 주저하게 된다. 이것은 일종의 양가감정에 따른 내적 갈등 때문이다.

이 상담기법은 내담자가 변화에 대해 느끼는 양가감정을 더욱 구체적으로 발견하도록 격려해 준다. 그런 다음 양가감정의 대립으로 인해 나타나는 긴장에서 벗어나도록 돕는다. 그렇게 함으로써 내담자가 생각하는 삶의 가치관에 부합하는 행동들을 선택하고 지속하도록 도와주어 궁극의 행동변화를 가져올 수 있다. 이때 상담자는 내담자와의 협동 작업을 증진하는 역할을 수행한다. 결과적으로 내담자는 자신이 진정으로 원하는 삶의 모습을 찾고 지속하는 변화단계(stages of change)를 거치면서 혼자 할 수 없었던 행동변화를 시작하고 진행해 나간다.

2. 동기강화상담의 기본 정신 및 주요 개념

1) 동기강화상담의 기본 정신

동기강화상담에서 상담의 원리와 적용을 논할 때에는 동기강화상담이론의 기본 정신을 중요한 표상으로 삼아 진행해야 한다. 일반적으로 동기강화상담의 기본 정신은 협동정신, 유발성, 자율성의 3요소로 구성된다.

(1) 협동정신

동기강화상담에서는 내담자와 상담자가 협동정신을 가지고 작업하는 것을 기본으로 한다. 상담자는 권위적인 자세를 버리고 내담자와 동등한 관계를 유지하면서 지지적인 태도로 내담자가 양가감정과 동기를 탐색할 수 있도록 격려한다. 비록 내담자의 결정이 올바르지 않더라도 상담자는 지시하거나 섣부른 충고를 하지 않는다. 상담자는 내담자가 자신의 삶에 있어서 전문가임을 인정하고, 내담자에게 변화가 가능한 긍정적인 환경을 만들어 주는 데 있어 중요한 매개 역할을 할 수 있어야 한다(Capuzzi & Stauffer, 2013).

(2) 유발성

동기강화상담에서는 변화에 대한 동기가 이미 내담자 내면에 존재한다고 간주한다. 내담자는 자신의 행동에 변화를 주기 위해 어떤 것이 도움이 되는지와 도움이 되지 않았던 것들은 또 무엇이었는지를 잘 알고 있다고 가정한다(Capuzzi & Stauffer, 2013). 동기강화상담의 치료목표는 내담자가 자신의 생각을 변화시켜야 할 이유와 감정의 변화를 이끌어 내어 변화를 유도하는 데 있다. 따라서 상담자는 내담자에게 일방적으로 변화에 대한 동기를 주입하려 하기보다는 내담자 스스로 동기를 찾아내도록 이끄는 작업을 계속해야 한다. 상담 과정 중에 내담자가 자신의 느낌이나 인생에 관한 관점과 가치관을 잘 탐색한다면 상담자는 내담자 내면에 이미 내재되어 있던 변화동기를 자연스럽게 이끌어 내고 강화할 수 있어야 한다.

(3) 자율성

동기강화상담에서는 모든 변화의 책임이 내담자에게 있다고 말한다. 만약 내담자가 지나치게 술을 많이 마시거나 아동학대와 같은 문제행동을 지속하는 경우에는 상담자가 교육적이고 지시적인 행동을 취할 가능성이 높다. 심지어 타인에게 부정적 영향을 끼치는 행동을 할 경우에도 상담자가 변함없이 자율성의 정신을 유지하기란 말처럼 쉽지 않다. 상담자는 내담자에게 변화하도록 억지로 강요할 수 없다는 것을 깨달아야 한다(Capuzzi & Stauffer, 2013). 모든 선택의 책임은 내담자에게 온전히 있음을 인정하는 것이 동기강화상담이론의 기본 정신이다. 변화는 외부에서 불어오는 찬바람이 아니라 스스로 자신의 내면의 변화 의지와 손을 잡는 봄바람인 것이다. 그렇기 때문에 동기강화상담에서는 내담자가 스스로 자신의 삶의 목표와 가치, 그리고 열망을 이끌도록 돕는다. 동기강화상담에서는 상담자가 내담자로 하여금 상담 중에 자신이 왜 변화해야 하는지에 대한 분명한 이유를 깨닫고 스스로 말하도록 도울 때 비로소 변화가 시작된다고 믿는다.

2) 주요 개념

(1) 변화대화

동기강화상담에서는 내담자가 스스로 변화대화(change talk)를 많이 하도록 돕는다. 그렇게 하는 이유는 내담자가 스스로 변화대화를 많이 하다 보면 그 말에 스스로 설득을 당하게 되어 있다는 논리를 기반으로 하고 있기 때문이다. 사람은 자기가 내뱉은 말을 진정으로 믿는 경향을 갖고 있다(권정옥, 2007). 내담자에게서 변화대화가 나오면 그 변화대화에 오래 머물 수 있도록 상담자가 반응해 주는 것이 필요하다.

변화대화를 할 때 상담자는 개방형 질문으로 시작해서 내담자의 말에 반영적으로 경청함과 동시에 내담자의 경험들을 인정해 주면서 변화를 위한 대화를 이끌어 가야 한다. 상담의 초기에 정하는 대화의 주제는 주로 내담자가 선택하도록 하고, 내담자의 삶에서 중요한 가치들을 확인해 주어야 한다. 상담자가 보여 주는 반영적 경청은 내담자 스스로 변화대화를 하도록 만드는 데 매우 효과적인 방법이다.

변화대화는 변화에 대해 내담자가 바라는 점과 그럴 만한 능력 및 분명한 이유나 필요성 등으로 구성된다(Capuzzi & Stauffer, 2013). 상담자는 대화를 통해 내담자의 변화동기를 이끌어 낸다. 변화의 중요성과 자신감과 같은 변화 준비도는 내담자 행동변화에서 중요한 동기부여를 해 준다. 이를 점수로 평가한다면 더욱 효과적이다. 때로는 내담자에게 현재 자신의 행동에 대해 좋아하고 싫어하는 부분을 물어보기도 한다. 변화를 통해 무엇을 얻고 잃는지를 탐색해 보도록 권유하기도 한다. 이것은 변화의 장애물을 확인하는 데 중요한 정보를 제공해 내담자 스스로 변화대화를 이끌어 내는 좋은 기회가 된다(Capuzzi & Stauffer, 2013; Mason & Butler, 2010).

일단 내담자가 변화대화를 시작하면 자신의 행동 중에서 무엇을 변화시킬 것인지에 대한 분명한 목표를 만들게 된다. 상담자는 목표 달성 결과를 확인하고, 도움을 요청하면 정보를 교환하고 피드백을 줄 수 있다(Miller & Rollnick, 2006; Schumacher & Madson, 2015). 그들이 알고 있는 것이 무엇인지, 제공된 정보를 어떻게 활용하였는지를 확인하여 해당 정보가 내담자 자신에게 어떻게 적용될 수 있는지 적극적으로 생각하게 만들 수도 있다.

(2) 양가감정과 결정 저울

이 세상에 양가감정을 느끼지 않는 사람은 거의 없다. 양가감정은 내적 갈등을 심하게 경험하는 이들에게 더 잘 나타난다. 이처럼 양가감정은 두 가지의 상반된 감정이 충돌하고 갈등하는 모습이다. 예를 들어, 내담자들은 한편에선 변화를 원하지만, 또 다른 한편에서는 변화에 저항하는 이중적인 모습을 보일 수 있다. 해결되지 않은 양가감정은 변화에 대한 낮은 동기를 낳는다. 동기강화상담에서는 내담자의 양가감정을 변화시키도록 돕는 것을 주요 상담과제로 설정한다.

동기강화상담에서는 내담자의 양가감정을 주로 저울이나 시소에 비유하여 설명한다(DiClemente, 2003). 결정 저울이란 어떤 행동을 했을 때의 장단점과 그것을 하지 않았을 때의 장단점을 서로 비교해 무게를 재는 도구를 말한다(윤홍균, 2016: 104). 흔히 사람은 어떤 결정을 하기에 앞서 감정에 치우쳐서 생각하는 경향이 있다. 이때 그것을 객관적으로 표현해 보면 무엇이 진짜 중요한지가 드러난다. 결정 저울을 사용하면 추상적인 감정들도 구체적이고 객관적으로 볼 수 있게 된다. [그림 13-1]과 같이 결정 저울에 올려놓고 양자의 선택이 주는 이득과 손실을 비교해 보면 자신이 어떤 판단을 해야 하는지 보다 선명하게 드러난다.

이처럼 갈등을 일으키는 두 가지 측면을 모두 보면서 어떤 것이 자신에게 이득이고 손실인지를 명확히 구분하기 어려울 때 갈등하는 것은 당연하다. 갈등 상황에 처해 있는 사람은 어느 한쪽으로 마음을 기울여 선택하기가 쉽지 않다. 왜냐하면 다른 한쪽도 선택하고 싶은 약간의 마음을 가지고 있기 때문이다.

실제로 변화행동을 결심하고자 하는 내담자들은 자신의 불일치한 면을 인지하고 변화에 대한 욕구를 표현하기도 한다. 그러나 모든 변화에는 그에 걸맞은 고충이 뒤따르

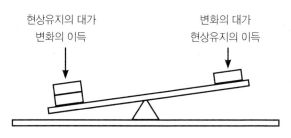

[그림 13-1] 결정 저울: 대가의 이득의 무게

출처: 권정옥(2008)에서 발췌.

〈표 13-1〉 결정 저울을 사용하여 술을 마실지, 끊을지를 결정하기

	술을 마시면	술을 끊으면
좋은 점	• 스트레스가 풀린다. • 기분이 좋아진다.	• 지방간 수치가 떨어진다. • 아내의 잔소리가 줄어든다.
나쁜 점	• 다음 날 피곤하다. • 살이 찌고 건강이 나빠진다.	• 사는 게 재미가 없어진다. • 인간관계 유지에 지장을 준다.

출처: 윤홍균(2016). p. 105.

기 때문에 양가감정이 필연적으로 나타나게 된다. 이때 상담자는 내담자들이 현재 경험하고 있는 갈등의 감정이나 불확실성, 그리고 주저함과 같은 감정들은 지극히 정상적인 현상임을 확신시켜 주어야 한다(신수경, 조성희, 2016). 그리고 상담자의 반영적 경청과 수용의 태도, 상호협동적 관계를 통해 내담자는 변화에 대한 양가감정을 편안하게 탐색할 수 있게 된다. 그러는 과정에서 양가감정으로 인한 내담자의 갈등은 점차 희미해져 간다.

(3) 불일치감

동기강화상담에서 불일치란 현재 일어나고 있는 상황과 앞으로 일어났으면 하는 상황 간의 부조화를 말한다. 그래서 동기강화상담에서는 내담자가 현재 보이는 행동이 자신의 인생목표나 가치관과 불일치한 측면이 있음을 깨닫도록 돕는다(권정옥, 2007). 변화대화에 설득당하거나 일정한 불일치감이 형성되고 나면 내담자의 내면에는 일치를 향해 움직이고 싶은 마음들이 생겨난다. 우리는 이것을 변화동기가 유발되었다고 말한다.

동기강화상담에 참여하는 내담자는 상담자의 도움으로 자신의 가치나 목표와 현재의 행동 사이에 불일치감을 확인하면서 일련의 부조화된 행동을 해소하고 싶은 욕구를 가지게 된다. 이때 상담자는 내담자가 변화에 대한 저항을 보일 때에도 그 저항을 저지하거나 교정하려 해서는 안 된다. 옳고 그름에 대한 논쟁을 하는 것도 바람직하지 않다(Capuzzi & Stauffer, 2013; Miller & Tonigan, 1996). 다만 내담자의 자기효능감을 지지하기 위해 변화를 시도했던 경험을 떠올려 보게 하거나 성취했던 경험에 초점을 두는 변화대화를 시작할 뿐이다. 작은 변화는 자기효능감을 높여 주어 다른 변화도 가능하도록 만들어 준다는 원리를 적극 활용하는 상담기법이 동기강화상담이다.

3. 동기강화상담의 진행 과정 및 기법

1) 동기강화상담의 실천원리

동기강화상담의 진행 과정은 우선 내담자에게 공감을 표현해 주고 불일치감을 만들어 저항과 함께 구르며 내담자의 자기효능감을 지지해 주는 것에 두고 있다. 밀러와 롤닉이 정리한 동기강화상담의 진행 과정에 관한 실천원리를 소개하면 다음과 같다(Miller & Rollnick, 2002).

(1) 공감 표현하기
공감(empathy) 표현하기와 관련하여 상담자가 지녀야 할 태도로 수용(acceptance)을 들 수 있다. 수용적 태도의 핵심은 내담자의 말을 경청하는 데 있다. 내담자를 있는 그대로 수용해 주면 변화는 촉진된다. 이때 노련한 반영적 경청이 필수적으로 요구된다. 내담자는 변화하고 싶은 마음과 변화를 거부하고 싶은 두 가지 마음으로 갈등할 수 있다(권정옥, 2008; Miller & Rollnick, 2006). 이때 상담자는 내담자가 가지는 양가감정은 지극히 정상적인 행위임을 인정하고, 내담자의 입장에서 내담자가 경험하고 있는 것을 함께 경험한다는 자세로 상담에 임할 필요가 있다. 상담자의 수용과 존중의 태도는 내담자와의 치료동맹의 관계를 형성해 주는 데 큰 도움이 되며, 내담자의 자존감을 증진해 주어 변화대화를 더욱 촉진할 수 있다.

(2) 불일치감 만들기
불일치감(discrepancy) 만들기는 내담자가 지니고 있는 신념과 가치가 무엇인지 질문하여 현재 자신의 행동과 상황이 자신이 원래 가지고 있던 신념이나 가치와 얼마나 일치하는지 깨닫도록 돕는 기법이다. 내담자는 변화를 위해 상담실을 내방하지만 한편으로는 그 변화를 피하고 싶은 양가감정으로 갈등하고 있는 경우가 많다. 그렇기 때문에 동기강화상담에서는 양가감정의 갈등을 이용해서 변하지 않으려고 버티는 힘을 내담자가 이겨 낼 수 있을 때까지 불일치감을 경험하도록 자극한다. 상담자는 내담자의 행동과 신념, 가치관 사이의 불일치감을 만들어 내고, 이를 발견하도록 열린 질문을 하여 돕는다. 이때 상담자는 내담자의 불일치감을 판단하거나 비판하듯이 개입하지 않는다. 다만 내담자의 꿈과 희망 및 가치에 대해 진심으로 질문함으로써 내담자 스스로 상황을 볼 수 있도록 도울 뿐이다.

(3) 저항과 함께 구르기

내담자가 저항반응을 보이거나 자신의 행동을 정당화하려는 주장을 시작한다면 상담자는 그것을 반박하거나 직면하지 말아야 한다. 내담자의 저항반응은 어떤 이유에서든지 상담자가 내담자에게 결정 저울의 한쪽을 강조한 결과일 수도 있다. 이런 경우, 상담자는 내담자 스스로 변화대화를 할 수 있도록 도와야 한다. 내담자의 저항이 있을 때 내담자의 주의를 살짝 다른 쪽으로 돌리거나 색다른 시각으로 그것을 해석해 주면 내담자의 저항은 변화를 위한 힘으로 돌릴 수 있는 순간을 만들 수 있다. 저항과 함께 구르기(rolling with resistance) 기법의 핵심은 내담자의 저항에 직접 맞서지 말고 내담자가 저항하는 방향으로 함께 움직여 주거나 같이 흘러가는 것에 있다. 그렇게 한다면 놀랍게도 저항을 계기로 하여 내담자가 새로운 방법으로 반응할 수 있는 기회가 생긴다.

(4) 자기효능감 지지해 주기

동기강화상담에서는 자기효능감(self-efficacy)을 내담자의 변화동기를 구성하는 핵심 요소로 간주한다. 그리고 그것은 상담의 효과를 예측하는 유용한 잣대가 될 수 있다. 내담자는 그동안 대체로 양가감정으로 인해 효율적인 자기효능감을 발휘하지 못했을 수 있다. 이때 상담자와 함께 결정 저울을 사용하여 선택의 양면성을 비교해서 보다 효율적인 선택을 하도록 돕는다면 내담자의 자기효능감은 급격하게 좋아질 것이다. 진정한 변화는 내담자가 스스로 문제를 깨달은 후, 변화에 대한 희망과 그 가능성을 동시에 느낄 수 있어야 한다. 내담자가 변화할 수 있는 가능성을 지녔다고 생각하는 상담자의 믿음은 실제 상담에서 매우 큰 효력을 발휘한다. 설사 변화를 방해하는 장애물이 있다 해도 새롭게 변화된 행동을 선택하고 지속하도록 내담자의 자기효능감을 적극 지지해 주는 일은 동기강화상담에서 매우 중요하다.

2) 동기강화상담의 기본 상담기법(OARS)

동기강화상담에서 기본적으로 사용하는 상담기법은 OARS로 대별할 수 있다. 이것은 **Open question(개방형으로 질문하기), Affirming(인정하기), Reflecting(반영하기), Summarizing(요약하기)**의 머리글자를 따온 것으로서, 내담자의 양가감정을 탐색하고 내담자가 변화에 대한 동기를 강화할 수 있도록 돕는 내담자중심 상담기법이다.

(1) 개방형으로 질문하기

동기강화상담의 초기에는 내담자가 변화에 대한 준비가 잘 되어 있는 경우를 거의 찾아보기 어렵다. 상담 초기에는 무엇보다 내담자의 감정을 수용해 주어 내담자 스스로 문제를 탐색하도록 해 주어야 한다. 질문을 통해 내담자가 많은 말을 하게 될 때, 상담자가 적극적으로 경청하는 것도 잊지 말아야 한다(Miller & Rollnick, 2006). 열린 질문은 내담자가 이야기의 전반적인 부분을 말하도록 도와준다. 개방형으로 질문하기(Open question)는 생각을 필요로 하는 대답을 요구하기 때문에 초기상담에서 유용한 정보를 수집할 때 매우 효과적이다.

(2) 인정하기

인정하기(Affirming)는 주로 칭찬과 감사, 그리고 이해와 지지의 말로써 내담자에게 직접 표현하는 상담기법이다. 내담자는 상담자의 인정으로 말미암아 자신의 경험과 생각을 더욱 자연스럽게 표현할 수 있게 된다. 예를 들면, 내담자가 제시한 계획에 대해 "정말로 좋은 생각이군요!"라고 칭찬하거나 "그렇게 하려면 매우 용기가 필요했겠군요." 등의 이해를 표현해 주거나 감사를 표현하는 방법이 있다. 핵심은 내담자가 가진 강점과 노력하고자 하는 마음을 알아 주고 적절히 인정해 주면 내담자의 변화가 더욱 촉진된다는 것이다.

(3) 반영하기

반영하기(Reflecting)는 내담자가 한 말의 의미를 생각해 보고 가장 가능성이 높은 의미를 추측하여 언급해 주는 것을 말한다. 이것은 단순히 내담자가 한 말을 반복하는 것이 아니라 내담자가 사용한 것과 비슷한 의미를 가진 새로운 단어를 사용하기도 한다. 또한 내담자가 말하지 않은 의미를 추측하여 조금은 다르지만 큰 맥락에서는 다르지 않게 표현하기도 한다. 상담자가 반영하기를 할 때에는 자신이 추측한 의미가 정확한지 점검해야 한다. 질문의 형태보다는 "저는 ○○ 님의 얘기를 들으면서 ~한 생각을 하게 되었어요."라는 완성된 문장의 형태로 표현하는 것이 좋다.

(4) 요약하기

요약하기(Summarizing)는 말 전체를 연결하고 지금까지 대화한 내용들을 강화하기 위해 사용된다. 상담자가 대화 내용을 정기적으로 요약해 주면, 변화대화는 더욱 촉진될 수 있다. 또한 내담자는 상담자가 자신의 말을 주의 깊게 경청하고 있음을 알게 된다. 요약하기의 종류로는 언급된 내용들을 종합하는 '수집요약(collecting summary)', 다음의 내용으로 자연스럽게 연결되도록 하는 과정에서 사용할 수 있는 '연결요약(linking summary)', 그리고 내용을 다른 것으로 바꾸고자 할 때 사용되는 '전환요약(transitional summary)'의 세 가지 형태가 있다.

수집요약 내담자에게서 변화대화에 관한 주제가 여러 번 나올 때 사용하며 보통은 몇 문장만으로 구성되기 때문에 짧게 한다. 사용 목적은 내담자의 이야기 흐름을 방해하는 것이 아니라 지속시키는 데 있으며, 요약을 다한 뒤에는 "그 밖에 하실 말씀은 무엇인가요?" 또는 말을 지속하게 만드는 몇 마디를 하는 것이 좋다.

연결요약 앞선 상담 시간에 내담자가 했던 말과 현재 내담자가 하는 말을 연결하는 요약기법이다. 사용 목적은 내담자와 이전에 이야기했던 두 개 이상의 내용의 관계를 내담자가 다시 음미해 보도록 하는 데 있다. 내담자로 하여금 두 가지의 생각을 가지고 있음을 깨닫게 하고, 동시에 이 두 가지 생각의 장점과 단점을 점검하게 해 주는 방법이다.

전환요약 이것은 하나의 초점에서 다른 초점으로의 이동을 알리고자 할 때 사용하기도 하고, 회기의 끝에 전체를 요약할 때 사용하기도 한다. 한 회기가 끝날 때 전환요약을 사용하면 그 회기를 통해 깨닫게 된 것을 한곳에 모아 주기 때문에 내담자에게 실질적으로 도움이 된다.

3) 동기강화상담의 진행 과정

(1) 1단계 : 변화를 위한 동기 구축하기

동기강화상담의 제1단계인 변화를 위한 동기 구축하기(building motivation for change)에서는 내담자의 양가감정을 해결하고 변화동기를 구축하는 것을 일차적 목표로 설정한다(Miller & Rollnick, 1991: 65). 어떤 내담자는 상담을 받으러 올 당시부터 이미 자신이 왜 변화를 선택해야 하는지에 대한 충분한 이유를 가지고 오기도 한다. 이러한 내담자와 상담을 할 때에는 내담자 관점에서의 변화 이유를 분명하게 하는 것 외에 상담자가 특별히 더 해야 할 일은 거의 없다.

변화동기를 구축하기 위해서는, 먼저 상담자는 내담자와 라포(rapport)를 잘 형성해야 한다. 그것은 내담자의 고민과 문제를 함께 탐색하고 공감적 표현을 전달하는 데 효과적이다. 이때 동기강화상담의 기본 상담기법인 OARS 기법을 적극 사용하여 내담자의 양가감정을 탐색해야 한다. 그래야만 내담자가 변화의 이유를 분명하게 인식할 수 있게 된다. 그런 다음 동기강화상담의 첫 회기를 넘어 상담 회기 전반에 걸쳐 변화대화를 유용하게 사용한다면 더욱 좋다. 밀러와 롤닉은 초기의 동기강화상담에서 상담자가 유념해야 할 부분을 다음과 같이 소개한 바 있다(Miller & Rollnick, 1991).

① 질문-대답의 덫

상담 초기에 상담자가 주로 질문을 하고 그 질문에 대해 내담자가 단답형으로 대답하는 질문-대답의 덫(the question-answer trap)에 걸릴 수 있는데, 이러한 식의 패턴은 주의해야 한다. 그렇게 되면 내담자는 주로 상담자의 질문에 이끌리게 되므로 심층적인 대답을 하지 않아도 된다는 그릇된 생각을 할 수 있다(Miller & Rollnick, 1991: 65-66). 심지어 내담자의 자유로운 답변을 이끌 수 없는 상담자의 질문은 내담자 스스로 자신의 내면에 존재하는 동기를 탐색하고 변화할 수 있는 기회를 차단할 수 있다. 내담자에 대한 상세한 정보를 알아야 할 필요성이 있다고 판단되면 사전에 내담자로 하여금 질문지에 답변하도록 하고, 구체적인 사항들은 이후에 질문할 수 있도록 남겨 두면 된다.

② 직면과 부인의 덫

직면과 부인의 덫(the confrontation-denial trap)은 상담자가 중립을 지키지 않고 한쪽 편에 서는 것을 말한다. 한번 잘못된 패턴으로 시작된 상담은 내담자의 강한 저항을 불러올 수 있다. 예를 들어, 알코올 중독 문제를 가진 내담자를 대하는 상담자는 문제해결방안으로 내담자가 실행해야 할 행동에 대한 처방을 줄 수 있다. 이때 내담자의 최초 반응은 자신의 문제가 그만큼 심각하지도 않고, 변화할 필요도 없다고 말하면서 상담자의 처방을 받아들이지 않고 머뭇거린다. 그것은 아마도 내담자가 양가감정으로 인해 변해야 할지와 말지를 주저하는 것일 가능성이 높다(Miller & Rollnick, 1991: 66-68).

가령, 상담자가 "당신은 음주 문제가 심각하니 이제는 변화해야 합니다."라고 말하면 내담자는 반대편에 서서 "아니요. ~빼고는 전혀 문제가 없어요."라고 주장하면서 강하게 맞설 수 있다. 이 상황에서 내담자들은 자신이 한 말의 포로가 되어 변화를 선택하지 않겠다는 생각을 굳힐 수 있다. 논쟁에서 자신의 생각이 틀렸음을 인정하는 것을 좋아하는 사람은 거의 없을 것이기 때문에 정말로 자신에게는 문제가 없고 변화할 필요가 없다고 믿어 버리기까지 한다.

따라서 동기강화상담에서는 변화의 반대편에 서 있는 내담자를 상대할 때 의도하지는 않았지만 내담자가 변화를 거부하는 편에 서서 대화를 진행할 때가 종종 있다. 이 기법은 역설적이게도 내담자가 '변화선택'을 하는 방향으로 대화를 하고 있는 자신을 부지불식간에 느끼도록 돕는 상담기법이다.

> 내담자: "저는 아이를 가질지 말지를 고민하고 있어요. 제 나이도 이제 서른 살이 넘었죠. 언젠가 아이를 가져야 한다면 지금이 바로 그때가 아닌지 생각하게 돼요."
>
> 상담자: "나이는 점점 들어가고 있어요."
>
> 내담자: "그래요. 그래서 이제는 정말 결정할 때가 된 것 같아요."
>
> 상담자: "결정해야 한다고 말하는 것으로 봐서 당신은 지금 가정을 이루는 것을 원하는지와 그렇지 않은지를 잘 모르겠다는 말인가요?"
>
> 내담자: "사실 생각해 보면 저도 언젠가는 아이를 가질 것이라고 쭉 생각해 왔어요. 다만 우리 부부가 아이를 낳을 형편이 못되었어요. 경제적으로도 그렇고, 직장 문제도 그래서요. 그런데 갑자기 정신을 차려 보니 저도 어느새 서른네 살이나 되어 있더라고요."

> 상담자: "요즘에는 여성들이 늦은 나이에도 출산을 많이 하고 있어요."
>
> 내담자: "그렇지만 위험하지 않나요?"

출처: Miller & Rollnick (2006). p. 79 재구성.

③ 전문가주의 덫

지나치게 열정이 많고 자신이 생각하는 것 이상으로 유능하다고 믿는 상담자는 자신이 문제해결의 정답을 가지고 있다는 인상을 내담자에게 보여 주려는 과도함을 보이는 등 이른바 전문가주의 덫(the expert trap)에 빠질 수 있다(Miller & Rollnick, 1991: 68). 이것은 내담자를 수동적인 역할로 몰고 가는 경향이 있어서 동기강화상담의 기본 정신에 부합하지 않는다. 전문가의 충고에 내담자가 수동적으로 반응하는 역할만 보이면 내담자 자신의 동기화 구축을 기대하기 어렵다. 오히려 동기강화상담에서 전문가는 내담자 그 자신이다. 내담자 외에 어느 누구도 자신이 처한 상황에 대해 잘 아는 사람은 없다. 중요한 것은 내담자에게 무엇을 심어 주는 것이 아니라 내담자와 협력하는 것이다.

④ 진단명 붙이기의 덫

진단명 붙이기의 덫(the labeling trap)은 상담자와 내담자가 진단명을 붙이는 이슈에 쉽게 현혹될 수 있다는 점을 경계하라는 뜻이다. 어떤 이들은 상담을 진행할 때 "당신은 알코올 중독자입니다." "당신은 자신의 문제를 부정하고 있네요." 등과 같이 상담자가 내린 진단을 내담자가 받아들이는 것을 굉장히 중요하다고 생각하는 경우가 있다(Miller & Rollnick, 1991: 68). 그런데 우리가 누군가에게서 진단을 받는 것은 그리 유쾌한 경험은 아닐 것이다. 어쩌면 그런 진단으로 인해 마음에 깊은 상처를 받을 수도 있다. 또한 잘못 내린 진단명은 상담관계 전체를 위태롭게 만들 수도 있고, 상담자와 내담자 사이에 심한 말다툼이 생길 수도 있다. 따라서 동기강화상담에서는 내담자에게 진단명을 붙이는 것을 지나치게 강조하지 말라고 권고한다.

⑤ 성급한 초점 두기의 덫

대개 상담 중에 상담자는 어떤 한 주제에 초점을 맞추어 상담을 진행하길 원하는 데 비해, 내담자는 그보다 더 광범위한 문제를 다루길 원할 수도 있다. 그렇게 되면 문제

에 관한 관점이 다른 관계로 상담자의 입장과 내담자의 입장이 충돌하여 갈등이 생겨
날 수도 있다. 따라서 상담자가 자신의 관점에서 내담자의 문제를 정하고 성급하게 개
입해 들어가는 성급한 초점 두기의 덫(the premature-focus trap)에 걸리면, 내담자의 욕
구에 적절하게 부응한 개입이라고 보기 어렵다(Miller & Rollnick, 1991: 69-70). 아직 변
화할 마음의 준비가 덜 되어있는 내담자에게 대화의 초점을 내담자의 특정 부분에 정
조준하여 상담을 진행할 경우, 내담자는 이를 회피하면서 방어적인 자세를 보일 가능
성이 높다. 그렇게 되면 내담자의 핵심 문제라는 과녁을 한참 벗어난 화살 쏘기와 같은
일이 벌어지게 된다. 따라서 상담 초기에는 사전에 어떤 주제를 가지고 이야기할 것인
지에 대해 내담자와 논쟁하는 것을 삼가야 한다. 혹시라도 성급한 초점 두기로 상담관
계가 삐걱거릴 때에는 우선 내담자가 관심 있는 것부터 시작하여 경청하고, 내담자의
삶을 폭넓게 이해하는 자세를 가지는 것이 좋다.

⑥ 비난하기의 덫

첫 번째 상담에서 내담자의 변화동기를 구축하는 데 장애물로 작용하는 것은 내담
자가 자신이 비난받을 것에 대해 걱정하는 것이다. 만약 문제의 책임은 누구에게 있고,
누가 비난받아 마땅한지에 대한 쟁점들이 적절한 시기에 적합한 방식으로 다루어지지
않아 비난하기의 덫(the blaming trap)에 걸린다면, 내담자는 자신을 방어하기 위해 불필
요한 시간과 에너지를 낭비할 수 있다(Miller & Rollnick, 1991: 70). 분명한 사실은 문제
의 책임을 묻고 누구를 비난할 것인가는 그리 중요한 문제가 아니다. 다만 비난에 대해
내담자가 무엇을 걱정하고, 걱정하는 바가 무엇을 의미하는지를 잘 정리해 주는 것이
더 중요하다.

(2) 2단계: 변화실행의지 강화하기

1단계에서 내담자의 변화동기가 어느 정도 구축되었다면, 그다음에는 내담자로 하
여금 이 변화동기를 어떻게 유지하게 할 것인지가 상담의 효과를 가늠할 시금석이 된
다. 그래서 밀러와 롤닉은 2단계를 '변화실행의지 강화하기(strengthening commitment
to change)'라고 이름 붙이고 내담자 행동의 변화계획을 세우는 데 집중할 것을 강조하
였다(Miller & Rollnick, 1991: 113).

일차적으로 내담자의 변화동기를 탐색하기 위해 상당한 시간과 에너지를 쏟아 부어야 했던 1단계에 비해, 2단계는 상담의 진행 속도가 매우 빨라진다. 왜냐하면 2단계에 들어설 즈음에는 이미 대부분의 힘든 상담작업은 거의 끝났기 때문에 변화 여부를 두고 주저함은 사라지고, 오로지 변화에 대한 실행과 예상되는 장애물의 제거에만 관심이 집중된다. 더 이상 숙고의 시간은 필요 없기에 상담자는 내담자와 함께 안전에 유의하여 변화의 지경에 안착하도록 돕는 일이 가장 중요하다.

① 2단계 시작하기: 요점 반복해 주기

대체로 2단계의 시작은 '요점 반복해 주기(recapitulation)'로 시작한다. 이것은 지금까지의 상담 중에 드러난 내담자의 현재 상황을 상담자가 다시 한번 상기시켜 주고, 요점을 반복해서 설명해 주는 것이다. 이것은 또한 1단계 작업을 마무리하는 가장 좋은 방법이기도 하다. 요점의 반복에는 다음의 요소들을 포함하면 더욱 효과적이다.

- 내담자의 변화대화 속에 나타났던 문제에 대한 내담자 자신의 느낌이나 생각을 요약하기
- 변화하지 않고 그대로 있는 것의 장점이나 매력에 대해 약간의 인정도 하면서 이를 전부 포함한 내담자의 양가감정을 인정하기
- 변화의 중요성을 뒷받침하는 객관적인 증거들을 되새겨 보기
- 내담자가 변화를 원하고 의도하고 계획해 왔다는 표시와 변화에 대한 자신감을 가지고 있다는 사실에 대해 재진술하기
- 내담자 상황에 대한 상담자 자신의 평가, 특히 내담자 자신이 가지고 있는 염려와 함께하는 관점에서 평가하기

요점의 반복은 변화에 대한 실행마음 다지기로 넘어가기 전에 하는 마지막 준비이다. 상담자는 요점 반복을 하고 나서는 바로 다음과 같은 주요 질문을 할 수 있다(Miller & Rollnick, 2006: 184-185).

- "어떻게 하실 생각인가요?"
- "지금 이 시점에서 ~에 대해 어떻게 생각하고 있습니까?"

- "변화를 원한다면 어떤 변화를 생각하고 있나요?"
- "지금까지 이 모두를 돌아본 시점에서 이제 당신이 해야 할 일이 무엇이라고 생각하나요?"
- "당신이 지금 선택할 수 있는 것은 무엇인가요?"
- "지금과 같은 상황이 계속될 수는 없을 것 같군요. 이제 어떻게 해야 할 것 같다고 생각하나요?"
- "지금까지 우리가 얘기한 것들 중에서 어느 것이 가장 걱정되나요?"
- "이상적으로 생각해 볼 때, 상황이 어떻게 변했으면 좋겠습니까?"
- "변화를 선택하면 좋은 점으로 어떤 것이 있을까요?"

한편, 2단계에서 상담자는 내담자의 변화를 위해 다음의 두 경우에 한해서 최소한의 정보나 조언을 제공하기도 한다. 첫째, 내담자가 요청할 때이다. 둘째, 내담자의 허락을 받았을 때이다. 다음은 상담자가 내담자에게 필요한 정보나 조언을 제공하기 전에 자가질문을 통해 점검해 볼 내용들이다(Miller & Rollnick, 2006). 다음의 두 질문에 대한 대답이 '그렇다.'라고 판단되면 상담자는 내담자의 허락을 받은 뒤 필요한 정보를 제공해 주어야 한다.

- '이 주제에 관해 내가 내담자 자신의 생각이나 지식을 끌어냈는가?'
- '지금부터 내가 전달하고자 하는 조언이 내담자의 안전에 중요한 정보인가, 혹은 변화에 대한 내담자의 동기를 강화할 수 있는 것인가?'

또 다른 방법으로는 내담자로부터 정보나 조언 요청을 주문받을 수도 있다. 예를 들면, 종결요약을 하고 난 뒤에 "지금까지 우리는 상당히 많은 걸 이야기해 왔습니다. 당신은 이에 대해 많은 생각을 하는 것 같기도 하네요. 혹시 지금 저에게 물어보고 싶은 것이 있으신가요? 아니면 그동안 궁금했던 것이 있다면 그것이 무엇이었는지도 알고 싶습니다."라고 말할 수도 있다. 이렇게 말하면 내담자는 1단계에서 논의한 내용들에 대해 더 많은 정보를 줄 것을 요청할 수도 있다. 그리고 상담자도 잘 모르는 것을 내담자가 물어보면 일단은 잘 모르겠다고 솔직하게 대답하고, 그에 관해서 다음 시간까지 찾아보고 알려 주겠다고 말해 주는 것이 좋다(Miller & Rollnick, 2006: 189).

② 변화계획에 대해 합의 보기

변화계획은 상담자와 내담자가 같이 결정하고 합의를 보는 과정을 통해 발전시켜 나가게 된다. 이 과정으로는 목표 정하기, 방법 고르기, 계획 짜기, 열심공약 끌어내기가 있다(Miller & Rollnick, 2006: 190-198).

첫째, 내담자의 동기를 강화하는 목표를 설정해야 한다. 내담자가 향하고자 하는 목표와 그 내담자가 느끼는 현재 자신의 상태 사이에 불일치가 있을 때 동기가 생긴다고 하였다. 그렇다면 변화를 부추기기 위해서 제일 먼저 해야 할 일은 어느 방향으로 움직일 것인가 하는 분명한 목표를 정하는 것이다. 이를 목적으로 한 질문들은 다음과 같다.

- "상황이 어떻게 달라지면 좋겠습니까?"
- "변화하고 싶은 것은 무엇입니까?"
- "지금 하고자 하는 일이 완전히 성공한다면 무엇이 달라지겠습니까?"
- "한번에 하나씩 해 나가기로 합시다. 제일 먼저 무엇부터 할까요?"

그러나 목표 설정에 있어서 고려해야 할 점은 그 목표가 현실적으로 설정된 목표인가를 점검해야 한다는 것이다. 지금 현재의 행동과 앞으로 바라는 행동 사이에는 큰 차이가 있을 수 있으므로 다음과 같은 질문으로 내담자의 변화에 대한 걱정과 변화의지를 재확인시켜 주는 것이 좋다.

- "목표에 도달한다면 당신 인생이 어떻게 달라질까요?"
- "혹시라도 이 계획이 잘못된다면 어떤 생각을 하시겠습니까?"
- "이 목표에 도달함에 있어 어떤 점이 좋고, 어떤 점이 나쁠까요?"

둘째, 변화동기에 대한 목표가 설정되고 나면 목표를 어떻게 달성할 것인지에 대한 구체적인 방법들을 고려해야 한다. 동기강화상담에서는 내담자가 스스로 목표를 설정할 수 있도록 하기 위해 다양한 아이디어를 생각해 보도록 하는 브레인스토밍기법을 사용한다. 브레인스토밍기법은 변화계획을 만들기 전에 어떤 행동전략을 선택하는 데 유용한 방법이다. 아이디어에 대한 평가는 중요하지 않다. 상담자는 내담자가 제안한 아이디어에 대해 그것이 현실 가능하고 효과적인지에 대한 토론을 하지 말아야 한다. 그렇게 하면 내담자는 자유로운 분위기에서 다양한 아이디어를 내놓을 것이다(Miller & Rollnick, 2006).

이때의 아이디어는 바로 내담자가 직접 제안한 아이디어이어야 한다. 그 이유는 동기강화상담의 핵심은 내담자 내부의 힘을 이끌어 내고 주위 사람들의 지지도 함께 이끌어 내는 것에 있기 때문이다. 다만 동기강화상담에서는 상담자가 하나의 아이디어를 제시하기보다는 가능한 모든 해결책에 대한 아이디어를 제시해야 하는데, 이것은 마치 식당에서 잘 정리된 세트 메뉴를 제공하는 것과 같다. 예를 들면, "다른 사람들이 성공적으로 사용해 왔던 많은 방법이 여기에 있습니다. 이 중에 어느 것이 마음에 드십니까? 당신에게는 어느 방법이 효과가 있을 것 같다고 생각되십니까?"라고 아이디어 목록을 제시하는 것이다. 이처럼 아이디어 목록을 세트 메뉴처럼 제공하면 내담자는 그중에서 가장 마음에 드는 것을 선택하는 적극적인 입장을 취할 수 있다는 장점이 있다.

셋째, 내담자와 직접 타협하여 변화계획을 잘 짜야 한다. 가능하면 내담자의 생각이 많이 들어간 계획을 끌어내야 한다. 변화계획서를 함께 만들어 가는 것도 좋은 방법이다. 변화계획서는 내담자가 계획하고 있는 것을 요약한 것으로서 내담자와 충분히 논의하여 내담자의 목적과 욕구, 그리고 신념에 부합하는 계획을 짜는 데 효과적이다.

넷째, 열심히 실천하겠다는 약속을 이끌어 낼 수 있어야 한다. 이것은 내담자와 상담자가 상호합의하여 세운 계획들을 열심히 실천해 보겠다는 약속을 여러 사람 앞에서 다짐하는 것을 통해 강화된다. 이처럼 다른 사람들의 지지와 도움을 한데 모으다 보면 실제로 사회적 지지를 받는다는 느낌을 가질 수 있다는 이점이 있다. 가장 핵심적인 작업은 상담자가 변화계획에 따라서 성실한 자세로 그 계획을 실천하겠다는 내담자의 굳은 결심을 직접 표현하도록 도와 그 결심을 강화해 주는 것이다. 그런데 내담자가 아직 마음의 준비가 되어 있지 않다면 상담자가 일방적으로 밀어붙여서는 안 된다. 억지로 밀어붙이다 보면 이때까지 잘 나가다가 마지막에 가서 함정에 빠질 수도 있다. 비록 내담자가 오랜 시간 동안 변화에 대한 결정을 하지 못하고 주저하고 있더라도 "아직 결정 안 하셨습니까?"라는 질문을 섣불리 하지 않아야 한다. 대신 내담자가 현재 무엇을 생각하고 있고, 계획에 대해 어떤 생각을 가지고 있는지를 물어보는 것이 더 좋다.

> "아직 마음의 준비가 덜되었다면 지금은 변화계획을 위한 실천의 때가 아니라는 뜻일 것입니다. 너무 서두르지 않는 것이 좋겠어요. 이 일은 너무 중요합니다. 그러니 지금 당장 마음의 결정을 내릴 필요는 없습니다. 집에 돌아가셔서 잘 생각해 보시기 바랍니다. 그리고 다음 시간에도 이에 관해 좀 더 이야기할 수 있으니 염려하지 않아도 됩니다."

다음은 밀러와 롤닉이 제시한 2단계에서 상담자가 유념해야 할 부분에 대한 내용이다(Miller & Rollnick, 1991).

첫째, 양가감정을 과소평가해서는 안 된다. 대부분의 변화에 대한 결정은 하루아침에 갑자기 생기는 것이 아니다. 변화를 시작하려 하는 사람들도 변화할지와 말지를 주저하는 등 어느 정도의 양가감정을 가지고 있다. 시작이 좋다고 결과가 좋은 법은 없다. 변화를 위한 과정이 진전이 있다고 해서 양가감정이 사라지는 것은 아니므로 2단계에서도 여전히 내담자의 양가감정을 잘 수용해 주어야만 성공적인 상담의 결과를 기대할 수 있다.

둘째, 내담자가 받아들이기 어려운 계획을 내담자에게 함부로 제시하는 것도 금물이다. 내담자에게 다음과 같이 말하는 것도 동기강화상담의 정신에 어긋난다. "이제 변화할 준비가 된 것 같군요. 여기 적힌 대로 한번 해 보시죠." 지금까지 내담자의 변화동기를 이끌어 내기 위해 최대한 조심스럽게 접근해 놓고서는 정작 변화계획을 실행해야 할 시점에서 내담자가 받아들이기 어려운 변화계획을 제시한다는 것도 이치에 맞지 않다.

셋째, 내담자에게 도움을 너무 적게 주는 것도 적절하지 않다. 때로는 반영적 경청을 하는 것도 중요하지만 여러 대안을 제시하는 것도 효과적일 수 있기 때문이다. 그래야만 내담자의 변화동기가 타협 가능하고 내담자가 그 계획을 실천하려는 의지를 더욱 강화할 수 있다.

4. 동기강화상담의 평가와 적용

그동안 발간된 선행연구들을 살펴보면, 동기강화상담이 일정한 효과가 있음이 여러 차례 증명된 바 있다. 우선 스테케티 등의 연구 결과에 따르면, 인지행동치료에 동기강화상담을 추가적으로 받은 집단은 인지행동치료만 받은 집단에 비해 강박증의 증세가 비교적 빨리 회복되었다(Steketee et al., 2011). 콕스 등의 연구에서도 재활 치료를 받는 외상성 뇌손상(traumatic brain injury) 환자들이 구조화된 동기강화상담을 받은 경우에 목표 성취와 관련된 어려움을 보다 잘 해결하는 것을 증명해 보이기도 하였다(Cox et al., 2003). 이처럼 변화에 대한 동기가 효과적 치료를 이끈다는 사실이 경험적으로 지지되고 있으나, 다른 한편으로는 내담자의 개인차를 고려해야 할 필요가 있다(김향숙, 2011).

채핀 등은 양육 태도의 문제를 지닌 부모들에게 동기강화상담의 기법을 적용하여 그 효과성을 입증한 바 있다(Chaffin et al., 2009). 온더스마, 윈후센, 에릭슨, 스타인과 왕은 약물남용 재활치료를 받는 200명의 임신한 여성을 대상으로 동기강화상담기법을 적용하여 치료를 진행하였다. 그 결과, 변화에 대한 동기의 수준이 낮은 환자들은 변화실행 의지가 상대적으로 낮다고 보고하였다(Ondersma, Winhusen, Erickson, Stine, & Wang, 2009). 그뿐만 아니라 내담자의 변화동기를 강화하기 위해서는 사회적 지지도 중요하게 고려할 필요가 있다. 헌터-릴, 맥크래디, 힐드브랜트와 엡스테인의 연구 결과에 따르면, 변화동기는 알코올 중독자가 단주하는 데 직접적으로 영향을 미치지만, 중간에 주변 사람들의 지지가 어느 정도 되느냐에 따라 치료의 효과가 달라진다고 하였다 (Hunter-Reel, McCrady, Hildebrandt, & Epstein, 2010).

한편, 동기강화상담의 접근에서 고려해야 할 중요한 요소로 개인차 요인을 들 수 있다. 16회기의 상담으로 74명의 우울증 외래 환자를 연구한 맥브라이드 등의 연구 결과에 따르면, 치료동맹과 자발적 동기가 환자의 증상 완화에 가장 중요한 예측인자라고 보고하였다(McBride et al., 2010). 그러나 만성화된 우울증 환자에게는 예외적으로 그것들이 치료 효과와 무관한 것으로 나타났다. 동기에 대한 고려는 치료적 접근에 매우 유용하나, 이때 만성화된 정신질환자의 상태를 고려해야 할 필요성이 크다.

이처럼 동기강화상담의 효과성은 여러 실증적인 연구에 의해서 계속적으로 입증되고 있다. 특히 동기강화상담은 근거 기반 실천(evidence-based practice)으로 인정받고 있다. 불안장애, 외상후 스트레스장애, 강박장애, 우울증, 자살행동, 조현병, 범죄행동의 교정 등에서도 탁월한 효과를 나타낸다는 사실이 여러 연구에서 입증되고 있다.

동기강화상담은 2회기에서 4회기 정도의 단기중심의 상담 접근만으로도 12회기 이상으로 설계된 인지행동치료가 나타내는 것과 유사한 치료적 효과를 얻을 수 있다. 동기강화상담은 초기에는 알코올 중독이나 도박 중독과 같은 문제행동을 치료하기 위해 고안되었다. 그러나 지금은 식습관의 개선, 규칙적인 운동, 금연 등의 건강과 관련한 행동의 변화를 위한 상담으로 확대되어 사용되고 있다. 그리고 집단상담에서 사용할 때에도 매우 효과적인 상담기법으로 널리 인정받고 있다.

제14장

통합심리치료

군자는 어울리되 똑같아지지 않고, 소인은 똑같으되
함께 어울리지 못한다(子曰 君子和而不同 小人同而不和).
－「논어」 자로편 23장

1. 통합심리치료의 개념

1) 통합심리치료의 정의

상담전문가라면 아마도 "당신은 어떤 상담기법을 주로 적용하고 있습니까?" "당신이 적용하는 상담기법은 주로 누구를 대상으로 하는 건가요?" "혹시 그 상담기법의 적용에 예외가 되는 사람은 누구인가요?"라는 질문을 자주 받을 것이다. 이런 유형의 질문은 상담에 입문하고자 하는 동기가 강한 사람일수록 거의 통과의례처럼 물어보는 질문의 정석이라 할 수 있다. 만약 당신이 상담에 처음 발을 들여놓는 초심자(beginner)라면 앞 장에서 제시한 이론들을 두루 섭렵한 다음, 그중 자신에게 가장 편안하게 느껴지는 상담기법을 하나 선택하여 공부하는 것이 좋다. 아마도 그 기법은 당신의 성격에 가장 잘 맞는 기법일 가능성이 크기 때문이다(Corey, 2005: 1-3). 그런 다음, 그 이론을 자신의 메타이론(meta theory)으로 삼아 실제 상담 장면에서 적용해 보고, 당신의 능력과 자질에 맞게 수정하여 사용하는 것이 좋다.

그러나 오랫동안 상담학을 공부하였으나 성공적인 상담자가 될 수 없었다면 문제의 본질을 달리 보아야 한다. 당신에게 맞춘 이론적 틀은 이미 구조화된 일정한 형식을 갖추고 있기에 분노조절장애, ADHD, 행위 중독 등 지금 이 순간에도 새롭게 출현하는 현대인의 심리 문제들에 유연하게 사용하는 데 일정한 한계를 지닌다고 말할 수 있다. 이 이론의 창시자라 할 수 있는 코리는 통합심리치료를 다양한 이론적 틀과 치료 절차를 포함한 통합적 틀을 제공하여 효율적인 상담을 이끄는 상담전략이라고 소개하였다(Corey, 2005). 그것은 상담자가 다양한 이론을 평가할 능력이 없다면 내담자도 제대로 이해할 수 없을 것이라는 프레스턴의 견해(Preston, 1998)에 따른 주장이기도 하다.

지금까지 대부분의 상담자는 한 가지 상담이론만 추구하는 경향이 강하였다. 그러나 최근에는 내담자의 상황과 욕구의 다양성에 대한 사회적 각성이 크게 일면서 각기 다른 유형의 상담이론에서 사용하는 상담기법들을 통합하여 사용하는 상담자들이 늘어나고 있다. 통합심리치료는 내담자의 생각, 감정, 그리고 행동의 차원 모두를 연결하는 것으로서 실제 상담에서 매우 강력한 치유의 효과를 일으킬 수 있다. 그렇게 되기 위해서는 먼저 상담자 스스로가 다양한 심리치료이론에 정통해야 한다.

최근 상담학 분야의 거대한 변화의 흐름은 어느 하나의 심리치료이론에만 함몰되지 말고 여러 심리치료이론이 주는 지식에 기초하여 내담자의 생각과 감정 및 행동을 바라볼 것을 강조하고 있다. 그 이유는 하나의 심리치료이론으로 점차 복잡해지고 다양해지는 심리정서행동상의 문제를 호소하는 내담자를 치유하는 데 한계가 있기 때문이다. 그래서 통합심리치료는 코리가 현재 사용되고 있는 많은 상담 모델을 자신의 성격에 맞게 수정하고, 인간 경험의 사고와 감정, 그리고 행동을 고려하여 재구성한 이론으로 잘 알려져 있다(Corey, 2005).

이처럼 통합심리치료이론이 태동하게 된 계기는 인간의 문제를 해결하기 위해 실로 다양한 실용적 아이디어를 얻겠다는 개방적인 마음에서 출발했다고 볼 수 있다. 특정 이론의 개념이 내담자 현재의 삶을 더 잘 이해하는 데 도움이 될 수도 있지만, 그 이론적 한계로 인해 설명이 불가능한 영역이 존재할 수밖에 없다. 통합심리치료는 이러한 각각의 이론이 가지고 있는 단점들을 보완하여 상담학 분야의 실용지식을 확산하는 데 매우 중요한 기능과 역할을 담당하고 있다.

2) 통합적 접근방식의 기초

(1) 통합적 관점

상담에 대한 통합적 접근은 단일한 이론적 접근이 갖는 한계를 극복하고 이를 포괄하려는 시도라고 볼 수 있다. 통합적 관점은 상담자의 성격과 스타일에 들어맞는 개념과 기법을 역동적으로 통합하여 다양한 관점의 이론을 창조적으로 종합하는 것을 의미한다(Arkowitz, 1997). 통합적 관점을 시도하려는 두 가지 방법이 있는데, 그것은 바로 기법적 절충과 이론적 통합이다. 기법적 절충은 상담자가 특정 성격이론의 입장에 서는 것을 거부하고 다양한 이론에서 제시하는 상담기법을 혼합하여 사용하는 것이다. 이론적 통합은 상담기법들을 단순하게 혼합하는 것을 넘어 정반합(正反合)으로 새로운 이론적 틀을 창조하는 것이다(Norcross & Newman, 1992).

(2) 통합적 관점의 근거 이론

① 통합적 관점의 철학적 기반을 제공하는 실존치료

실존주의에서는 인간은 누구나 자각하는 능력을 가지고 있어서 각자 자신의 생활방식을 선택할 자유를 가지고 있고, 자신의 운명 또한 결정할 수 있는 등 자신의 인생을 책임지는 주체로 본다(Corey, 2005: 117). 실존주의에서는 한 가지 특정한 기법에 얽매일 필요가 없다고 생각한다. 그런 관점에 따라 통합심리치료에서는 실존주의의 관점을 도입하여 상담자는 내담자가 스스로 자신의 내면을 탐색하게끔 돕는 안내자 역할을 수행할 것을 강조한다.

② 게슈탈트상담기법과 심리극기법을 활용하여 내담자의 자각 돕기

게슈탈트 관점에서 볼 때, 내담자의 감정과 사고, 신체적 감각, 그리고 행동 모두는 매 순간마다 달라진다고 할 수 있다. 그렇기 때문에 내담자의 내면세계를 이해하기 위해서는 내담자가 자각하고 있는 모든 것에 초점을 맞추는 것이 필요하다(Corey, 2005: 119-120). 통합심리치료에서는 게슈탈트치료나 내담자에게 과거와 관련된 고통스러운 기억과 감정을 현 시점에서 재현할 수 있는 기회를 제공하기 위해 게슈탈트상담기법이나 심리극기법을 부분적으로 활용하기도 한다.

상담자가 이 기법들을 능숙하게 사용할 줄만 안다면 내담자 스스로 자신의 행동과 생각을 자각하도록 만드는 데 큰 도움이 된다. 내담자는 심리극을 통해 자신에 대한 깊이 있는 이해력과 감정변화를 탐색하여 새로운 행동기법을 개발할 기회를 가질 수 있다. 내담자는 자신의 인생사에서 중요했던 사건을 직접 역할연기하면서 그 당시에는 미처 표현하지 못했던 부정의 감정을 자유롭게 표출할 수 있는 기회를 얻게 된다.

③ 행동주의기법 활용하기

심리상담에서는 개인의 정서도 중요하지만 인지와 행동의 변화를 꾀할 때에는 행동주의기법을 적극 고려해야 한다. 실제로 상담은 내담자의 인지, 정서, 그리고 행동을 변화시키기 위해 교육적인 방법을 주로 사용한다. 합리정서치료, 인지치료, 현실치료 등과 같은 행동지향적인 치료기법의 기본 가정도 큰 관점에서 보면 하나의 교육과정이라고 볼 수 있다(Corey, 2005).

첫째, 통합심리치료의 통합적 관점은 합리정서치료의 지식 기반으로부터 내담자의 인지구조를 바꿈으로써 정서와 행동을 변화시킨다는 가정을 수용한다. 그 결과, 통합심리치료에서는 개인의 인지, 정서, 그리고 행동수정의 원리를 통합한 상담기법을 사용한다.

둘째, 인지치료의 지식 기반의 활용성도 매우 크다. 통합심리치료에서는 내담자들도 치료 과정의 구조와 방향을 잘 알도록 하기 위해 내담자의 자조(self-help) 역량을 격려하고 치료전략이 얼마나 잘 작동하고 있는지 지속적으로 피드백을 제공하는 인지치료기법을 응용하여 사용한다(Alford & Beck, 1997; Beck, 1995). 코리는 이것이 내담자를 치료의 파트너로 존중하고, 치료 방향을 존중하고 결정하는 과정에서 일정한 책임감을 느끼게 해 주는 부수적 효과로 이어질 수 있다고 믿었다(Corey, 2005: 123).

셋째, 현실치료의 지식 기반의 활용성은 자기감정에 대해서 스스로 책임이 있다는 가정을 받아들이는 것으로부터 시작된다. 예를 들어, 우울감은 어느 날 갑자기 혜성처럼 나타났다 사라지는 것이 아니라 우리가 무엇을 했고, 어떤 생각을 했는지에 대한 결과물이다. 그런 점에서 볼 때 우울감은 역설적이게도 우리가 능동적으로 생각하여 만들어 낸 선택물이라 할 수 있다. 그래서 현실치료에서는 개별 행위(acting)와 사고 (thinking), 그리고 감정(feeling)과 생리(physiology)의 네 가지는 분리될 수 없는 '전체로 서의 행동(total behavior)'으로 간주됨이 마땅하다고 주장한다(Glasser, 2000). 따라서 전체로서의 행동을 변화시키기 위해서는 먼저 행위와 사고를 변화시켜야 함을 강조한다. 통합심리치료에서는 이러한 현실치료의 치료전략을 적극적으로 받아들여서 나름의 구조화된 방식으로 상담 장면에서 응용하고 발전시켜 나가고 있다.

　이외에도 통합심리치료에서는 내담자의 독특한 생활방식의 개선을 위해 아들러의 개인심리상담에서 사용하는 상담기법을 가져와 적극 활용하고 있다. 그리고 가족 내의 갈등과 문제를 해결하기 위해 체계이론의 관점에서 개인과 가족성원 모두의 변화를 위한 단기치료중심의 상담기법들을 상담 장면에서 적극 활용하고 있다.

2. 통합심리치료의 이론적 배경

1) 치료동맹의 관계 형성의 중요성

　통합심리치료에서는 내담자와 상담자 간의 치료동맹의 관계 형성을 특히 중요하게 생각한다. 상담을 진행하는 과정에서 두 사람의 만남과 관계의 질(質)은 상담의 목표 달성의 중요한 디딤돌로 작용한다. 상담은 내담자와 상담자가 함께 떠나는 긴 여행길과 같다. 상담자는 내담자의 내면을 찾아 떠나는 긴 여행길의 길동무이다. 이처럼 치료 관계는 내담자의 자각을 증가시켜 내담자의 사고와 감정, 행동을 변화시키는 데 매우 중요한 역할을 담당한다(Corey, 2005: 19-22). 다음은 효과적 치료동맹관계의 중요성을 설명하는 주요 개념이다.

- 상담에서 상담자와 내담자 간 만남의 질적 특성은 긍정의 변화를 유발하는 가장 중요한 치료요인이다.
- 상담자의 역할은 치료 과정 중에 내담자와 함께 있어 주는 것이다.

- 상담자는 진실한 행동을 보여 주어 내담자가 이를 본받게 해야 한다.
- 상담자는 내담자와 좋은 관계를 맺고, 내담자가 치료의 중심이 되도록 해야 한다.
- 상담자는 내담자로 하여금 자신의 내면에 대한 자각이 일어나도록 도와야 한다.
- 상담자는 내담자가 새로운 생활방식을 시험할 수 있도록 환경을 조성해 주어야 한다.

그렇다고 상담자가 지나치게 치료관계에 얽매여서 관계 형성을 위해 어떤 특별한 상담기법을 사용해야 할 것인지 조바심을 낼 필요는 없다. 그저 상담자는 내담자가 자신의 경험세계를 어떻게 자각하도록 도울 것인지를 고민하기만 하면 된다. 따라서 상담자는 먼저 내담자에게 진실한 태도를 보여 주어야 한다. 그러기 위해서는 자기개방을 잘해야 한다. 치료 과정에서 상담자가 가식적인 행동을 보인다면 내담자도 상담자를 경계하여 거짓된 반응을 보일 것이다. 상담자의 자기개방은 내담자에게 상담자가 신뢰할 수 있는 사람이라는 느낌을 준다. 그리고 이 기법은 인간중심상담이나 게슈탈트상담, 현실치료 등에서도 공통적으로 적용되는 관점이다.

한편, 상담자는 상담 중에 드러나는 내담자의 경험에 민감하게 반응할 줄 알아야 한다. 정확한 이해에 바탕을 두고, 내담자의 주관적인 경험세계를 이해하기 위해 부단히 애를 써야 한다. 내담자의 감정을 상담자 스스로 느끼면서 내담자의 주관적 세계를 공유할 수 있다면 내담자의 사소한 감정변화 한 가지도 놓치는 일이 없을 것이다. 그런 점에서 상담자의 공감능력은 내담자의 자기이해를 촉진하고 내담자의 신념과 세계관을 명료화하는 데 큰 도움이 된다. 그리고 이러한 공감능력은 상호존중과 신뢰를 바탕으로 하는 치료동맹의 관계가 결여되어 있을 경우에는 아무런 의미가 없다.

2) 치료동맹관계와 상담자의 자세

(1) 상담 초기에 필요한 상담자의 과업

① 상담에 임하는 상호 간의 의무 확인하기

상담 초기에는 내담자가 기꺼이 자신을 탐색해 나갈 수 있는 분위기를 조성해 주어야 한다. 특히 내담자와 처음 만나는 첫 번째 상담에서는 이런 분위기가 향후 치료관계의 형성에 긍정적인 영향을 준다. 일단 상담자와 내담자가 협력적 동반자의 관계를 형성하게 되면 내담자는 자신의 문제를 어떻게 평가해야 하는지와 어떤 방식으로 해결방안을 찾을 것인지에 대해 유용한 정보를 제공받을 수 있다(Corey, 2005: 22-25).

내담자는 자신이 현재 겪고 있는 문제를 명확하게 이해할 수 있는 방법과 스트레스에 대처할 수 있는 문제해결전략을 상담자에게 배운다. 그러기 위해서는 내담자가 자발적으로 자기탐색에 나서야 할 의무가 있다. 첫 번째 상담부터 상담자는 이러한 의무를 감당할 수 있는 능력이 내담자 내부에 존재하는지 파악해야 한다. 그리고 내담자가 가지고 있는 자원과 잠재력을 일깨워 주고 고무해 주어야 한다.

② 내담자의 가족체계와 문화적 맥락 고려하기

통합심리치료에서는 내담자 가족의 과거와 현재를 평가하고 가족체계의 상호작용을 면밀히 검토하는 일을 중요시한다. 가족체계 내의 역기능적 의사소통구조와 행동양상은 대개 세대를 거쳐 전수될 정도로 쉽게 고치기 어려운 문제이다. 그래서 가족체계이론에서도 한 가족성원의 변화된 행동은 다른 가족 모두에게 직간접적으로 영향을 미치게 되어 있다. 그러므로 내담자의 가족성원 간의 영향관계를 고찰하고, 그 환경적 맥락을 고려하여 개입하는 것이 필요하다. 일차적으로 가족은 내담자가 사회생활을 하면서 타인들과 어떻게 관계를 맺고 행동하는지를 알려 주기 때문에 내담자의 내면을 이해하도록 돕는 열쇠라 할 수 있다. 이외에도 내담자는 학교나 사회생활을 하면서 연령과 성별, 그리고 인종과 종교 등의 이유로 받은 사회적 차별 때문에 좌절감을 경험했을 수도 있다. 상담자가 내담자를 이러한 부당한 환경에 안주하게 방치하는 것은 온당치 않다. 통합심리치료에서는 여타의 차별 문제로 좌절을 경험하고 있는 내담자들의 문제를 외면하지 않고 작은 변화라도 일으키기 위한 노력을 지속적으로 기울이고, 내담자의 변화의지를 지지하고 격려한다.

(2) 치료동맹의 관계를 위한 상담자의 자세

내담자는 자신이 존중받고 있는지의 여부를 상담자의 경청의 태도와 공감적 반응을 통해 직감적으로 체감할 수 있다. 존중과 진솔성, 그리고 공감이란 '있는 그대로' 내담자를 이해한다는 것에서 시작되는 기초적인 상담기법이다. 그래서 치료동맹의 관계는 쌍방향의 의사소통 과정이다(Corey, 2005: 26-28). 하지만 일정 부분 효과적인 상담을 진행하기 위해서는 상담자가 상담의 주제를 초점화하여 진행하는 것이 필요하다. 그러기 위해서 먼저 상담자는 내담자가 호소하는 걱정거리들을 평가해야 한다. 이외에도 상담자는 내담자가 도움을 요청하기로 결심한 결정적인 사건에 주목해야 하며, 문제의 시급함을 따져서 개입을 시도해야 한다. 현재 그를 가장 어렵게 만드는 문제는 무엇이며, 변화되기를 바라는 상황은 무엇인지 확인해 보아야 한다. 진실로 상담자의 권위는 내담자와 진실한 대화를 나누는 과정에서 생성된다.

3) 치료목표의 설정

(1) 치료목표 설정하기

통합심리치료의 목표는 치료동맹의 관계를 확립하는 데 있다. 이것은 내담자 스스로 현재 당면한 문제를 해결할 수 있는 기본 정보를 제공해 준다. 상담목표의 설정 과정에서 상담자가 해야 할 일은 내담자가 오랫동안 생각해 왔던 고민들에 관심을 집중시키고, 구체적인 질문을 통해서 자기반성적인 해답을 유도하는 것이다. 이때 상담자가 내담자에게 던질 수 있는 질문은 다음과 같다(Corey, 2005: 36-38).

- "만일 당신이 스스로 만족한다면 무엇 때문에 그렇다고 생각하십니까?"
- "당신은 무엇을 진정으로 원하십니까? 또 당신의 인생이 어떻게 되기를 바라십니까? 그것을 가능한 한 구체적으로 말해 볼 수 있으십니까?"
- "어떨 때 자신이 형편없다고 느껴지십니까?"
- "당신이 특별히 좋았다고 생각하시는 시절은 언제입니까? 혹시 '그러지 않았더라면 좋았을 텐데.'라고 생각했던 일이 있으셨다면 그때가 언제입니까?"

이러한 질문에 내담자가 그것을 스스로 정의할 수 있다면 치료의 목표는 보다 뚜렷해질 수 있다. 이때 상담자는 내담자의 이야기가 이 틀을 크게 벗어나지 않도록 주의를 환기하고 초점을 맞추도록 노력해야 한다.

(2) 다양한 치료목표 검토하기

통합심리치료의 초기단계에서는 내담자의 개인적인 가치에 따라 가능한 한 광범위하게 인지 · 정서 · 행동상의 목표를 종합적으로 검토하는 것을 중요시한다. 치료목표는 이를 근거로 단계적으로 확대되기에 다음의 세 가지 측면에 기초하여 이미 설정한 목표를 검토해야 한다(Corey, 2005: 38-41).

① 인지적 목표 검토

내담자의 가치에 따라 치료목표를 세우기 위해서는 먼저 상담자의 신념체계부터 검토해야 한다. 상담자의 신념체계에 문제가 있거나 상담 과정의 전 과정이 오로지 상담자 자신만의 책임이라는 생각은 스스로를 불안하게 만들 뿐만 아니라 내담자의 의존성만 높이는 결과를 초래할 수 있다. 그러므로 통합심리치료에서는 상담자 스스로가 다음의 생각들을 갖고 있는 것은 아닌지 점검해 볼 것을 강조한다.

- 나는 항상 유능하며 완벽해야만 한다.
- 내가 전문가라는 사실을 모든 내담자가 인정해 주었으면 한다.
- 나는 내담자가 처한 모든 문제 상황에 대한 해답을 갖고 있어야 한다. 그렇지 못하면 나는 상담자로서의 자격이 없다.
- 내담자가 좋아지고 나빠지는 것은 모두 상담자인 나의 책임이다.
- 내담자가 상담을 포기하는 것은 내가 부적절하게 행동했기 때문이다.

② 정서적 목표 검토

상담자는 내담자가 겪고 있는 근심거리를 구체적으로 표현하도록 돕는다. 내담자는 현재의 상황을 곤란하다고 느끼면서도 변화를 두려워하는 양가감정을 가지고 있다. 통합심리치료에서는 게슈탈트치료기법을 활용하여 내담자들이 순간순간 느끼는 감정들을 표현하도록 도와 내담자의 감정 중 가장 두드러진 정서에 집중하여 정서적인 목표를 검토하도록 함으로써 치유의 효과를 얻으려고 노력한다. 예를 들면, "지금 무엇이 느껴지십니까?" "지금 이 순간 무엇을 깨닫고 있으십니까?" "지금 어떤 것을 경험하고 있으십니까?"라는 질문을 통해 정서적인 측면에 근거를 두고 다양한 상황에서 발생하는 내담자의 정서를 반영하고, 동시에 그에 따른 신체변화도 주목하도록 돕는다.

③ 행동적 목표 검토

통합심리치료에서는 구체적인 행동목표를 설정하지 않고 상담이 성공할 가능성은 거의 없다고 보기 때문에 내담자가 취할 수 있는 구체적인 행동변화의 목표 설정을 강조한다. 내담자에게 가장 적합하고 균형 잡힌 행동목표를 설정하는 것은 매우 중요한 치료 과업이며, 다음은 내담자에게 필요한 구체적 행동목표를 정리한 것이다.

- 변화를 원하는 구체적 목록과 과제를 세부적으로 기록하는 것
- 휴식과 수면 시간을 충분히 확보하는 것
- 일하는 시간과 여가 시간을 분명하고 균형 있게 배분하는 것
- 어렵고 당황스러울 때 기꺼이 도움을 청하는 것
- 자신에게 가장 적합하고 즐거운 운동을 발견하여 시작하는 것

3. 통합심리치료에서 사용되는 상담기법

1) 첫 번째 상담 시작하기

통합심리치료에서는 여러 심리치료이론을 통합하여 사용하기 때문에 실제 사례를 중심으로 설명하는 것이 이해의 폭을 넓히는 데 큰 도움이 된다. 다음은 현모양처가 되고 싶었던 한 내담자의 이야기이다(Corey, 2005).

〈현모양처가 되고 싶었던 루스(Ruth)의 사례〉

그는 4명의 10대 자녀를 둔 서른 아홉 살의 여성이다. 이미 여러 차례 불안증과 신체화 증상을 경험한 끝에 처음 상담실을 내방하게 되었다. 그는 지금껏 자신을 위한 삶이 아니라 가족을 위해서만 살았다는 것을 최근에 와서야 깨달았다. 그는 자신을 가족을 위해 모든 것을 다해야만 하는 슈퍼우먼 같은 사람이었다고 평가하였다. 평소 그는 현모양처가 되려고 부단히 애를 써 왔다. 어쩌면

그것은 스스로가 원래 그런 역할을 기대한 것이기도 하지만 지금은 가족에게 더 해 줄 게 없다고 생각하고 있다. 현재 그는 거울 속에 비춰진 자신의 모습이 초라해 보여 보기 싫다고 말하고 있다. 어릴 때에는 가족으로부터 온갖 잔소리를 듣고 자랐다고 한다. 가족이 바라는 것이 무엇인지 전전긍긍하며 살기도 했다고 한다. 또한 그는 초등학교 교사가 되고 싶었지만 주눅이 들어 잘 해 낼 자신이 없었다고 한다. 그래도 옳은 일을 하려고 노력하며 교회도 열심히 다니고 있다고 한다. 하지만 아버지가 세운 교회를 떠난 것에 대한 죄책감을 아직 떨쳐 내지 못하고 있다. 또한 가끔 부모님이 자신을 버린 것처럼 느끼기도 한다. 상담을 통해 기대하는 바는 없고, 상담자가 할 일을 다 말해 주고 그대로 행동하면 자신의 상황이 나아질 것이라는 그저 막연한 기대만 가지고 있다.

통합심리치료의 첫 번째 상담 시간에 내담자는 상담자에게 자신의 얘기를 털어놓아도 안전한지를 먼저 생각하게 된다. 그래서 상담자는 첫 번째 상담 시간에 내담자의 문제와 내담자가 내방한 이유, 그리고 내담자가 어떤 도움을 받기를 원하는지 경청해야 한다. 이처럼 상담 과정과 상담자와 내담자가 각자 어떤 역할을 수행해야 하는지에 대해 이해하는 것은 매우 중요하다. 통합심리치료 초기에는 인간중심 접근법이 주로 사용된다. 이 방법은 내담자가 경험하는 세계를 이해하는 데 도움이 된다. 대부분의 상담 내용은 내담자가 제공한 것이며, 내담자의 생각과 느낌, 행동에 대한 것이다. 다음은 첫 회기 상담에서 사용 가능한 대화이다.

상담자: "상담을 하려고 오게 된 동기를 말씀해 주시겠습니까?"

내담자: "최근 목과 어깨가 뻐근하고, 숨 쉬기도 힘들어서 병원에 가 봤어요. 진찰을 해 보니 신체적으론 아무 문제가 없답니다. 주변에서 스트레스 때문에 그렇다고 상담을 받아 보라고 해서 왔어요."

상담자: "신체적으로 아무런 문제가 없다는 말에 위안이 되었겠군요."

내담자: "네, 그래요. 심장에 이상이 없어서 일단 안심했지만 걱정을 정말 많이 했어요. 그런데 지금은 그게 뭔지 모르겠어요."

… (중략) …

상담자: "오늘 우리가 해야 할 일은 상담의 진행방식과 앞으로 우리가 함께할 일들에 대해 얘기하는 것입니다. 이것은 상담이 어떻게 진행되는 것인지를 이해하는 데 도움이 됩니다. 그리고 말씀하기 어려운 것을 얘기할 수 있도록 도와주는 것이 제 일입니다."

내담자: "상담하러 오기 전에 무슨 얘기를 할지 미리 정해서 와야 하나요?"

상담자: "생각을 한번 해 보시는 것도 좋겠네요. 제 역할은 당신을 지지하고 경청하는 것입니다. 그리고 그것이 어떤 의미를 가지는 것인지에 대해 함께 대화를 나눌 것입니다. 그렇다고 당신의 결정을 대신 내려 주지는 않습니다."

2) 상담관계 형성하기

통합심리치료에서는 상담자와 내담자의 관계의 질을 가장 중요한 치료 요인으로 본다. 상담자가 상담기법을 배우고 익히는 것도 중요하지만, 내담자와 함께하고 내담자의 말에 경청하는 능력을 갖추는 것이 더 중요하다. 다음의 사례를 보면, 상담자와 내담자 사이에서 내담자는 이미 많은 상처를 받았다는 걸 인식하고 있기 때문에 노출되는 것을 걱정한다. 이때 상담자는 내담자가 너무 드러냈다고 하면 불안해할 필요가 없다고 말해 주면서 신뢰관계 형성을 시도한다.

상담자: "지난주 상담 후에 어떤 생각이 들었는지 말씀해 주시죠."

내담자: "지금껏 제가 이기적이었다고 생각했어요."

상담자: "그렇게 생각하신 이유는 무엇인가요?"

내담자: "그냥요. 지난 시간에 질문을 많이 받고 선생님이 제 생각에 관심을 가져주는 것이 왠지 어색하게 느껴졌어요. 저에게 신경을 써 주는 누군가가 있다는 것이 익숙하지 않은 것 같아요."

상담자: "비록 할 말이 있더라도 처방하듯이 일방적으로 말하진 않을 겁니다. 그렇게 하고 싶지는 않아요. 그렇게 되면 당신은 새로운 문제에 부딪힐 때마다 저를 찾아와서 '이제 어떻게 하죠?'라고 묻겠죠. 그것이 어떤 면에서 더 쉬운 방법일 수도 있을 것입니다. 하지만 어떻게 해야 한다고 쉽게 말하지는 않을 겁니다."

내담자: "저는 남편 말고는 남자에게 말을 잘 하지 않아요. 낯선 사람과 얘기하는 건 처음이고, 선생님이 어떤 사람인지 제가 잘 모르잖아요."

상담자: "그 말씀은 어느 정도 저를 경계하고 있다는 말씀으로 들립니다. 제가 당신을 어떻게 생각하고 받아들이고 있는지를 의식하고 있는 것 같기도 하고요."

내담자: "그건 낯선 사람을 믿을지 말지를 정하는 제 나름의 방식입니다."

상담자: "그렇군요. 시간이 좀 걸리겠죠. 하지만 절 어떻게 생각하고, 믿음을 가지는 데 방해가 되는 요인이 무엇인지는 얘기해 주었으면 합니다."

내담자: "제가 무슨 말을 꺼낼지 걱정이 되네요. 너무 많이 드러낼까 봐요."

상담자: "잠시만 그것에 대해 얘기해 봅시다. 너무 많이 드러내면 어떤 일이 벌어지나요?"

내담자: "불필요한 제 생각이 노출되는 것은 두려운 일인 것 같아요."

3) 상담목표 설정하기

상담관계가 형성되고 나면 내담자가 변화목표를 세우도록 도와주어야 한다. 이때 상담자와 내담자는 서로 협력하여 목표를 세워야 한다. 통합심리치료에서는 매 회기마다 내담자와 상담자가 그 회기의 목표를 별도로 세우는 것이 좋고, 목표를 세울 때 이번 회기에서 말하고 싶은 것과 말하고 싶지 않은 것을 구분하도록 도와야 한다. 그리고 내담자가 용기를 내어서 자신의 감정과 경험을 노출하면 어떤 도움을 받을 수 있는지 안내하면서 상담의 초점을 맞추어 나가는 것이 중요하다. 뚜렷한 상담목표는 상담의 방향을 성공적으로 이끈다.

상담자: "이번 시간에는 앞으로의 구체적인 상담목표에 대해 얘기하는 시간을 갖도록 하죠. 오늘 얘기한 목표를 끝까지 고수할 필요는 없습니다. 당신이 원하는 것이나 상담을 받으러 온 이유를 어떻게 탐색해 나갈지 생각하는 게 중요하죠. 이것에 대해 막 떠오르는 것이 있나요?"

내담자: "목록을 작성해 봤어요. 먼저, 자신 있는 외모를 가졌으면 좋겠어요. 또 다른 목표는 딸과의 관계를 개선하는 것입니다. 예전엔 친밀감을 느꼈는데 더는 그런 느낌이 들지 않아요."

상담자: "이번 시간에 무엇을 얻으려고 하는지를 생각하는 게 당신에게 도움이 될 것이라고 생각합니다. 학교, 다른 사람의 인정, 체중, 딸과의 관계 개선, 이외에 또 생각나는 목표가 있습니까? 여러 목표를 말씀해 주셨는데, 회기 중에 바꿀 수 있습니다. 만약 말할 준비가 되어 있고, 한 시간 더 얘기할 수 있다면 어떤 걸 선택할 거죠? 제일 먼저 무엇이 떠오르나요?"

내담자: "음...... 아마도 남편과의 관계겠죠."

상담자: "상담목표를 명확히 하는 것은 상담 과정 내내 이루어집니다. 이 목표는 여기서 끝이 아니고 시작이라고 할 수 있습니다. 매주 당신에게 원하는 걸 계속 생각하고 다듬고 수정해 볼 것을 권유할 것입니다. 그것은 이기적인 것이 아니라 당신의 삶에서 자신이 무엇을 원하고 어떻게 달라지기를 바라는지 알게 해 주기 위해서이죠. 목표를 단정하는 게 아닙니다. 다만 당신이 막연하게 생각하던 것을 나름대로 구체적인 계획으로 세우는 데 도움이 될 것입니다."

4) 저항을 이해하고 다루기

상담자는 내담자의 저항이 사라지길 바라지만 저항 또한 상담 과정의 중요한 요소가 될 수 있음을 이해해야 한다. 행동주의치료자들은 저항이라는 개념을 거부하고 내담자가 저항한다면 상담자가 정확한 평가를 내리지 않았거나 적절한 기법을 사용하지 않았다고 할 것이다. 저항에는 여러 형태가 있다. 말이 많아지고, 지성화의 방어기제를 사용하기도 하고, 침묵하거나 주저할 수도 있다. 저항은 제거해야 하는 것이 아니라 탐색과 학습의 기회로 삼아야 한다.

> 상담자: "오늘 여기 오실 때 어떤 생각이 들었습니까?"
>
> 내담자: "그냥 여기서 나가고 싶었어요. 상담을 끝내고 싶어요. 왜 그런지는 잘 모르겠어요. 혼란스럽고 여기 있는 게 어색하게 느껴져요. 여기서 얘기하고 배운 걸 집에서 적용하지 못하고 인정받을 수 없다면 무슨 소용이 있죠?"
>
> 상담자: "가족은 당신의 변화를 좋아하지 않을 수도 있습니다. 예전 모습이 훨씬 더 좋다고 할 수도 있어요."
>
> 내담자: "그런 일이 일어나고 있어요. 좋아지기도 전에 더 나빠졌어요. 앞으로 더 좋아질 거란 생각이 안 듭니다."
>
> 상담자: "저도 장담은 못합니다. 그냥 당신이 되는 겁니다. 그만두고 싶은 자신이 되세요. '너무 힘들어서 더는 못하겠다. 사람들을 설득하는 데 지쳤다.'라는 입장 말입니다. 저는 다른 부분이 될 겁니다. 계속하기를 바라는 쪽이요."
>
> 내담자: "좋아요."
>
> … (중략) …
>
> 상담자: "좀 전에 여길 나가고 싶다고 했는데 뭘 하려고 하셨나요?"
>
> 내담자: "여기서 나가고 싶지만 그냥 여기 있게 되네요."
>
> 상담자: "그럼 왜 여기 있게 된 거죠?"
>
> 내담자: "전화로 오늘 약속을 취소할 생각이었어요. 아프다고 하고요. 그래야 오기 싫어한다는 생각을 안 하실 테니까요."
>
> 상담자: "어떤 게 맞는지 몇 가지 얘기해 볼게요. 두려움에 대해서 말이죠. 가족에게 비난받는 것이 두려운 거죠? 비난은 결심을 무너뜨리죠. 그래서 그냥 포기하고 싶은 거예요."
>
> 내담자: "미처 깨닫지 못했는데 두려운가 봐요."

상담자: "집에 가서 상담을 그만둔다고 한번 써 보세요. 하루 정도 시간을 가지면서 상담을 중단한다고 생각

하고 가능한 한 예전의 모습으로 되돌아가 보세요. 또 다른 날에는 상담을 계속하고 싶은 이유를 적어 보

세요. 어떤 생각이 드는지 1주일간 해 보세요. 하실 수 있겠습니까?"

내담자: "네, 할 수 있어요. 한번 해 보죠."

5) 내담자의 전이반응 처리하기

내담자의 전이반응을 이해하는 데 있어서 가장 도움이 되는 이론은 정신분석적 접근이다. 내담자는 자신의 문제나 배우자에게 느끼는 감정을 상담자에게 투사하는 경우가 많은데, 통합심리치료에서도 이 방어기제를 잘 다루어 주어야 한다. 전이는 상담관계를 깊이 있게 만들어 주며, 내담자는 이를 통해 과거의 경험이 현재에 미치는 영향을 보게 된다.

내담자: "선생님과 얘기하면서 아버지 얼굴이 떠올랐어요."

상담자: "거기에 대해서 좀 더 자세히 얘기해 보시죠."

내담자: "좌절감이 느껴져요. 아버지와 있을 때 느낀 감정을 없앨 수가 없어요. 아버지는 저 위에 있고, 나는

저 밑에 있는 그런 느낌이랄까요? 상담을 받으면서도 한쪽에선 '선생님은 널 그렇게 생각하지 않지만

넌 그렇게 생각해야 해! 너무 오래 걸려서 분명 실망했을 거야.'라는 생각을 했어요. 제가 선생님께

어떻게 보이는지 모르겠어요. 그런 걸 생각하면 화가 나요. 선생님은 제가 무슨 말을 할지 항상 다 알

고 있는 것 같아요."

상담자: "저에게 엄청난 힘이 있다고 생각하시네요. 저에게 그런 능력은 없어요. 당신이 얘기하지 않으면 알

수가 없죠. ○○ 님은 제가 어떤 사람이라고 많이 의식하시는군요."

6) 내담자의 과거가 현재에 미치는 영향 탐색하기

통합심리치료에서는 내담자의 과거가 현재에 미치는 영향을 충분히 이해하기 위해 과거로 돌아갈 필요가 있다고 생각한다. 그런 점에서 개인력은 내담자의 현재 문제를 이해하는 기초로, 과거의 영향과 성장 경험을 탐색하도록 도와주는 기초 정보가 된다.

통합심리치료에서는 내담자의 과거 탐색을 돕기 위해 과거의 일을 현재로 끌어들이는 역할연기와 게슈탈트기법을 사용한다. 그리고 상담자는 가능한 한 내담자가 자신의 문제를 말하기보다 현재에 문제가 있는 것을 경험시켜 주려 노력해야 한다. 다음의 사례를 보면, 내담자는 자신의 욕구를 남편에게 말하는 데 성공했음을 알 수 있다.

> 내담자: "지난주부터 과거에 대한 생각을 많이 했어요. 이번 주일에 교회를 가며 교회에서 어떻게 성장했는지, 아버지가 목사인 것이 제게 어떤 영향을 미쳤는지 머릿속에 계속 떠오르는 사건이 하나 있는데요. 그 생각이 계속 납니다. 말씀 드리기가 좀 곤란한데……."
>
> 상담자: "한번 말씀해 보시겠어요?"
>
> 내담자: "그냥 한번 말해 볼게요. 늘 함께 놀던 남자아이가 있었는데 하루는 그 애랑 의사놀이를 하다가 그 아이가 제 옷을 벗겼죠. 그걸 아버지가 보시고는 안으로 들어오시더니 저에게 고함을 치셨죠. 전 아버지가 저에게 정말 실망하셨단 걸 알았죠. 그때의 아버지는 정말 다르게 느껴졌어요."
>
> 〈역할연기를 제안〉
>
> 상담자: "절 아버지라 생각하세요. 아무 말도 안 할게요. 저를 쳐다보시고요. 지금이 그 상황인 거예요. 어떤 생각이 드는지 말씀해 보세요."
>
> 내담자: "아빠, 죄송해요. 왜 그런 일이 일어났는지 모르겠어요. 절대 그런 짓을 하지 말라고 가르치셨는데, 아빠 얼굴을 어떻게 보죠? 너무 부끄럽고 수치스러워요. 아빠가 저에게 어떤 감정을 느끼셨는지 모르겠어요. 아빠가 더 이상 절 사랑하지 않을까 봐 두려워요."
>
> 상담자: "음……."
>
> 내담자: "그런 나쁜 짓을 했으니 다신 절 사랑하지 않으실 거예요. 절 항상 나쁘고 더러운 애로 기억하실 것 같아요. 아버지를 실망시켜 드렸어요. 교회에서 하지 말라고 가르친 그 일을 했어요."

7) 결정과 행동변화 돕기

이 상담기법들은 변화를 원한다면 현실세계에서 연습을 해야 한다는 관점과 연결되어 있다. 통합심리치료에서는 내담자가 '의미 있는 타자들'과 상호작용하는 방식을 어떻게 변화시킬지를 결정하도록 돕는 상담기법을 많이 사용한다. 그래서 상담자는 행동변화에 초점을 두고 내담자 자신의 생각과 결정을 깨닫도록 돕는다.

상담자: "당신이 처음 왔을 때를 지금도 기억합니다. 자신을 의심했었잖아요. 말하고 싶은 건 모두 검열을 했었죠."

내담자: "참, 헬스클럽에 가입했어요. 예전에 얘기했었죠? 들어가기 정말 어려웠어요. 다 찼었거든요. 그래서 강사를 찾아가 제게 정말 중요한 일이고, 수강을 원한다고 했더니 자리를 만들어 주더군요."

상담자: "그 일이 힘들었나요?"

내담자: "네, 어려웠어요. 무척 떨렸어요. 강사도 바로 느낄 정도였죠."

상담자: "강사를 찾아가서 그렇게 얘기하도록 한 새로운 결정이 뭔가 있었나요?"

내담자: "제가 원하는 것과 필요한 걸 표현할 수 있다는 거죠."

상담자: "'자리가 꽉 찼지만 내 욕구를 표현할 권리가 있다.' '못 들어갈 수도 있지만 꼭 들어가고 싶다.'는 거겠죠."

내담자: "항상 포기할 필요는 없다고 제 자신에게 말했어요. 뭔가를 위해서 싸워 보고 가능할지 더 기다려야 하는데 지금껏 너무 빨리 포기했었나 봐요."

상담자: "참으로 다행입니다."

8) 상담 종결하기

상담이 종결된 후에는 내담자 스스로 문제를 해결해 나가야 한다. 그래서 전체 상담의 마지막 1~2회기는 상담의 종결에 대한 내담자의 감정을 다루어 주어야 한다. 내담자가 상담을 통해서 무엇을 배웠는지, 어떤 점이 도움이 되었는지, 어떻게 일상생활에 적용할 것인지, 그리고 앞으로 있을 변화의 장애물들을 예측하는 것도 중요하다. 내담자가 자유롭게 찾아와서 그간 어떻게 지냈는지 말할 수 있는 여지를 남겨 두는 것도 상담에 있어서 유용하다. 그리고 내담자의 목표를 확인하는 것도 잊지 말아야 한다. 상담 중에 배운 것을 어떻게 내담자의 일상생활 속에서 유지할 것인지를 검토하면서 전체 상담을 마무리하면 더욱 좋다.

> 상담자: "오늘이 우리가 만나는 마지막 상담 시간입니다. 오늘 오시면서 어떤 생각이 들었는지 알고 싶네요."
>
> 내담자: "두 가지 감정이 교차됩니다. 우선은 흥분되네요. 한편으론 혼자서 해내야 한다는 생각에 슬프기도 해요. 지금까지 받았던 상담도, 선생님도 그리울 거예요. 제 말을 들어준 사람이 있다는 점이 가장 그리울 겁니다. 제 말을 들어주시고 저를 괜찮은 사람이라고 생각해 주었고, 길을 찾도록 도와주어서 고맙습니다. 저를 함부로 판단하거나 비판하지 않을 거라는 믿음 때문에 제 이야기를 편하게 할 수 있었어요."
>
> 상담자: "그동안 이 상담에서 자신이 어떤 역할을 했는지 잘 생각해 봐요. 저도 도움이 되었겠지만 신뢰의 방해 요인들을 처음 얘기한 건 당신이에요. 그렇지 않나요?"
>
> 내담자: "네, 제 생각에 대해 말한 게 많은 도움이 된 것 같아요. 그 생각이 어디서 비롯됐고, 어떻게 바꾸고 싶은지요. 때로는 제 생각에 구애받지 않고 느낌을 말하는 게 중요했죠. 지금 어떤 일이 일어나는지, 선생님하고 있는 게 어떻고, 또 가족 얘기를 하며 어땠는지 물어보신 게 도움이 되었어요."
>
> 상담자: "장황하게 말은 안 했지만 자신에 대해 많이 배운 것 같네요. 하지만 여기서 중요한 건 원하는 것이 무엇이든 찾아서 사용하고 실천하고 행하기 시작한 거죠."
>
> 내담자: "제 앞에 새로운 세계가 펼쳐져 있어요. 무슨 일이 일어날 것 같아 막 흥분돼요. 남편과 사이가 좋아지고, 많은 얘기를 나누며 서로 더 이해할 수 있겠죠? 제 기대 이상으로 변화가 많을 것 같아요."

4. 통합심리치료의 평가와 적용

통합심리치료를 만드는 것은 지속적인 과정임을 기억할 필요가 있다. 이를 위해서는 우선 여러 심리치료의 기본적인 내용을 숙지하고 있어야 한다. 개인적인 준거와의 연관성을 토대로 몇몇 이론의 핵심 개념을 추가로 찾아낸 다음, 이를 본인의 삶에 적용해 보는 것도 필요하다. 이를 위해서는 자신을 내담자라고 생각하고, 자신이 경험한 문제를 각 이론에서는 어떻게 바라보고 있는지 확인하는 절차가 도움이 된다. 그런 다음, 이렇게 잠정적으로 구성된 자신의 치료기법을 다양한 내담자에게 적용하면서 그들에게 유용하게 적용되지 않는 개념은 통합심리치료에서 제외하는 것이 좋다.

또한 특정한 문제에 반복적으로 적용될 수 있는 개념이 있다면 비록 그 개념이 자신에게는 적용되지 않을지라도 일단 자신만의 기법에 통합시켜야 한다. 통합심리치료는 내담자로서의 자신의 경험을 토대로 한 이론적 구성 개념들을 상담자의 경험으로 수정해 나가는 것이다. 자신의 기법을 내담자의 특성과 문제에 맞게 개별화하고, 치료 과정에서 이러한 적용이 얼마나 효과적이었는지 지속적으로 피드백을 받아야 한다.

　상담자도 수련감독자로부터 끊임없이 상담을 받아야 한다. 그들과의 직업적인 논의를 통해 내담자를 다루는 대안적인 접근방식을 개발해야 한다. 최신 이론을 포함한 다양한 접근법을 공부하고 대안적인 이론적 틀을 모색하는 것도 필요하다. 다양한 이론으로부터 개념을 차용하되 체계적인 원칙이어야 한다. 자신이 적용하는 기법의 논리와 타당성을 계속 확인하고 수정해야 한다. 통합심리치료를 개발할 때에는 자신의 개인적 스타일을 반드시 고려해야 한다. 어떤 개념이 나에게 잘 들어맞으며, 어떤 종류의 이론적 청사진이 가장 유용할지를 반복적으로 생각해야 한다. 통합심리치료는 자신의 상담 경험과 치료적 지식을 토대로 하지만 자신의 인격과 인생의 경험이 표현되는 것이기도 하다.

제15장

사회복지상담의 도전과 과제

성공한 사람이 되려고 노력하기보다 가치 있는 사람이 되려고 노력하라.

-알버트 아인슈타인(Albert Einstein)

1. 어떤 상담기법이 더 효과적인가

지금까지 우리는 현대 상담 영역에서 가장 치유의 효과가 탁월하다고 이름난 상담기법들을 살펴보았다. 그런데 과연 어떤 상담기법이 더 효과적일까? 이것은 모든 상담자의 주된 관심사였고, 지금도 여전히 그렇다(김계현, 2002). 상담전문가들은 저마다 자신들이 주로 사용하는 상담기법이 탁월하다고 믿는다. 그들에게 개별 상담기법의 효과성을 과학적으로 입증하는 일은 그리 중요한 문제가 아닐 것이다. 중요한 것은 각자 자신이 치유의 효과가 탁월하다고 믿는 상담기법들에 대한 믿음일 것이다.

하늘 아래 새로운 것이 없듯이, 가장 탁월하다고 신봉할 만한 상담기법은 애초부터 존재하지 않는다. 치료의 달인으로 불리는 이름난 명의를 만나도 그가 고칠 수 없는 환자가 있듯이, 내담자와 상담자의 관계도 이와 같다. 가장 효과적인 상담기법은 바로 내담자와 상담자의 관계에서 시작된다. 그럼에도 어떤 상담기법이 더 효과적인가를 생각하려면 다음의 상담자의 역할을 면밀하게 검토하고 상황과 내담자의 특성에 맞는 상담기법을 살펴보는 것이 필요하다.

그럼에도 여전히 세상 사람들은 상담이 정말 효과가 있는 것인지 궁금해한다. 그것은 마치 의사가 처방한 약이나 처치법이 자신의 병을 치료하는 데 효과가 있는지의 여부를 알고 싶은 어느 환자의 마음과 같다(Wampold, 2001). 효과적인 상담이론은 "모호하지 않고, 이해하기 쉽고, 주요 개념이 일관성이 있어 서로 모순되지 않으며, 다양한 인간의 심리 현상을 설명할 수 있어야 한다."(Hansen, Stevic, & Warner, 1986: 356) 효과적인 상담 과정을 이끌려면 우선 상담자가 상담의 전 과정을 면밀하게 관찰하여 내담자의 문제 개선의 정도가 어떠한지를 주기적으로 확인해야 한다. 또한 내담자를 둘러싼 환경의 변화에 따라 상담의 목표를 융통성 있게 조절할 줄 알아야 한다(Lambert, 2010).

지금까지 밝혀진 여러 선행연구의 결과를 종합해 보면, 상담의 효과는 초기 10~20회기 사이에서 긍정적인 효과를 보인다고 하며, 상담의 성과는 상담 종결 이후로 오랫동안 지속된다는 사실이 밝혀진 바 있다(Schnyder, 2009). 이처럼 상담의 효과는 상담 회기가 시작된 후에 비교적 짧은 시간 내에 획득되는 편이지만, 비자발적 내담자의 경우에는 상담 회기의 수가 늘어나면서 개선을 보일 수도 있다(Lambert & Cattani-Thompson, 1996).

상담의 효과에 대한 가장 최근의 연구 자료들을 살펴보면 긍정적인 치료 효과를 확인해 주는 문헌을 다수 찾아볼 수 있다(Seligman & Reichenberg, 2014). 여러 이유로 상담실을 내방하는 내담자들 중에 2/3 정도는 상담자의 개입을 통해 상당한 유익함을 얻는다(Lambert & Ogles, 2004). 이 정도면 다른 일반 의학적 처치의 성공률과 비교해 보아도 전혀 손색이 없다고 볼 수 있다. 이런 근거를 가지고 많은 상담자가 상담의 효과는 분명하게 상담 과정 중에 나타나며, 그 효과는 오랜 시간 지속되는 경향이 있다고 말하는 사실만큼은 분명해 보인다.

무엇보다 상담은 정신과에 입원하거나 다른 의료서비스에 비해 비용이 적게 들고, 업무 생산성을 높여 주기 때문에 매우 경제적이다. 미국에서는 실제로 군인 가족에게 심리치료 보험을 적용한 결과, 정신과적 증상의 문제로 입원한 환자의 수가 확연히 줄어들었으며, 이를 통해 미국 정부는 3년간 약 2억 달러를 절약할 수 있었다(Seligman & Reichenberg, 2014). 한편, 여러 상담기법은 치료의 효과에서 그 차이가 크지 않다는 것이 여러 연구를 통해 이미 드러난 바 있다. 그래도 어떤 상담전략을 사용하느냐에 따라 성과가 달라질 수 있다. 상담의 성과는 치료기간과 상담관계의 질, 환경 요인들에 의해 결정된다.

2. 성공적인 상담이 되려면

1) 상담 성과에 기여하는 공통 요인

현대 상담의 여러 장면에서 지금까지 알려진 상담기법은 400여 가지가 넘지만 (Stricker & Gold, 2006), 성공적인 상담기법과 내담자의 변화를 촉진하는 기법에서 공통적으로 나타나는 요인을 정리하면 다음과 같다.

첫째, 내담자와 상담자 간의 치료동맹의 관계가 가장 중요하다. 두 사람이 협력하고 신뢰하는 것은 상담의 진행 과정에서 드러나는 상호 간의 존중, 그리고 진솔한 삶의 태도와 내담자의 성장배경 및 환경에 대한 포괄적인 이해를 가능하도록 도와 성공적인 상담으로 이끈다.

둘째, 안전하고 지지적인 상담 환경은 내담자의 변화에 대한 목표와 방향을 알려 줄 수 있으며, 상담에서 다룰 내담자 문제의 성격과 이를 해결하기 위해 무엇을 더 고려할지를 알려 주어 상담의 효과를 증진할 수 있다.

셋째, 내담자의 증상을 다루기 위한 신뢰할 만한 치료적 접근으로서 상담자는 내담자에게 중립적인 피드백을 제공하고, 내담자가 교정적으로 이전 삶의 경험들을 체험할 수 있도록 돕는다.

넷째, 상담을 진행하는 가운데 내담자의 자기효능감을 증진할 수 있도록 돕고, 문제해결기법을 습득할 수 있도록 격려할 때 상담의 효과가 높아진다. 이를 위해서 상담자는 내담자의 핵심 감정을 잘 알아차리고, 내담자가 감정표현을 잘할 수 있도록 돕는다.

다섯째, 상담자는 내담자의 사고체계를 이해하고 내담자가 혹시 보일 수 있는 역기능적인 행동들을 변화시키는 작업을 통해 상담관계의 진전을 이룰 수 있다.

마지막으로, 상담자의 낙관적 견해는 내담자의 태도변화를 성공적으로 이끌 수 있

다. 분명 내담자가 지금의 상태보다 더 좋아질 것이라고 믿는 상담자는 내담자로 하여
금 자기효능감을 증진할 수 있는 능력을 발휘할 수 있게 해 주어 성공적인 상담을 가능
케 할 것이다(Anderson, Lunnen, & Ogles, 2010: 143-166). 상담자가 협력적 치료관계를
만들고 유지하는 데 관심을 기울이면 내담자들은 치료를 떠나지 않으며, 치료에서 좋
은 결과를 얻을 가능성은 더 높아진다(Seligman & Reichenberg, 2014).

2) 상담 성과에 기여하는 상담자 요인

성공적인 상담이 이루어지려면 무엇보다 상담자의 자질을 잘 갖추어야 한다. 이를
위해서는, 첫째, 상담전문가가 직무를 효과적으로 수행하는 데 필요한 능력 특성인 통
합 및 분석능력을 갖추고 있어야 한다. 이것은 상담자가 전문지식과 정서를 통합할 수
있는 종합적인 인지능력이라 할 수 있으며, 현장의 상담전문가들이 가장 중요한 상담
자의 능력으로 꼽은 것이다(최윤미, 2003).

둘째, 상담자는 인간의 심리와 상담을 진행하는 전 과정에 대한 전문지식이 탁월해
야 한다. 이러한 능력은 전문적 교육과 훈련을 통해서만 습득될 수 있으므로 상담전문
가 양성교육이 얼마나 중요한지를 잘 반영해 주는 것이라 할 수 있다. 지금까지 알려진
문헌들을 검토해 보면, 상담전문가가 갖추어야 할 전문지식의 영역은 성격이론, 심리
검사, 이상심리, 집단상담, 가족상담, 인간관계 등으로 대별된다.

셋째, 상담자가 공감능력을 가지고 있을 때 상담의 성공률이 상대적으로 높아지는
것으로 보고되고 있다. 비록 전문지식이 다소 부족하더라도 내담자의 이야기를 잘 경
청하고 내담자가 처한 상황과 위치를 잘 공감해 주면 내담자가 자기치유의 능력을 어
느 정도 가지고 있을 경우, 그 상담을 성공적으로 이끌 수 있다.

넷째, 비록 하나의 상담기법에 정통한 상담전문가라 할지라도 보수교육을 통해 정기
적으로 자신을 점검하고, 변화하는 상담기법들에 민감하게 반응할 수 있어야 한다. 최
윤미의 연구(2003)에 따르면, 상담전문가들이 필요로 하는 보수교육의 주제로는 성·
진로·가족상담 등 문제 영역별 상담(18.9%)과 연령별 특화 상담기법(13.7%)이 가장 중
요하다고 한다.

3) 성공적인 상담을 위한 고려사항

사회복지실천의 개입에서 상담은 가장 핵심적인 도구라고 할 수 있어서 이러한 경향은 사회복지실천의 태동기에도 변함없는 실천원칙이었다. 사회복지실천에서 상담기법의 활용성은 점차 다양해질 것이고, 그 개입 영역 또한 지금보다 더 확대될 것으로 전망된다(임혁, 2017). 상담전문가의 개입 절차와 상담기법에서 요구하는 조건은 다음과 같다.

첫째, 성공적인 상담이 되려면, 우선 상담의 전체 과정을 내담자의 사고 · 감정 · 행동변화에 초점을 맞추어야 한다. 그래야만 내담자가 가진 여러 삶의 고충으로부터 내담자를 자유롭게 만들어 줄 수 있고, 그동안 내담자가 보였던 부적응의 문제를 경감시켜 줄 수 있다.

둘째, 상담 시간이 어느 정도인지는 상담기법에 따라 다양할 것이다. 그래도 최근에는 가급적 내담자의 문제를 단기간에 해결할 수 있다면 더욱 좋다고 생각하는 경향이 있다. 해결중심 단기가족상담이나 동기강화상담 등의 상담 회기가 10회 이상을 넘지 않는 것이 가장 좋은 예이다.

셋째, 현대 사회에서 상담을 필요로 하는 내담자의 유형이 점차 다양해지고 있음을 감안해야 한다. 가족 간의 갈등을 경험하는 이들을 위해 필요한 가족상담, 부부간의 불화의 고리를 끊고 행복한 부부가 되기 위한 지도를 하는 부부상담, 학교와 기업체 모두에서 건강한 사회 적응을 지원하는 상담 등 내담자의 유형이 점차 다양해지고 있다. 그러므로 각각의 영역에서 필요로 하는 상담의 특성을 잘 반영하여 그에 맞게 특화된 상담기법들이 개발되어야 할 것이다.

넷째, 상담을 성공적으로 진행하기 위한 방식도 개별상담뿐만 아니라 같은 문제를 지닌 다른 많은 사람과 함께 해결책을 찾기 위하여, 그리고 개인의 기능과 대인관계능력을 향상시키기 위하여 가족상담이나 집단상담의 방식을 병행하는 것이 필요하다.

마지막으로, 상담을 필요로 하는 대상 연령별로 특화된 형태의 상담기법이 필요하다. 예를 들어, 행동 문제를 가진 아동에게는 놀이치료와 행동치료를 제공하고, 진로와 직업적 관심을 유발하기 위해서는 진로상담을, 비행 문제를 가진 청소년에게는 대상관계 심리치료를, 가족관계에서 위기에 직면해 있는 가족에게는 가족상담을, 은퇴를 고려하는 노년층에게는 인생이모작 설계가 가능하도록 돕는 특화된 형태의 상담기법을 적용하여 그들의 문제를 효과적으로 지원할 수 있다.

3. 사회복지상담의 도전과 과제

1) 상담전문가의 직업 전망

어떤 일이든 간에 '그 일을 얼마나 잘 할 수 있고' '얼마나 오래 할 수 있으며' '사회적으로 영향력 있는 일인가'에 따라 직업 유지의 기간이 달라질 수 있다. 여러 상담현장에서 활동하고 있는 상담전문가들은 그동안 낮은 보수와 상담에 대한 사회의 인식 부족으로 인해 많은 스트레스를 느끼고 있는 것으로 보인다(최윤미, 2003). 주로 계약직이나 프리랜서로 일하는 등의 이유로 생겨나는 불안정한 고용 상태와 낮은 직업적 인정, 그리고 전문상담교육을 받기 위해 지불해야 하는 시간과 고가의 비용은 그들에게 여전히 큰 부담이다. 그래도 직업 전망에 대한 각종 미래 사회 전망 보고서에서는 앞으로 학교나 청소년상담기관, 사회복지관, 개업상담소에서 일하는 상담전문가의 직업 전망이 가장 밝다고 보고하고 있다. 상담전문가의 직업 전망을 정리해 보면 다음과 같다.

첫째, 정신보건시설에서의 상담전문가의 활동은 앞으로도 더욱 강화될 것으로 전망된다. 오늘날의 정신과 치료는 약물치료에 치중하고 있어서 정신과 환자들은 적정한 수준과 형태의 심리치료를 받기 어려운 실정이다. 그러나 앞으로는 약물치료와 병행하여 심리치료를 받는 것이 환자의 증상 개선에 긍정적으로 기여할 수 있으므로 상담전문서비스에 대한 사회적 수요가 증가할 것으로 보인다. 지역사회 수준에서는 여러 유형의 행위 중독자(예: 알코올 중독, 도박 중독, 게임 중독, 인터넷 중독 등)를 위한 치료 프로그램 개발에 대한 사회적 요구가 매우 높은 점을 감안해 볼 때, 지역사회 정신건강시설에서의 상담전문가의 활동 영역도 더욱 확장될 것으로 전망된다.

둘째, 학교현장에서 상담전문가에 대한 사회적 수요는 꾸준할 것이다. 심리상담에 대한 이해가 일천하던 1990년대 초반까지만 하더라도 중·고등학교 현장에서 일선 교사들이 일부 상담업무를 병행하는 수준에 불과하였다. 그러다가 2005년에 전문상담교사제도가 도입되면서 학교현장에서 상담의 중요성이 커지게 되었다. 대학의 경우에는 대학 부설 학생상담소에 상담전문가들이 배치되어 활동하는 사례도 늘고 있다. 학교현장에서 전문상담교사제도의 도입과 별개로 청소년상담 영역도 앞으로 커질 전망이다. 현재 전국의 각 시·군·구에는 청소년상담실이 설치되고 있고, 국가공인의 청소년상담사 자격제도는 상담전문가의 활동 영역을 넓히는 데 큰 기여를 하고 있다.

셋째, 인터넷이나 모바일상담 혹은 전화상담을 상담의 도구로 활용하는 전문가들도 점차 늘어날 것으로 보인다. 그동안은 전화상담이 자원봉사자들과 같은 비전문가에 의한 활동으로만 여겨졌다. 그런데 자살위기개입에서 전화상담이 효과가 있다는 점이 널리 알려지면서 생명의 전화와 같은 자살예방기관에서는 일정한 상담기법을 갖춘 사람들이 전화상담자로 채용되는 일이 늘어나고 있다. 지금은 시대의 트렌드가 바뀌어 인터넷이나 모바일상담에 대한 사회적 수요가 늘어나고 있다. 그래서 최근에는 기존의 상담기관에서도 인터넷상담에 많은 관심을 기울이고 있다. 미래 사회에서는 상담자를 직접 찾아가지 않고도 양질의 상담을 받고자 하는 내담자들이 늘어날 것이기에 이러한 유형의 상담 장면에서 활동할 전문가들에 대한 사회적 수요는 더욱 늘어날 것이다.

넷째, 산업현장에서도 심리상담서비스에 대한 사회적 요구가 높아지고 있다. 가장 대표적인 예로 1998년에 정부가 직업상담사 자격제도를 공인한 것을 들 수 있다. 직장인의 정신건강과 직무스트레스를 해소하기 위한 제도적 노력은 오늘날 여러 산업현장에서 인사관리의 중요한 한 축으로 간주되고 있다.

다섯째, 앞으로 법원과 교정현장에서 상담을 수행하는 상담전문가들도 늘어날 것으로 예상된다. 최근 우리 사회에서 가족 갈등의 문제로 인한 이혼율이 높아지고 있고, 아동학대와 청소년 비행이 점차 지능화되고 있어 범죄자들에 대한 교정의 필요성이 높아짐에 따라 법원이나 교정 영역에서 전문상담의 개입을 필요로 하는 경우가 많아지고 있다. 이에 따라 가정법원에서는 상담전문가를 가사조사관으로 다수 채용하고 있고, 교정 분야에서 활동하는 상담전문가들도 늘어나고 있는 것을 볼 때 상담전문가들의 활동 영역은 앞으로 매우 다양하게 전개될 것으로 전망된다.

마지막으로, 임상적 경험과 실력을 갖춘 상담자들이 지역에서 개업을 하여 활동하는 현장도 확대될 것으로 전망된다. 우리나라에서 전문상담을 직업으로 삼기 위해 상담소를 설립한 경우는 1980년대 후반부터 시작된 것으로 추정된다. 김인자 박사가 세운 한국심리상담연구소의 경우, 국내에서 현실치료와 부모교육 과정을 운영하고 외국에서 이름이 널리 알려진 상담전문가를 초청하여 가족치료 세미나를 개최하는 등 당시에는 매우 획기적인 상담교육 과정을 기획하기도 하였다. 이후 상담전문가들의 개업 활동은 사회서비스투자사업(바우처 사업)의 중요한 사업 아이템으로 자리 잡으면서 전국 각 지역으로 확산되고 있다. 앞으로도 상담 및 심리치료를 전문적으로 교육하고 수련하는 사설 상담교육기관이 더욱 늘어날 것으로 보이고, 여기서 활동할 상담전문가들도 그에 못지않게 늘어날 것으로 전망된다.

2) 전문자격제도의 구축

(1) 전문자격제도의 준비

우리가 상담전문가라고 부를 때에는 생활상의 어려움을 겪고 있는 내담자를 대상으로 심리정서적 건강의 회복을 돕는 전문적 지식과 기법을 가지고 있는 사람을 지칭한다. 따라서 상담전문가가 되기 위해서는 인간의 발달과 심리기제에 정통해야 하며, 이론적 지식과 경험에 입각하여 내담자의 행동을 관찰하고, 그러한 행동의 원인과 결과에 대해 해석해 줌으로써 개인의 부적응행동을 수정할 수 있는 방법을 터득해야 한다(최윤미, 2003).

미국의 경우, 상담전문가에 관한 자격은 전문심리학자(professional psychologist)라는 명칭을 사용하고, 국가의 공인화된(accredited) 자격증을 체계적으로 관리하여 운영하는 것으로 잘 알려져 있다. 이들의 교육 수준은 대체로 박사학위 소지자들이고, 일정한 기간 동안 슈퍼바이저의 지도를 받아 2년 이상(1년은 박사과정 중에, 1년은 학위 취득후에) 임상수련을 받아야 한다. 이들은 주로 대학교와 정신병원, 개업상담소 등에서 활동하고 있다. 상담의 영역도 매우 다양하여 최근에는 전통적인 형태의 정신분석치료를 넘어 학교상담, 진로상담, 중독상담, 부부 및 가족치료전문가 등으로 다변화되고 있다. 미국상담학회에서는 상담전문가들이 필수적으로 갖추어야 할 지식으로 '인간발달에 관한 지식, 집단역동에 대한 지식, 다양한 인종과 사회문화적 배경에 대한 지식, 심리측정에 관한 이해' 등을 중요시한다.

일본의 경우, 대학원에서 심리학을 전공한 자나 의사면허를 취득한 자가 2년 이상의 임상수련을 받았거나 대학에서 심리학 관련 학과를 전공하고 졸업한 후 5년 이상의 상담 경험을 갖춘 자에게 상담전문가의 자격을 부여하고 있다. 독일의 경우에도 전문상담자격제도를 운영할 때 이에 참여할 수 있는 자격을 석사급 이상으로 규정하고 있다(최윤미, 2003).

한편, 우리나라에서는 상담전문가의 영역이 학문적 배경에 따라 매우 다양한 형태로 수행되고 있다. 상담이 필요한 실천현장에서 개별 학문적 전통에 따라 특화된 형태의 전문상담자격제도는 현재까지 존재하지 않으며, 상담 관련 개별 학문의 전통에 따라 저마다 선호하는 심리이론을 활용하여 상담서비스를 제공하고 있다. 이제라도 이를 체계화하려는 여러 노력이 학회와 전문가 단체별로 수행되고 있으나 앞으로 가야 할 길은 좀 멀어 보인다. 한 가지 아쉬운 점은 현재까지 상담기법에 대한 연구와 실천 활동이 활발하게 진행되고 있는 것에 비해 상담전문가들이 지역사회에서 어떤 역할과 직무를 수행해야 하는지에 대한 연구는 거의 찾아보기 어렵다는 것이다. 따라서 향후에는 상담전문가의 직업적 전망과 역할 정립에 대한 연구들이 활발하게 진행되어야 할 것으로 보인다.

(2) 전문자격제도의 정착과 지원

그렇다면 상담과 관련한 전문자격제도가 활성화되기 위해서는 어떤 노력들이 필요할까? 가장 먼저 필요한 조치는 상담전문자격제도의 국가공인화이다. 현재 상담전문가 과정은 민간자격증의 형태로 발급되고 있는 경우가 많다. 이제 앞으로는 이러한 민간자격증도 일정한 교육과 소정의 상담 실습 시간을 이수한 자에게만 부여하여 국가공인화하는 등 전문자격제도를 정착시켜 나갈 필요가 있다.

현재 상담전문가들의 경우, 학문적 배경과 임상 경험에 따라 시간당 단가로 책정되는 상담료가 천차만별이다. 전문자격제도가 정착되려면 무엇보다 표준화된 상담자의 보수에 대한 현실적인 조정이 필요하다. 전문상담자격제도의 운용으로 국가공인화가 이루어지고 상담전문가의 공적 지위가 확보된다면 상담전문가에 대한 직업적 전망 또한 높아질 것이다. 낮은 보수와 안정적인 사회적 지위가 확보되지 않은 상태에서는 상담전문가들이 지역사회에서 질 높은 상담서비스를 제공하기 어렵다.

1명의 유능한 상담전문가를 양성하는 데 최소 10년의 시간이 필요하다는 말이 있다.

따라서 상담전문가를 양성하는 데 필요한 적정 수련기간을 법적으로 명시해야 할 것이다. 상담전문가 자격 취득을 위하여 정규 대학(원)교육에 더하여 어느 정도의 시간이 필요한지는 상담의 영역별로 다를 것이다. 다만 법적으로 명시된 전문자격제도와 개별 학문적 전통을 따르되, 일관된 최소한의 기준은 마련되어야 할 것이다. 외국의 경우를 참고하여 볼 때 적정 수련기간은 2~3년 정도가 필요해 보이지만, 보다 전문적인 상담 활동을 필요로 하는 기관에서 일을 할 상담자는 수련기간을 보다 길게 하여도 무방하다.

2000년대 이후, 상담 관련 전문가들의 양성과 자격관리를 수행해 온 여러 상담기관에서는 일정한 자격관리규정을 마련하여 상담연수 프로그램을 개발하고 상담전문가의 역량 강화에 심혈을 기울여 왔다. 그 결과, 상담전문가의 자격 유지를 위한 최소조건과 전문화, 그리고 사회적 공인을 위한 이들 단체의 노력이 어느 정도 결실을 맺고 있는 것도 사실이나 서구와 같이 체계적 수준의 전문가를 양성하기에는 여러 가지로 보완해야 할 점이 아직도 많아 보인다.

'2015년도 전문상담사들의 인력현황 실태조사' 결과에 따르면, 87.3%가 40대 이상이고, 정규직은 24.7% 수준이며, 78.0%가 3천만 원 미만(2015년 전체 임금노동자 평균연봉: 3,281만 원)의 소득 수준인 것으로 나타났다. 수요와 공급의 원리로 보면, 분명 한국에서 활동하는 상담자의 노동성은 매우 열악하다는 것을 잘 알 수 있다. 상담의 수요의 측면에서 보면, 분명 상담에 대한 사회적 수요는 여전히 높다. 심리적 고충을 해결하고 심리적 안녕감을 되찾기 위한 방법으로 상담이 가진 치유의 힘에 기대길 원하는 사람이 점차 늘어나고 있다. 수요가 있는 곳에 공급이 생기듯이, 양질의 교육을 받은 상담자의 양성은 이제 시대적 과제로 여겨질 만큼 중요한 의미를 가진다.

상담 관련 공인 자격증은 고용노동부장관의 직인이 찍힌 직업상담사와 여성가족부 소관의 청소년상담사, 교육부가 관리하는 전문상담교사 외에 2016년 기준 한국직업능력개발원에 등록된 상담 관련 민간자격증의 종류만 해도 무려 3,173여 개로 집계되고 있는 등 유사 상담 관련 자격증도 차고 넘치는 실정이다. 그나마 「정신건강증진 및 정신질환자 복지서비스 지원에 관한 법률」 제3조와 보건복지부에서 규정하고 있는 「자격기본법」 제17조제1항 각 호에 따라 정신질환자 치료, 교육, 상담에 종사하는 상담 영역에서는 민간자격의 신설을 법적으로 규제하고 있을 뿐이다. 그럼에도 일반인을 상대로 일정한 교육체계를 갖추지 않은 민간자격증이 여타의 제한 없이 발급되고 있다는 점은 큰 문제점으로 지적되고 있다. 2015년도에는 900여 개, 2016년도에는 480여 개의 민간자격증이 등록되어 발급될 정도라고 하니, 상담인력의 공급량이 어느 정도인지 가늠하기조차 어려운 실정이다(이형국, 2016).

따라서 상담전문가들이 타 전문직과 차별화되고 사회적 공신력을 확보하기 위해서는 자격제도의 효율적인 질 관리가 필요하며, 적정 수준의 사회적 처우를 받을 수 있도록 자격증 자체의 효용성을 높이기 위한 전략을 개발해야 할 것이다. 무엇보다 현재 시점에서 상담전문가들의 불안정한 고용 형태의 실질적인 개선이 필요해 보인다. 이형국(2016)은 2020년이 되면 상담전문가에 대한 사회적 수요는 계속 늘어나 그 수요가 2만5천 명에 달할 것으로 예측하고 있지만, 상담 관련 일자리만 늘어난다고 고용의 질이 개선되는 것은 아니다. 오히려 영세한 규모여서 작업 환경이나 임금수당의 구조가 열악한 곳은 양질의 상담전문가를 초빙하는 데 어려움을 겪게 될 가능성이 크다. '하이브레인넷'이나 각종 헤드헌터 사이트 등에서 상담전문가의 자격과 전문 상담 분야를 오픈하여 상담전문가로 활동하고자 하는 이에게 상담전문가로 활동할 수 있는 기회를 제공해 주는 것도 좋을 것이다. 또한 상담전문가를 채용하고자 하는 기관에서는 양질의 인력을 채용할 수 있는 양방향의 입직경로를 개발하여 운영하는 것도 좋은 방법이 될 수 있다.

더 나아가서는 상담전문가들의 전문성 향상에 대한 자기지도의 노력도 함께 병행되어야 할 것이다. 근거 기반 실천을 통해 상담의 효과를 증명해 보이고, 상담의 과학화를 위해 더 많은 노력을 기울여야 할 것이다. 끝으로, 상담전문 직종은 정신의학, 상담심리학, 사회복지학을 넘어 다학제간 접근을 통해 통합지향적인 활동을 지향함으로써 복합적이고 다양한 문제와 욕구를 지닌 내담자들에게 희망의 불빛이 되기 위해 분골쇄신하는 노력을 게을리하지 말아야 할 것이다.

참고문헌

강진령(2011). 상담과 심리치료. 경기: 양서원.

권석만(2013). 현대이상심리학(2판). 서울: 학지사.

권석만(2015). 현대 심리치료와 상담이론. 서울: 학지사.

권정옥(2007). 도박중독과 동기강화상담. 한국심리학회 학술대회자료집, 83-87.

권정옥(2008). 동기강화상담. 한국재활심리학회연수회, 301-310.

고영인(2005). 상담연습 워크북(개정판). 서울: 문음사.

김경희(2000). 게슈탈트 심리학. 서울: 학지사.

김계현(2002). 교육상담에서의 효과성 연구와 메타분석. 아시아교육연구, 3(1), 131-155.

김기태, 양옥경, 홍선미, 박지영, 최명민(2005). 한국 사회복지실천교육모델 연구. 한국사회복지교육, 1(1), 19-67.

김문영, 정현희(2002). 인지-행동적 집단상담이 노인의 우울과 고독감, 역기능적 태도에 미치는 영향. 한국심리학회지: 상담 및 심리치료, 15(3), 477-490.

김보중, 장현아(2015). 게슈탈트치료 사례연구: 네 가지 주요 이론적 토대의 적용을 중심으로 게슈탈트치료 사례연구: 네 가지 주요 이론적 토대의 적용을 중심으로. 한국게슈탈트상담연구, 5(1), 23-40.

김성경(2009). 종합사회복지관 사회복지사의 사회복지교육의 충분성 인식과 사회복지실천기술 수행의 관계. 사회복지교육, 10(10), 69-92.

김소야자, 서미아, 남경아(2007). 전문적 정신상담기술. 서울: 창지사.

김승국(1998). 행동장애와 심리치료. 서울: 교육과학사.

김영호(2008). 대상관계이론과 가족. 한국정신보건사회복지학회 부산경남지부 워크숍 자료집.

김정규(1996). 게슈탈트 심리치료. 서울: 학지사.

김정모(2004). 인지행동치료의 역사와 최근의 경향. 정서·행동장애연구, 20(4), 393-409.

김정범, 이상희(2006). 우울장애에 대한 인지행동치료의 최근 연구동향. 인지행동치료, 6(2), 131-144.

김진숙(2000). 대상관계 가족치료이론의 한국적 적용에 관한 연구. 한국가족치료학회지, 8(2), 137-163.

김진숙(2001). 대상관계이론의 상담적 적용에 대한 고찰. 상담학연구, 2(2), 327-344.

김진숙(2002). 대상관계이론의 인성교육에 대한 시사점: 목적, 내용, 방법. 아시아교육연구, 3(1), 109-130.

김진숙(2009). 투사적 동일시의 의미와 치료적 활용. 한국심리학회지: 상담 및 심리치료, 21(4), 765-790.

김창대(1996). 대상관계이론에 기초한 상담. 자기성장, 13, 3-7.

김춘경, 박정순, 최윤정, 김성혜, 이정은, 고경남, 정은해, 김기영, 박안나, 장은영, 권혜영, 전미희(2004). 아동 집단상담 프로그램. 서울: 학지사.

김충기(2009). 교육심리학. 서울: 태영출판사.

김충기, 강봉규(2003). 현대 상담이론과 실제. 서울: 교육과학사.

김향숙(2011). 심리치료에서 동기의 역할에 대한 고찰. 인간이해, 32(2), 37-52.

김형태(1998). 상담의 이론과 실제. 서울: 동문사.

민중엣센스국어사전(2016). 민중엣센스국어사전(제6판). 서울: 민중서림.

박경순(2009). M. Klein 이론의 발달 과정과 주요 개념. 한국심리치료학회지, 1(1), 91-180.

박미은, 신희정, 이혜경, 이미림(2015). 가족복지론. 경기: 공동체.

박태영, 김태한, 김혜선(2009). 이혼위기에 있는 결혼 초기 부부에 대한 부부치료 사례연구. 한국가정관리학회지, 27(3), 93-114.

박태영, 문정화(2012). 부자가정에서 성장한 남편으로 인한 부부갈등 해결을 위한 부부치료 사례분석. 한국가족관계학회지, 17(1), 195-224.

방기연(2016). 상담수퍼비전의 이론과 실제. 경기: 양서원.

서경산(2014). 집단동기강화상담이 복지관 노인의 신체활동 증진에 미치는 효과. 서울대학교 대학원 박사학위논문.

심혜숙(1997). 현대상담심리치료의 이론과 실제. 서울: 중앙적성출판사.

송성자, 정문자(1998). 경험적 가족치료: Satir 이론과 기법. 서울: 중앙적성출판사.

신수경, 조성희(2016). 알기 쉬운 동기면담. 서울: 학지사.

안영실, 최송식, 윤숙자, 채인숙(2002). 정신보건영역에서의 치료적 개입. 경기: 양서원.

양옥경, 김정진, 서미경, 김미옥, 김소희(2010). 사회복지실천론(4판). 경기: 나남출판.

연문희(2009). 미국 심리치료 분야에서 Carl R. Rogers의 영향력. 인간이해, 30(2), 1-19.

연문희, 이영희, 이장호(2008). 인간중심상담이론과 사례실제. 서울: 학지사.

윤관현, 이장호, 최송미(2012). 집단상담의 원리와 실제. 서울: 법문사.

윤순임, 이죽내, 김정희, 이형득, 이장호, 신희천, 이성진, 홍경자, 장혁표, 김정규, 김인자, 설기문, 전윤식, 김정택, 심혜숙(1997). 현대상담 심리치료의 이론과 실제. 서울: 중앙적성출판사.

윤홍균(2016). 자존감 수업. 서울: 정민문화사.

원호택(1997). 이상심리학. 서울: 법문사.

이규미(2018). 상담의 실제: 과정과 기법. 서울: 학지사.

이동렬, 박성희(2002). 새내기 상담을 위한 상담과 심리치료. 서울: 교육과학사.

이명희(1994). 칼 로저스의 인간중심상담이론의 철학적 함의. 한국심리학회지: 상담 및 심리치료, 6(1), 1-20.

이무석(2008). 정신분석에로의 초대. 서울: 도서출판 이유.

이수용(2006). 상담에서 본 사회복지. 복지상담학연구, 1(1), 1-17.

이수용, 김경미, 김미애, 나해숙, 박상규, 신종우, 이영순, 한재희(2010). 사회복지상담기술론. 서울: 학지사.

이우경, 이종성(2007). 알아차림과 접촉을 통한 게슈탈트심리치료에서 그리기 미디어의 활용연구. 한국아동미술학회지, 6, 103-126.

이장호(1991). 상담심리학입문. 서울: 박영사.

이장호, 김정희(1995). 집단상담의 원리와 실제. 서울: 법문사.

이정숙(2014). 게슈탈트 심리 상담에서 특정 타인과 관련한 미해결감정에 대한 빈의자 대화의 변화단계. 상담학연구, 15(1), 161-181.

이정연(2003). 부부상담과 치료. 서울: 시그마프레스

이철수(2009). 사회복지학 사전. 경기: 혜민북스.

임창재(2006). 정신건강. 서울: 형설출판사.

이형국(2016). 우리의 밥그릇은 우리가 만들고 지켜야 합니다.-전문상담사들의 정신건강 조력 전문직으로서의 자리매김을 위하여-. 한국상담학회 홈페이지 기고문 http://www.counselors.or.kr/

이형득(2002). 집단상담. 서울: 학지사.

이희백(2011). 공감과 주객일치. 한국동서정신과학지, 14(1), 33-49.

임혁(2017). 사회복지상담교육 활성화를 위한 대학교육의 개선방향. 사회복지상담연구, 1(1), 5-20.

임혁, 채인숙(2015). 정신건강의 이해. 경기: 공동체.

장수한, 김현주, 임혁, 채인숙(2017). 인간행동과 사회환경(3판). 경기: 공동체.

장연집, 박경, 최순영(1998). 현대인의 정신건강. 서울: 학지사.

정문자(2007). 사티어 경험적 가족치료(2판). 서울: 학지사.

정문자, 정혜정, 이선혜, 전영주(2012). 가족치료의 이해(2판). 서울: 학지사.

정원철, 박선숙(2014). 사회복지상담의 정체성과 과제. 교류분석상담연구, 4(2), 1-24.

차영희(2010). 아동을 위한 상담의 기초. 서울: 창지사.

천성문, 이영순, 박명숙, 이동훈, 함경애(2015a). 상담심리학의 이론과 실제. 서울: 학지사.

천성문, 차명정, 이형미, 류은영, 정은미, 김세경, 이영순(2015b). 상담입문자를 위한 상담기법 연습. 서울: 학지사.

천성문, 함경애, 박명숙, 김미옥(2017). 집단상담이론과 실제. 서울: 학지사.

최성애(2010). 최성애 박사의 행복수업-소중한 인생을 함께하기 위한 가트맨식 부부감정코칭-. 서울: 해냄.

최명민(1999). 대상관계부부치료의 이론적 고찰 및 활용. 한국가족치료학회지, 7(1), 31-51.

최영민(2010). 대상관계이론을 중심으로 쉽게 쓴 정신분석이론. 서울: 학지사.

최윤미(2003). 한국상담전문가의 역할과 직무분석. 한국심리학회지: 상담 및 심리치료, 15(2), 179-200.

한국심리학회(2001). 만남과 성장: 상담사례연구. 서울: 학지사.

한상미, 전진호, 김기덕(2008). 실천현장에서 요구하는 신입사회복지사의 자질에 관한 연구: 충남지역을 중심으로. 한국지역사회복지학, 25(25), 1-29.

호연심리상담센터(2007). 문제유형별 심리치료가이드. 서울: 학지사.

Ajan Brahma. (2013). 술 취한 코끼리 길들이기: 마음속 108마리 코끼리 이야기 [*Who Ordered This Truckload of Dung?: Inspiring Stories for Welcoming Life's Difficulties*]. (류시화 역). 서울: 연금술사. (원저는 2005년에 출판).

Alford, B. A., & Beck, A. T. (1997). *The Integrative Power of Cognitive Therapy*. New York: Guilford Press.

Anderson, T., Lunnen, K. M., & Ogles, B. M. (2010). Putting models and techniques in context. In B. L. Duncan, S. D. Miller, B. E. Wampold, & M. A. Hubble (Eds.), *The Heart and Soul of Change* (2nd ed.). Washington, DC: American Psychological Association.

Arkowitz, H. (1997). Integrative theories of therapy. In P. L. Wachtel & S. B. Messer (Eds.), *Theories of Psychotherapy: Origins and Evolution*. Washington DC: American Psychological Association.

Bachrach, H. M., Galatzer-Levy, R., Skolnikoff, A. Z., & Waldron, S., Jr. (1991). On the efficacy of psychoanalysis. *Journal of the American Psychoanalytic Association*, 39(4), 871-916.

Banmen, J. (2001). 사티어 모델 워크숍 자료 [Satir Model Workshop. unpublished paper]. (김영애 역). 서울: 김영애가족치료연구소. (원저는 1991년에 발표).

Beck, J. (1995). *Cognitive Therapy: Basics and Beyond*. New York: Guilford Press.

Becvar, D., & Becvar, J. (1997). 가족치료: 체계론적 통합 [*Family Therapy: A Systemic Integration*] (정혜정, 이형실 공역). 서울: 하우출판사. (원저는 1988년에 출판).

Brown, L. S. (2007). Empathy, genuineness and the dynamics of power: A feminist response to Rogers. *Psychotherapy: Theory, Research, Practice, Training, 44*(3), 257-259.

Burbank, P. M. (2001). *Promoting Exercise and Behavior Change in Older Adults: Interventions with the Transtheoretical Model*. New York: Springer Publishing Company.

Capuzzi, D., & Stauffer, M. (2013). 중독상담 [*Foundations of Addictions Counseling* (2nd ed.)]. (신성만 역). 서울: 박학사. (원저는 2011년에 출판).

Carrell, S. (2000). *Group Exercises for Adolescents: A Manual for Therapists* (2nd ed.). Thousand Oaks, CA: SAGE Publishing Inc.

Chaffin, M., Valle, L., Funderburk, B., Gurwitch, R., Silovsky, J., Bard, D., & Kees, M. (2009). A motivational intervention can improve retention in PCIT for low-motivation child welfare clients. *Child Maltreatment, 14*(4), 356-368.

Ciarrocchi, J. W. (2007). 도박중독 심리치료: 개인 및 가족치료를 위한 자기조절 매뉴얼 [*Counseling Problem Gamblers: A Self-Regulation Manual for Individual and Family Therapy*]. (김경훈, 김태우, 김한우, 안상일, 이영찬, 최성일 공역). 서울: 시그마프레스. (원저는 2001년에 출판).

Clair, M. (1996). *Object Relations and Self Psychology: An Introduction*. Pacific Grove, CA: Brooks/Cole Publishing.

Clark, A. J. (2005). 방어기제를 다루는 상담기법 [*Defense Mechanism in the Counseling Process*]. (김영애, 김상임, 이명진, 이영란, 전홍자, 한혜옥 공역). 서울: 김영애가족치료연구소. (원저는 1998년에 출판).

Clarkson, P. (1990). *Gestalt Counseling in Action*. London: SAGE Publishing Inc.

Compton, B. R., & Galaway, B. (1994). *Social Work Process* (5th ed.). Pacific Grove, CA: Brooks/Cole.

Corey, G. (1991). *Theory and Practice of Counseling and Psychotherapy* (4th ed.). CA: Brooks Cole.

Corey, G. (2005). 상담 및 심리치료의 통합적 접근 [*The Art of Integrative Counseling*]. (현명호, 유제민 공역). 서울: 시그마프레스. (원저는 2001년에 출판).

Corey, G. (2010). 심리상담과 치료의 이론과 실제 [*Therapy and Practice of Counseling and Psychotherapy* (8th ed.)]. (조현춘, 조현재, 문지혜, 이근배, 홍영근 공역). 서울: 시그마프레스. (원저는 2008년에 출판).

Corey, G. (2015). 집단상담의 이론과 실제(제8판) [*Theory and Practice of Group Counseling* (8th ed.)]. (김명권, 김창대, 방기연, 이동훈, 이영순, 전종국, 천성문 공역). 서울: 학지사. (원저는 2012년에 출판).

Cox, W., Fadardi, J., & Pothos, E. M. (2006). The Addiction-Stroop test: Theoretical considerations and procedural recommendations. *Psychological Bulletin*, *132*(3), 443-476.

Cox, W., Heinemann, A. W., Miranti, S., Schmidt, M., Klinger, E., & Blount, J. (2003). Outcomes of Systematic Motivational Counseling for substance use following traumatic brain injury. *Journal of Addictive Diseases*, *22*(1), 93-110.

Davis, M., & Davis, W. (1981). *Boundary and Space: An Introduction to the Work of D. W. Winnicott*. New York: Brunner/Mazel, Publishers.

Dewald, P. A. (2010). 정신치료의 이론과 실제 [*(The) Theory and Practice of Individual Psychotherapy*]. (김기석 역). 서울: 고려대학교출판부. (원저는 1974년에 녹음).

DiClemente, C. C. (2003). *Addiction and Change: How Addictions Develop and Addicted People Recover*. New York: Guilford Press.

Diener, E., & Fujita, F. (1995). Resources, personal strivings, and subjective well-being: A nomothetic and idiographic approach. *Journal of Personality and Social Psychology*, *68*(5), 926-935.

Egan, G. (2016). 유능한 상담자 [*The Skilled Helper: A Problem Management and Opportunity Development Approach to Helping* (9th ed.)]. (제석봉, 유계식, 김창진 공역). 서울: 학지사. (원저는 2010년에 출판).

Elliot, A. J., & Covington, M. V. (2001). Approach and avoidance motivation. *Educational Psychology Review*, *13*(2), 73-92.

Fadardi, J. S. (2003). Cognitive-motivational determinants of attentional bias for alcohol-related stimuli: Implications for a new attentional-training intervention. Unpublished doctoral dissertation, University of Wales, Bangor, United Kingdom.

Farber, B. A., Brink, D. D., & Raskin, P. M., (2017). 칼 로저스의 심리치료: 사례와 해설 [*The Psychotherapy of Carl Rogers: Cases and Commentary*]. (주은선 역). 서울: 학지사. (원저는 1996년에 출판).

Freedman, N., Hoffenberg, J. D., Vorus, N., & Frosch, A. (1999). The effectiveness of psychoanalytic psychotherapy: The role of treatment duration, frequency of sessions, and the therapeutic relationship. *Journal of the American Psychoanalytic Association*, *47*(3), 741-772.

Gazda, G. M., Ginter, E. J., & Home, A. (2000). *Group Counseling and Group Psychotherapy: Theory and Application*. Boston, MA: Allyn & Bacon.

Gelso, C. J. (2007). Editorial introduction. *Psychotherapy: Theory, Research, Practice, Training*, *44*(3), 239.

Ginnot, H. G. (1985). *Between Parent and Child: New Solutions to Old Problems*. New York: Avon.

Gladding, S. T. (1995). *Group Work: A Counseling Specialty* (2nd ed.). New Jersey: Prentice-Hall.

Gladding, S. T. (2011). *The Counseling Dictionary: Concise Definitions of Frequently Used Terms* (3rd ed.). Upper Saddler River, MA: Allyn and Bacon.

Glasser, W. (2000). *Reality Therapy in Action*. New York: Harper Collins.

Goldfried, M. R. (2007). What has psychotherapy inherited from Carl Rogers. *Psychotherapy: Theory, Research, Practice, Training*, *44*(3), 249-252.

Grawe, K. (2004). *Psychological Therapy*. Seattle, WA: Hogrefe & Huber.

Greenberg, J. R., & Mitchell, S. A. (1983). *Object Relations in Psychoanalytic Theory*. Cambridge, MA: Harvard University Press.

Greenberg, L. S., & Pinsof, W. M. (1986). *The Psychotherapeutic Process: A Research Handbook*. New York: Guilford.

Greenberg, L. S., & Safran, J. D. (1987). *Emotion in Psychotherapy*. New York: Guilford.

Guerin, P. J. (2005). 가족치료 임상에서 삼각관계 활용 [*Working with Relationship Triangles: The One-Two-Three of Psychotherapy*]. (최선령, 이인수 공역). 서울: 시그마프레스. (원저는 1996년에 출판).

Hackney, H., & Cormier, L. S. (2001). *The Professional Counselor: A Process Guide to Helping* (4th ed.). MA: Allyn and Bacon.

Hamilton, G. N. (1988). *Self and Others: Object Relations Theory in Practice*. Northvale, NJ: Aronson.

Hamilton, G. N. (1992). *From Inner Sources: New Directions in Object Relations Psychotherapy*. Northvale, NJ: Aronson.

Hansen, J. C., Warner, R. W., & Smith, E. M. (1976). *Group Counseling: Theory and Process*. Chicago, IL: McNally.

Hansen, J. C., Stevic, R. R., & Warner, R. W. (1986). *Counseling: Theory and Process*. MA: Allyn and Bacon.

Hepworth, D. J., & Larsen, J. A. (1986). *Direct Social Work Practice: Theory and Skills*. Chicago, IL: Dorsey.

Hill, C. E. (2007). My personal reactions to Rogers(1957): The facilitative but neither necessary nor sufficient conditions of therapeutic personality change. *Psychotherapy: Theory, Research,*

Practice, Training, 44(3), 260-264.

Hill. C. E. (2015). 상담의 기술: 탐색-통찰-실행의 과정 [*Helping Skills: Facilitating Exploratiion, Insight, and Action* (3rd ed.)]. (주은선 역). 서울: 학지사. (원저는 2012년에 출판).

Holtforth, M. G., Grawe, K., Egger, O., & Berking, M. (2005). Reducing the dreaded: Change of avoidance motivation in psychotherapy. *Psychotherapy Research, 15*(3), 261-271.

Horowitz, L. M., Dryer, D. C., & Krasnoperova, E. N. (1997). The circumplex structure of interpersonal problems. In R. Plutchik & H. Conte (Eds.), *Circumplex Models of Personality and Emotions* (pp. 357-387). Washington DC: American Psychological Association.

Horner, A. J. (1984). *Object Relations and the Developing Ego in Therapy*. New York: Jason Aronson.

Horney, K. (1991). *Unsere inneren Konflikte: Neurosen in unserer Zeit – Entstehung, Entwicklung und Lösung*. Frankfult: FisherVerlag TB.

Hunter-Reel, D., McCrady, B. S., Hildebrandt, T., & Epstein, E. E. (2010). Indirect effect of social support for drinking on drinking outcomes: The role of motivation. *Journal Of Studies On Alcohol And Drugs, 71*(6), 930-937.

Jacobs, E., Masson, R., & Harvill, R. (2006). 집단상담 전략과 기술(제5판) [*Group Counseling: Strategies and Skills*. (5th ed.)]. (김춘경 역). 서울: 시그마프레스. (원저는 2003년에 출판).

Johnson. L. C. (1989). *Social Work Practice: A Generalist Approach* (3rd ed.). Boston, MA: Allyn and Bacon.

Kelly, J. M., Marrero, D. G., Gallivan, J., Leontos, C., & Perry, S. (2004). Diabetes prevention–a gameplan for success. *Geriatrics, 59*(7), 26-31.

Kerr, M. E., & Bowen, M. (2005). 보웬의 가족치료이론 [*Family Evaluation*]. (남순현, 전영주, 황영훈 공역). 서울: 학지사. (원저는 1988년에 출판).

Klinger, E. (1996). Motional influences on cognitive processing, with implications for theories of both. In P. Gollwitzer & J. Bargh (Eds.), *The Psychology of Action: Linking Cognition and Motivation to Behavior* (pp. 168-189). New York: Guilford Press.

Knight, R. P. (1941). Evaluation of the results of psychoanalytic therapy. *American Journal of Psychiatry, 98*, 434-446.

Kottler, J. A., & Englar-Carlson, M. (2009). *Learning Group Leadership: An Experiential Approach*. Thousand Oaks, CA: SAGE Publishing, Inc.

Lambert, M. J. (2010). *Prevention of Treatment Failure: The Use of Measuring, Monitoring, and Feedback in Clinical Practice*. Washington DC: APA Books.

Lambert, M. J., & Cattani-Thompson, K. (1996). Current findings regarding the effectiveness of counseling: Implications for practice. *Journal of Counseling & Development*, 74(6), 601-608.

Lambert, M. J., & Ogles, B. M. (2004). The efficacy and effectiveness of psychotherapy. In M. J. Lambert (Ed.), *Bergin and Garfield's Handbook of Psychotherapy and Behavior Change* (5th ed.). New York: Wiley.

MacKinno, R. A., & Michels, R. (2002). 임상실제에서의 정신과적 면담 [*The Psychiatric Interview in Clinical Practice*]. (박성근, 정인과 공역). 서울: 하나의학사. (원저는 1998년에 출판).

Mahler, C. A. (1971). *Group Counseling in School*. Boston, MA: Houghton Mifflin.

Mahler, M. (1968). *On Symbiosis and Vicissitudes of Individuation*. New York: International University Press.

Mahler, M. S., Pine, F., & Bergman, A. (1975). *The Psychological Birth of the Human Infant*. New York: Basic Books.

Mason, P., & Butler, C. (2010). *Health Behavior Change: A Guide for Practitioners* (2nd ed.). London: Elsevier.

McBride, C., Zuroff, D. C., Ravitz, P., Koestner, R., Moskowitz, D. S., Quilty, L., & Bagby, R. (2010). Autonomous and controlled motivation and interpersonal therapy for depression: Moderating role of recurrent depression. *British Journal Of Clinical Psychology*, 49(4), 529-545.

Miller, W. (1983). Motivational interviewing with problem drinkers. *Behavioral Psychotherapy*, 11(2), 147-172.

Miller, W., & Rollnick, S. (1991). *Motivational Interviewing: Preparing People to Change Addictive Behavior*. New York: Guilford Press.

Miller, W., & Rollnick, S. (2006). 동기강화상담: 변화 준비시키기(제2판) [*Motivational Interviewing: Preparing People for Change* (2nd ed.)]. (신성만, 권정옥, 손명자 공역). 서울: 시그마프레스. (원저는 2002년에 출판).

Miller, W., & Rollnick, S. (2013). *Motivational Interviewing: Helping People Change* (3rd ed.). New York: Guilford Press.

Miller, W. R., & Tonigan, J. S. (1996). Assessing drinkers' motivation for change: The Stages of Change Readiness and Treatment Eagerness Scale (SOCRATES). *Psychology of Addictive Behaviors*, 10(2), 81-89.

Napier, A. Y., & Whitaker, C. A. (2012). 가족을 위로한다 [*The Family Crucible*]. (남순현, 원은주 공역). 서울: 21세기북스. (원저는 2011년에 출판).

Nichols, M. P., & Schwartz, R. C. (2002). 가족치료: 개념과 방법(제5판) [*Family Therapy: Concepts and Methods* (5th ed.)]. (김영애, 정문자, 송성자, 제석봉, 심혜숙, 김정택, 정석환, 김계현, 이관직 공역). 서울: 시그마프레스. (원저는 2001년에 출판).

Norcross, J. C., & Newman, C. F. (1992). Psychotherapy integration: Setting the context. In J. C. Norcross & M. R. Goldfried (Eds.), *Handbook of Psychotherapy Integration* (pp. 3-45). New York: Basics Books.

Oaklander, V. (2006). 아이들에게로 열린 창: 아동 및 청소년을 위한 게슈탈트 예술치료 [*Windows to Our Children: A Gestalt Therapy Approach to Children and Adolescents*]. (김정규, 윤인, 이영이 공역). 서울: 학지사. (원저는 1988년에 출판).

Ogden, T. H. (1979). On projective identification. *International Journal of Psycho-Analysis*, *60*, 357-373.

Ondersma, S. J., Winhusen, T., Erickson, S. J., Stine, S. M., & Wang, Y. (2009). Motivation enhancement therapy with pregnant substance-abusing women: Does baseline motivation moderate efficacy? *Drug and Alcohol Dependence*, *101*(1-2), 74-79.

Perls. F. (1970). *Gestalt Therapy Now*. New York: Haper & Row.

Perls. F. (1976). *The Gestalt Approach and Eyewitness to Therapy*. New York: Bantan Books.

Preston, J. (1998). *Integrative Brief Therapy: Cognitive, Psychodynamic, Humanistic and Neurobehavioral Approach*. San Luis Obispo, CA: Impact Publishers.

Prochaska, J. O., & DiClemente, C. C. (1982). Transtheoretical therapy: Toward a more integrative model of change. *Psychotherapy: Theory, Research & Practice*, *19*(3), 276-288.

Prochaska, J. O., & DiClemente, C. C. (1992). Stages of change in the modification of problem behaviors. *Progress in Behavior Modification*, *28*, 183-218.

Richard, S. (2013). 심리치료와 상담이론(제5판) [*Theories of Psychotherapy and Counseling* (5th ed.)]. (천성문, 김진숙, 김창대, 신성만, 유형근, 이동귀, 이동훈, 이영순, 한기백 공역). 서울: 센게이지러닝코리아. (원저는 2011년에 출판).

Rogers, C. R. (2000). 칼 로저스의 카운슬링의 이론과 실제 [*Counseling and Psychotherapy: Newer Concepts in Practice*]. (한승호, 한성열 공역). 서울: 학지사. (원저는 1942년에 출판).

Rogers, C. R. (2009a). 사람-중심상담 [*A Way of Being*]. (오제은 역). 서울 : 학지사. (원저는 1980년에 출판).

Rogers, C. R. (2009b). 진정한 사람되기: 칼 로저스 상담의 원리와 실제 [*On Becoming a Person: A Therapist's View of Psychotherapy*]. (주은선 역). 서울: 학지사. (원저는 1961년에 출판).

Rubak, S., Sandboek, A., Lauritzen, T., & Christensen, B. (2005). Motivational interviewing: A systematic review and meta-analysis. *British Journal of General Practice*, 55(513), 305-312.

Russell-Chapin, L., & Ivey, A. E. (2004). *Your Supervised Practicum and Internship: Field Resources for Turning Theory into Action*. Belmont, CA: Brooks/Cole-Thomson Learning.

Satir, V., Banmen, J., Gerber, L., & Gomori, M. (1991). *The Satir Model: Family Therapy and Beyond*. Palo Alto, CA: Science & Behavior Books.

Scharff, D, E., & Scharff, J. S. (1991). *Object Relations Family Therapy*. London: Jason Aronson Inc.

Schnyder, U. (2009). Future perspectives in psychotherapy. *European Archives of Psychiatry and Clinical Neuroscience*, 259(2), 123-128.

Schumacher, J. A., & Madson, M. B. (2015). *Fundamentals of Motivational Interviewing*. New York: Oxford University Press.

Seden, J. (1999). *Counseling Skills in Social Work Practice*. London: Open University Press.

Segal, J. (2009). 멜라니 클라인: 정신분석의 거장 [*Melanie Klein* (2nd ed.)]. (김정욱 역). 서울: 학지사. (원저는 2004년에 출판).

Seligman, L., & Reichenberg, L. W. (2014). 상담 및 심리치료의 이론(제4판) [*Theories of Counseling and Psychotherapy: Systems, Strategies, and Skills* (4th ed.)]. (김영혜, 박기환, 서경현, 신희천, 정남운 공역). 서울: 시그마프레스. (원저는 2013년에 출판).

Shebib, B. (2006). 사회복지상담심리학 [*Choices: Counseling Skills for Social Workers and Other Professionals*]. (제석봉, 이윤주, 박충선, 이수용 공역). 서울: 학지사. (원저는 2003년에 출판).

Sloane, R. B., Staples, F. R., Cristol, A. H., Yorkston, N. J., & Whipple, K. (1975). *Psychotherapy Versus Behavior Therapy*. Cambridge, MA: Harvard University Press.

Smith, K. J., Subich, L. M., & Kalodner, C. (1995). The transtheoretical model's stages and processes of change and their relation to premature termination. *Journal of Counseling Psychology*, 42(1), 34-39.

Stadter, M. (1996). *Object Relations Brief Therapy: The Therapeutic Relationship in Short-Term Work*. Northvale, NJ: Jason Aronson.

Steketee, G., Siev, J., Fama, J. M., Keshaviah, A., Chosak, A., & Wilhelm, S. (2011). Predictors of treatment outcome in modular cognitive therapy for obsessive-compulsive disorder. *Depression and Anxiety*, 28(4), 333-341.

Stricker, G., & Gold, J. (2006). *A Casebook of Psychotherapy Integration*. Washington DC: APA Books.

Thorne, B. (2007). 칼 로저스 [*Carl Rogers* (2nd ed.)]. (이영희, 박외숙, 고향자 공역). 서울: 학지사. (원저는 2003년에 출판).

Trembley, E. (1996). *Object Relations Brief Therapy*. Kalamazoo, MI: Edward L. Trembley.

Velasquez, M., Maurer, G., Crouch, C., & DiClemente, C. (2008). 알코올 및 약물중독환자를 위한 집단치료: 변화의 단계 치료 매뉴얼 [*Group Treatment for Substance Abuse: A Stages-of-Change Therapy Manual*]. (신재정, 황인복, 김석산, 채숙희, 이상규 공역). 서울: 하나의학사. (원저는 2001년에 출판).

Wampold, B. E. (2001). *The Great Psychotherapy Debate: Models, Methods and Findings*. NJ: Lawrence Erlbaum Associates.

Winnicott, D. W. (1971). *Playing and Reality*. New York: Tavistock Publications.

Yalom, R. D. (2001). 입원환자의 집단정신치료 [*Inpatient Group Psychotherapy*]. (박순환 역). 서울: 하나의학사. (원저는 1983년에 출판).

Yontef, G. M. (2008). 알아차림, 대화 그리고 과정: 게슈탈트 치료에 대한 이론적 고찰 [*Awareness, Dialogue & Process: Essays on Gestalt Therapy*]. (김정규, 김영주, 심정아 공역). 서울: 학지사. (원저는 1993년에 출판).

Zinker, J. (1977). *Creative Process in Gestalt Therapy*. New York: Random House.

Zuk, G. H. (1981). *Family Therapy: A Triadic Based Approach*. New York: Human Services Press.

Zuroff, D. C., Koestner, R., Moskowitz, D. S., McBride, C., Marshall, M., & Bagby, M. (2007). Autonomous motivation for therapy: A new common factor in brief treatments for depression. *Psychotherapy Research, 17*(2), 137-147.

https://ko.wikipedia.org/wiki/고슴도치_딜레마.

찾아보기

인명

김인수 220
김인자 391

박선숙 18
박성희 18

이장호 18

정원철 18

Adler, A. 16

Balint, M. 253
Bateson, G. 182
Beck, A. T. 275, 276
Bergman, A. 254
Bowen, M. 182, 183

Chaffin, M. 363
Compton, B. R. 19

Egan, G. 84
Ellis, A. 275, 288, 290
Epstein, E. E. 363
Erickson, S. J. 363

Fairbairn, R. 253, 254
Freud, S. 19, 242, 250, 253, 254

Galaway, B. 19
Goodman, P. 317
Guntrip, H. 254

Haley, J. D. 182
Heather, N. 342
Hepworth, D. J. 27
Hildebrandt, T. 363
Hill, C. E. 18
Hunter-Reel, D. 363

Jacobson, E. 254

Kernberg, O. 254
Klein, M. 253
Knight, R. P. 250

Larsen, J. A. 27

Mahler, C. A. 254
McCrady, B. S. 363
Miller, W. 342, 362
Minuchin, S. 182, 190

Ogden, T. H. 263
Ondersma, S. J. 363

Peck, S. 83
Perls, F. 317, 322
Perls, L. 317
Pine, F. 254
Preston, J. 366

Richimond, M. 19

Rogers, C. R. 295, 296, 297, 302, 313, 314

Rollnick, S. 342, 362

Satir, V. 182, 196

Schopenhauer, A. 185

Shebib, B. 18

Steketee, G. 363

Steve de Shazer 212

Stine, S. M. 363

Wang, Y. 363

Winhusen, T. 363

Winnicott, D. W. 253, 266, 268, 269

Yalom, R. D. 151

내용

2인 체계 185

A-B-C-D-E 이론 289
ADHD 195, 366
AIDS 54
Al-Anon 55
Al-Ateen 55

EARS 기법 214

here and now 96
HIV 54

I-Message 78

OARS 352, 354

social work counseling 19
SOLER 85
Star 201

가계도 189
가정방문 57
가정불화 54
가족규칙 193, 196

가족력 65
가족상담 179, 388, 389
가족 신념 195
가족조각 211
가족 지도 195
가족투사 184, 186
가족투사 과정 187
가치의 조건 300
강박신경증 231
강박장애 363
강박적 사고 54
강박증 278
강점 62
개방형 질문 41, 47, 87, 88, 90
개방형 집단 146
개방형으로 질문하기 352
개별사회사업 18
개별상담 144
개별화의 과정 254
개인 빙산의 비유 209
개인력 63
개인화 277
거식증 278
거울 역할 271
거짓자기 266, 271

건강염려증 278
게슈탈트 315
게슈탈트상담 316
게슈탈트상담기법 367
게임 중독 390
격리와 개별화기 259, 267
결정 저울 348
경계선 191
경청 37, 38, 83, 242
경청기법 166
경험적 가족상담 182, 196
고슴도치 딜레마 185
공감 37, 95, 99, 234, 350
공감능력 55
공감적 이해 39, 303
공격성 56
공격충동 229
공동지도자 156
공포증 231, 278
공황장애 278
과대망상 55
과대화 277
과소비 54
과잉 일반화 277
과정 질문 190

관계성 질문 217
관찰 37
교육 집단 147
교정기관 56
교정적 재경험 153
구조적 가족상담 182, 190
구조화 집단 145
극소화 277
근거 기반 실천 363
금단 증상 54
기능적 가족 193
기록 48
기적 질문 215
긴 의자 242
꿈의 해석 226
꿈 작업 334

나 경계 328, 329
나-너 관계 321
나-전달법 78, 81, 82
나는 나(I am Me) 선언문 201
나쁜 대상 272
나쁜 자기 272
나의 입장 기법 190
내관 37, 234
내담자중심 295
내사 261, 264, 322
내성 54
내적 대상 255
내적 전형 229
내적 표상 254
노인돌봄서비스 57
논박 282, 290
놀이하기 269, 271

다루기 268, 270
다섯 가지 자유 197
다세대 가족상담 182, 183
다세대 전수 과정 187
단기중심 364
단어연상기법 173
대리적 모델링 292
대상 253, 255
대상관계 239, 253, 256
대상관계 심리치료 389
대상영속성 257, 260
대상으로서의 어머니 269
대상의 분열 267
대상 제공하기 268, 270
대상표상 257, 265
대인관계 학습 155
대처 질문 216
도박 중독 390
도식 280
동기 339
동기강화상담 340, 342
동일시 261
동질성 집단 146

라포형성 75
로저스 학파 297
루빈의 컵 319

마음챙김명상 293
만성불안 184
메타이론 366
면담 18, 343
명료화 242
명료화기법 48, 167
모델링 41, 238

모바일상담 391
모방 행동 153
무의식 227
무조건적 존중 303
무조건적인 긍정적 존중 302
문제해결능력 304
문제해결중심 모델 182
문제해결훈련 276
미분화된 가족자아군 184
미해결된 과제 319
밀착된 가족 192

반영하기 269, 271, 352
반전 323
방어기제 45, 110, 226, 236, 237, 245
배경 318
배우자 학대 54
변화결단 341
변화단계 345
변화동기 341
변화를 위한 동기 340, 341
변화실행의지 강화하기 357
보상성(compensatory)의 원리 229
보수교육 388
본능 229
부모상 53
부모-자녀 갈등 54
부부 및 가족치료전문가 392
부부상담 389
부부치료 23, 182
부분 대상 255
부연 102
분노 56
분노조절장애 366

분노조절훈련 276

분리 256

분열 262, 265

분화 184

불안 231, 237

불안장애 278, 363

불일치감 349

불일치감 만들기 350

비구조화 집단 145

비난하기의 덫 357

비난형 204, 212

비밀보장 49

비밀유지 40

비언어적 의사소통 76

비자발적 내담자 52, 386

비합리적 신념 289

빈곤 54

빈 의자 대화기법 177, 331, 332

빙산치료 208

사이코드라마 177

사회계층적 정서 과정 188

사회기술 153

사회복지상담 15, 19

사회서비스투자사업(바우처 사업) 392

산만형 206, 212

살아남기 269, 271

삼각관계 185, 186

삼각관계화 185

상담 18, 297, 343

상담 전 변화 질문 215

상담 종결 67, 69

생존반응 203

선택적 요약 276

선행사건 289

성급한 초점 두기의 덫 357

성인아이 182

성장 143

성장 집단 148

성충동 229

소크라테스 문답법 290, 291

수련감독자 383

수용 85, 350

수용자 264

수집요약 353

순환적 인과관계 202

슈퍼비전 314

스몰 토크(small talk) 173

스트레스대처훈련 276

신경증 33

신념체계 290

신체언어 77

심리치료 297

실수 행위 228, 229

실업 54

실존의 삶 331

실존적 요인 154

실존주의 151

실현경향성 299

심리검사도구 174

심리극기법 367

심리적 안녕감 340

아동보호전문기관 56, 57

아동학대 54

아웃리치 57

안아 주기 268

안아 주는(holding) 행동 260

안전사고 54

알아차림 320

알코올 중독 53, 118, 390

알코올 중독자의 자녀 55

약물남용 54

약물의존 54

양가감정 44, 110, 348

역기능적 가족 193, 196

역동균형 229

역할극 177

역할연기 86

연결요약 353

열린 대화 215

예외 발견 질문 215

온전히 기능하는 사람 301

왜곡 36, 230

외상후 스트레스장애 363

외적 대상 255

요약하기 353

요점 반복해 주기 358

우리의식 34

우울 53, 54

우울증 155, 278, 283, 363

원가족 삼인군 치료 210

위험 감수력 176

유리된 가족 192

유발성 346

융합 324

음주운전 54

응집성 154

의뢰 71

의미 있는 타자들 217, 254, 255, 380

의사소통 166

의사소통기법 76

의식 227

이분법적 사고 277
이상적 자기 300
이야기치료 182
이중구속 202
이중 메시지 208
이질성 집단 147
이차적 사고 과정 36
이타주의 152
인간중심상담 295
인간중심치료 295
인본주의 295
인본주의이론 17
인정하기 352
인지 개념화 도표 280
인지적 왜곡 275, 276
인지치료 275, 368
인지행동치료 276, 364
인터넷상담 391
인터넷 중독 390
임의적 추론 276
일차 과정 229
일차적인 사고의 과정 36
일치적 의사소통 197, 206

자각 37, 234
자기개념 299
자기개방 60, 129
자기노출기법 312
자기분석 33
자기실현 299
자기이해 143, 155
자기지도력 65
자기지지 326
자기표상 257, 265
자기효능감 67, 351

자동적 사고 285
자살 278
자살시도 54
자살행동 363
자아 109
자아상 299
자아중심성 55
자유연상 226
자율성 346
자조(self-help) 역량 368
자조 집단 148
자존감 197, 304
자존감 연습 201
재발 249
재현하기(enactment) 기법 194
저항 44, 61, 124, 246, 282, 378
저항과 함께 구르기 351
전경 318
전략적 모델 182
전문가주의 덫 356
전문상담교사 394
전문상담교사제도 390
전문자격제도 393
전부 나쁜 267
전부 좋은 267
전의식 227
전이 35, 124, 186, 237, 246, 379
전이감정 235
전이왜곡 236
전체 대상 255
전체적 관점 191
전화상담 46, 391
전환요약 353
접수면접 43
접촉 320

접촉-경계 혼란 316, 322
정반합 367
정보제공기법 133, 138
정상적 공생기 258
정상적 자폐기 258
정서적 결과 290
정서적 단절 187
정신결정론 227
정신 내부 간의 갈등 228
정신병리 16, 240
정신병 삽화 239
정신분석 226
정신역동 233
정신역동이론 16
정신적 표상 255
정신치료 225
정신치료자 233
제휴 191
조증 278
조현병 53, 282, 363
조현병 환자 281
좋은 대상 272
주체 254
중간 대상 255
중간 신념 285
중독상담 54, 392
즉시성 310
지금-여기 96, 155, 166, 168, 225, 320, 326
지성화 236, 245
지지(supportive)면담 24
지지 집단 148
지지치료 236
지지치료적 상담 246
직면 41, 109

직면과 부인의 덫 355

직면기법 242, 312

직무스트레스 391

진단명 붙이기의 덫 356

진로상담 389, 392

진실성 302

진정한 자기 307

질문-대답의 덫 354

집단상담 141, 144, 389

집단상담자 149, 159

집단성원 157

집단응집력 146

질투 272

참여관찰자 29, 233

참자기 266, 271

첫 회기 상담 49

척도 질문 216

초이성형 205, 212

초심자 365

초자아 229

충분히 좋은 어머니 268

치료 343

치료동맹 232, 369, 371

치료 집단 148

치료적 삼각관계 만들기 189

치료적 요인 152

침묵 48, 304

카텍시스 229

쾌락원칙 227, 229

탈중심화 282

통찰 25, 45, 62, 155, 307

통찰지향(insight oriented)면담 24

통찰치료 236

통합심리치료 365

퇴행 36, 230

투사 264, 323

투사(投射)놀이 335

투사자 264

투사적 동일시 263, 265

페르소나 302

편집증 278

편향 324

폐쇄형 질문 87, 92

폐쇄형 집단 146

포스트모더니즘 182

하위체계 192

학교상담 392

함입 261

합리정서치료 275, 288, 368

합리화 54

항상성이론 340

해결중심 단기가족상담 182, 212

해결지향적 질문 215

해석 42, 60, 119, 312

해체불안 271

핵가족 정서체계 186

핵심 신념 285

행동변화 5단계 344

행동수정 17

행동주의기법 368

행동주의이론 17

행위 중독 366

행위 중독자 390

현실적 자기 300

현실치료 368

협동정신 345

형제자매의 위치 188

환경으로서의 어머니 270

환기 28, 154

활기찬 노년 177

회유형 204, 211

후속상담 71

후속 활동 150, 162

히스테리증 278

저자 소개

임혁(Im Hyuk)

〈학력 및 경력〉

부산대학교 사회복지학과 졸업

부산대학교 대학원 사회복지학 박사

원송정신병원 정신보건사회복지사 역임

경남정보대학 사회복지과 전임강사 역임

현 동서대학교 사회복지학부 교수

〈주요 저서〉

인간행동과 사회환경(2017, 공동체)

정신건강의 이해(2015, 공동체)

임상 실제에서의 알코올중독 치료(2010, 양서원) 외 다수

〈주요 논문〉

The consequences of traumatic events on resilience among South Korean police officers: Mediation and moderation analyses. *Policing An International Journal of Police Strategies and Management*, 41-1(2018)

Acculturation Stress and Mental Health Among the Marriage Migrant Women in Busan, South Korea. *Community Mental Health Journal*, 50-4(2014)

사회복지상담교육 활성화를 위한 대학교육의 개선방향. 사회복지상담연구, 1-1(2017)

사회복지실무교육 프로그램의 효과성 검증. 한국사회복지교육, 37(2017)

이주노동자의 레질리언스와 정신건강. 보건교육건강증진학회지, 29-5(2012) 외 다수

사회복지상담
Social Work Counseling

2019년 2월 25일 1판 1쇄 발행
2024년 9월 25일 1판 4쇄 발행

지은이 • 임 혁
펴낸이 • 김 진 환
펴낸곳 • (주) **학지사**
　　　　04031 서울특별시 마포구 양화로 15길 20 마인드월드빌딩 5층
대표전화 • 02) 330-5114　　　팩스 • 02) 324-2345
등록번호 • 제313-2006-000265호

홈페이지 • http://www.hakjisa.co.kr
인스타그램 • https://www.instagram.com/hakjisabook/

ISBN 978-89-997-9256-4　93330

정가 **19,000원**

출판미디어기업 **학지사**

간호보건의학출판 **학지사메디컬** www.hakjisamd.co.kr
심리검사연구소 **인싸이트** www.inpsyt.co.kr
학술논문서비스 **뉴논문** www.newnonmun.com
원격교육연수원 **카운피아** www.counpia.com
대학교재전자책플랫폼 **캠퍼스북** www.campusbook.co.kr